Para

Com votos de muita paz!

FRANCISCO FERRAZ BATISTA

TRAJETÓRIAS PARA O CRISTO

Salvador
1. ed. – 2018

1. ed. – 2018
2.000 exemplares

Revisão: João Sérgio Boschiroli
Editoração eletrônica: Ailton Bosco
Capa: Fabrício Ferraz Batista
Colaboração: Eleonor Cecília Batista
Coordenação editorial: Lívia Maria Costa Sousa
Produção gráfica:

LIVRARIA ESPÍRITA ALVORADA EDITORA
Telefone: (71) 3409-8312/13 – Salvador – BA
Homepage: <www.mansaodocaminho.com.br>
E-mail: <leal@mansaodocaminho.com.br>

Dados Internacionais de Catalogação na Publicação (CIP)
(Catalogação na fonte)
BIBLIOTECA JOANNA DE ÂNGELIS

B333 BATISTA, Francisco Ferraz.
Trajetórias para o Cristo. 1. ed. / Francisco Ferraz Batista.
Salvador: LEAL, 2018.
560 p.
ISBN: 978-85-8266-214-4
I. Cristianismo primitivo 2. Jesus 3. Irineu de Lyon
I. Batista, Francisco II. Título

CDD: 133.93

Impresso no Brasil
Presita en Brazilo

SUMÁRIO

Agradecimentos

Os agradecimentos primeiros, por certo, são endereçados a Yahweh, Pai de Amor e Bondade, e a Yeshua de Nazareth, o Inesquecível, Inolvidável e Sublime Pastor de nossas almas, em face da feliz oportunidade de poder, de alguma forma, servir à causa do Cristianismo, assim penso e é meu despretensioso desejo.

Ao meu anjo de guarda, Espírito caridoso e paciente com minhas dificuldades e imperfeições e sempre presente, através do valioso auxílio que me permite continuar a caminhar, mediante esforços e testemunhos, na direção do progresso espiritual.

Ao *Grupo de Espíritos Paulinos,* ao qual exaro novamente meus sinceros e profundos agradecimentos, eis que, demonstrando bondade e tolerância para comigo, fizeram-me chegar as inspirações para a execução desta nova obra, de maneira pacienciosa e amorosa.

Aos demais Espíritos Amigos e Benfeitores que me auxiliam a perseverar, com sua presença e vibrações de amor e paz.

À querida e amada esposa Eleonor Cecília, companheira ativa, permanente e sempre presente, todas as horas, alegres e mesmo difíceis, e que me impulsiona sempre para frente, com sua conduta e exemplo de esposa, mãe, companheira e colaboradora.

Aos meus filhos e netos, Espíritos que reencontrei nesta etapa, para o prosseguimento das lutas redentoras.

Ao estimado amigo João Sérgio Boschiroli, imprescindível na revisão das obras que tenho tido oportunidade de levar a público, que sob o lastro de sua experiência e saber, tem sido o colaborador caridoso e indispensável, deixando, mais uma vez, grafado a ele, meu preito de eterna gratidão, amizade e apreço.

E, por final, externo minha gratidão à amiga do coração, Suely Caldas Schubert, que, após ter prefaciado meu primeiro livro, retorna a conceder-me a honra de novo prefácio. Trata-se de alma amorosa, fiel aos postulados do Espiritismo, que se traduz no Cristianismo revivido. Alma simples, porém nobre, que me serve de inspiração para prosseguir nas lutas, e que, para minha alegria, cruzou o meu caminho nesta encarnação, nele deixando as marcas vivas da bondade de seu coração.

Notas do autor

Depois de ter tido a oportunidade de lançar meu primeiro livro: *Nos Tempos de Paulo*, inspirado por um grupo de *Espíritos Paulinos*, em que tive a alegria inenarrável de escrever sobre um ângulo do extraordinário trabalho realizado pelo Apóstolo da Gentilidade, para a sedimentação do Cristianismo na Terra, ainda sob o concurso e inspiração dos mesmos Espíritos bondosos, continuei no labor da escrita, retratando as lutas ingentes e intensamente travadas por diversos outros trabalhadores de Yeshua, após a desencarnação do Cireneu de Tarso, notadamente as ocorrências havidas com a Sublime Mensagem da Boa-nova, retratando, *a posteriori*, as lutas de Inácio de Antioquia em favor dos cuidados e zelo com a Mensagem do Mestre da Galileia Antiga, o que pude levar a lume no livro: *Testemunho pelo Cristo.*

Após algum tempo, surgiram-me novamente as inspirações, pelo mesmo grupo de Espíritos Amigos, para continuar a tarefa e trabalhar no registro das ocorrências relativas à Boa-nova, desta feita, após o retorno de Inácio de Antioquia às Moradas Celestiais. Esse desiderato se materializou no registro das ações desempenhadas pelo Espírito Policarpo de Esmirna, que viveu na cidade de Esmirna, na então Ásia Menor, região da antiga Anatólia, hoje território da Turquia, que era amigo de Inácio de Antioquia e que, a pedido deste, prosseguiu nas lutas pela preservação da mensagem cristã, na sua maior pureza possível, o que pude grafar no livro *Testemunhos pela Verdade.*

Após mais algum tempo, novamente se foi materializando em meu pensamento o prosseguimento das lutas pela preservação dos ensinamentos de Yeshua após a desencarnação de Policarpo de Esmirna. As inspirações igualmente foram chegando, agora para retratar o trabalho de um discípulo e amigo de Policarpo de Esmirna, Irineu, o jovem *diákono* de Policarpo, que, tempos depois, foi servir ao Cristo no Núcleo Cristão de Lugdunum, que passou para a história como a cidade dos mártires cristãos, hoje conhecida como Lyon, na França, onde reencarnou o mestre Hippolyte Léon Denizard Rivail, conhecido pelo pseudônimo de Allan Kardec.

O extenso trabalho de Irineu de Lugdunum, em prol da Mensagem simples do Cristianismo, repercute até os nossos dias, eis que galhardamente levantou a bandeira de luta e trabalho contra as *heresias* que sempre tentaram introduzir no seio da Mensagem Iluminada do Rabi da Galileia Antiga e, por conseguinte, nos núcleos ou igrejas cristãs, notadamente no Oriente, sendo considerado pelos estudiosos como integrante do rol iniciático dos chamados Pais das Igrejas Cristãs.

Esta obra, como as anteriores, reitero, não tem a pretensão de polemizar e muito menos de se impor a qualquer outra do mesmo jaez. É fruto essencialmente da inspiração que me permitiu viajar novamente, pelo pensamento, ao período fascinante da história do Cristianismo primitivo dos séculos I e II e início do século III da era cristã, e registrar, pela memória, a coragem, o esforço, a bravura, a dedicação, a abnegação e o denodado estoicismo dos primeiros cristãos, ou dos trabalhadores das primeiras horas, na firme defesa dos postulados do Cristianismo, tal qual nos entregou o seu autor Yeshua de Nazareth.

Reitero que nutro o desejo de que as pessoas que, pela bondade de seus corações, tiverem oportunidade de ler este livro possam, de alguma forma, mergulhar seu pensamento nos tempos do Cristianismo primitivo e revestir-se de mais otimismo e esperança, e da certeza de que a mensagem de Yeshua é luz e vida perenes!

Que Yeshua de Nazareth nos abençoe, hoje e sempre!

Introdução

Amigos,

Imaginais que alguma vez nosso Pai Celestial e nosso Excelso Governador Planetário, Jesus, sob os auspícios de sua amorosidade, permitiriam que aqueles que lutam por sua transformação moral sofressem, na Terra que Eles presidem, a injustiça permanente transmudada em cobranças e ataques vis, de irmãos ainda equivocados em face da Verdade, sem que, de alguma maneira, não houvessem mecanismos de socorro e de resistência segura ao mal?

Pensais, por vezes, que trabalhar no bem representará sempre eterno esforço contra dores e aflições soezes a macular permanentemente a alma que luta?

Questionais, por vezes, a Administração Divina, quanto a existirem ainda na Terra o ódio, a revolta, a vingança, a inveja, o orgulho, o egoísmo, a soberba, a vaidade, a ambição descontrolada etc., indagando, no íntimo, qual a validade disso tudo e por que tudo já não foi criado por Deus, sem problemas?

Construís, às vezes, pensamentos que não entendem a necessidade de vossos reajustamentos com a Lei Divina ou Natural?

Ora, onde a resistência? Onde o entendimento já conquistado, em face da maravilhosa Doutrina dos Espíritos, de que Jesus voltou através dela? E a confiança em Deus, desapareceu? E a esperança que saiu da mitológica caixa de Pandora, morreu?

Já sabeis que as dificuldades vividas, sejam quais forem, estão atreladas ao quadro progressivo de cada alma. Portanto, nesse torvelinho de indagações, almas queridas, por certo também sabeis que na Terra, muitas vezes ainda, experimentareis a taça do licor da amargura, sorvendo as energias deletérias da tristeza, e que isto poderá conduzir-vos ao mergulho no rio da melancolia, contudo, não deveis esquecer que é mesmo nessas horas que o Mestre sempre vos auxiliará a ofertardes forças de resistência, pois Ele estará com todos, até o fim dos tempos.

Portanto, nos momentos em que conflitos e aflições soezes intentarem invadir vossa alma, reside a imperiosa necessidade de deter as interpretações equivocadas de antanho e de cogitar pensamentos mais ordenados, mais equilibrados, buscando permanentemente as ondas da elevação mental, no trabalho do bem comum, para que, sob esforços muitas vezes heroicos, vosso pensamento possa subir das coisas deste mundo ao encontro das Regiões Espirituais Superiores, onde havereis de comungar com aqueles que jamais estão inertes ao vosso socorro; que jamais vos abandonam e que vos amam em caráter de autêntica fidelidade.

Já tendes a oportunidade das respostas às vossas mais íntimas indagações da alma, a qualquer hora e instante, e já tendes consciência das necessidades das provas e expiações, como institutos corretivos emanados da grande Lei de Causa e Efeito, que sanciona, de maneira imperativa, através da Ação e da Reação, as oportunidades de restauração do equilíbrio quebrado e de resistência e progresso das almas, em direção às Moradas Celestes.

Levantai, pois, o Espírito combalido pelas lutas e fixai vosso olhar no brilho intenso da luz das estrelas que cintilam no firmamento, perfilando vossas almas nas hostes daqueles que já conseguem sentir, mesmo que por átimos, o hálito do Amor Divino, como aroma que penetra vossos Espíritos, propiciando o fortalecimento da fé, da esperança, da confiança e da paz.

Jamais cogiteis de recuos. Nada de esmorecimentos. As lágrimas? Ah! elas possuem também o condão de limpar os canais da dor, para que possais caminhar na direção do Sol refletido da felicidade, logo mais, quando vos forem pedidas contas de vossas obrigações, a fim de adentrardes, livres e felizes, no Reino de Deus.

Irmãos da alma, sigamos, pois, avante,sem temores, na direção do porto seguro da regeneração, perfilando todas as vossas ações no exemplo de fidelidade ao Modelo e Guia da Humanidade, Yeshua de Nazareth, eis que todos estamos, vós e nós, em Trajetórias para o Cristo.

Que Ele nos abençoe, hoje e sempre!

Amigos Paulinos

Prefácio

A CARAVANA QUE JAMAIS SE DISSOLVERÁ!

Os Espíritos Paulinos, com mais esta obra, prosseguem trazendo à luz ricos relatos acerca do Cristianismo Primitivo.

Este livro remete os leitores àqueles tempos longínquos, numa televiagem mental às ocorrências impactantes dos primeiros tempos da divulgação dos ensinamentos de Jesus.

Imprescindível ressaltar que este é o quarto de um excelente conjunto de textos inspirados ao nosso querido amigo Francisco Ferraz Batista, nos quais ressumam a presença do Apóstolo Paulo, que certamente está à frente da equipe dos Espíritos Paulinos:

1º livro: *Nos Tempos de Paulo,* Ed. EBM-SP – 09/2014;

2º livro: *Testemunho pelo Cristo,* Ed. EBM-SP – 02/2016;

3º livro: *Testemunhos pela Verdade,* Ed. FERGS-RS – 06/2018.

Ao ensejo, agradeço ao estimado autor pelo convite para prefaciar esta magnífica obra, o que muito me honra, estreitando assim os laços de amizade que nos unem, para nossa felicidade.

Uma pergunta inicial: Como entender a presença de tantos Espíritos reencarnados na mesma época, tornando-se cristãos, e, muitos deles, mártires?

A grandiosa e superior programação espiritual para a vinda de Jesus ao plano terreno contava, como é natural, com centenas de Espíritos comprometidos com o Mestre, para dar-lhe a sustentação vibratória necessária, como também para serem seus continuadores. Não temos ainda a condição espiritual para alcançarmos a magnitude dessa programação.

Joanna de Ângelis, na obra *Ilumina-te,* elucida:

> *No Cristianismo Primitivo, a fé representava o elo de perfeita identificação da criatura renovada com Jesus.*
>
> *A fim de confirmá-lo, ninguém se escusava ao martírio, sendo que, em algumas circunstâncias, buscavam-no jubilosamente.*
>
> *A coroa do holocausto constituía honra não merecida, graças à qual não havia recusa à fidelidade nem recuo na direção da apostasia.*
>
> *(...) O que impressiona, ao recordar-se daqueles mártires, é a coragem defluente da aceitação do Mestre, muitas vezes aos primeiros contatos com a fé libertadora, e sem muito tempo que houvesse dedicado à reflexão. É como se aguardassem a sua mensagem que, ao ser percebida, diluía toda a sombra da ignorância, facultando o entendimento real do significado da existência terrestre.*
>
> *(...) O martírio era recebido com hinos de louvor e júbilos, mesmo que a debilidade emocional às vezes gerasse pavor e lágrimas, no abismo a que eram atiradas as vítimas da crueldade. O momento do sacrifício era encarado como o instante em que se aureolavam de tudo quanto os sentimentos nobres aguardavam, felicitando-os.* (InterVidas, 2013, cap. 3)

As três obras lançadas anteriormente por Francisco Ferraz Batista, agora acrescidas com esta quarta, perfazem um total de mais de duas mil páginas, propiciando aos leitores uma fantástica viagem pelos árduos caminhos do passado, como integrantes, a partir de agora, de uma caravana muito especial, atravessando as eras, sem tempo para chegar a algum lugar....

O enfoque do capítulo inicial desta *Trajetória para o Cristo* é uma caravana no plano terreno, a de Mateus ben Josepho, da qual passamos a participar nesta longa viagem que aos poucos nos descortina incríveis, momentosos e emocionantes acontecimentos, nas páginas que vão sendo palmilhadas pelo(a) leitor(a).

Porém, o que torna ainda mais atraente a obra que estamos apresentando é a caravana invisível aos olhos comuns, a percorrer a estrada dos sentimentos humanos por um grupo de Espíritos aureolados pelo martírio, que deixaram luminosas pegadas, como estrelas apontando rumos que levam ao Reino do Pai, como exemplo para todo o sempre.

Ficamos conhecendo, através destas páginas, uma cidade espiritual, morada desses Benfeitores, a *Cidade da Fé,* governada há mais de duzentos anos (à época) pelo Espírito Acádio, de alta envergadura moral, onde nos deparamos com vultos do Cristianismo muito queridos e sempre citados, como Paulo de Tarso, Mateus Levi, Tiago Maior, João, Simão Pedro, Lucas, Timóteo, João Marcos, Policarpo de Esmirna, Inácio de Antioquia, Tadeu, Tito, Tomé, André, Filipe, Bartolomeu, Zebedeu, Blandina, Aléxia et al.

Momentos inesquecíveis são abordados, como o julgamento e a condenação de Saulo de Tarso, embora a defesa de seu mestre Gamaliel. Este, entremeando as lembranças, descreve o encontro do Mestre com Nicodemos.

Enquanto isso, no plano material, a caravana de Mateus ben Josepho caminha em direção à cidade de Lugdunum (Lyon), conhecida como a cidade dos mártires, onde, no ano de 177 d.C., foram sacrificados, no circo, quarenta cristãos, entre os quais estavam Blandina e Photinius. Vale mencionar que Blandina, Espírito bastante elevado, tem seu trabalho no plano espiritual destacado por André Luiz, em seu livro *Entre a Terra e o Céu* (FEB, 6.ª ed., 1978). Ela veio a reencarnar no Brasil, sendo hoje admirada e muito querida no meio espírita, com o pseudônimo de Meimei, Espírito que transmitiu, através de nosso querido e saudoso Chico Xavier, belas e instrutivas páginas.

Com a expansão do Cristianismo, transcorrido o Século II e no início do Século III, muitas heresias surgiram, enfrentadas, em especial, por Paulo de Tarso, como se nota nas cartas aos Colossenses, igualmente estendendo suas instruções a Timóteo, seu filho do coração, como o considerava, alertando-o a respeito da invasão de doutrinas estranhas no seio dos Núcleos Cristãos, que tentavam minar a pureza da doutrina cristã.

Duas passagens de alta relevância sobressaem as páginas desta excelente obra: a primeira quando são apresentadas as confidências acerca do julgamento de Jesus, e, na sequência, a mensagem que Ele transmite, na Cidade da Fé, a seus seguidores das primeiras horas ali presentes, sendo que muitos deles dariam a vida, mais adiante, pela mensagem da qual o Mestre se fez o Arauto do Pai.

O segundo momento culminante acontece quando Maria de Nazareth, surgindo numa tela especial, como ocorreu também com Jesus, antevendo que vários dos que ali estavam, em breve, dariam a própria vida em testemunho a Jesus, fortalecendo-os com sua presença. Ela ressalta, com rara beleza e elevação, que

...o Amor deve ser a referência primeira, pois o que pode calar os tinidos dos escudos e das lanças, o crepitar da fogueira da morte e amansar as feras da covardia moral, será somente o Amor! O Amor é o exercício perene que alimenta a vida; o hálito de Yahweh [Deus] a derramar-se por toda parte; o suave perfume que emana do sentimento de paz. Não vos entregueis ao desânimo, nem cogiteis de recuos. Yahweh e Yeshua [Jesus] contam convosco, alistados no seu exército de amor, nos dois planos da existência e sabem o que deveis enfrentar para que depois, vencedores, pelo cumprimento da tarefa, estando o vosso Espírito liberto das injunções da carne, possais singrar aos mundos celestes, para vos sentardes à direita do Pai Celestial.

O princípio das dores se aproxima.

Fatos e peripécias são enfrentados no campo físico, na viagem da caravana de Mateus ben Josepho, acrescida de soldados aproveitando o mesmo percurso, enquanto o chefe continuava a manter conversações em sua tenda, isolados dos demais, com alguns amigos que o acompanhavam desde a hora inicial em anteriores trajetos, recebendo de um deles preciosos ensinamentos acerca de Jesus. O percurso é longo, demorado, cansativo, mas é o instante decisivo e o ensejo abençoado: Mateus ben Josepho torna-se cristão e sua visão se expande em horizontes sem fim, enquanto a caravana invisível se adianta por rumos além das terras incultas.

Várias são as TRAJETÓRIAS PARA O CRISTO que os Espíritos Paulinos vão descrevendo, mesclando acontecimentos e possíveis vivências, relatos autênticos que enlevam o leitor e a leitora, como se fizéssemos parte de uma caravana que atravessa o tempo, sem tempo para a chegada, que pertence a cada um.

As perseguições de Roma recrudescem e os mártires, no circo, dão a vida para o testemunho supremo de fidelidade a Jesus, enquanto renascem aureolados de luz para a Vida Imortal.

Humberto de Campos registra, em seu notável livro *Boa Nova,* a respeito dos mártires, conforme o fragmento a seguir:

> *Nos circos da vaidade humana, nas fogueiras e nos suplícios, ensinaram a lição de Jesus com resignado heroísmo.*
>
> *(...) multiplicando as notas de seu cântico de glória por entre os que se constituem instrumentos sinceros do bem* ***com Jesus Cristo, formam a caravana sublime que jamais se dissolverá.***

Nosso amigo Francisco Ferraz Batista nos convida, neste precioso livro, a prosseguirmos juntos o luminoso trajeto para Jesus, que agora conhecemos, e a participarmos desta ***caravana sublime que jamais se dissolverá!***

Todos estão convidados. O tempo é agora.

Suely Caldas Schubert

Juiz de Fora, 29 de julho de 2018

I

O CARAVANEIRO MATEUS BEN JOSEPHO – LEMBRANÇAS E SAUDADE

Aproximava-se o mês de dezembro do ano 190 d.C., Mateus ben Josepho levantou-se ainda com o escuro da madrugada. Estava frio. As noites naquelas paragens no deserto de Dan eram mesmo muito geladas. Vestiu-se, colocando um casaco comprido a cobrir toda sua indumentária, ajeitou o turbante para proteger a cabeça, com abas sobre as orelhas, ajustou o cinto de couro, firmando sobre ele um punhal comprido, encapado com pentes de chifre de carneiro e cofiou a barba. De quando em quando ouvia o blaterar dos camelos que compunham sua caravana, que tinha oitenta componentes. Vestira-se sob a luz bruxuleante das tochas do lado de dentro da tenda, que eram mantidas acesas por lamparinas a óleo de oliveira, pelo seu ajudante direto, o jovem Shebir ben Isaque, que antes de se retirar para o repouso em outra tenda, conferiu com esmero a quantidade de azeite para toda a noite.

Enquanto acabava de aprumar-se, leve sorriso se lhe estampou na face, eis que, mirando a claridade das tochas, lembrou-se do jovem, seu ajudante. Um pensamento assomou-lhe à mente: Ah! Shebir era um jovem muito educado, diligente e eficiente nas suas obrigações; tinha dezoito anos de idade e, para Mateus, ele era um sonhador! Lembrou-se da família dele, que também trabalhava com compra e venda de tapetes, joias, quinquilharias e adornos que as mulheres utilizavam. Porém, o jovem queria ter suas próprias experiências e conquistas, daí ter-lhe pedido para acompanhar a caravana que sairia de Jerusalém, seguindo a rota pelas terras da antiga Canaã, Tiro e Sidon; que iria pela Ásia Menor até Antioquia da Síria, Tarso, Laodiceia, Éfeso, Esmirna e Assos, após demandaria Trôade, onde recolheriam as compras no porto local, numa viagem de oito meses a um ano, entre a ida e a volta.

Na continuidade das lembranças, reviu pelo pensamento o dia em que o pai do jovem Shebir, seu amigo Eliseu ben Isaac, que era comerciante em Jerusalém e que tinha com a família a crença cristã — crença essa que não era bem-vista pelos judeus tradicionais da Sinagoga —, veio lhe pedir para aquiescer que seu filho acompanhasse a caravana e lhe prestasse serviços, a fim de angariar experiência em viagens e negócios dos mercadores.

Enquanto colocava as sandálias, Mateus ben Josepho voltou a sorrir, desta feita lembrando das conversas e perguntas de Shebir durante a viagem, eis que agora estavam retornando, passados oito meses, e o jovem lhe falava e mantinha com ele conversações longas sobre a existência e grandeza de Yahweh, ocasiões em que costumava também falar bastante sobre o judeu chamado Yeshua de Nazareth, comentando que mesmo passados quase cento e cinquenta anos da presença do filho da cidade de Belém e das suas pregações, suas heranças deixadas no solo de Israel e em outras paragens estavam mais vivas do que nunca.

Mateus afastou aqueles pensamentos, levantou-se pronto para sair da tenda, caminhou na direção da abertura, moveu o cortinado de couro de cabra costurado e saiu. Sentiu o ar gelado. Embora frio, o ar se encontrava rarefeito e não era tão desconfortável. Respirou fundo, olhou para o céu, que parecia segurar com mãos invisíveis a Lua cheia suspensa, que derramava sua claridade sobre as tendas do acampamento, formando uma paisagem aprazível.

Ao tempo em que olhava para o céu, seu pensamento novamente retornou ao jovem Shebir, pois ele costumava lhe dizer que a Lua, segundo os cristãos, seguidores do judeu Yeshua de Nazareth, era mais uma das moradas da Casa de Yahweh. Achou graça naquilo, porém, ficou pensativo. Seria isso verdade? — indagou-se. E se fosse, por que seus antepassados e seu velho pai Rabban ben Josepho nada lhe ensinara ou falara sobre isso? Também nunca ouvira falar disso na Sinagoga principal de Jerusalém. Estava absorto nesses pensamentos e não notara a presença do jovem Shebir, que se aproximara, mas ficara a distância, observando a cena do chefe caravaneiro olhando fixa e demoradamente para o astro no céu.

O barulho da caravana, acordando, e o vozerio dos seus membros como que iniciando de repente, pois eram acostumados a se levantar bem cedo, ainda escuro, para reiniciar a marcha, retiraram Mateus ben Josepho de suas cogitações e contemplação. Logo percebeu a presença do jovem próximo a ele, então o saudou:

— Shalom! Já estás acordado, meu jovem? — indagou Mateus, ao que Shebir respondeu:

— Shalom! Meu senhor, sim, sim, vim chamar-te, mas vejo que já estás em prumo e ainda namorando a Lua.

— De fato — respondeu Mateus —, namorava a Lua e fazia-lhe perguntas da alma, mas sei que ela não tem como responder, não é?

Ao dizer isso, sorriu. Shebir, ao ouvir a resposta de Mateus, ousou dizer novamente o que o chefe caravaneiro já sabia por ele:

— Sim, caro amo, porém, os que lá habitam talvez possam te ouvir. Lembras que já te falei que o Raboni da Galileia ensinou que "há muitas moradas na Casa de Yahweh"?

Mateus ben Josepho assentiu com a cabeça, mas não estava com a mínima vontade de continuar a incursionar naquela conversa, então atalhou:

— Shebir, depois conversaremos mais sobre isso. Vai e fala com Neemias, pede para providenciar o repasto da manhã e que ele fale com Emir para dar ordens de levantarmos o acampamento após a refeição matutina. Pelo visto, temos tempo bom pela frente. Precisamos seguir viagem.

Shebir, fazendo gesto de compreensão com a cabeça, apressou-se a cumprir as ordens do chefe caravaneiro, enquanto este foi caminhar sozinho no entorno da caravana. Gostava de fazer isso. Sentia-se recompensado, somente com o murmúrio e vozerio que vinham das tendas.

Enquanto caminhava de maneira a circular o acampamento, Mateus, talvez instigado pela conversa de Shebir, começou a lembrar das dificuldades comerciais que vinha encontrando, eis que o Império Romano ainda continuava senhor de Jerusalém, desfigurando as tradições, e também continuava a castigar os judeus que ali residiam, com carga de impostos cada vez mais alta. Lembrou-se também de que a Jerusalém antiga já não mais existia; que os judeus não admitiam chamá-la de outro nome, porém ela não era mais a mesma, e que os romanos até impuseram a mudança do seu nome para Síria Palestina. Isto levou grande número de judeus que lá outrora residiam a se dispersarem por vários locais distantes. Lembrava-se também que, segundo a tradição de seu povo, o Rei Davi fizera de Jerusalém a capital de seu reino e o centro religioso do povo judeu.

Cerca de 40 anos mais tarde, seu filho Salomão construiu o templo que se transformou no centro religioso e nacional do povo de Israel, e transformou a cidade em próspera capital de um império que se estendia do rio Eufrates até o Egito. Também se lembrou que, segundo a narrativa de seus pais, Nabucodonosor, Rei da Babilônia, conquistou Jerusalém em 586 a.C., destruiu o templo e exilou seu povo. Que setenta anos mais tarde, com a conquista da Babilônia pelos persas, o Rei Ciro permitiu que os judeus retornassem a sua pátria e lhes concedeu autonomia. Então os israelitas levaram consigo vários materiais para a construção, e Ciro devolveu vários utensílios do templo, que Nabucodonosor tinha levado como despojo. Seu pai ainda lhe falara que um dos exilados que retornou chamava-se Zorobabel, que era descendente direto do Rei Davi, e que, por aquiescência de Ciro, se tornou governador de Judá. Zorobabel e vários sacerdotes construíram um altar e voltaram a oferecer sacrifícios a Yahweh e a celebrar as festas que Ele tinha ordenado na Lei de Moisés. Com o dinheiro angariado, Zorobabel pagou os trabalhadores e os materiais para a construção. Os sacerdotes e levitas organizaram o trabalho. Quando os alicerces do novo templo foram lançados, houve uma grande festa de louvor e gratidão a Yahweh, em Jerusalém. Então eles construíram o segundo templo no local do primeiro e reconstruíram a cidade e suas muralhas.

Depois, Alexandre Magno, da Macedônia, conquistou Jerusalém, em 332 a.C. Após sua morte, a cidade foi governada pelos ptolomeus do Egito e mais tarde pelos selêucidas da Síria. A helenização da cidade atingiu auge sob o rei selêucida Antíoco IV. A profanação do templo e a tentativa de anular a identidade religiosa dos judeus deram origem a uma revolta. Liderados por Judas Macabeu, os judeus derrotaram os selêucidas, reconsagraram o templo em 164 a.C. e restabeleceram a independência judaica, sob a dinastia dos asmoneus, que foi fundada sob a liderança de Simão Macabeu, duas décadas depois de seu irmão, Judas Macabeu, ter derrotado o exército selêucida.

No entanto, o mesmo vácuo de poder que permitiu que Estado judaico fosse reconhecido pelo senado romano em 139 a.C., passou a ser explorado pelos próprios romanos. Hircano II e Aristóbulo II, bisnetos de Simão Macabeu, tornaram-se peões numa guerra travada entre Júlio César e Pompeu, que terminou com o reino sob a supervisão do governador romano da Síria. Em 64 a.C. as mortes de Pompeu (48 a.C.) e de Júlio César (44 a.C.) e as guerras civis romanas que se seguiram, afrouxaram o domínio romano sobre Israel, o que permitiu um breve ressurgimento asmoneu, com apoio do Império Parta. Essa independência pouco duradoura foi esmagada rapidamente pelos romanos, sob o comando de Marco Antônio e Caio Júlio César Otaviano.

Em 37 a.C., Herodes, o Grande, foi designado por Roma como rei da Judeia, fazendo de Israel um Estado-cliente romano e pondo um fim à dinastia dos asmoneus. Herodes, filho de Antipáter, até 4 d.C. foi o rei que mandou matar os recém-nascidos para evitar a presença daquele a quem diziam que viria a ser o Messias e que seria o novo rei, mais poderoso do que ele. Sucedeu-o seu filho Herodes Antipas, que governou a Judeia entre 4 a.C. a 39 d.C., e nesse período estabeleceu instituições culturais em Jerusalém; construiu majestosos edifícios públicos e remodelou o templo; casou com a esposa do próprio irmão, ação que foi condenada por João Batista, o anunciador do Messias, e que o levou à morte.

Em 44 d.C., Roma colocou no poder um procurador romano para governar lado a lado com os reis herodianos, mais especificamente Herodes Agripa I (41-44 d.C.) e Herodes Agripa II (50-100, d.C).

Em 66 d.C., os judeus se revoltaram contra Roma, pois o governo romano havia se tornado cada vez mais opressivo já após a morte de Herodes Antipas.

Durante alguns anos, Jerusalém esteve livre da opressão estrangeira, até que em 70 d.C. as legiões romanas, comandadas por Tito Flávio Vespasiano Augustus, que continuou o cerco a Jerusalém feito por seu pai Tito Flávio Sabino Vespasiano, conquistaram a cidade e destruíram o templo.

A independência judaica foi restaurada por breve período durante a revolta do Judeu Bar-Kochba, em 132 a 135 d.C., mas os romanos novamente triunfaram. Os judeus foram proibidos de entrar em Jerusalém; o nome da cidade foi mudado para Aelia Capitolina e os romanos a reconstruíram, dando-lhe as feições de uma cidade romana.

Em meio a essas lembranças, Mateus ben Josepho recitou baixinho o salmo de Zacarias:

> Assim diz o Senhor dos Exércitos: Eis que salvarei o meu povo da terra do oriente e da terra do ocidente; e trá-los-ei, e habitarão no meio de Jerusalém; e eles serão o meu povo, e eu lhes serei o seu Deus, em verdade e em justiça.

Os pensamentos o levaram ao que sobrara do Templo dos seus antepassados: pedaços de paredes daquilo que, segundo a tradição e o que dizia seu velho pai, foi o que sobrou, do que os judeus se lamentavam profundamente. Reviu na tela de sua memória as reuniões para o estudo do Torá, que passaram a ser feitas nas residências, entre visitação de rabinos e cultos domésticos a Yahweh.

Absorto nesses pensamentos, num repente viajou para mais longe, ao lembrar de Ana, a filha de um coletor de impostos romano, que, apesar de judeu, era um sujeito duro, frio e cruel, inclusive com os de sua raça, de nome Daniel ben Borusch. Aliás, ele era malvisto por todos os de sua raça e, por ironia do destino, não se dava bem com o pai de Mateus. Bem que Mateus tentara fazer a corte a Ana, que era uma jovem muito bonita. Os cabelos pretos e repartidos ao lado, dois olhos castanhos, grandes, com cílios grandes, o rosto muito bem afilado e belo, o corpo magro e esguio produziam um conjunto harmonioso, além do que, sua fisionomia irradiava simpatia já à primeira impressão.

Mateus continuava a caminhar devagar em volta do acampamento, olhando às vezes para o chão, às vezes para a Lua. Lembrou-se dos apenas três encontros que tivera com Ana, nos quais sentiu que ela era a mulher com quem ele gostaria de dividir sua juventude, seus sonhos e fazer planos para casamento. Chegou a dizer isto a ela, no segundo encontro.

De repente, sentiu duas lágrimas grossas a lhe rolarem pela face, pois pareceu ainda ouvir bem de perto a manifestação de alegria de Ana e o mesmo desejo dito por ela, porém, o pai dela não dera permissão a seu pai, e logo a seguir o cobrador de impostos, atendendo à solicitação dos romanos, foi embora de Jerusalém sem deixar notícias, levando consigo o amor dos seus sonhos, e ninguém sabia dizer para onde foram. Mateus estacou o passo e olhou novamente para a Lua. Agora chorava mesmo, quase que convulsivamente, balbuciando baixinho:

— Oh, Yahweh, que saudade! Lá se vão quase quinze anos e não consegui esquecê-la jamais. Éramos jovens, ela com quatorze e eu com dezoito. Onde será que ela anda? Com certeza já desposou outro — pensou, e ao assim pensar, sentiu o coração ainda mais confrangido.

Após Ana ter ido embora, Mateus ben Josepho nunca mais se interessou por mulher alguma. Encontrava-se solteiro, não que lhe faltasse pretendentes, mas ele não encontrou atrativos em nenhuma das mulheres que se aproximaram dele. Em seu coração só havia um lugar e esse lugar estava ocupado por Ana. Enxugando as lágrimas com as barras da túnica, pensou: Se Yahweh quiser, um dia eu hei de reencontrá-la, senão, seja feita a vontade do Pai Celestial. Caminhando nessas cogitações, seus devaneios mentais foram quebrados pela voz de Shebir, que, se aproximando, falou-lhe:

— Meu senhor, vem, por favor, o repasto está servido. Os homens o aguardam para que possam dar início à alimentação.

Mateus, acenando para o jovem, disse:

— Sim, meu jovem, vamos, vamos.

Os dois se juntaram aos demais. Shebir percebeu, pelo semblante de Mateus, que ele estivera a chorar, contudo, nada ousou perguntar. Algum tempo depois, a grande caravana se movia lentamente pelo deserto na direção de Jerusalém.

II

A CIDADE DA FÉ

Já se haviam passado quase dois séculos da era cristã. A mensagem iluminada e essencialmente renovadora trazida pelo Mestre da Galileia antiga, como uma flecha certeira, ferira o coração endurecido do orgulho racial e da crença judia, e abalara por completo as estruturas morais do Império Romano.

Estabelecendo um novo paradigma para a Humanidade, o Cristianismo, embora as lutas ingentes, estava estribado nas anotações de Mateus, Marcos, Lucas e João, cujos escritos receberam o reforço dos Atos dos Apóstolos, de Lucas; das severas advertências enviadas pelo sublime Rabi e anotadas no Apocalipse, pelo Apóstolo João, na Ilha de Patmos, e, ainda, das cartas de Paulo de Tarso, do Apóstolo Pedro, de Inácio de Antioquia e de Policarpo de Esmirna.

As lutas travadas em face dos ataques dos judeus, que continuavam não admitindo ser Yeshua de Nazareth o Messias esperado pelo povo, e as duras perseguições encetadas pelo Império Romano, que via, nesse tempo, o Cristianismo como uma clara ameaça à tranquilidade e poderio do Império, ainda recrudesciam. Entretanto, um fato importantíssimo se ressaltava, pois, a despeito de tudo isso, em um mundo ainda preponderantemente pagão, o Cristianismo avançava a passos firmes, e a sublime, imortal e libertadora Mensagem do Messias trazia uma Nova Alvorada; prenunciava um novo tempo, uma nova era para a Terra.

Nesse compasso, para que a afirmação do Cristianismo encontrasse menos obstáculos possível, em razão das suas máximas e revelações, a primeira ação do Cristo Yeshua, quando do seu retorno às Moradas Celestes, e principalmente em razão de que a Casa de Israel lhe negava a divindade e seu messianato, foi a de convocar o Espírito Saulo de Tarso, lídimo e reconhecido representante do rabinato israelita, erudito e versado na Lei Antiga e na Lei Romana, conhecedor da cultura grega, para que desempenhasse a ação decisiva de não permitir que a Mensagem sofresse reveses intransponíveis.

Paulo, espírito enérgico, astuto e sábio, decidido e de caráter resoluto, desempenhou maravilhoso e decisivo papel na defesa e divulgação dos postulados cristãos. Uma de suas maiores preocupações era quanto à integridade e a unidade dos preceitos da Nova Fé nas comunidades cristãs. Em razão disso, nas suas cartas, deixou inúmeras advertências contra o risco das práticas judaizantes e gnósticas, que negavam a divindade do Messias. Não somente expandiu a penetração da mensagem de Yeshua, como deixou orientações que visavam a preservar os verdadeiros ensinamentos do Mestre. Somando-se à tarefa de Paulo, o Apocalipse de João fez severa denúncia das seitas estranhas que advinham dos gnósticos, de discípulos de Balaão e dos nicolaítas.

Já a partir do ano 170 d.C., os ensinamentos que foram trazidos por outra criatura, que se dizia cristão, de nome Montano, e que dera origem ao chamado Montanismo, no meio das comunidades cristãs, como um frenesi de loucura, espalhou-se rápido pelas igrejas cristãs do Oriente. Embora os esforços realizados por Policarpo de Esmirna e Flávio Justino Mártir, a realidade é que os seguidores do Montanismo cresciam em número e aceitavam que Montano era a única criatura depositária do dom da profecia, no terreno cristão. Auxiliado por duas visionárias de nomes Maximila e Priscila, que abandonaram seus maridos para o seguirem, este, então, iniciou um movimento de evangelização pelas províncias do Oriente, ensinando que o fim do mundo estava próximo e que o Espírito Santo ia aparecer a todos, gloriosamente, e ainda ensinava que para a depuração do espírito eram necessários a autoflagelação e o martírio.

Na Igreja Cristã de Roma, na Península Itálica, o epískopo geral, Victor, havia sucedido a Eleutério, que sucedera a Aniceto, e embora o acordo que houvera sido feito por Aniceto com o Epískopo Policarpo de Esmirna, sobre a controvérsia de datas relativas à celebração da Páscoa; sobre o batismo para quem desejasse ser cristão e sobre o uso de imagens, Victor rompeu com as igrejas cristãs do Oriente e estabeleceu que a única data correta para a Páscoa eram as datas que a Igreja de Roma havia estabelecido, em consonância com a data dos judeus, e que era necessário o batismo para romper com o mundo pagão.

Na Cidade da Fé, cidade espiritual situada na ionosfera terrestre, que era governada já por mais de duzentos e cinquenta anos por Acádio, Espírito de alta envergadura espiritual especialmente escolhido por Yeshua para a tarefa de coordenação da cidade e igualmente do planejamento da divulgação e da disseminação de seus ensinamentos por toda e Terra, e que havia sido um dos grandes profetas da Torá, continuavam a ser levadas a efeito as tarefas de suporte e continuidade da divulgação da Mensagem de Yeshua de Nazareth, realizando perfeito intercâmbio de almas nobres, que desciam, ora e vez, para a densidade da vida física, sob as ordens do Mestre, e que tinham a árdua tarefa de proteger o Cristianismo, não permitindo que os desvios e os ataques de Roma e dos judeus que se aferravam ao tradicionalismo judaico viessem a fazer soçobrar a nau da Boa-nova.

Assim, certa noite, reunidos sob a direção do Governador Acádio, no Conselho de Líderes do Projeto de Divulgação do Evangelho de Yeshua, na Terra, os apóstolos Pedro, Mateus Levi, João e os discípulos Lucas, João Marcos, Paulo de Tarso, Inácio de Antioquia e Policarpo de Esmirna, auxiliados pelos apóstolos Tadeu, Tomé, Zebedeu, André, Filipe e Bartolomeu, conversavam animadamente.

O Governador Acádio, usando a palavra, disse:

— Amados irmãos, recebemos da parte do Mestre de todos nós o recado que passo a vos transmitir:

Irmãos queridos, assim vos chamo em honra ao Meu e Vosso Pai. Manifesto a minhas saudade dos tempos em que caminhávamos pelas estradas de Cafarnaum, de Betânia, de Dalmanuta, de Jericó, de Gada-

ra, de Betsaida, de Emaús, de Cesareia, de Jerusalém e por outros tantos caminhos pelos quais muitos estiveram comigo.

Revelo-vos, por ordem de Nosso Pai, que se aproxima o tempo de lenta agonia para a nação romana, que ainda tem sido o panteão de lutas sanguinárias e que tem entronizado o despotismo que a afasta cada dia mais dos nobres objetivos traçados por Yahweh para que ela existisse, isto apesar dos esforços de alguns enviados, que exerceram o papel de nobres e justos imperadores, os quais, pelas suas lideranças, pretenderam cumprir os desígnios espirituais a fim de que Roma fosse a promotora do progresso material e entronizasse os padrões de justiça para a organização dos povos da Terra. Entretanto, o egoísmo e o orgulho têm sido os grandes adversários do bem, a não permitir a consecução dos objetivos, pelos homens.

Diante disto, as dores se apresentam no palco terreno e se abatem sobre os povos. Porém, amados meus, elas se traduzem no instrumento da cura que o Pai Celestial envia para o despertamento à necessária correção de rumo moral, por parte dos rebeldes a sua Lei. Vós, que tendes ousado dedicar vossas vidas por amor à Mensagem de Nosso Pai, e que buscais espalhá-la sobre a Terra, tende fé e certeza que nenhuma dor ou obstáculo fará cessar o crescimento do legado que vos deixei.

Como bem sabeis, há irmãos que lutaram para levar as minhas palavras para toda a Anatólia e para além do Danúbio, para a Britânia, a Hispânia, a Germânia e a Itálica.

As sementes da minha palavra foram também lançadas por toda a Ásia Menor e Central, na Frígia, na Galácia, nas Ilhas da Grécia, na Macedônia, locais onde nossos irmãos gentios a receberam e recebem, ávidos de esperança, muito embora ela tenha sido quase que banida do seio de Jerusalém.

Em todos esses recantos e em outros muitos, como na Mesopotâmia, na Babilônia, na Pérsia, na Índia, por onde andaram irmãos queridos, a semear as sementes do Amor que vos leguei como patrimônio legítimo que recebi de Nosso Pai, a árvore do Evangelho, que nasceu, e embora as intensas lutas que ocorreram e continuarão a ocorrer, para impedir seu crescimento, haverá de continuar crescendo e dando os frutos necessários à Humanidade terrena.

Venho exortar-vos a continuardes servindo sem aguardar retribuição alguma. Venho para novamente incutir em vossos Espíritos a certeza da gratidão e da recompensa de Nosso Pai, que, ante vossa dedicação, mesmo sob os azorragues das lutas intensas, vos considera verdadeiros trabalhadores da Sua Vinha!

Perseverai! Pregai pelo exemplo de vossa fé e da ação permanente na caridade. Multiplicai vossas palavras através de vossos exemplos de bondade e justiça equânime, e tudo o mais vos será dado por acréscimo da misericórdia de Yahweh. Ide, irmãos, pregai aos simples e aos avaros; aos doentes e aos sãos; aos sofredores e aos poderosos. Os que ouvirem a minha palavra e por ela se interessarem, estes já serão os frutos da árvore do vosso esforço e constatarão, com os olhos do corpo e da alma, que os Espíritos do Senhor estarão convosco.

Amados do meu coração, paz e alegria, e que Yahweh vos abençoe!

O silêncio foi a companhia desejada por todos. Lágrimas de saudade e reconhecimento vertiam dos olhos daqueles que foram os trabalhadores dos primeiros tempos da mensagem cristã, verdadeiros desbravadores dos corações ávidos por compreender o Criador e sua Criação e por continuar a conhecer as excelências do Cristo Yeshua.

Mais algum tempo e o Governador Acádio disse:

— Queridos irmãos, em razão da inolvidável mensagem de nosso Mestre Amado e ante a sua misericórdia e bondade, temos que prosseguir nas lutas pelo bem e sempre adiante. As lutas redentoras estão apenas no começo, porém, já fomos, há bom tempo, incorporados ao extraordinário exército dos trabalhadores do Messias. Não mais haveremos de ter ocasiões para tergiversar, sequer para pensar em imobilismo. Devemos continuar operosos para que a luz da Verdade, que iniciou a clarear, na Terra, cada vez mais aumente o potencial de sua claridade. Muitos irmãos têm dado suas vidas físicas e sua extremada dedicação espiritual por amor à causa do Mestre Yeshua, e muitos outros já se alistaram e continuarão se alistando, para amarem e servirem, sem esperar recompensa.

"Cogito sempre quanto à continuidade de nosso grave compromisso de, daqui da nossa cidade espiritual, continuarmos a trabalhar pela afirmação do Evangelho na Terra, embora as lutas que sabemos existirem e que continuarão existindo, porém, este é o tempo da dedicação. Preparemo-nos sempre mais e melhor, para que possamos influenciar aqueles que se dispuserem a conhecer, viver e divulgar os ensinamentos de nosso Mestre Amado. Assim agindo, possibilitaremos o crescimento, em número, dos combatentes do exército do Amor tão sublimemente comandado pelo Sublime e Amoroso Rabi."

Após a fala do governador, todos os irmãos presentes à reunião, profundamente emocionados, abraçaram-se e fizeram voto comum de continuado trabalho na divulgação da Boa-nova, sempre! A seguir, com sentida e emotiva prece, o Governador Acádio deu a reunião por encerrada.

III

ROMA – A MORTE DO IMPERADOR MARCUS AURELIUS E A ASCENSÃO DO IMPERADOR COMODUS – CONTINUIDADE DAS LUTAS DO CRISTIANISMO

Por decênios, os cristãos sofreram calados as mais vis perseguições. O sofrimento se lhes havia tornado marca viva da mais completa abnegação. Embora os sacrifícios ingentes, carregavam com eles os ecos da manifestação do discípulo de Tarso, que já anunciara, enquanto encarnado na Terra, em razão do que percebia ser o epílogo de seu árduo trabalho de dedicação à causa do Cristianismo, que trazia com ele, em seu corpo, *"as marcas do Cristo"*.

Embora a dor e os testemunhos, os cristãos difundiam, pela força silenciosa das suas convicções e exemplos de bondade e fé, mesmo sob intensa perseguição e proibições, a Iluminada Mensagem do Mestre de Nazareth. Ao martírio, opunham o amor; às acusações mais infamantes, o exemplo da indulgência, da tolerância e da vivência de uma fé inabalável.

Já no segundo século, sedimentados nas lições dos Evangelhos de Mateus, Marcos, Lucas e João; nas cartas de Paulo de Tarso, de Inácio de Antioquia, de Policarpo de Esmirna e nos escritos de Pápias e de Flávio Justino, que, inclusive, defendera o Cristianismo e contestara ante o imperador as perseguições aos cristãos e em razão disso fora martirizado por Roma em 165 d.C.; de Atenágoras, que ainda estava encarnado na cidade de Atenas, na Grécia, e que também se manifestara ao Imperador Marco Aurélio defendendo os cristãos e suas práticas, fazendo verdadeiros escritos de apologias ao Cristianismo, os cristãos abnegados encontraram nesses ensinamentos um verdadeiro cinturão de defesa da Nova Fé.

Desse modo, encontrando o escudo da resistência inamovível da Verdade, agora caminhando para o final do século II e para o alvorecer do século III, os seguidores de Yeshua começaram a estabelecer uma reação vigorosa às perseguições, sem qualquer caráter de violência. Negavam publicamente, mediante a evidência dos fatos do cotidiano de suas vidas, serem autores de acusações ou desobediência, a quem quer que fosse, ou mesmo serem contrários ao poderio romano, que sabiam, na intimidade de suas vidas, se tratar de um poder passageiro, pois lembravam, com mais avidez, das palavras do Mestre, em se referindo ao templo judeu, totalmente derrubado e destruído por Roma, eis que um dia dissera a seus apóstolos: "Não vedes tudo isto? Em verdade vos digo que não ficará aqui pedra sobre pedra que não seja derribada".

Assim, passaram a se opor publicamente às acusações vis e despropositadas, e procuraram sustentar nos Evangelhos do Cristo a força de suas próprias convicções e fé. Numa terra semítica e num mundo, à época, embebido pela filosofia greco-romana, buscavam assentar pelo trabalho e exemplo de bondade, da maneira mais ajustada possível, os tijolos bem alinhados da mensagem do Mestre Galileu, que haviam recebido o barro fértil da palavra e do exemplo de Paulo de Tarso e de outros mais, que formaram um conjunto arquitetônico moral que no futuro haveria de ser valorizado, principalmente pela ainda senhora do mundo material, Roma.

Prenunciava-se o final do século II e para logo mais o início do século III, e o Império poderoso ia ressentir-se da morte de seu imperador filósofo, Marcus Aurelius Antoninus Augustus, que ocorreu a dezessete de março de 180 d.C., em Vindobona, na Península Itálica. Ele contava, então, cinquenta e oito anos de idade. Marcus Aurelius teve 14 filhos com sua mulher, Faustina, a jovem, que era filha do Imperador Antonino Pio. Comandou o mundo conquistado pelo Império, no último grande momento de Roma. Como imperador, conduziu uma Roma já ameaçada, a um período dourado. Como filósofo, escreveu, em geral em acampamentos de guerra, palavras cuja sabedoria e suave resistência iriam desafiar a passagem do tempo.

Eram reflexões para si próprio, frases curtas e não obstante profundas, que giravam, basicamente, sobre a efemeridade da glória e da vida. Suas observações se assemelham a um manual de conduta, e o que mais impressiona é que onde poderia haver um tom professoral existia, na verdade, uma imensa e comovedora suavidade. Ele não condenava a miséria humana, e sim a compreendia. Possuía uma facilidade e uma astúcia ímpar para a reflexão.

Quando começava o dia, sempre exclamava: "Previna a si mesmo, ao amanhecer: Vou encontrar um intrometido, um mal-agradecido, um insolente, um astucioso, um invejoso, um avaro."

Procurava, de todas as formas, não ser arrogante. Dizia ele:

> A arrogância sustenta-se apenas na ignorância e na ilusão. Cada um vive apenas o momento presente, breve. O mais da vida, ou já se viveu ou está na incerteza. Exíguo, pois, é o que cada um vive. Exíguo o cantinho da terra onde vive. Exígua até a mais longa memória na posteridade, essa mesma transmitida por uma sucessão de homúnculos morrediços que nem a si próprios conhecem, quanto menos a alguém falecido há muito.

Possuía um espírito conciliador. Certa feita, descoberta uma conspiração contra o Império, e como seu mentor foi executado sem seu conhecimento, lamentou a perda da possibilidade de perdoar o traidor. Após, entregaram-lhe a correspondência do conspirador. Ele queimou-a sem lê-la, e quando os seus pares do Império não entenderam a atitude, disse: "Sempre que você se desentender com alguém, lembre-se que em pouco tempo você e o outro estarão desaparecidos."

Após sua morte, seu filho Lucius Aurelius Comodus, então com dezenove anos de idade, foi nomeado novo imperador de Roma. Comodus, apesar da esmerada educação que recebera de seu pai, Marcus Aurelius, era um jovem irrequieto, de poucos amigos e de um temperamento explosivo. Nascera em agosto do ano 161 d.C., na cidade de Lavinium, próximo a Roma. Sua personalidade era singular. Desde muito jovem aplicou-se a se tornar um gladiador. As lutas pareciam correr no seu sangue. Autodenominava-se como o Hércules romano e usava, à semelhança de seu ídolo e herói, uma pele de leão e uma maça. Era vaidoso, libertino e votado a uma espécie de loucura precoce. Cruel, combateu perto de setecentas vezes no anfiteatro, o que chocava os romanos, por saberem que seu imperador se rebaixava ao nível dos escravos de Roma, como um gladiador. Pouco ligava para os assuntos do governo, e não ligava muito ao Império. Sua vida era uma festa constante. Tinha para si um harém, e era uma criatura muito supersticiosa. Em que pese tudo isto, teve o bom senso de escolher para o governo das províncias de Roma e para o exército indivíduos com ótima capacidade de administração e visão, bem como teve o cuidado de mandar sempre atender às solicitações dos mais oprimidos, num verdadeiro paradoxo ao seu temperamento. Embora essa assertiva, convocava os senadores romanos para vê-lo atuar na arena, e eles tinham que o louvar, dizendo: "Sois o Senhor e sois o primeiro! De todos os homens afortunados, sois o vencedor!". Certa vez, Comodus cortou a cabeça de um avestruz e a levantou triunfante. Os senadores e expectadores arrancavam folhas amargas de suas grinaldas e as mastigavam, para não caírem em gargalhadas, pois mais valia uma folha amarga do que uma cabeça decepada.

Na realidade, Comodus era um profano em questões políticas e militares; um governante extremamente egocêntrico. Apesar disto, deixando mais evidente ainda os altos e baixos de sua administração, resolveu suspender a política de guerra total que fora aplicada por seu pai Marco Aurélio. Fez uma paz negociada com os germanos e renunciou a conquistas de alguns territórios, em razão da insuficiência econômica do Império. Ele era um homem formoso, porém cruel. Tinha o corpo bem proporcionado, o aspecto majestoso, os olhos meigos, entretanto, cheios de fogo, os cabelos espessos de um louro dourado. Os romanos sustentavam que na verdade ele era filho de Faustina, mulher de Marco Aurélio, com um gladiador. Por esse motivo, ocultava, sob a aparência sedutora, a mais espantosa crueldade.

No seu reinado, os dóceis, os panônios, os germanos e os povos da Britânia foram dominados por seus generais, e enquanto os povos se degolavam pela glória do soberano, Comodus passou a exceder as crueldades de Nero, Calígula e Domiciano. Seus mais fiéis ministros, em certo momento, por ousar contrariá-lo em uma ou outra decisão, foram massacrados por sua ordem, e os servidores mais venerados se tornaram suas vítimas. Nos seus passeios, quando encontrava cidadãos de ventre proeminente, colocava a maldade íntima para fora, pois mandava rasgá-los ao meio de um só golpe, e comprazia-se vendo as entranhas saírem pela chaga aberta.

Mesmo sendo um imperador déspota e provido de extensa maldade, era muito supersticioso e dera ordens de que fosse suspensa a perseguição aos cristãos, porém, em certas províncias, ainda houve várias perseguições. No ano 180 d.C., foram mortos doze cristãos em Cartago, apenas por não acatarem as ordens da governança romana local quanto a prestar culto ao imperador.

Os casos de perseguições e martírio contra os cristãos, por essa época, eram mais o resultado de hostilidades pessoais localizadas contra alguns indivíduos do que algum tipo de ação sistemática do governo imperial contra o Cristianismo.

IV

A CONFISSÃO DE FÉ CRISTÃ DO SENADOR APOLÔNIO AUREUS ARQUISIUS – SUA CONDENAÇÃO E MORTE

A relação difícil entre os cristãos e Roma, que, embora a astúcia e habilidade do Imperador Marcus Aurelius, não fora abrandada, vai, doravante, sob o reinado do Imperador Comodus, experimentar um tempo de relativa paz, apesar do gênio difícil e às vezes descontrolado do imperador.

Embora o seu reinado, de certa forma, fosse geralmente favorável ao progresso do Cristianismo, ainda assim houve um notável exemplo de perseguição a uma autoridade romana, o Senador Apolônio Aureus Arquisius, um romano ilustre, descendente da nobreza, filho do Senador Caio Galésio Arquisius, que, seguindo a herança política de seu pai, também se tornara senador de Roma.

Gozava de enorme prestígio entre os poderosos da cidade e do Império, mas principalmente entre os mais necessitados, que procurava sempre socorrer de alguma forma. Era considerado um intelectual muito bem informado e inteligente, além de ter reputação de grande orador, tudo isso aliado ao fino trato social que o distinguia dos demais. Mostrava excelente destaque no Senado romano, como homem de muitos recursos e talentos, portador de uma ética irrepreensível, bondoso, gentil e extremamente culto e educado. Era versado nas filosofias grega e romana; tinha muito conhecimento da civilização do Egito e da Índia, e foi justamente sua cultura e sabedoria que fizeram com que começasse a ler os Evangelhos do Mestre, vindo a mudar completamente sua opinião quanto ao Cristianismo, eis que passou a adotar os ensinamentos de Yeshua como regra e norma de vida, seguindo a vida austera e exemplar dos cristãos.

Em razão dos testemunhos heroicos dos cristãos e de seus mártires, converteu-se à fé cristã sem qualquer receio, inclusive do senado romano. Por determinado tempo, ele foi respeitado, em razão de seu passado ilustre e sem manchas, sempre servindo bem ao Império Romano. Muitos senadores se perguntavam: Por que um homem de sua envergadura teria abraçado a fé cristã, uma crença que era proibida pelo Império? Apolônio, no entanto, sempre respondia afirmando que a verdade mais profunda e o verdadeiro sentido da vida somente podiam ser encontrados na fé cristã. Como se tratava de um excepcional orador, suas palavras encontravam eco no coração de muitas pessoas, que acabavam por se converter à nova fé.

Seu comportamento, durante um tempo, foi tolerado. Ao mesmo tempo em que agradava a alguns, desagradava a muitos outros. Não demorou para que fosse denunciado ao prefeito pretoriano de Roma, sendo acusado de cristão e disseminador do Cristianismo e, portanto, contrário aos interesses de Roma. Como se tratava de um senador, ele pelo menos teve a possibilidade de apresentar sua defesa. Por essa época, muitas pessoas da nobreza romana, de maneira secreta, tinham abraçado os ensinamentos de Yeshua.

O senador houvera feito uma confissão de fé no Cristianismo, publicamente, e por essa razão os demais senadores sentiram-se ofendidos e insuflaram um cidadão romano de nome Lacinius a dar parte ao imperador, que, compelido pelos senadores, determinou ao Prefeito Pretoriano de Roma, Perenius, que prendesse Apolônio e o levasse a julgamento pelo crime de renegar a religião de Roma e prendesse também seu acusador, eis que antes de fazer publicamente sua confissão de fé cristã, Apolônio já havia sido acusado de ser cristão.

O julgamento foi interessante e diferente, eis que ainda estava vigendo uma lei antiga de Roma, do tempo do Imperador Trajano, que determinava crua perseguição aos cristãos e também a seus acusadores.

Isso deu causa a que seus acusadores fossem, como ele, sentenciado à morte.

O julgamento do senador se deu no átrio próximo às escadarias do Senado Romano, e uma pequena multidão para lá acorreu, na grande maioria simpatizantes e pessoas agradecidas ao senador. Antes do desfecho final, o magistrado leu a acusação, dizendo:

— Senhores membros deste Tribunal Romano, acham-se presos por ordem e na presença de nosso César Comodus, o Senador Apolônio Aureus Arquisius e seu acusador Lucinius. Roma acusa formalmente o Senador Apolônio e seu acusador de conspirarem contra Roma e de desobedecerem à lei romana, contudo, antes, como é de praxe, o acusado tem a palavra para ofertar sua defesa.

Fez-se um breve silêncio e o Senador Apolônio levantou-se e olhando um pouco mais demoradamente para todos e principalmente para o imperador, foi até o centro do local do julgamento e iniciou sua manifestação:

Salve, Roma! Salve, nobre Imperador Comodus! Salve, nobre Magistrado Perenius! Salve, amado povo de Roma! Salve, todos os estrangeiros que se dobram ao poder da Águia Romana!

É-me concedida a palavra para que eu me manifeste sobre a acusação que foi feita. Antes quero dizer que como senador de Roma não recebi ainda uma acusação formal pelas leis romanas. Minha acusação se restringe apenas ao fato alardeado por meu acusador, de que eu, como senador de Roma, professo a fé cristã e que isto é uma ofensa direta aos deuses romanos, portanto, uma afronta à Lei de Roma. Ante esta acusação, faço primeiro um registro que, como um senador de Roma, portanto um cidadão romano, fui criado na tradição patrícia, reverenciando Júpiter e os deuses de Roma, e sempre busquei, desde minha infância, observar o cumprimento da lei e da ordem estabelecidos pelas autoridades da Nação.

A esse fim, desde muito cedo aprendi a amar Roma, não da maneira que a maioria das pessoas, que a tem como Pátria, que a amam como se fosse posse sua, mas sim como meus pais me ensinaram, ou seja, pelo que ela deve representar a seus filhos e ao conjunto dos povos da Terra. Aprendi a reverenciar e a amar Júpiter, Zeus, Apolo, Saturno e Silvano, como as divindades maiores que comandam a Terra, porém, ao crescer, pude constatar, infelizmente, em razão de atos de crueldade a que muitos patrícios que detiveram o poder em Roma deram causa, que na realidade idolatramos deuses de mármore e ainda sequer conseguimos compreender o sentido mais íntimo da fé e a finalidade da existência de Roma e de nossa própria existência.

Nestes anos de lutas que tenho travado, buscando atender ao interesse do povo romano, e mesmo daqueles que Roma tem escravizado, porque entendo que são nossos irmãos, tenho pedido a interferência de nossos deuses, para que esta pátria não seja mais governada de forma arbitrária e insensível, privilegiando uns em detrimento de outros, porém, não tenho obtido respostas e tenho visto que nossos deuses são mudos, ou, quando não, surdos aos apelos por socorro e atendimento de paz e justiça.

Diante desta constatação, tenho me indagado: Como agem nossas divindades diante dos apelos de nossa gente? Por que espalhamos dor e sofrimento ao invés de sermos justos e dignos do louvor de nossos filhos? Qual deveria ser o comportamento dos pais espirituais de nossa nação, senão o de orientar e permitir a seus filhos que ajam ao menos com humanidade para com seus irmãos? Entretanto, digo aos que me escutam neste instante que, o que obtive até aqui foram respostas vazias e que nem de longe lembram a dignidade de um povo que deve fazer a vontade de seu Deus, respostas essas dadas por aqueles que no poder de mando deveriam bem representar essas divindades, mas que, com honrosas exceções, têm provocado, em nosso povo, o gosto pela tirania e o despautério da vaidade e das riquezas vis, que, ao invés de trazer o progresso, infelicitam a nação e entronizam a morte.

Tenho dedicado minha vida a Roma. Convivo com o povo e o povo tem assento na bancada que ocupo no Senado Romano. Quanto possível, busco auxiliar os concidadãos de Roma, mesmo ante a ação direta de governantes ou comandantes déspotas, em várias escalas, que perseguem, caluniam, prendem e amordaçam consciências, o que infelizmente tem se reproduzido a mancheias, no Império. Às vezes logro obter êxito em meus tentames, porém, na maioria delas, nada consigo, porque o sino da corrupção tem soado nos corredores do palácio imperial e nas escadarias e departa-

mentos do Senado e tem chegado aos meus ouvidos. Logro escrutá-los, com a alma confrangida e a esperança despedaçada.

Vive-se uma época em que tudo se pode, desde que se utilize de áureos, denários, sestércios, dupôndios e asses, de presentes, como terras, animais domésticos, etc. Nada se consegue fazer na administração pública de Roma, se não se vender ou comprar almas, que mais representam um estorvo ou empecilho do que alguém que tenha optado por servir à comunidade.

Não, não lançarei anátema àquele que me delatou a vós, nobre imperador, e a vós, nobre Perenius, aqui no papel de Juiz de Roma, nem contra aqueles cujas ações nefandas fazem apodrecer as entranhas de Roma. Jamais fiz ou farei isso, primeiro porque me delatar como sendo um cristão, para mim não representa delação e sim a clareza quanto ao modo de vida que assumi e nunca a ninguém neguei quando perguntado; segundo, porque, quanto ao meu trabalho na comunidade romana e para o povo em geral, os corruptores e os corruptos da nação quase nada sabem ou a nada dão valor; terceiro, porque tenho mesmo a necessidade de lhes falar, o que já disse e é de conhecimento de todos os meus colegas do Senado. Portanto, não há novidade, e o digo, desta feita, ao imperador dos romanos e às autoridades que me julgam: sim, eu sou, de fato, de coração e alma, cristão; sou o que chamo de um romano cristão. Creio firmemente que o Deus dos cristãos, que é chamado de Yahweh, é também o Deus dos romanos, apenas o chamamos por outro nome, Júpiter. Creio também naquele que é chamado de Yeshua de Nazareth, como sendo filho dileto da Divindade Maior, e que veio à Terra para nos trazer a certeza da existência do Amor incomensurável de Yahweh por todos os povos, todas as gentes da Terra. Aprendi e creio que todos somos seus filhos, independentemente de raça, nação, cor, credo e posses.

Talvez seja esta a primeira vez que o Império esteja ouvindo esta definição direta de alguém que exerce uma autoridade política em Roma, porém, sinto em minha alma que dia virá, no futuro, em que a Roma poderosa e fria haverá de se dobrar às palavras simples e profundas daquele que é também chamado de Carpinteiro de Nazareth, que, desastradamente, um antigo cônsul de Roma condenou à morte, sem que Ele tivesse infringido qualquer lei, e, ao fazê-lo, a nação mais poderosa da Terra adornou-se de fraqueza e trouxe para si uma chaga viva que muito custará para curar, no futuro, porque não se pode eliminar as palavras da verdade com lanças e escudos e muito menos com arrogância, orgulho, egoísmo e torpeza, que são manchas que vêm há muito tempo maculando nossa nação.

Ante vossa autoridade e ao lado daqueles que imagino serem meus irmãos no Senado, e olhando para este povo sofrido, levanto bem a minha cabeça e olho para os céus, e destas escadarias vejo este sol maravilhoso que cresta tudo e todos; que fornece as energias para a manutenção da vida sem nada nos cobrar; que engalana as ruas, as praças, as estradas poeirentas, as herdades dos poderosos e as choupanas dos pobres; que produz os reflexos maravilhosos sobre as águas do mar e do Tibre e, estampado na aura destes brilhos, posso ver o que vós não podeis: vejo o futuro, onde nossa nação vai dividir suas fronteiras e ser invadida por aqueles a quem temos escravizado e a quem nada temos concedido; vejo a queda de vosso poder, oh! César Comodus, e vejo os rios de sangue que vários de vossos antecessores, vós e alguns de vossos sucessores fizestes e fareis correr no solo sagrado de uma Roma muito distante do sentimento de fraternidade.

Ainda, aprumando meus ouvidos, ouço também os gritos e lamentos dos injustiçados e, firmando as minhas vistas no horizonte, consigo divisar o transporte da Cruz do Calvário, que haverá de ser fixada no alto do monte Palatino, nesta cidade fria e desumana, e nela vejo a imagem do Homem de Nazareth, de quem vos afirmo, sem pestanejar, sem medo e com a consciência limpa e leve, me tornei seguidor, e a quem este Império vai se dobrar e entronizar definitivamente como Rei dos Cristãos e também seu rei, porque ante os ensinamentos d'Ele, Roma aprenderá a não temer a morte, e aprenderá também que a felicidade não é deste mundo e ainda que àquele que já tem, mais se lhe dará e ele ficará na abundância, e àquele, entretanto, que não tem, mesmo o que tem se lhe tirará.

Nesses dias, que não estão longe, Roma, com absoluta certeza, afirmo que também saberá que, se alguém quiser vir nas pegadas d'Ele, deve renunciar a si mesmo, tomar a sua própria cruz e segui-lo, porque aquele que, por egoísmo, quiser salvar a si mesmo, perder-se-á, contudo, aquele que se perder por amor a Ele, a seu Evangelho e a Yahweh, se salvará. Isto já aprendi e senti.

Digo ao povo que me honra com sua presença nesta hora decisiva da minha vida e diante dos meus colegas senadores, do nobre juiz Perenius e de vós, nobre imperador dos romanos, que não abjurarei minha confissão de fé em Yeshua de Nazareth. Sei que ao dizer isto, assino minha sentença de morte, porém, vos pergunto, o que é a morte? Todos vós sabeis traduzi-la? É fato que ela existe, entretanto, não temo a morte, porquanto entro nela para renascer, para viver em outro mundo, porque também aprendi com Ele que a vida é perene e que o Pai Celestial verdadeiro, não importa o nome, seja Júpiter, Zeus, Saturno, Silvano, Vênus, Apolo ou Yahweh, está sempre presente em todos os lugares, pois Ele também me ensinou que "há muitas moradas na Casa do Pai Celestial, para todos os seus filhos".

Aguardo vosso veredicto, com paz e com a alegria que posso extrair, sem qualquer apanágio de egoísmo, da correção dos meus atos. Podeis tirar minha vida física, porém não podereis jamais tirar-me e apagar o meu legado, minha honra, minha consciência limpa e livre, e meu prazer de ter servido a Roma e ao povo, inclusive aos escravizados, com fidelidade, com justiça e com amor.

Sempre desejei uma Roma livre e justa, e reafirmo que sou cristão não só de palavras, mas de fato. Meu maior desejo é o de dar minha vida em testemunho da minha fé no Cristo, por amor inclusive a esta Roma, que devia ser a mãe cativa que tenho nos meus sonhos, mas que infelizmente ainda é a tutora déspota e cruel.

Enquanto o Senador Apolônio falava, por um mecanismo estranho e desconhecido que deixava todos assustados e apreensivos, sua voz ecoava pelo átrio como se fosse um trovão. Todos a ouviam perfeitamente. Após calar-se, fez questão de olhar nos olhos de seu julgador, o magistrado Perenius, e nos olhos do imperador, depois perpassou a vista em todos os seus colegas do Senado, que, ao contato do seu olhar, abaixaram suas cabeças. Depois olhou para o povo, no plano baixo das escadarias, e viu, no semblante de muitos, apreensão, tristeza e lágrimas.

O Imperador Comodus, visivelmente abalado com a manifestação do senador e demonstrando enorme contrariedade na face, que ficou rubra, olhando para o Juiz Perenius, disse:

— Nobre Juiz de Roma, o julgamento é seu, prossiga. De minha parte, me retiro.

Dizendo isto, levantou-se rapidamente da bancada onde e saiu apressadamente, sem olhar para quem quer que fosse. No seu íntimo, as energias da contrariedade com a cena e com a acusação se digladiavam com a fala do senador. Sua consciência ardia em chamas. Poderia, como imperador, interferir e libertar o senador, porém, como fazia em várias ocasiões, acovardou-se e retirou-se, embora profundamente abalado e presa de irritação.

As leis romanas eram severas, na sua maioria, e enquanto visavam a regulação da sociedade romana, eram justas, porém, havia algumas que pareciam uma exceção à regra da ética e da correção e, àquele tempo, existia uma lei que fora anteriormente imposta pelo Imperador Trajano, e que aliás o Imperador Antonino Pio queria revogar, mas não o fez, e que decretava cruéis punições contra os acusados de serem cristãos e também contra aqueles que eram acusadores dos cristãos. Então, levantando-se, o Juiz Perenius, que não demonstrava sentimento algum na fala, exarou sua sentença:

— Cidadãos de Roma, que aqui estais; dignos membros do Senado da República, por ordem e delegação de nosso César Comodus e diante da confissão pública do acusado, deixando claro que voltou as costas à cultura, crença e tradição de nosso povo; que voltou as costas a nossas divindades e ainda ousou dizer-se seguidor de um reles carpinteiro, que nasceu na obscura Belém Efrata, e que se juntou aos miseráveis da obscura Palestina e quis afrontar o Império, sendo por isto morto na cruz que utilizamos para os malfeitores, e revestido da autoridade que Roma me concede, condeno o acusado e também seu acusador, à morte por decapitação. Anote-se nos registros do Senado e da Casa Imperial. Que os soldados possam levá-los e que a pena se cumpra amanhã pela manhã, no átrio do Circo de Roma. A seguir, o juiz se retirou, sendo que os senadores, um a um, foram saindo cabisbaixos e pressentindo as ferrugens que já corroíam suas próprias almas e as bases do Império poderoso. O povo, que amava o senador, se retirava cabisbaixo, com lágrimas a molhar suas faces, prenunciando um sentimento de vazio e a dor da injustiça, porém nada podiam fazer contra a nação poderosa.

O Senador Apolônio foi colocado numa cela isolada, no calabouço do Coliseu. O legionário que o levou preso se chamava Esdras e o tratou com humanidade. Após trancá-lo na cela, olhou fixamente para o senador e disse:

— Nobre senador, quero vos falar o muito que me entristece vossa condenação e ter que prender-vos e vos confinar nesta prisão.

E olhando em volta, como para certificar-se que não havia ninguém por perto, falou em tom mais baixo:

— Quero dizer-vos que em minha casa somos em seis pessoas e todos nós somos cristãos. Também passamos a seguir os ensinamentos de Yeshua, e mais, conheço boa parte dos soldados, como eu e seus parentes e amigos, que também professam as verdades que o Sublime Galileu, assim às vezes o chamam, trouxe para a Terra.

Apolônio, visivelmente tocado pela confidência do legionário, sorriu, um sorriso de satisfação e alegria por ver ali se materializando o vaticínio que fizera há pouco nas escadarias do senado e na frente do imperador, do magistrado e do povo de Roma. A seguir, disse ao legionário:

— Amigo e irmão, muito me alegro com tua confidência e sei que as verdades do Homem de Nazareth alcançarão por primeiro, na sua generalidade, os corações dos simples e pequenos, e através destes farão minar toda a estrutura envelhecida da crença estéril de nosso povo. Segue professando essas verdades novas e procura espalhá-las, principalmente por teu exemplo de bondade, para que as criaturas ávidas por uma mensagem que as liberte e promova para o bem possam conhecê-las e vivê-las, pois, com certeza, a partir dessa vivência, a Terra se modificará para melhor, e sempre.

Após dizer isso, o senador sorriu novamente, estendeu pelo vão da cela sua mão ao soldado, que a apertou e ficou segurando um pouco. Lágrimas escorriam dos olhos dos dois romanos.

O Senador Apolônio não se casara, e seus pais haviam morrido quando ainda era bem jovem, porém lhes deixaram uma herdade e boas posses, inclusive tinha adquirido uma propriedade no campo, em região muito distante, em Lugdunum, na Província romana da Gália Lugdunense, quando, certa feita, foi até lá, em missão do Senado, o que somente os mais íntimos sabiam.

Não tivera filhos, porém, adotara uma filha de nome Aléxia. Era uma jovem cristã cujos pais cristãos foram presos e vilmente mortos por Roma. Era quem, na companhia de Adora, serviçal que fora admitida pelo senador, cuidava da residência e dos bens do pai adotivo. Então o senador disse ao legionário Esdras, eis que lhe havia indagado o nome:

— Caro amigo e irmão Esdras, se não for pedir-te muito, preciso que me faças um favor muito especial, muito importante e urgente, antes da minha morte. Peço que vás até a minha residência, o mais breve possível, e lá fales com minha filha Aléxia. Ela deve estar aflita, pois as notícias más correm rápido. Conta-lhe tudo o que está me ocorrendo, sem omitir qualquer detalhe e diz para ela que nada há por fazer; que ela nem pense em se expor e procurar as autoridades ou o imperador, pois isto de nada adiantará. Dize-lhe que eu lhe recomendo fechar a casa ainda esta noite, e rápido, e vá para uma herdade que possuo numa cidade que fica longe de Roma, que ela sabe onde fica, e penso que em Roma ainda não sabem. Que ela leve o que puder, inclusive recursos que guardo, e não interfira em nada, porque não conseguiria mudar a sentença de Roma. Faze isto por mim e te serei eternamente grato nos Céus, onde espero ir. Peço a Yeshua que te abençoe por teu gesto de caridade para comigo.

— Podes deixar, nobre senador — respondeu Esdras —, irei ainda agora, antes do cair da noite, e com todo cuidado para não levantar suspeitas, farei o que me pedes e pedirei a ela que se apresse e se evada de Roma o mais rápido possível. Podes ficar tranquilo, que a ajudarei nas providências.

Ao dizer isto, Esdras apertou novamente a mão do senador, e rapidamente deslizou para fora do corredor que dava acesso às celas.

Avisada e aconselhada por Esdras, Aléxia Arquisius, desesperada e aflita, pressentiu que nada mesmo poderia fazer naquela situação. Sem esconder as lágrimas, o mais rápido possível, contando com a ajuda de Adora e do próprio Esdras, tomou todas as providências necessárias. Após as providências, agradeceu profundamente ao soldado romano, que saiu rapidamente, depois ela abraçou demoradamente Adora, que lhe era uma espécie de segunda mãe, e, seguindo o conselho de Esdras, esperou que a noite alta chegasse e muito antes do amanhecer sobre Roma, com uma parelha de cavalos, recursos financeiros que o senador mantinha em sua casa, roupas e víveres que podia carregar, vestiu-se disfarçada como homem e, com todo o cuidado, tomou o rumo da saída norte da cidade.

Aflita e procurando manter a normalidade em seus gestos para não se trair ou levantar suspeitas, embora chorasse baixinho, Aléxia transpôs os destacamentos de sentinelas da saída norte da cidade, para os quais a ida e vinda de cavaleiros de noite e pela madrugada era normal. Em razão disso, nada de anormal perceberam, porque Aléxia vestia roupas masculinas e prendera os cabelos, colocando sobre a cabeça um chapéu de couro, muito comum à época. Ao transpor o portal da saída, instintivamente acenou de longe para as sentinelas, que retribuíram o gesto, e então partiu no rumo do seu ignorado destino.

Cavalgava chorando. Seus pensamentos estavam povoados pelas imagens do pai adotivo, bondoso e amoroso. O temor, a angústia e a saudade já lhe apertavam o peito. Sabia que o senador não escaparia à sanha cruel de Roma. Continuava a chorar, enquanto a noite enluarada lhe ajudava a divisar a estrada. Já a uma boa distância da cidade dos Césares, exclamava baixinho:

— Oh! Amado Yeshua de Nazareth, que vida é esta em que não faltam as tribulações e as dores, em que estamos mergulhados em meio a inimigos e ciladas. Por que será que mal acaba uma tribulação e outra já se aproxima? Como podemos amar uma vida que nos traz amargura e sofrimento?

Ao assim exclamar, lembrava de seus pais, que haviam sido presos e assassinados por Roma. Continuou a indagar baixinho:

— O que será de meu amado pai Apolônio? Será que o receberás após a sua morte? Oh! Amado Yeshua, socorre-o no teu abraço e no teu reino de amor, e socorre-me, porque não sei o que de mim será. Concede-me tua excelsa proteção.

Amanhecera na cidade dos Césares. Ainda pela manhã, dois outros legionários foram buscar o senador prisioneiro e um deles, ao abrir a porta da cela, deu um jeito de aproximar-se do senador e falou-lhe bem baixo aos ouvidos, procurando fazer com que o outro não o escutasse:

— Tranquiliza-te, senador. Esdras deu teu recado e tua filha partiu ainda ontem à noite, em segurança, e a esta altura deve estar bem longe de Roma.

A seguir o legionário endureceu novamente o semblante e os dois o levaram ao circo, que àquela hora estava vazio, e como se achava acorrentado, foi entregue ao carrasco, que o recebeu com expressão fria e patibular. Em seguida, um pretor romano compareceu e, com a presença à distância dos dois legionários, leu a sentença de morte, contudo, pela praxe romana, antes, em voz alta, perguntou ao acusado:

— Romano Apolônio Aureus Arquisius, nos termos do disposto em nossa legislação, Roma te pergunta: Queres recuar de tua posição? Desejas abjurar essa malfadada crença cristã? Se o fizeres, poderás obter indulto à pena máxima e, por benesse do imperador, readquirir tuas funções no Senado de Roma. Então, o que nos dizes?

O Senador Apolônio olhou para todos e após olhou para cima, demoradamente. Parecia mesmo estar conversando, pelo pensamento, com os Céus, e a seguir calmamente respondeu:

— Nobre Pretor, sabeis dizer, por acaso, o que significa para um homem a felicidade? Estará ela nos gozos do mundo? Nas posses materiais? No exercício do poder sobre o destino das nações e dos homens? Será feliz aquele que conspurca a lei, apenas para demonstrar poder? Não, não desejo abjurar nada. Desde que encontrei o Sublime Pastor de Almas, encontrei a paz interior que sempre busquei. Com Ele aprendi que a felicidade está na consciência tranquila e na fé no futuro. Não temo a morte, entro nela para me libertar, ao passo que vós a ela estareis presos diariamente, por grades poderosas, levantadas pelos conflitos de vossas mentes, ao sacrificardes e matardes os justos, sem a presença dos arremates da verdadeira justiça!

Ao dizer isto o senador deixou rolar algumas lágrimas. Não era um choro de desespero, porém já de antecipada saudade da filha amada. Tomou novo fôlego e disse, por final:

— Choro, neste instante, choro, sim, por perceber que o Império poderoso começa o seu irrefreável desmoronamento, carcomido pelas pragas da luxúria, das orgias, da soberba, da vaidade, do egoísmo e do orgulho vãos e da maldade, eis que ora se sustenta sobre o apanágio dos lamentos e da dor de muitos que sonharam com uma Roma que não mais existe e que um dia será somente uma miragem na lembrança do tempo e nada mais! Ficai à vontade e cumpri vossas determinações. Não condeno nem julgo a quem quer que seja, e peço as bênçãos de Yeshua para o povo, para Roma e também para vós.

O senador calou-se. A um sinal do pretor, o carrasco aproximou-se e executou a decapitação, pena de morte a que havia sido sentenciado o senador. A cena era horrível. Ao sentir a lâmina fria abater-se sobre si, o senador perdeu os sentidos. Ficou um tempo, que não sabia mensurar, adormecido. Abriu os olhos e pensou que nada houvera ocorrido com ele, porque à sua frente estava um general romano e um centurião, vestidos a caráter, acompanhados de três legionários. A um aceno feito pelo general, os legionários abaixaram-se e recolheram o corpo do senador numa espécie de maca. O senador estava confuso e sentia-se muito fraco. Então o general se aproximou, tocou-lhe levemente a cabeça e o senador, no mesmo instante, adormeceu profundamente.

V

O DESPERTAR DO SENADOR APOLÔNIO NA CIDADE ESPIRITUAL DE NOVA ROMA

– REVELAÇÕES

O dia já ia alto, quando o Senador Apolônio abriu os olhos. Percebeu que estava em um quarto decorado à moda romana. Ao lado, dois castiçais em barro, que iam do chão até um pouco acima da cabeceira da cama onde ele estava deitado. Tinham nas pontas as figuras da águia romana e eram mantidos acesos com tochas protegidas por aberturas côncavas. O silêncio era enorme. O senador pensou: — Será que fui indultado pelo imperador e fui internado aqui para cuidados de Roma? Mas não vejo ninguém!

Lembrou-se do dia fatídico e imediatamente seu pensamento foi arrastado para o julgamento no átrio das escadarias do senado, depois para a prisão e para o diálogo com Esdras, e à notícia que recebeu de um dos legionários que o levaram para o circo romano, de que sua filha havia partido em segurança. Depois... depois... as imagens estavam confusas em sua cabeça, mas lembrou-se da força descomunal do carrasco romano que o atara ao cepo da morte e, após, o sono profundo e mais nada. Lembrou-se também que ao acordar — e não saberia dizer quanto tempo ficou dormindo — vira um general romano, um centurião e outros legionários romanos a socorrê-lo. Ora, como isto poderia se dar se fora morto pelo carrasco? Morto? A confusão ainda mais aumentou em sua mente.

Aguçou ainda mais o pensamento e lembrou-se da parte que falara ao imperador e ao juiz romano, principalmente sobre a continuidade da vida, mesmo depois da morte. Então pensou: — Será que morri mesmo? E o general, e o centurião, e os soldados que vi? Como explicar tudo aquilo? — De repente, ouviu passos, olhou para a porta de entrada do aposento e viu que uma donzela muito bonita, vestida à moda romana, houvera entrado no quarto a lhe sorrir como querendo acalmá-lo. O senador aguardou. Então, a jovem se aproximou e lhe disse:

— Olá, Nobre Senador Apolônio! Chamo-me Belinda e aqui estou para te servir. Venho ver como estás e como te sentes.

— Um pouco fraco — respondeu o senador —, mas muito, muito confuso. Onde estou? Que lugar é este? Morri ou não morri no circo de Roma? Se morri, o que está ocorrendo? Senão morri, fui indultado pelo imperador?

Tão logo fizera as perguntas à jovem Belinda, ouviu novos passos e automaticamente olhou para a porta. Então seus olhos ficaram paralisados e sua expressão foi de extremado espanto, eis que adentravam no cômodo o velho Senador Caio Galeso Arquisius e sua esposa Belisária Galeso Arquisius, os pais do Senador Apolônio, que já haviam morrido há mais de trinta anos. Apolônio ficou estupefato e sem ação por uns momentos. Seu pai e sua mãe estavam bem remoçados. Sorriram para ele e, automaticamente, nesse instante, o pensamento do senador voou até o Mestre Galileu, e exclamou:

— Então é mesmo verdade! Não morremos, o que morre é o corpo físico, e continuamos a viver! — e a seguir começou a chorar de incontida alegria.

Os pais de Apolônio se aproximaram do filho que retornara às Moradas da Casa do Pai Celestial. Sua mãe segurou-lhe uma mão e seu pai a outra, e foi sua mãe que falou:

— Olá, querido filho Apolônio, quanta saudade temos de ti. Somos agradecidos ao Deus dos deuses por estares conosco. Como podes perceber, já terminou teu tempo atual na Terra. Agora poderás desfrutar de nossa companhia, nesta cidade para onde foste trazido.

Ao dizer isto, lhe afagou os cabelos num gesto que sempre fazia na infância do senador, demonstrando ternura e saudade. Ante o olhar ainda indagativo do filho, seu pai falou:

— Sim, querido filho, não estás mais na Terra. Estás agora em outra cidade, na qual eu e tua mãe, e também muitos romanos, estamos habitando, que se chama *Nova Roma*. Trata-se de uma cidade aqui na Pátria Espiritual, que é a pátria verdadeira de todos, para a qual são trazidos os cidadãos e cidadãs romanos que acabaram e acabam perecendo pela sanha dos poderosos da Roma terrena, e que há em torno de cinquenta anos, embora tenha um governador que a comanda de outra cidade espiritual, é administrada por um general romano, que inclusive foi socorrer-te. A breve tempo, poderás conversar com ele. Aqui viemos para responder a tuas dúvidas imediatas, abraçar-te e dizer de nosso amor, de nossa saudade e de nossa gratidão a Yeshua de Nazareth, e que teremos muito tempo juntos para nossas conversas e lembranças. Agora é preciso que repouses, pois teremos muito tempo para conversar, está bem?

Ao dizer isto, os pais beijaram a testa do filho. Apolônio não conteve as lágrimas, que, ao invés de entristecê-lo, provocavam-lhe uma sensação de alívio e bem-estar. Após isto, a jovem Belinda se aproximou e pediu-lhe que tomasse uma bebida parecida com leite, em um pequeno copo. Após tomar a bebida, o Senador Apolônio sentiu que seus olhos pesaram e rapidamente adormeceu.

As bicadas de um pássaro com cores maravilhosas, que Apolônio não conhecia, na janela do quarto onde estava, acordou o senador. Não saberia dizer quanto tempo houvera dormido. Estava só. O silêncio e as lembranças se confundiam. Tentou levantar-se da cama e percebeu que estava bem melhor. Não sentiu cansaço ou mal-estar. Sentou-se na cama e viu que vestia trajes de cidadão romano: uma túnica simples e branca, com uma faixa em tecido de cor azul, na cintura. Alinhou os cabelos com as mãos, em seguida localizou uma sandália sem amarras e calçou-a. Como se sentia relativamente bem, embora sentindo um pouco de fraqueza, resolveu sair pela porta para ver o que havia além dela.

Ao sair, viu que a porta dava para um cômodo vazio, que se ligava a outra porta. Curioso, caminhou na direção da outra porta, abriu-a e viu-se num amplo salão, com camas espalhadas e sobre elas várias pessoas, umas dormindo, outras acordadas. Viu que eram soldados e outros homens e mulheres vestidos à romana. Muitos tinham o semblante expressando dor, e aquilo o perturbou um pouco. Reparou que havia várias pessoas com vestes brancas. Eram médicos e enfermeiros, que andavam apressadamente daqui para ali, atendendo uma e outra pessoa que estavam nas camas, no enorme salão. Os atendentes, ao vê-lo, sorriram. De repente, a jovem Belinda apareceu e veio ao encontro do senador, e lhe disse:

— Olá, irmão Apolônio, vejo que estás melhor, mais revigorado e disposto, e que resolveste explorar o local. Não te espantes. Estes que vês nas camas são legionários que pereceram na Terra, nas lutas travadas por Roma e homens e mulheres do povo romano. Muitos soldados somente fizeram obedecer às ordens superiores, porém, eram pessoa dignas, como os demais que aqui estão, daí a razão de serem atendidos em nossa cidade, onde estás, que é uma cidade espiritual.

Ante a expressão de espanto de Apolônio, Belinda continuou:

— Como já podes perceber e entender, o que perece é o corpo físico, porém o Espírito, que comanda o corpo, ou, se quiseres, podes chamar de alma, este não morre e continua a viver além da morte física, porque é imortal, mas isto e outras revelações te serão dadas na sequência, eis que vim para buscar-te, para te levar até o administrador de nossa cidade, à qual chamamos, como já ouviste, *Nova Roma.*

Apolônio tudo ouviu com interesse e ante o sorriso cativante de Belinda, aquiesceu em segui-la. Atravessaram o corredor do amplo salão, que na verdade era um hospital de socorro. Após cruzarem uma porta que dava para outro cômodo, passaram a uma sala menor, onde, atrás de uma espécie de balcão, havia três Espíritos que demonstravam fazer anotações de controle do local.

A seguir, ganharam a rua. O que o senador viu, deixou-o deslumbrado. Parecia que se achava mesmo na capital do Império, porém muito, mas muito melhorada e muito mais bonita. As construções, as escadarias dos edifícios, as colunas em pares, e com altura, o desenho da águia incrustada na parte frontal. Eram ruas largas, com uma espécie de calçamento liso e acinzentado. As pessoas iam e vinham com os trajes típicos de Roma, contudo, todos com túnicas brancas. O dia estava maravilhoso. Árvores floridas em várias tonalidades de cores enfeitavam o perímetro das ruas. O senador não se conteve ante tanta beleza e indagou à jovem:

— Nobre Belinda, que maravilha meus olhos veem! Parece que estamos numa Roma muito melhorada. Pergunto-te: Quem é o imperador que governa esta cidade?

Belinda sorriu e respondeu:

— Nobre Apolônio, aqui não temos imperadores, aliás, o único imperador que por aqui esteve uma temporada não exerceu esse cargo, porque não há cargos para o deleite do poder por aqui. Não se dá importância a títulos de nobreza ou políticos. Todos somos iguais, então, aqui, ele não era reconhecido como imperador, e sim como um servidor de Yeshua.

Apolônio ficou confuso com a resposta e novamente indagou:

— Mas me tens chamado de senador, e visitou-me, não há muito, um general romano e um centurião, todos com trajes dos seus cargos, logo, não compreendo esta tua última afirmação.

— Ah! — retrucou Belinda — É que ao primeiro contato com a realidade de tua nova vida, mantivemos as formalidades para que pudesses situar-te, te adaptares lentamente e não sentires muita estranheza.

Apolônio ouviu e refletiu. A seguir, a jovem Belinda lhe disse:

— Chegamos!

Olhou para frente e viu um prédio em estilo romano e jônico, com colunas grossas e ampla escadaria. Subiram os degraus, sem sentir cansaço. Parecia mesmo que deslizavam. Após o último degrau, penetraram por uma grande porta em forma de arco, e no salão de entrada foram recebidos por um legionário e uma patrícia romana muito bonita. Os recepcionistas dirigiram-se aos dois, e o jovem adiantou-se, dizendo:

— Salve, nobre Apolônio, sou Marcus Adilius, e esta é a irmã Emília. Fomos destacados pelo administrador auxiliar da nossa cidade para receber-te e te levar até ele.

A seguir, a jovem, sorrindo, disse:

— Por favor, acompanha-nos. Nossa irmã Belinda também.

Os quatro foram na direção de uma porta aberta, no salão. Caminharam por um pequeno corredor que terminava em outra porta. Chegando lá, a jovem Emília deu três batidas e a abriu levemente, expiando para dentro, ao que todos puderam ouvir uma voz forte dizer:

— Olá, irmã Emília, podeis entrar.

Todos então penetraram no recinto decorado à moda romana, mas com simplicidade e discrição. Atrás de um móvel, com uma cadeira ao centro, estava sentado o administrador auxiliar da cidade. Apolônio reconheceu nele o general romano que o havia visitado enquanto estava acamado, porém, notou que desta feita ele não estava trajando as indumentárias de general. Trajava uma túnica branca, simples e com um cinto dourado. Olhou-o mais fixamente e pôde também notar as feições maduras, entre a juventude e o iniciar da madureza; os cabelos pretos um pouco encaracolados, muito simpático. O Administrador levantou-se e foi ao encontro dos visitantes. Dirigindo-se primeiro a Belinda, disse:

— Nobre irmã, agradecemos tua gentileza de conduzir o irmão Apolônio até aqui.

Após, estendeu as duas mãos na direção de Apolônio e o abraçou dizendo:

— Sê bem-vindo, irmão Apolônio.

A seguir, com um gesto cordial, indicou para todos, quatro confortáveis cadeiras que estavam à frente da mesa onde ele se sentava. Lá se acomodaram.

Apolônio, surpreso, não resistiu a sua curiosidade e indagou:

— Vós sois, então, o administrador desta bela cidade, mas pelo que vejo não estás trajado como general romano. Onde estão vossas fardas alusivas ao cargo de oficial de exército romano? Posso perguntar quem sois, afinal?

O administrador sorriu e respondeu:

— Nobre irmão Apolônio, me chamo Lucinius Verus Aquilinus. Este é meu nome quando de minha última estada na Terra, e lá cheguei, sim, a ser nomeado general dos exércitos de Roma, entretanto, nossa irmã Belinda já deve ter-te falado que aqui em nossa cidade espiritual não fazemos reverência a cargos ou funções. Somos iguais. Ao aparecer para ti com os trajes de general romano, o fiz apenas para que pudesses te familiarizar, sem choques, diante do ocorrido contigo e diante do fato concreto de que a vida continua além do túmulo. As funções, por aqui, dependerão do estado das almas que aqui chegam, e o tesouro maior aqui considerado é o representado pelas atitudes no bem, adotadas na Terra, em razão do auxílio fornecido a quem precisava. Assim, doravante, não mais o chamaremos de senador, e sim de amigo e irmão Apolônio.

"Estou há pouco tempo como administrador auxiliar desta cidade espiritual. Ela é nova e, segundo o irmão Acádio – governador da cidade, que se denomina Cidade da Fé – foi idealizada pelo próprio Mestre Yeshua de Nazareth, e tem o objetivo de ser uma ponte para o conhecimento da verdade para os romanos.

"Por decisão do Mestre de todos nós, nossa cidade deve albergar em sua quase totalidade os Espíritos ou almas dos cidadãos e cidadãs romanos que viveram na Terra, desde que tenham as mínimas condições morais para aqui vir. O objetivo principal é ser trabalhada nessas almas a transição entre as ideias politeístas, materialistas e de poder bélico, como também que se estabeleça bom combate ao sentimento do enorme orgulho de que são portadores os romanos e aos pensamentos egoísticos, com o claro objetivo de fazer brotar os sentimentos de fraternidade entre os Espíritos, independentemente de sua raça ou nação na Terra.

"Deste modo, aqui estamos em pleno trabalho de buscar influenciar nosso povo e seus governantes, com o objetivo de lhes refrear os ânimos contra os seguidores do Messias e de preparar cidadãos romanos para o retorno à Terra, a fim de se alistarem nas fileiras da divulgação dos ensinamentos de Yeshua, nos sítios romanos, e influenciar os governantes, auxiliando na preparação do terreno para que Yeshua de Nazareth seja recebido e reconhecido por Roma.

"Após vários e vários anos de preparação, na Cidade da Fé, eu e meu auxiliar mais direto, o irmão Gabinius, que em breve também conhecerás, e outros que nos ajudam, e ainda contando com a chegada de outros tantos, como o amigo, pela bondade de Yeshua, precisamos lutar por fazer progredir no seio da grande nação romana o pensamento vivo do Cristianismo, embora saibamos do gigantismo de tarefa dessa natureza. Na realidade, somos todos simples colaboradores da Cidade da Fé, e temos por dever ofertar, com nossa dedicação ao trabalho, as condições iniciais para que a maravilhosa mensagem do Mestre Nazareno alcance o maior número possível de romanos."

Depois desses esclarecimentos, o administrador calou-se.

Apolônio refletiu sobre o que ouvira, e como sempre fazia, portador que era de uma inteligência brilhante e com facilidade para assimilar os fatos, indagou:

— Entendi sim o que falastes, e penso que para vós estardes atuando nesta cidade e nesse objetivo, deveis, então, apesar de romano, ter sido cristão quando na Terra, não?

O administrador sorriu para Apolônio e Belinda e respondeu:

— Nobre Apolônio, já lá se vão oitenta anos de minha última estada em vida física na Terra. Quando lá, servia Roma como soldado, depois fui promovido a decurião, centurião e após a general. Lutei várias campanhas militares, sempre com coragem e fé no ideal de uma Roma que deveria ser o centro e a mãe do mundo, portanto, já naquele tempo, a meu ver, deveria ser justa e fraterna para com sua gente e para com outras gentes, muitas das quais submetidas politicamente a ela. Cultivei, desde cedo, por ação de meus pais, as noções do dever, do respeito, da responsabilidade e do amor que devemos dispensar ao próximo. Procurei fazer desses valores morais o padrão de minha conduta, com os meus pares soldados; com os que estavam sob meu comando;

com o povo romano; até mesmo com os povos que Roma conquistava, e principalmente com meus superiores, tendo usado para com todos, do dever de ser leal. Amava, a meu modo, os deuses de Roma, que entendia serem supremos, e fiz da dedicação à Pátria o meu ideal de vida. Não posso deixar de dizer que recebi da maioria dos meus superiores tratamento digno, e que sempre fui sendo, por isso, reconhecido, tendo galgado postos dentro do exército, pelo trabalho e dedicação. Recebi as promoções até chegar ao posto de general de Roma.

"Apesar desses valores e do ideal já expressado em grande parte de minha última existência terrena, sentia, no íntimo, um vazio injustificável, que não sabia explicar. Foi quando, numa campanha militar, acampados próximo à cidade de Éfeso, certa noite, a guarda sentinela fez chegar à minha tenda um grupo de viajantes que se disseram pregadores cristãos, seguidores de quem chamavam *O Homem do Caminho.* Nessa ocasião, dentre eles, conheci um que se chamava Inácio de Antioquia.

"Foi mesmo um reencontro de almas, tal a simpatia que me ligou a Inácio. Eles ficaram hospedados em nossa caravana. Já havia, aqui e acolá, ouvido falar de Yeshua de Nazareth, porém, tinha informações desencontradas. Ora diziam que Ele era um subversivo judeu, que havia contrariado sua própria gente, ora diziam que era uma criatura justa e boa, porém jamais suspeitava da grandeza dessa alma. Foi ali, em plena terra isolada de habitação, que certa noite, na tenda das refeições, pedi a Inácio que me falasse sobre esse Yeshua, a quem reverenciavam como Messias e Libertador. Naquela noite, pela narrativa emocionada desse novo amigo, pude conhecer um Homem Extraordinário, um Homem Amor, uma criatura que, de fato, em razão da narrativa, era mesmo enviado pelo Senhor do Mundo, a quem Inácio denominou Yahweh, o Guia da Nação Judia, mas que ia muito além disso, pois era o Criador da Humanidade inteira.

"Ali, naquele instante, tal foi o enlevo de minha alma, que sequer duvidei que estava diante do Enviado pelo Supremo Senhor da Vida, para que a Terra se modificasse para melhor, provocando para isso a melhoria dos seus habitantes. Inácio desvelou-me ainda a presença de um Espírito tão amoroso, que doou sua existência física para exemplificar à

Humanidade os caracteres da humildade, da indulgência e do perdão, virtudes desconhecidas de nossa nação.

"Dali por diante, nobre Apolônio, embora tenha me apartado de Inácio, cultivei sempre no meu coração a convicção de ter encontrado um amigo da alma, e que, em face de suas revelações sobre Yeshua, encontrara a forma de preencher o vazio existencial que sentia. Muito embora continuando a combater por Roma, passei a usar de ainda mais tolerância, de mais humanidade possível, na minha forma de me relacionar com as pessoas, fossem romanos ou não. Mesmo após ter chegado ao posto de general de exército, continuei, é claro, a lutar por Roma, mas por uma Roma que fosse justa e que fosse diferente daquela que sobrevivia às custas das lágrimas de quantos fossem massacrados pela sanha de imperadores déspotas e sanguinários. A esse fim dediquei o resto dos meus dias na Terra.

"Recebi de Yeshua de Nazareth, hoje eu sei, certa feita, Apolônio, a feliz oportunidade de reencontrar meu amigo Inácio de Antioquia, em uma situação desagradável, pois quando foi preso pela primeira vez por Roma e para lá foi conduzido, tendo recebido a pena de morrer jogado aos leões do Circo Máximo de Roma, mas acabou por ser poupado, tendo as feras o deixado intocado.

"Reencontrei-o triste e profundamente chocado e abatido, em uma estalagem, e pude ofertar-lhe, além da minha solidariedade, o auxílio possível para que ele retornasse a Éfeso, o que fez em um navio romano que certa feita comandei ao nos dirigirmos até lá. Durante a viagem, caro Apolônio, passei a conhecer melhor ainda Yeshua de Nazareth e a nutrir a certeza inabalável de que Ele é o filho dileto do nosso Criador, que veio à Terra para nos mostrar a face amorosa do Senhor da Vida e para dizer que todos nós podemos, por nossos esforços, ser sempre almas melhores, servindo ao próximo, antes de buscarmos ser servidos. Ao nos despedirmos, chorei muito. Já não era o mesmo homem que conhecera Inácio no deserto. Era um homem transformado, que acabava de encontrar o início do caminho que levava à Casa do Pai Celestial.

"Separamo-nos em Éfeso, mas nos unimos pelo pensamento de maneira sólida. O tempo caminhou, continuei minhas campanhas por uma Roma verdadeira, que a muito custo compreendi que se havia tornado uma miragem, o que muito me custou à alma. Depois... depois... passados muitos anos, quando Roma empreendeu campanha na luta contra os dácios, fui ferido em plena batalha e de maneira grave, ocasião em que soube, pelo irmão Gabinius, para minha profunda tristeza, que o amigo Inácio havia sido novamente preso e que ia ser levado a Roma, para o sacrifício no Coliseu. Como minha saúde física piorava, escrevi uma carta a ele e enviei-lhe como lembrança um cordão de couro com uma concha do mar, que sempre carregava no pescoço e que tinha sido presente de minha mãe, para que ele não esquecesse da minha pessoa, e pedia a ele que quando, porventura, estivesse com Yeshua de Nazareth, nas moradas celestes, não esquecesse deste amigo que muito o amava e amava a Yeshua.

"Após, sucumbi à morte física. Passado um tempo, que não sei definir, acordei num local que era uma casa enorme, deitado sobre uma cama. Sentia dores em meu peito, fruto do ferimento em campanha. Observei que estava sendo cuidado por um jovem um pouco alto, os olhos castanhos e grandes, o cabelo da cor do ouro, que, olhando-me com compaixão, disse-me:

"— Olá, irmão Lucinius, que bom que acordaste.

"— Onde estou? — perguntei. — Estou numa casa de socorro aos feridos na batalha? Então não morri ainda?

"O jovem sorriu e me disse:

"— Sim, de fato estás numa casa de socorro, contudo, já há algum tempo estás longe das batalhas travadas por Roma.

"— Como assim? — indaguei, ao que o jovem respondeu:

"— Irmão Lucinius, quando na Terra, não ouvistes falar em Yeshua de Nazareth?

"Respondi que sim, e, ao refletir na minha resposta, repentinamente surpreendido, novamente perguntei, agora apressadamente:

"— Como assim 'quando estavas na Terra?'. Então não estou mais? Morri, é isso?

"Mais uma vez o jovem sorriu e desta feita não respondeu, apenas balançou a cabeça afirmativamente.

"Confesso, amigo Apolônio, que, naquele momento, meus pensamentos me trouxeram um pouco de desconforto. Ao perceber isso, meu acompanhante falou:

"— Amigo, não te martirizes por nada, tem fé; eu me chamo Levi, e aqui estou para auxiliar-te, e para esse fim quero te dizer que tens uma visita, que neste instante está entrando neste local.

"Amigo Apolônio, qual não foi minha surpresa quando nem bem o jovem terminara de falar, vi entrar no cômodo onde estava, nada mais nada menos que meu amigo Inácio de Antioquia, aquele que te narrei ter conhecido perto de Éfeso. Estava mais remoçado, o que me impressionou. Inácio sorriu-me, abriu os braços e se debruçando sobre a cama em que eu estava, deu-me um abraço de irmão saudoso que parecia nunca ter se separado. Compreendi, ali, caro irmão, que eu já estava em uma das moradas da Casa do Pai Celestial, como ele me falara na Terra. Então sorri para ele e as lágrimas correram-me pela face. Ele tinha razão. Yahweh era mesmo o Criador de tudo e Yeshua de Nazareth o Anunciador dessas verdades.

"Com auxílio de Levi, sentei-me na cama e, como se fôssemos duas crianças, pusemo-nos a conversar, a lembrar de nossos encontros, de nossos diálogos, e lembrei-me de perguntar a Inácio se ele tinha visto Yeshua de Nazareth, agora na morada celeste. Ele respondeu-me que sim, que quando ele deixara o corpo físico na Terra, o próprio Yeshua fora recebê-lo, o que o tinha deixado sem palavras e muito feliz, e que recentemente tinha ouvido sua voz em uma reunião na Cidade da Fé.

"Tivemos vários outros encontros e, à medida que estava mais forte, certa feita, ele me disse que viera me buscar para uma reunião com o governador da Cidade da Fé, o irmão Acádio, eis que eu estava hospedado naquela cidade. Preparamo-nos e fomos ao encontro do governador. Conduzido até ele, por sua atendente Eleodora, fomos recebidos em ampla sala, onde, além do governador, se achavam mais três outros Espíritos que me foram apresentados como sendo Simão bar Jonas, Paulo de Tarso e Policarpo. Convidados a sentar, logo o governador foi falando:

"— Nobre irmãos Lucinius, alegramo-nos com tua presença. Foste aqui trazido por deliberação de Yeshua, para que te coloquemos a par de parte dos planos de implantação definitiva da Mensagem de Yeshua na Terra, principalmente entre os romanos. Recebemos do amigo Inácio as melhores referências sobre ti, embora não precisássemos disso, pois temos anotações sobre o irmão, inclusive sobre outras vidas tuas na Terra."

"Ao falar isso, o governador levantou-se, foi até o móvel onde se sentava e de lá apanhou um rolo de escritos, voltou, sentou-se novamente e começou a desenrolá-lo, e ao tempo em que o fazia, me disse:

"— Caro irmão Lucinius, vejo, nestas anotações, que não é a primeira vez que vestiste a indumentária de general. No ano de 358 a.C., renasceste na Macedônia e te tornaste um dos generais que combateram ao lado do Imperador Alexandre da Macedônia, chamado de O Grande. Na ocasião, eras conhecido pelo nome de Seleuco Nicanor. Após a morte de Alexandre, fundaste, na região da Babilônia e na Mesopotâmia, um novo reino e expandiste teus domínios incluindo grande parte dos territórios orientais conquistados por Alexandre, dentre eles Israel e os territórios Palestinos, a Pérsia, a Pártia, a Bactria e a Arábia, até a foz do distante rio Indo, de modo que os limites de teu Império eram os mais amplos na Ásia, depois de Alexandre. Englobava ainda a totalidade da região da Frígia, portanto a Ásia Menor e parte da Ásia Central. Anexaste aos teus domínios as terras da Anatólia, por onde nosso mui estimado Paulo de Tarso andou tempos depois e fundou vários Núcleos Cristãos e foste um grande administrador da nação que foi fundada sob teus auspícios, sendo grande parte do domínio anterior de Alexandre. Nesse tempo, fizeste muitas alianças com mercadores, sacerdotes e concedeste a teu povo um governo justo. Acreditavas piamente nos teus deuses Olimpo, Júpiter, Zeus, Kronos, Condor e outros, e deixaste um legado interessante para a Terra.

"Em outra vida, retornaste à Terra em 63 a.C., e renasceste como Marco Vipsânio Agripa, em Roma, quando foste um dos mais importantes generais do Imperador Caio Júlio César.

"Também está anotado que desde a morte de Caio Júlio César, te puseste ao lado do sobrinho dele, Octávio, de quem eras amigo, desde jovem, e o apoiaste para que ele tivesse ascensão ao poder no ano 21 a.C. Desposaste Júlia, filha do Imperador Octávio; defendeste o território da Gália, quando ameaçado pelos germanos; puseste fim à guerra contra os contábricos e foste tribuno do Imperador Octávio, que também era conhecido como Otaviano. Foste, na ocasião, segundo as anotações romanas, magnífico administrador. Construíste aquedutos, termas e, inclusive, elaboraste o mapa do mundo antigo.

"Ficaste um tempo muito breve na pátria espiritual, e retornaste à Terra na condição de Lucinius Verus Aquilinus, tua atual identidade. Chegaste novamente a general, serviste sob os Imperadores Tito Flávio Vespasiano Augustus, depois Tito Flávio Vespasiano Domiciano, Marcus Cocceio Nerva e Marcus Ulpius Trajano. Apesar do descompasso de alguns desses imperadores, foste um servidor leal, que não admitia injustiças, bom, franco e honesto. Auxiliaste muitos cristãos, dentre eles nosso Inácio de Antioquia, e granjeaste a simpatia do povo, tanto no Império como também em nossa Cidade da Fé."

"O Governador Acádio fez pequena pausa e, olhando novamente para minha pessoa, continuou:

"— Ante isto tudo, caro Lucinius, foste escolhido para, querendo, ser um administrador auxiliar da cidade espiritual recém-fundada, a que denominamos *Nova Roma* e que foi criada como um departamento de nossa cidade, cujo objetivo principal será o de acolher romanos que possuam condições morais para lá chegarem. Não te espantes com o convite, quando ainda te ressentes das lembranças do retorno à vida espiritual. É que o tempo corre e precisamos fortalecer o planejamento de divulgação dos ensinamentos de Yeshua de Nazareth, na Terra, e para isto temos que diminuir ou até mesmo anular a influência daqueles que em Roma fazem oposição ao Cristianismo. Se aceitares nosso convite, não estarás só. Providenciaremos para que antigo companheiro teu, ao tempo do Imperador Caio Júlio César Otaviano, de nome Caio Anísio Polião, que durante a guerra civil entre Caio Júlio César e Pompeu ficou do lado de Júlio César, e que, após, a pedido de César, assumiu o comando da província da Sicília, depois foi eleito tribuno da plebe e foi um dos quatorze pretores que César nomeou para auxiliar o Império. Este teu amigo voltou à Terra com nome de Gabinius Marcus Sulpicius, e te acompanhou em tua última jornada, sendo teu imediato. Informamos-te que para breve tempo o irmão Gabinius também retornará para as moradas do Pai Celestial e possui méritos para igualmente ser convidado para esse projeto para o qual hoje tu recebes o convite."

"Então, nobre Apolônio, o governador guardou o rolo com as anotações, respirou fundo e esperou minha manifestação, que não se fez esperar, pois lhe disse:

"— Irmão Acádio e demais irmãos, sensibilizado e emocionado, pude rever na tela de minha memória, várias cenas do passado, enquanto desfilavas a leitura, o que fiz por meios que não consigo entender ainda. Honra-me servir a Roma, mas honra-me muito mais ainda servir ao Pai Celestial e a Yeshua de Nazareth. Estou feliz pelas revelações que aqui tenho tido; pelo reencontro com o amigo Inácio de Antioquia e convosco, embora sem a lembrança de vossa presença nos quadros de minhas existências. Vejo que há um mar de revelações que terei pela frente, mas por Yeshua, pelo amigo Inácio, pelo amigo Gabinius e por vós, podeis contar comigo.

"Foi desta forma, caro Apolônio, que tempos depois tive a oportunidade de aqui chegar, e após, junto com meu amigo Gabinius, dispor-me a servir a Yeshua e Yahweh. Como as lutas pela disseminação dos ensinamentos de Yeshua, na Terra, mormente em Roma, têm recrudescido, precisamos aumentar o contingente de trabalhadores. Por essa razão, tenho a alegria de, sob os auspícios do Governador Acádio, convidar-te a engrossar as fileiras dos trabalhadores de Yeshua nesta cidade de Nova Roma, onde te encontras neste momento, para ações específicas junto à nação romana na Terra."

Lucinius fez pequena pausa e esperou.

Apolônio, sensibilizado com o que ouvira, prontamente respondeu:

— Nobre irmão Lucinius, as revelações que fazes me são impressionantes e jamais imaginadas, mas vejo que são reais. Podeis sim contar com minha disposição para o trabalho, que é simples e desataviado de qualquer pretensão, mas carregado dos melhores sentimentos da minha alma.

Lucinius então se levantou, o mesmo fazendo Apolônio e Belinda, e, dirigindo-se ao antigo senador, arrematou:

— Irmão Apolônio, agradeço profundamente tua disposição em colaborar e juntos haveremos de auxiliar a produzir o melhor trabalho a favor de Yeshua de Nazareth no solo de Roma.

A seguir se despediram, para que no dia seguinte novamente se reunissem para iniciarem novas etapas de preparação da tarefa para a qual Apolônio tinha sido convidado.

VI

A VIAGEM DE RETORNO DA CARAVANA DE MATEUS BEN JOSEPHO A JERUSALÉM – REVELAÇÕES

Enquanto isso, na Terra, a caravana de Mateus ben Josepho reiniciava sua marcha. A expectativa era de em no máximo três a quatro meses, dependendo das chuvas que naquele período eram mais presentes, pudessem chegar a Jerusalém. Para isso passariam pela região muito antiga, chamada Canaã, situada ao longo da faixa costeira oriental do Mediterrâneo, onde também fariam algumas negociações, visto que seus habitantes eram antigos fenícios relacionados ao comércio de púrpura, que era uma tintura têxtil de cor avermelhada desenvolvida na cidade de Tiro, antiga cidade fenícia que ficava próxima a Sídon. Tratava-se de uma cidade portuária.

O comércio de todo o mundo à época estava reunido nos armazéns de Tiro. Os mercadores dessa cidade foram os primeiros a aventurar-se a navegar através das águas mediterrânicas, fundando colônias nas costas e ilhas vizinhas do mar Egeu, na Grécia, na costa norte da África, em Cartago, na Sicília e na península Ibérica. Tiro era dividida em duas partes distintas: uma fortaleza rochosa chamada Antiga Tiro, e a cidade, construída numa pequena e rochosa ilha a setecentos metros da costa. Estrategicamente, era um local muito bem posicionado. Foi cercada durante cinco anos por Salmanaser III, rei da Assíria de 859 a.C. a 824 a.C., que era filho de Assurbanipal II. Seu longo reinado foi marcado por uma série constante de campanhas militares contra as tribos dos povos orientais, que contavam com o auxílio dos fenícios do continente. Em 586 a.C. Tiro foi cercada por Nabucodonosor durante treze anos, aparentemente sem sucesso. Caiu, depois, sob o jugo de Alexandre da Macedônia, o Grande, após um cerco de sete meses. Depois disso, passou a ser posse do Império Selêucida.

Os cercos e invasões a Tiro tiveram registro pelo profeta hebreu Ezequiel, que profetizou:

> Assim diz o Senhor Yahweh: Eu estou contra ti, oh! Tiro, e farei subir contra ti muitas nações, como se o mar fizesse subir as Tuas ondas. Elas destruirão os teus muros, derrubarão as tuas torres, e eu varrerei o seu pó, e dela farei uma pinha descalvada. No meio do mar, virá a ser um enxugadouro de redes.

O Apóstolo Paulo de Tarso, ao regressar de sua terceira jornada missionária, passou uma semana com os cristãos do Núcleo de Tiro, cujo Núcleo havia sido fundado em homenagem a Estêvão. A cidade de Tiro ficou conhecida pela produção de um tipo de tinta púrpura bastante rara, de cor avermelhada. Essa cor era utilizada em muitas culturas dos tempos antigos. Tiro continuava a manter sua importância comercial, principalmente para os mercadores, e lá Mateus esperava também fazer algum comércio com o que trazia de Trôade e o que poderia ali adquirir.

O barulho provocado pelas conversações e pelas cantorias de um ou outro membro da caravana e o blaterar dos camelos ressoavam pelo deserto. Na caravana, não havia cavalos, eis que, para Mateus, dado que ao tempo em que se embrenhava em viagens, sem preocupação com a volta, os camelos eram mais resistentes, pois que podiam ficar muito tempo sem beber água. Ainda teriam que caminhar bastante pelo deserto de Dan, onde agora se encontravam e onde a temperatura durante o dia atingia às vezes cinquenta graus centígrados positivos, mas, durante a noite, poderia cair abaixo de zero. Mateus, ao compasso da Caravana, ia lembrando as fases de sua vida, desde a infância. Lembrou-se que seu pai, que também era mercador, quando em viagens pelo deserto, sempre repetia um ensinamento de seu povo, feito pelo Profeta Moshe:

> Recordar-te-ás de todo caminho pelo qual o Senhor, teu Deus, te guiou no deserto estes quarenta anos, para te humilhar, para te provar, para saber o que estava no teu coração, se guardarias ou não os seus mandamentos.

À frente da caravana, ia seu empregado principal, Elias ben Shebabe. Elias era da mesma idade que Mateus e haviam se conhecido quando ambos tinham vinte e dois anos de idade. Foi numa estalagem em Jerusalém, na cidade baixa, que se cruzaram pela primeira vez. Mateus havia adentrado na estalagem, quase no final da tarde, pois sentia, naquele dia, o coração mais confrangido em razão da saudade de Ana, de quem nunca esquecera e às vezes aplacava suas dores em uma taça de vinho, não que fosse afeto à bebedeira, mas, nessas ocasiões, sentava em uma mesa no canto da estalagem e pedia ao estalajadeiro uma boa jarra de vinho e ficava ali, bebericando aos poucos e refletindo no golpe que o destino lhe dera, ao separá-lo daquela que seu coração escolhera e por quem se enamorara profundamente. Recordou por instantes que desde a partida da família de Ana, ele passara a rarear sua frequência à Sinagoga, e como já havia sido estabelecido por seus irmãos judeus, ia várias vezes até os pedaços que sobraram do grande templo dos antepassados Davi e Salomão. Lá, ao pé das paredes altas e largas do que restara do outrora majestoso templo, orava a Yahweh, sempre recitando o salmo 85 do Rei David:

> Inclina, Senhor, os teus ouvidos, e ouve-me, porque estou necessitado e aflito.
> Guarda a minha alma, pois sou santo. Oh! Yahweh, salva o teu servo, que em ti confia. Tem misericórdia de mim, ó Senhor, pois a ti clamo todo dia. Alegra a alma do teu servo, pois a ti, Senhor, levanto a minha alma. Pois tu, Senhor, és bom, e pronto a perdoar, e abundante em benignidade para todos os que te invocam.
> Dá ouvidos, Senhor, à minha oração e atende à voz das minhas súplicas. No dia da minha angústia, clamo a ti, porquanto me respondes. Entre os deuses não há semelhante a ti, Senhor, nem há obras como as tuas. Todas as nações que fizeste virão e se prostrarão perante a tua face, Senhor, e glo-

rificarão o teu nome. Porque tu és grande e fazes maravilhas; só tu és oh! Eloim.

Ensina-me, Senhor, o teu caminho, e andarei na tua verdade; une o meu coração ao temor do teu nome. Louvar-te-ei, Senhor Yahweh, com todo o meu coração, e glorificarei o teu nome para sempre. Pois grande é a tua misericórdia para comigo; e livraste a minha alma do inferno mais profundo.

Oh! Yahweh, os soberbos se levantaram contra mim, e as assembleias dos tiranos procuraram a minha alma, e não te puseram perante os seus olhos. Porém tu, Senhor, és um, oh! Eloim, cheio de compaixão, e piedoso, sofredor, e grande em benignidade e em verdade. Volta-te para mim, e tem misericórdia de mim; dá a tua fortaleza a teu servo, e salva o filho da tua serva.

Mostra-me um sinal de teu favor, para que o vejam aqueles que me odeiam, e se confundam, porque tu, Senhor, me ajudaste e me consolaste!

Ao assim recitar, pedia por sua amada, e que se um dia Yahweh assim quisesse, ele haveria de reencontrá-la.

Mateus estava absorto nesses pensamentos e lembranças, quando Elias ben Shebabe acercou-se da mesa onde ele estava e disse:

— Olá, senhor, posso me sentar para te fazer companhia no vinho?

Mateus olhou para o visitante, viu que se tratava de um jovem qual ele, muito simpático e portador de um sorriso franco, então respondeu:

— Sim, sim, podes sentar e dividir o vinho comigo.

O visitante sorriu ainda mais e estendeu a mão para Mateus dizendo:

— Elias ben Shebabe, a teu dispor — e, após sentar-se, falou: — Caro senhor?... — e esperou.

— Mateus ben Josepho, também a teu dispor.

Elias continuou:

— Caro senhor Mateus, venho quase sempre aqui na estalagem nestes últimos dias e vejo-te quando aqui chegas, sentar-te na mesma mesa, pedir uma jarra de vinho e depois de beber o vinho, te retirares sem falar com quem quer que seja. Sempre te noto triste. Hoje tomei coragem de falar contigo e aqui estou para dividir o vinho com o amigo. Aliás, o estalajadeiro, indagado por minha pessoa, me informou que és comerciante, que possuis uma caravana de negócios e que viajas constantemente para os territórios da Pérsia, da Índia, da Anatólia e além, e que retornas às vezes passado até um ano, não é mesmo?

Mateus olhou para os olhos de interesse de Elias e respondeu:

— Sim, sou comerciante e possuo uma caravana com vários homens que viajam sempre comigo. Quase todos não possuem esposa nem filhos, até porque, quando saímos em viagens a negócios, não estabelecemos prazo para a volta.

Mateus fez uma pausa, então Elias argumentou:

— Pois é, caro senhor, eu estou interessado em me incorporar a tua caravana. Eu não tenho família em Jerusalém. Meus pais são da Síria e também comerciam por lá. Vivi um tempo na cidade de Roma, que é muito longe daqui, após, resolvi vir a Jerusalém, para buscar curar feridas na minha alma e não penso em voltar muito cedo para Roma nem para a Síria. Encontro-me já um pouco cansado de carregar produtos no mercado da Cidade Alta para venda nas barracas ao ar livre, o que já faço há um ano, e como te falei, perguntando ao estalajadeiro sobre ti, resolvi vir falar contigo, pois desejo sair um pouco de Jerusalém, onde tenho me sentido sufocado com a agitação da cidade e da feira e com a vigilância dos romanos, que para mim têm se mostrado insuportável nestes últimos tempos. Por essas razões, gostaria de te pedir se porventura me aceitarias em tua caravana. O que me dizes?

Mateus, como já estava agradavelmente surpreso pela simpatia de Elias, respondeu-lhe:

— Senhor Elias, noto em teus olhos e no teu sorriso sinceridade. Não sou afeto a aceitar em minha caravana pessoas que não conheço, mas diante de tua franqueza d'alma, aceito-te como o mais novo membro da caravana, se assim desejares mesmo.

Após aquele encontro e novas conversações, passados alguns dias, Elias foi incorporado à caravana, e numa manhã radiosa de sol, deixavam Jerusalém com destino à Anatólia.

Depois dessas lembranças, Mateus cogitou no pensamento que quando chegassem a Jerusalém, procuraria o rabino Eleazar ben Arakh, que era o subchefe da Sinagoga local e amigo de seu pai, para conversar com ele sobre Yahweh. Queria entender mais, e também buscar saber quais seriam os motivos possíveis que impediam a sua felicidade e que impedem a felicidade dos homens na Terra. Cogitou também que queria tirar a dúvida que o jovem Shebir ben Isaque tinha conseguido colocar em sua cabeça, no sentido de que na casa do Yahweh existiriam muitas moradas.

Sem saber o motivo da ligação, seu pensamento novamente foi ao encontro do jovem Shebir, e disse para consigo:

— Hoje à noite deveremos repousar no Oásis deste deserto. Acamparemos, e, à noite, conversaremos mais. Também chamarei Elias para participar de nossa conversa.

Ao cair o crepúsculo, a caravana de Mateus aproximou-se do Oásis de Dan. As luzes das lamparinas bruxuleantes das poucas casas que povoavam as margens do Oásis já eram vistas. Havia umas quarenta casas, além de o Oásis se transformar em ponto de parada obrigatória para as caravanas, para dar de beber aos camelos ou cavalos e auxiliar no provisionamento de água. Também era um ponto de comércio, onde os caravaneiros podiam adquirir selas, mantas e roupas feitas por tecelões que ali residiam.

As caravanas, ao se aproximarem do local, montavam seus acampamentos a uma distância regular, para que o bulício da caravana não incomodasse os habitantes. Ao chegarem próximos à paragem, Mateus ben Josepho deu ordens a Elias que iniciassem a montagem das tendas, providenciassem dar de beber aos camelos, reabastecessem os recipientes de reserva de água e preparassem o repasto noturno. Após intensa movimentação nas tomadas de providências quanto ao reabastecimento de água, após instalada a caravana e tão logo terminada a refeição noturna, Mateus pediu a um serviçal da caravana que chamasse o jovem Shebir e o chefe Elias para que viessem à sua tenda.

Mateus estava do lado de fora de sua tenda, mais uma vez admirando a Lua e sua luz que jorrava sobre o oásis e sobre a imensidão do deserto. Quando assim ficava, sob o impacto da meditação, seu coração parecia sangrar de saudade. Tivera tão poucos contatos com Ana, mas parecia que já a conhecia de há muito. Nunca conseguiu entender esse estranho fenômeno e as lembranças não só lhe maculavam o coração, como lhe produziam extenso rio de lágrimas, que a muito custo era contido.

Estava nessas cogitações quando ouviu passos, voltou-se e viu Shebir e Elias que se aproximavam, conduzidos pelo serviçal. Ao vê-los, Mateus sorriu, dizendo:

— Olá, meus amigos, que bom que viestes à minha tenda. Às vezes, embora estejamos viajando juntos há meses, me sinto muito só. Sempre me tem ocorrido que mesmo ao lado de vós e dos demais caravaneiros, parece mesmo que ando sozinho e sem amparo. Esses sentimentos, quando me tomam o pensamento, me martirizam a alma. Procuro afastá-los, porém, não é sempre que consigo lograr êxito. Após os abraços de praxe, adentraram à tenda de Mateus, onde havia quatro bancos feitos de árvores, forrados com peles de cabra, que eram confortáveis, e também almofadas grandes, caso alguém quisesse sentar-se mais confortavelmente. Mateus pediu que sentassem. Após, pegou em um pequeno baú, um recipiente de barro com tampa e três copos, para servir os três, dizendo:

— Este é um bom vinho que adquirimos nesta viagem, lá em Trôade, e segundo o comerciante que me vendeu vários recipientes destes, se trata de vinho feito na Itálica, de excelente qualidade.

O jovem Shebir agradeceu e disse que ficaria contente com um copo de água. Após servidos, Mateus convidou-os à um brinde e levantando seu copo, disse:

— A nós, ao êxito de nossa caravana, aos negócios que prometem ser promissores e à vida!

A luz de quatro lamparinas iluminava a tenda e as chamas às vezes criavam contrastes interessantes quando refletiam nas paredes da tenda. O barulho do lado de fora era entrecortado por vagas de silêncio. Mateus quebrou o repentino silêncio que se fez e falou:

— Meus amigos, chamei-os aqui esta noite não para conversarmos sobre negócios, mas para falarmos de outras coisas. Eu sei que nosso jovem Shebir, com os de sua família, são adeptos da nova crença que tem sido propagada já em muitas paragens, à qual dão o nome de Cristianismo; já quanto ao irmão Elias, acho que nunca lhe perguntei isto ou sobre divindades, não é mesmo? — disse, dirigindo seu olhar para Elias, que aproveitou o breve silêncio feito por Mateus e respondeu:

— Não, senhor Mateus, nunca me perguntaste sobre isso, mas posso adiantar que não estou seguindo crença nenhuma neste momento, apenas sigo a tradição judaica, de meus pais, porém, além de muito moço e ante algumas desventuras que tive, fui tomado de um sentimento de aversão à nossa religião e, para não combatê-la, preferi ficar quieto e me afastar da sinagoga.

Mateus, retomando a palavra, disse ao jovem Shebir:

— Pois bem, meu jovem amigo, nestes momentos de solidão, como já te disse, em que a amargura tem tomado conta do meu coração e ante o entusiasmo juvenil que demonstras no que crês, gostaria que nos falasses sobre esse Yeshua de Nazareth a quem chamam de Messias, e que é o vosso líder, é possível?

O jovem Shebir, com um intenso brilho nos olhos, respondeu:

— Sim, sim, meu senhor, é sim possível, e confesso que para mim é extremamente agradável.

A seguir, iniciou a discorrer sobre a vida e as obras de Yeshua. Falou de seus pais, de seu trabalho missionário, que Ele iniciou por volta dos trinta anos de idade; contou suas andanças, seus feitos, suas curas; falou sobre o sermão da montanha e após sobre sua injusta prisão, seu injusto processo e sobre sua triste crucificação.

Mateus e Elias acompanhavam a narrativa com vivo interesse. Ao Shebir fazer uma pausa, Mateus aduziu:

— Ora, meu jovem, em certo trecho de tua bela narrativa, falaste que esse Messias se disse filho de Yahweh e enviado d'Ele. Mas como é que nossos antepassados e mesmo nossos pares judeus têm dito, ao longo dos anos, que Ele era um impostor e não o Messias?

Shebir sorriu e respondeu:

— Ora, caro senhor, Yeshua nunca escondeu seus próprios dons nem dissimulou sobre quem Ele era. Certa feita, na cidade de Cesareia de Filipe, reuniu os doze apóstolos que tinha escolhido para o auxiliar na tarefa de trazer ao mundo Boas-novas, e lhes propôs a seguinte questão:

— Quem dizem que Eu sou?

Eles lhe responderam:

— Uns dizem que és João Batista; outros, que és Elias; outros, que és Jeremias ou algum dos profetas.

Então, perguntou-lhes:

— E vós, quem dizeis que Eu sou?

Simão bar Jonas, que era um dos apóstolos escolhidos por Ele, tomando a palavra, respondeu:

— Tu és o Cristo, o Filho de Yahweh vivo.

Replicou-lhe Yeshua:

— Bem-aventurado és, Simão, filho de Jonas, porque não foram a carne nem o sangue que isso te revelaram, mas Meu Pai que está nos Céus.

— Com essa afirmação — acrescentou Shebir —, Ele deixou claro para a posteridade dos tempos, que Ele era o Filho de Yahweh, enviado à Terra para trazer novos ensinamentos, para que a Humanidade melhorasse moralmente e progredisse sem cessar.

Depois de dizer isto, Shebir calou-se. Então Mateus continuou:

— Sim, jovem Shebir, de fato Ele afirmou claramente que era o Filho de Yahweh, logo, a par dessas tuas colocações, lembras que eu te questionei sobre o que Ele falou a respeito de existirem muitas moradas na Casa do Pai Celestial? Estou interessado que, também, se possível, nos expliques melhor o que Ele quis dizer com isso.

Shebir acomodou-se melhor no banco onde estava sentado e prosseguiu:

— Este ensinamento o Mestre falou quando já tinha comentado que as profecias da Torá estavam para se consumar, relativamente ao chamado Cordeiro Divino, o que significava a morte física do Sublime Messias. Então, antes de ir a Jerusalém pela última vez em vida física, numa noite fria, em Betânia, na casa de seus primos Lázaro, Marta e Maria, disse a seus apóstolos e discípulos que o acompanhavam:

> Não se turbe o vosso coração, credes em Yahweh, crede também em mim. Há muitas moradas na Casa de Meu Pai; se assim não fosse, já Eu vô-lo teria dito, pois me vou para vos preparar o lugar. Depois que me tenha ido e que vos houver preparado o lugar, voltarei e vos retirarei para mim, a fim de que onde Eu estiver, vós aí estejais.

— Assim, senhor, o Messias disse para todos os que ali estavam, e com certeza para todos nós, que a Casa do Pai são as estrelas que olhamos de noite e às vezes até de dia. Quando olhamos para a Lua, o céu e as estrelas, estas são as incontáveis Casas do Pai Celestial espalhadas na imensidão do céu.

Mateus, e também Elias, pareciam se alimentar das palavras do jovem Shebir. Mateus então lhe propôs outra questão, indagando:

— Meu jovem amigo, após nos teres dito isto tudo, quanto a essas moradas sobre as quais confesso terei que meditar muito ainda, há outras tantas dúvidas e perguntas que gostaria de propor, mas há uma em especial que me intriga sempre, qual seja o fato de que ao ter tido apenas quatro encontros com uma jovem, me enamorei dela a tal ponto que, embora tenhamos tido poucos momentos de conversação, pareceu-me que já a conhecia há muito ou bastante tempo, tal a solicitude dela ao falar-me, a segurança, as impressões, de tal modo que em pouco tempo percebemos que nossas tendências, gostos e visões da existência se completavam. Além disso, em razão das ações do que chamo destino, tivemos que nos separar, e de tal maneira que sequer sei o seu paradeiro atual, pois mudou-se com os pais para destino ignorado, contudo, isso se fez há quase cinco anos e não consegui esquecê-la. Sua imagem e sua voz sempre me acompanham, nas viagens, nas lutas diárias, nos sonhos, produzindo-me angústia, dor e uma quase incontida saudade. Então te pergunto, meu jovem:

— Como explicar essa ligação, essa atração? Adianto que outrora já conversei com o rabino Eleazar, em Jerusalém, porém a resposta que ele me deu, de que fui atraído apenas pelos dotes da beleza física da jovem e que preciso combater esse desejo com orações a Yahweh e que tudo passará, não me satisfizeram, porque achei uma resposta fria e sem profundidade. Então, caro jovem, o que me dizes sobre essa questão? O que o seu Cristianismo e esse a quem chamam de Yeshua de Nazareth poderia explicar?

Elias, que acompanhava vivamente a questão proposta por Mateus, pareceu apurar os sentidos para esperar a resposta do jovem Shebir, pois a questão também muito o interessou.

Shebir suspirou profundamente, olhou para o teto da tenda, como que a pedir algo a alguém, e então começou a falar:

— Nobre senhor Mateus, vejo e sinto, por tua proposição, teu coração sofrido e teus pensamentos presos nas asas da saudade. Começaria relembrando a pergunta que o Cônsul Romano Pôncio Pilatos fez, quando estava julgando Yeshua de Nazareth, no átrio do seu palácio, na fortaleza Antônia, em Jerusalém. Na ocasião, ele indagou ao Messias: 'És o rei dos judeus?'

"E Yeshua lhe respondeu:

> Meu reino não é deste mundo. Se o meu reino fosse deste mundo, minha gente houvera combatido para impedir que Eu caísse nas mãos dos judeus, mas meu reino não é daqui.

"Ao dizer isto, caros amigos, Yeshua deixou claro que além da Terra há outros mundos, e há o que podemos chamar de pátria verdadeira, a vida futura, e que todos nós habitamos e habitaremos esses mundos. Em outra ocasião, um alto membro do Sinédrio, que era senador dos Judeus, conhecido por Nicodemos, lhe perguntou o que seria preciso para entrar no Reino dos céus, e o Mestre Nazareno respondeu: 'Em verdade, te digo que se não renasceres de novo, não poderás entrar no Reino dos Céus.'

"O senador então retrucou: 'Como pode renascer um homem já velho? Pode tornar a entrar no ventre de sua mãe para nascer segunda vez?'

"Então Yeshua falou-lhe:

> Em verdade, em verdade, digo-te: Se um homem não renascer da água e do Espírito, não pode entrar no Reino de Yahweh; o que é nascido da carne é carne, e o que é nascido do Espírito é Espírito; é preciso que nasças de novo. O Espírito sopra onde quer e ouves a sua voz, mas não sabes de onde vem ele, nem para onde vai. O mesmo se dá com o homem que é nascido do Espírito.

"Respondeu-lhe Nicodemos: 'Como pode isso fazer-se?', ao que Yeshua respondeu: 'Pois quê! És mestre em Israel e não sabes destas coisas?'

"Diante disto, meus irmãos, está muito claro que vivemos já muitas vidas antes desta, e habitamos a Terra já por muitas outras vezes. Entendo poder responder a tua questão, senhor Mateus, unindo esses dois ensinamentos do Mestre Yeshua, o que, com certeza, me permitirá dizer-te que não é a primeira vez que teu Espírito se relacionou com essa jovem, que aliás, como se chama?"

— Ana, respondeu Mateus.

— Pois é, nobre senhor, com certeza, nas dobras do tempo, em vidas anteriores, tiveste com Ana relação de amizade, simpatia ou de atração e amorosa convivência, de modo que vos identificastes como almas afins, voltadas uma para a outra. Tivestes experiências juntos e vos separastes, pelo processo da morte dos sentidos físicos, porém continuais unidos pelos laços do Espírito. Singrastes outras vidas, outros compromissos e muitas vezes com ajustes para novos reencontros em novos renascimentos, daí, ao vos reencontrardes, revivestes as lembranças da alma, as afinidades, a atração mútua, a simpatia imediata, demonstrando serem situações próprias do reencontro de almas afins.

"É claro, nobre senhor, que o destino das criaturas pertence a Yahweh, que movimenta as situações visando a conquista de novas e necessárias experiências, o que pode provocar um distanciamento que pode ser definitivo ou temporário. Muitas vezes, até, um ou outro estabelece novos relacionamentos com outras criaturas, sinceras e honestas, onde as fibras do amor estarão presentes pelos laços da convivência, embora os percalços naturais, e prosseguem adiante. É desse modo que vemos ampliada nossa família espiritual, ao estabelecermos, com outros Espíritos, relações como estas ou próximas a estas, que citamos.

"Entretanto, senhor, seja qual for a quadra de nossas existências e os compromissos aos quais estejamos atrelados, sempre lembraremos daquele ser amado, pelas reminiscências que trazemos em nosso íntimo, e muitas vezes alimentaremos sentimentos de saudade, vontade de nos revermos, propósitos internos do Espírito para os reencontros durante o sono físico, eis que a alma, nessa condição, se desprende do corpo e pode viajar pela imensidão do espaço.

"Na extensão do tempo, que tudo ajusta e a tudo responde, a proporcionar a certeza de que, se nos sentimos sós, às vezes, mesmo na presença de outros seres, e ainda, se sentimos a falta de palavras amorosas, de carinho espontâneo e verdadeiro; de palavras de estímulo e de esperanças renovadas; se sentimos solidão, mesmo no meio de pessoas, dia virá, se fizermos por onde progredir, em Espírito, em que reencontraremos nossos verdadeiros amores e poderemos de novo aninhar-nos em seus abraços e ouvir suas palavras de alegria e entusiasmo, de amor e fraternidade perenes. Desse modo, caro senhor Mateus, a jovem Ana pode ser seu par espiritual verdadeiro. Todos nós, pelas vidas afora, haveremos de ter aquele Espírito para quem somos criaturas especiais e queridas para sempre."

Shebir fez uma pausa e esperou a reação dos amigos, entusiasmado com a velocidade das coisas que vinham em seu pensamento. Não notara que tanto Mateus como também Elias, chorava.

Esperou que se recompusessem, o que fizeram enxugando as lágrimas com a barra das túnicas. Então, Mateus foi quem falou:

— Ah, meu querido amigo Shebir! Não podes aquilatar o que tuas palavras e ensinamentos provocam em mim neste instante. Sinto o coração mais leve e meus sentimentos mais ordenados. Parece mesmo que me tiraste um peso das costas. Jamais imaginei um conhecimento e uma explicação desta forma e encontro nas tuas revelações uma clara lógica. Não há outra explicação. Minha ligação com Ana só pode transcender esta vida e vir de outras vidas, o que abala a crença que professo, de que nascemos uma vez só. Vejo que o ensinamento de apenas uma existência bloqueia a razão e não oferta paz para nossa alma. O que nos falaste se encaixa perfeitamente em tudo, em relação aos meus sentimentos, e confesso que já estou iniciando a amar esse Yeshua de Nazareth.

Após dizer isso, enxugou novas lágrimas e calou-se.

Então Elias, que também chorava, recompôs-se e disse:

— Caro Shebir, não pude sufocar a minha dor, pois a razão de eu ter vindo para Jerusalém reside no fato de que, tal qual nosso Mateus, eu me evadi de Roma, onde vivi há algum tempo, porque lá conheci uma jovem, filha de um senador romano de nome Apolônio, que foi preso pelo imperador, através do prefeito pretoriano Perenius, sob a acusação de ser cristão, e que acabou por ser morto por Roma. Sua filha, com a qual tinha relações afetuosas e planejamentos para um dia nos casarmos, de nome Aléxia Aureus Arquisius, segundo soube por alto através de um legionário romano, na madrugada da prisão do senador, evadiu-se da cidade e ninguém soube para onde foi. Então, com o coração em frangalhos e ante a falta de um endereço qualquer, após muito sofrer, deixei Roma e me aventurei por estas bandas, com o objetivo de curar minhas feridas da alma. Por essa razão, e por tuas explicações e narrativas, é que, tomado de saudade e emoção, chorei também, pois os teus ensinamentos me responderam às dúvidas que carregava sempre comigo.

Mateus e Elias, recompostos, agradeceram a Shebir e se comprometeram a se empenhar para mais conhecer de Yeshua de Nazareth, tendo Mateus exclamado:

— Que curiosa a vida é, que nos permite revelações e reflexões num Oásis, nesta região deserta.

— A propósito da reflexão no deserto, como dizeis — disse então Shebir —, lembro que quando Saulo de Tarso, o rabino judeu, logo após a sua conversão aos ensinamentos do Cristo Yeshua, porque necessitava meditar sobre sua nova vida e renovar seus valores íntimos, para enfim iniciar sua longa jornada de divulgação dos ensinamentos do Mestre de Nazareth, por sugestão de seu amigo Gamaliel, mudou-se para este deserto, para este Oásis onde ora estamos acampados, que fica próximo à cidade de Palmira, por onde devemos passar amanhã. Meus pais contaram-me que ele ficou aqui por três anos consecutivos, onde desenvolveu as habilidades de tecelão em couro, e tinha por companhia um casal de cristãos chamados Áquila e Priscila. Foi aqui, neste Oásis, nobres senhores, que com certeza Saulo de Tarso haveria de estudar de maneira mais aprofundada os ensinamentos de Yeshua e forjar sua alma, sua têmpera e sua coragem sob esses ensinamentos, em longo período de solidão e reflexão, no silêncio deste deserto, o que lhe propiciou profundas meditações e onde foi também abençoado com o trabalho de suas próprias mãos.

A noite já ia alta, mas como medir a extensão da altíssima vibração espiritual naquela tenda, no Oásis de Dan? Mateus e Elias não podiam ver a dimensão espiritual, porém sentiam que energias renovadoras lhes penetravam a alma. O jovem Shebir, contudo, tinha o dom de ver a outra dimensão da vida, o que evitava de falar, e ali, dentro da tenda, via três Espíritos que não podia ainda identificar, que eram o Governador da Cidade da Fé, Acádio, Paulo de Tarso e de Simão bar Jonas, que, embevecidos e sorridentes, acompanhavam o desenrolar do encontro.

VII

O IMPERADOR COMODUS E O CRISTIANISMO – TRÉGUA NA PERSEGUIÇÃO AOS CRISTÃOS

O ano de 186 d.C. já havia se iniciado. O Império Romano se ressentia das atitudes do Imperador Comodus, eis que este travara vários embates com o Senado. Ademais, a irmã de Comodus, Lucilla, não estava feliz em viver como uma tranquila cidadã romana e ficou com ciúmes de seu irmão em razão das honras que o imperador recebia e, ao mesmo tempo, mostrava-se muito preocupada por causa do comportamento instável do irmão. O imperador desposara a patrícia Brutia Crispina, uma mulher ávida por prestígio, bem reconhecida na sociedade romana, que gozava de prestígio pelos pares da corte.

Por essa época, as tramas nos bastidores do Império eram enormes. Comodus havia mantido a nomeação como cônsul, o que fora feito por seu pai Marcus Aurélio, do romano Marcus Numidio Quadratus Anniano, que era filho da irmã de seu pai, portanto seu primo e senador romano. Este conhecera uma jovem chamada Márcia Eleutéria Demétrio, uma ex-escrava grega que tinha sido liberta pelo Imperador Lúcio Vero, que no início do reinado dividira o Império com Marcus Aurélio.

Márcia Eleutéria foi apresentada ao Cônsul Quadratus pelo romano Cássio Dio, governador da cidade de Esmirna, o qual, durante o governo de Comodus, atuava como senador. Márcia nascera na cidade de Anagma, na Península Itálica, porém era de origem grega, filha do liberto imperial Hiacinto, que era cristão e diákono auxiliar do epískopo geral de Roma, portanto, Márcia fora educada sob os princípios da crença cristã.

Márcia Eleutéria se tornou amante do Cônsul Quadrato, num ato ainda mais libertino, também de Ecleto, que fora designado pelo próprio cônsul como seu mordomo. Nesse tempo, a irmã do imperador tinha planejado com alguns pares, dado o ciúme da posição do irmão, o assassinato de Comodus, e, com ele morto, com certeza viria a substituí-lo no trono, com o seu segundo marido, o Cônsul Tibério Cláudio Pompeiano Quintianus. Seriam, então, os novos governantes de Roma.

Pela astúcia dos principais oficiais romanos da Guarda Pretoriana, o imperador acabou por descobrir a trama que objetivava eliminá-lo e teve ciência de que o Cônsul Quadrato era o líder da referida trama. Preso, Quadrato foi executado sob acusação de traição. Foi a partir disso que o imperador conheceu Márcia Eleutéria, e dada sua beleza, acabou se apaixonando por ela, e a fez sua amante, tendo sido colocada por ele em um dos palácios do Império, para onde ela foi na companhia do mordomo Ecleto, que passou a também ser mordomo do imperador.

Na conspiração que levou à execução do Cônsul Quadrato, o imperador descobriu que ele tinha sido auxiliado por sua irmã Lucilla. O imperador determinou o exílio de sua irmã na ilha de Capri e um ano após ela foi morta por um centurião enviado por Comodus para tirar sua vida. Por essa época, a esposa do imperador, a Imperatriz Brutia Crispina, começava a perder o prestígio que tinha na corte, em razão de sua atitude prepotente, desse modo, com o enfraquecimento de sua influência, a amante do imperador, Márcia Eleutéria, se tornou, na prática, a Imperatriz de Roma, de vez que detinha grande influência sobre Comodus.

Embora Márcia Eleutéria levasse uma vida um tanto devassa, em razão da influência direta que exercia sobre o imperador, outro lado de sua vida foi interessante, pois sendo cristã, ela conseguiu ajudar muitos cristãos que foram presos a serem libertados, pois, além de induzir o amante à libertação dos presos, sempre influenciava Comodus para que ele não perseguisse os cristãos, a que o imperador cedia de bom grado, visto ter por ela uma paixão cega. Na realidade, não somente a influência de Márcia Eleutéria fez com que Comodus não perseguisse os cristãos, como também ele próprio era presa de um grande misticismo, e como inclusive presenciara curas feitas pelos cristãos, de gladiadores e de soldados romanos feridos, não tinha a menor vontade nem intenção de combatê-los, de modo que os cristãos sob o seu Império não foram perseguidos.

VIII

A EXPANSÃO DO CRISTIANISMO NO FINAL DO SÉCULO II E INÍCIO DO SÉCULO III

– A IMPORTÂNCIA DE LUGDUNUM, A CIDADE DOS MÁRTIRES – A TAREFA E O EPISKOPADO DE IRINEU

Enquanto o Império, sob a governança de Comodus, começava a sua lenta agonia, o Cristianismo crescia cada vez mais. Havia cristãos na Britânia, na Hispânia, no Egito, no Danúbio, por toda a Ásia Menor, nas costas gregas, na Trácia, na Macedônia. Também os havia e em grande número, e isto era muito natural, em Aelia Capitolina, construída sobre as ruínas de Jerusalém, como igualmente em grande quantidade, nas cidades costeiras da Síria.

A maioria dos cristãos continuava a ser das classes baixas da população, o que continuava sendo motivo de zombaria pelos detratores da Nova Fé, principalmente por parte dos judeus. Entretanto, cada vez mais, pessoas de nível econômico e social respeitável começavam a entrar para as fileiras do Cristianismo. Com o crescimento numérico, começou a ocorrer um certo relaxamento entre os cristãos. À medida que cresciam em número, nos Núcleos Cristãos surgiam mais casos de apostasia, ou seja, de negação da nova fé.

Para o Império, o Cristianismo já não era uma seita de miseráveis que podiam ser jogados para as feras do circo. Se constituíam numa força real dentro do Império, e que não podia ser ignorada. O Imperador Comodus, sob a influência da concubina Márcia Eleutéria, era indulgente com os cristãos, inclusive mandou anistiar aqueles que haviam sido condenados por seu pai, Marco Aurélio, a trabalhos forçados.

Aliado a isso, tinham surgido, desde o Século I, e depois, no Século II d.C., outros textos religiosos sobre a vida de Yeshua, escritos na sua maioria a partir da segunda metade do século II. Os primeiros cristãos já os haviam considerado não confiáveis do ponto de vista histórico ou, pelo menos, como não inspirados por Yahweh. Esses escritos guardavam pouca semelhança com os evangelhos anotados por Mateus, Marcos, Lucas e João, e traziam muitas inserções indevidas, textos totalmente judaizantes. Esses textos começaram a circular mais acentuadamente, no âmbito cristão, a partir da metade do século II d.C., mas não eram aceitos nem lidos nas celebrações dos primeiros Núcleos Cristãos. Não foram aceitos porque eram considerados pouco confiáveis, já que foram compostos em uma época em que haviam desaparecido não somente os apóstolos e todas as testemunhas oculares dos acontecimentos ligados à vida e morte de Yeshua, mas também os discípulos diretos dos apóstolos e os membros das suas primeiras comunidades.

Esses textos colocavam sob a autoridade de algum apóstolo qualquer, doutrinas e conteúdos estranhos à nova fé. Relacionavam-se com o Gnosticismo, com o Marcionismo, com o Montanismo, com os ebionitas, que haviam escrito um evangelho ebionita. Todos eles narravam supostas revelações de Yeshua depois da sua ressurreição, sobre o princípio da Divindade, a Criação, o desprezo do corpo etc. Alguns narravam o nascimento de Yeshua e os alegados milagres realizados durante a sua infância, outros eram coleções de ditados e ensinamentos de Yeshua. Sem um contexto narrativo, recolhiam ensinamentos do Messias e de alguns que se diziam seus discípulos, fatos típicos da crença gnóstica.

A Gália fora conquistada por Caio Júlio César entre os anos 58 a 53 a.C. Dez anos após a conquista da Gália, já imperador dos romanos, César foi assassinado e a guerra civil tomou conta de Roma. No ano 43 a.C., o senado romano deu ordens a Lucius Munatius Plancus e a Lucius Aemilius Lepidus Paullus, que eram os governadores romanos da Gália Central e Transalpina, para que fundassem uma cidade para albergar um grande grupo de refugiados romanos que tinham sido expulsos de Vienna, uma cidade que ficava mais ao sul, pelos allobroges, tribo guerreira celta, da Gália, que acampara na confluência dos rios Saône e Rhône.

Lugdunum foi o nome dado pelos romanos a essa cidade então fundada, para cuja fundação foi aproveitado um assentamento gaulês que já existia no local desde o século IV a.C. Esse assentamento já fazia comércio de cerâmica e vinho com a Campônia. O nome da cidade teve origem no deus da luz dos celtas, *Lugus*, que era também considerado deus das artes e um guerreiro adorado pelos celtas. Foi então, como cidade, fortificada pelos romanos, tornando-se, no século II d.C., a cidade mais importante da Gália Romana. Transformou-se num grande centro comercial e ponto de partida e chegada de diversas estradas construídas pelos romanos na região da Gália e da Renânia. Os romanos a construíram como capital da Província Romana Lugdunense, que se estendia entre os rios Loire e Sena.

A proximidade da fronteira com a Germânia fez Lugdunum ser estrategicamente importante para o Império Romano. Era uma cidade cosmopolita. Em seu século primeiro, foi muitas vezes visitada por diversos imperadores romanos, dentre eles Tibério e Gaio Germanicus.

Tibério esteve na cidade nos anos 5 e 4 d.C.; Gaio Germanicus (Calígula) nos anos 39 e 40 d.C.; os Imperadores Suetônio e Nero lá também estiveram.

O Imperador Drusus viveu em Lugdunum entre os anos 13 a 9 a.C. No ano 10 a.C., lá nasceu o seu filho Cláudio, que veio a ser Imperador de Roma. No ano 12 a.C., Drusus completou um censo administrativo da região e dedicou ali um altar a seu padrasto Otaviano Augusto, construído na junção dos dois rios.

Gaius Julius Vercondaridubnus, membro da tribo gaulesa Aedui, foi o primeiro sumo sacerdote do altar do santuário dedicado ao imperador. O culto imperial em Lugdunum foi o primeiro e mais importante no império ocidental. O altar recebeu a gravação dos nomes de sessenta tribos gaulesas e foi denominado como Santuário dos Três Gauleses. O culto era realizado anualmente. Além de seu sacerdócio no culto imperial, Vercondaridubnus foi agraciado com a cidadania romana e tinha um papel importante no corpo deliberativo provincial.

Em 19 d.C. foi construído na cidade o primeiro templo e o primeiro anfiteatro da Gália. Em 48 d.C., já tendo assumido o Império, como tinha nascido em Lugdunum, o Imperador Cláudio pediu ao senado de Roma que concedesse aos homens notáveis do santuário, o direito de aderir ao Senado. Seu pedido foi concedido e uma placa de bronze contendo o discurso do Imperador Cláudio foi erguida em Lugdunum.

Durante o império de Cláudio, a importância estratégica da cidade foi realçada com a construção da ponte sobre o Rio Rhône, eis que sua profundidade e vale pantanoso eram obstáculos para as viagens e comunicações com o Leste. A nova rota abreviou o acesso para o Sul. A partir desse ponto, o imperador construiu as estradas na Península Itálica e para a Germânia. Ao final do seu reinado, Cláudio tinha alterado o nome da cidade para Colônia Cápia Cláudia Augusta Lugdunenisium.

Anos após, o Imperador Nero também se interessou pela cidade, contudo seus moradores não aprovaram a tirania, a extravagância e negligência de Nero. No ano 68 d.C., um gaulês romanizado, Gaius Julius Vindex, que havia sido nomeado por Nero como governador da Gália Lugdunensis, no levante destinado a destituir Nero, recusou-se a apoiar Galba, Governador da Hispânia, entretanto os cidadãos romanos que viviam na cidade próxima de Vienne, permaneceram fiéis a Galba e com uma pequena força cercaram Lugdunum, mas se retiraram após ter derrotado Vindex. Então a rebelião cresceu, Nero suicidou-se e Galba foi aclamado imperador dos romanos. Galba prendeu alguns partidários de Nero em Lugdunum, confiscando suas propriedades. No século II, Lugdunum atingiu uma população de duzentos mil romanos.

Em Lugdunum foram construídos diversos templos e santuários para os deuses gauleses Sucellos e Matrona, a deusa mãe da Gália, que continuavam a ser adorados de forma discreta. Também foram construídos vários templos aos deuses romanos.

A hospitalidade cosmopolita permitiu que a primeira comunidade cristã na Gália fosse instalada em Lugdunum. Essa comunidade cresceu de maneira rápida, num período em que a perseguição aos cristãos sob os impérios de Trajano, depois Domiciano e mesmo sob o Império de Antonino Pio recrudesceu em Roma. Potino foi seu primeiro epískopo.

No século II, em Lugdunum, os cidadãos romanos, com a tolerância dos governadores provinciais de Roma, irromperam em violência contra os cristãos, nas ruas, e os cristãos eram presos e submetidos a um interrogatório público no fórum, pela tribuna dos magistrados romanos, que lhes determinava que prestassem culto ao imperador dos romanos, contudo, estes negavam-se a prestar o culto e confessar publicamente sua fé cristã, afirmando serem discípulos de Yeshua de Nazareth e filhos de Yahweh. Cerca de quarenta cristãos foram martirizados em Lugdunum, dentre eles a jovem Blandina, Attalus, Ponticus e o diákono do Núcleo Cristão de Vienne, Sanctus. Em 177 d.C., Photinius, que liderava o Núcleo Cristão de Lugdunum, foi levado à prisão e ao martírio, por Roma. No entanto, a comunidade cristã sobreviveu, agora através das ações e do árduo trabalho que deveria ser desempenhado pelo diákono auxiliar de Photinius, o jovem Irineu.

O verão do ano 178 d.C. estava despedindo-se naquela região prazerosa de Lugdunum. A comunidade cristã, que havia conhecido os trabalhos intensos de divulgação do Cristianismo sem inserções indevidas, que foram levados a efeito pelo Epískopo Policarpo de Esmirna, na Anatólia, que, juntamente com outros epískopos da Ásia Menor, tinham estabelecido com o epískopo do Núcleo de Roma, Aniceto, um acordo para que a unidade dos Núcleos Cristãos do Oriente e do Ocidente prevalecesse em benefício de uma maior divulgação da Mensagem extraordinária de Yeshua. Nessa ocasião se estabeleceu a criação de um episcopado central em Roma, que muito se ressentia ainda da morte do epískopo geral de Roma, Sotero, que havia substituído Aniceto, e viu assumir seu lugar o Epískopo Eleutério.

Reunidos no Núcleo de Lugdunum, Irineu e seus diákonos auxiliares, Ápio, Odélio, Nicholas e Absalom, conversavam sobre os últimos acontecimentos nas comunidades cristãs. Irineu disse aos seus amigos:

— Irmãos, ainda grande é a nossa consternação com as últimas perseguições que nossa comunidade vem sofrendo aqui nesta cidade e em muitas outras que estão submetidas ao Império Romano. Lembro que meu inesquecível instrutor Policarpo, um dia, me relatou que Yeshua, certa feita, quando comprovou a imortalidade da alma e conviveu com os apóstolos, após a sua morte, por mais quarenta dias, falou-lhes o seguinte:

> Ainda não resististes até o sangue. Ainda pouco é o que vós sofreis. Não é verdadeiro sofredor quem só deseja sofrer quando lhe apraz. O verdadeiro seguidor de Yahweh é aquele que exercita a paciência e sempre que lhe sucede qualquer adversidade, aceita-a e a considera como um impulso para que sua alma caminhe para Yahweh, eis que aos seus olhos, qualquer coisa que soframos por amor a Ele terá o seu merecimento. Aparelhai-vos para a luta, na disseminação do bem, sempre, isto se desejares a vitória do amor.
>
> Diante disso, amados meus, jamais esmoreçais e sempre renovai o Espírito na vossa convivência e na certeza de que em breve vos deixarei, porém, retorno à Casa do Meu e de Vosso Pai, para de lá continuar amparando os vossos propósitos de bem servir na causa da disseminação do que vos ensinei. É certo, queridos amigos, que virão as trovoadas, se formarão as borrascas no horizonte de vossas vidas. Experimentareis ofensas, agressões, calúnias e vis ataques, por amor à minha Mensagem, porém, o verdadeiro amigo não cogita de interesses pessoais nem de recuos, e dá a vida por seu irmão.
>
> Nos momentos em que aqueles que ainda não conhecem a face amorosa de Nosso Pai Celestial vos atirarem no lodaçal das perseguições e atentarem contra vossas vidas físicas até, lembrai que também será o momento em que Yahweh providenciará o socorro através da chuva de bênçãos que vos limpará, para que possais vestir a túnica nupcial e ingressar na Sua Casa, pela porta estreita. Como vos disse outrora, ide e pregai, mas pregai a minha palavra a todas as gentes. Pregai não por falas vãs, mas pela força de vossos exemplos de fé, de coragem e de dedicação aos que sofrem as agruras do desprezo, da fome, das dores da alma e também aos poderosos do poder temporal e passageiro, porque eles mais precisam do que os simples.
>
> Sede fiéis até o fim, e Eu providenciarei junto a Nosso Pai, para que recebais a coroa da vida, dos justos servidores, que

> não esperam retribuições pelo bem praticado. Ainda me tereis por mais um dia, depois podereis encontrar-me em vossas almas, nos momentos do sorriso de esperança que espalhardes à vossa volta e nos momentos em que as lágrimas provocadas pelas dores do mundo inundarem vossa alma. Nesses momentos, basta que me procureis pelo pensamento, porque nunca estarei distante.

Irineu calou-se. As lágrimas e os soluços entrecortaram suas últimas palavras.

Após alguns instantes em que os diákonos respeitaram o silêncio do epískopo, Irineu retomou a palavra, dizendo:

— Irmãos, estes são tempos difíceis, como difíceis foram os tempos em que o Colégio Apostólico do Cristo Yeshua iniciou o trabalho de divulgação da sua Iluminada Mensagem para a Terra, após seu retorno às Moradas Celestes. Todos os queridos apóstolos do Mestre, sem exceção, doaram suas vidas a Yeshua, através do trabalho incansável no espalhamento das verdades que ele trouxe ao mundo. Mesmo Judas Iscariotes, até o momento em que foi colhido pelas influências negativas de Espíritos dos dois planos da existência, ou seja, da Terra e da Pátria Celestial, desempenhou ótimo trabalho em prol da divulgação das verdades que o Messias trouxe para a Terra.

"Igualmente foram difíceis os tempos em que o grande apóstolo de todas as gentes, Paulo de Tarso, doou a maior parte de sua existência física para que esses ensinamentos não somente não fossem esquecidos, mas, e principalmente, sempre lembrados e vividos. Após, vieram os esforços de Inácio de Antioquia, o filho adotado pelo Apóstolo João e por Maria de Nazareth, que forjou a sua têmpora em mais de treze anos de convivência com esses iluminados Espíritos e se transformou no guardião do prosseguimento da divulgação da Doutrina do Cristo da maneira mais pura possível. Ainda, por último, Yeshua por certo pôde colher com alegria os frutos da árvore frondosa do esforço daquele que foi o meu iniciador e mestre, o saudoso amigo do coração, Policarpo de Esmirna.

"Em homenagem a esses valorosos servidores do Cristo Yeshua, devemos redobrar nossos esforços na continuidade da divulgação da maravilhosa mensagem do Alcandorado Messias. Que não nos perturbem a maledicência, a inveja e as calúnias dos fracos, nem a indiferença e muito menos o egoísmo e o orgulho de muitos. De nossa parte, continuemos nossos melhores esforços para que a comunidade cristã de Lugdunum encontre sempre o apoio e o encorajamento e cresça, não somente em quantidade, mas principalmente em qualidade."

Após ter feito essas observações, Irineu calou-se.

O diákono auxiliar Nicholas, um jovem filho de família grega que tinha se mudado de Atenas para Lugdunum — seus pais tinham comércio de iguarias comestíveis na cidade —, que desde muito cedo tivera o interesse despertado pelas predicações de Irineu, no Núcleo Cristão de Lugdunum, que eram famosas na cidade, e com isso passara a frequentar regularmente o Núcleo, a breve tempo pedira para auxiliar em qualquer trabalho no Núcleo, e, após algum tempo de observação e convivência com os membros daquela Casa de Yeshua, foi convidado por Irineu a compor o seu grupo mais direto de auxiliares. Então, ante a manifestação de Irineu, aduziu:

— Mestre Irineu, o que nos relatais neste instante enche nossos corações de alegria e júbilo, na certeza de que escolhemos o caminho certo, que é o de servir a Yeshua a todo tempo e custo. Vejo, nestes dias, em razão das notícias que sempre chegam em nosso Núcleo, que as divisões internas dentro de nossas fileiras cristãs têm causado consideráveis atrasos na ampliação do conhecimento e aceitação dos Evangelhos que retratam a vida e obra de Yeshua, na Terra.

"Sabemos do passado difícil e do crescimento das seitas ebionita, marcionista, montanista e nicolaíta, que se dizem continuadoras dos ensinamentos do Mestre Galileu, sem falar nos gnósticos, que o apresentam como uma representação, uma miragem, e não como alguém como nós, com um corpo físico, e que têm estabelecido verdadeiras balbúrdias internas nos Núcleos Cristãos. Com isso, onde deve imperar o amor, a fraternidade e a concórdia, infelizmente e contrariamente a isto, se percebe a presença desconfortável da inveja, do ciúme, do egoísmo e do orgulho avassaladores.

"Nessa linha de compreensão, nobre irmão Irineu, bem sabeis da recente confusão em face da interpretação que o sucessor do Epískopo Geral Aniceto iniciou a fazer, ao discordar de alguns dos preceitos acordados outrora, como já nos falastes. Integrastes a caravana com Policarpo de Esmirna, Pápias de Hierápolis e Flávio Justino de Laodiceia, e juntos estivestes com o antigo Epískopo Geral Aniceto, debatendo sobre os pontos outrora divergentes, tais como a circuncisão dos gentios, o batismo, o culto de imagens e as comemorações da Páscoa. Nessa ocasião foram feitos os ajustes para a unidade e pacificação dos Núcleos, ajustes que ora passaram a ser desconsiderados de maneira acentuada pelo atual Epískopo Geral de Roma Eleutério, que sucedeu ao breve tempo em que o Epískopo Sotero, que era quem decidia as questões divergentes entre os cristãos do Oriente e do Ocidente. Diante disto, mestre Irineu, o horizonte futuro do Cristianismo na Terra parece mesmo ser de grande preocupação, não achais?"

Irineu, que não gostava que os diákonos o chamassem de mestre, já tendo dito-lhes que era um eterno aprendiz da Mensagem de Yeshua, até relevava, quando se referiam a ele dessa forma, uma vez que já tinha deixado claro que ele não era mestre de nada, respondeu:

— Sim, caro Nicholas, depois de ter vivido e aprendido com o mestre Policarpo de Esmirna, este sim um mestre; depois de ter ouvido as lições valorosas e inesquecíveis que ele, Flávio Justino e Pápias houveram por me ditar; depois de ter conhecido, através deles, a nobreza de caráter e as tarefas dos apóstolos do Messias, dos discípulos Paulo de Tarso, de Inácio de Antioquia e de outros cristãos de têmpera inimitável, como Marcos, Lucas, Barnabé, Estêvão, Ananias, Silas, Timóteo, Tito e tantos outros que eles fizeram desfilar para o meu saber, fico às vezes a refletir, e tendo ciência dos atuais embates que se têm travado nos Núcleos Cristãos, prevejo grandes dificuldades para o Cristianismo, no presente e no futuro.

"Essas dificuldades, irmãos, primeiro se localizam internamente em nossos Núcleos, na disseminação programada e desavisada dessas correntes de pensamentos a que vos referistes. Depois, externamente, ante a clara defecção do pensamento judaico, que se apartou de vez da ideia cristã, mantendo o seu patrimônio dogmático e impositivo e associando tudo isto à instabilidade de Roma, cujo trono é tomado, quase sempre, por imperadores inconsequentes, déspotas e tiranos que ao invés de empregar esforços para o progresso da grande nação, com seus atos tresloucados, dão vazão, por suas atitudes impensadas e irrefletidas, à continuidade do processo de queda já previsto pelas profecias do Senhor."

O diákono auxiliar Ápio aproveitou a interrupção no fôlego de Irineu e rapidamente indagou:

— E nós, mestre Irineu, em tudo isso, o que nos compete fazer de imediato?

— A nós, bom Ápio — respondeu Irineu —, e a todos os cristãos sinceros, honestos e leais ao Cristo, cabe lutar sem esmorecimento para que a Sua Maravilhosa Mensagem não continue a ser deturpada. Devemos isso a Ele, a Paulo de Tarso, a Inácio, a Policarpo e a tantos outros irmãos que deixaram suas vidas pelas estradas e circos de horrores do mundo, pelo que não temos sequer o direito de recuar.

Os diákonos quedaram pensativos.

Aproveitando o breve silêncio de Irineu, Absalom, que era judeu por nascimento, olhou-o e disse:

— Nobre irmão Irineu, sinto que pareço desmaiar — e a seguir, modificando suas faces, cerrou os olhos e com modificação na voz começou a falar:

Inesquecível amigo Irineu, pela bondade de Yahweh, compareço neste instante em que vós e os amigos trabalhadores do Cristo debateis os acontecimentos e o estágio atual, na Terra, da Iluminada Mensagem de nosso Mestre Yeshua de Nazareth. Lembrai-vos que coisa alguma produz paz interior se não houver o desprendimento de si mesmo, a negação do interesse pessoal, propiciando que nos submetamos sem resistência e sem queixas à sublime vontade do Messias. Ele é o caminho que devemos seguir a todo tempo; a verdade em que devemos crer e a vida que devemos esperar, vida interminável e ditosa.

Precisamos sempre imitar o Cristo, desprezando o mundo das facilidades, que não se sustenta no amor. Devemos receber a cruz dos sacrifícios, com serenidade e confiança, e carregá-la sem nada reclamar. Conservai vossas almas longe do erro e da corrupção. Desse modo, será abençoado o homem que busca Yahweh de todo o coração e cuja alma não se ocupa com coisas vãs. São bem-aventurados os simples de coração que deixam querelas inúteis para enveredar pelo terreno da caridade e do amor.

Atentai que muitos se aproximaram da verdade e até tentaram se transformar em servidores de Yeshua, mas, pelo caminho das facilidades humanas, perderam a humildade e a piedade e deixaram de lado a simplicidade, e com isso se apartaram da estrada plena e segura dos mandamentos de Yahweh. Continuai, pois, amigos e irmãos, a arar a terra de verdade com o arado firme da vossa fé sincera e com humilde reverência ao Senhor, porque a razão humana ainda é fraca e pode enganar-se, mas a verdadeira fé não se engana. Que Yahweh e nosso Mestre Yeshua vos abençoem os propósitos e dedicação ao serviço de expansão do Cristianismo sobre a Terra.

Abraça-vos o amigo Policarpo. Yeshua seja convosco!

Após terminar o recado espiritual, Absalom foi abrindo os olhos, viu que Irineu chorava e os demais diákonos estavam tocados pela mensagem que receberam. Mais alguns instantes e, agora recomposto, Irineu disse:

— Amigos, anotemos a orientação que vem do alto, através do amigo querido Policarpo, a quem agradecemos e recomendamos a Yeshua. Ajustemos o cumprimento dos nossos compromissos com o Cristo. Pretendo, a breve tempo, me deslocar para Roma, para conversar com o Epískopo Geral Victor. Agora, oremos para nos dirigirmos ao repouso:

Amado Mestre Yeshua, dispõe de nossas forças e nos auxilia a ter mais paciência do que consolação. Que levemos sempre, ao nosso próximo, paz e alegria, eis que todas as delícias do mundo são vãs e somente as do espírito que obra no bem são suaves, verdadeiras e perenes.

Lembramos, nesta hora, o que nos ensinaste: — "Dai a Yahweh o que é de Yahweh, e tudo o mais vos será dado por acréscimo da Sua Sublime Vontade." Auxilia-nos a continuar a tua obra, a obra de renovação de nossos Espíritos, e abençoa-nos hoje e sempre. Assim seja.

Após a prece, Irineu e seus diákonos trataram de se acomodar nas dependências do Núcleo de Lugdunum, nos fundos da edificação central, onde residiam.

IX

IMPORTANTE REUNIÃO NA CIDADE DA FÉ

Nem bem havia adormecido, Irineu viu-se fora do corpo físico, e o mesmo se deu com seus diákonos auxiliares Ápio e Absalom. Os demais ressonavam ligados ao corpo. Olharam para a porta de acesso ao cômodo onde repousavam e viram chegar os Espíritos Estêvão e Inácio de Antioquia, acompanhados ainda de Policarpo de Esmirna, que sorriam para eles. Após se abraçarem, Estêvão disse:

— Amigos Irineu, Ápio e Absalom, viemos da parte do nosso Governador da Cidade da Fé, Acádio, buscar-vos para participarem de importante reunião que se realizará em nossa cidade.

E, olhando mais fixamente para eles, falou:

— Então, vamos?

Irineu e os dois diákonos sorriram e acompanharam os amigos.

A breve tempo chegaram na Cidade da Fé e se dirigiram para o prédio da Administração Central. Foram gentilmente recebidos pela auxiliar do governador, Eleodora, que, após os cumprimentos, pediu-lhes que a seguissem. Caminharam por um pequeno corredor que dava acesso ao gabinete do governador. Eleodora deu leve batida na porta e logo escutaram a voz do governador:

— Entrai, por favor!

Eleodora abriu a porta e permitiu o ingresso dos visitantes, ao que o Governador Acádio levantou-se e se apressou a ir na direção deles, dizendo:

— Olá, amigos, que alegria receber-vos!

Abraçou primeiro Estêvão, após Inácio e Policarpo e depois, dirigindo-se aos dois visitantes, exclamou:

— Meus amigos e irmãos Irineu, Ápio e Absalom, manifesto minha alegria por vossa presença. Vinde, por favor, e acomodai-vos todos.

Todos se acomodaram em confortáveis cadeiras, em frente à mesa de trabalho do governador.

Após todos acomodados, Acádio falou:

— Amigos, idealizei esta reunião, em conjunto com o amigo Paulo de Tarso e com o irmão Pedro, contudo eles estão atendendo a um chamado de Yeshua, em morada celeste superior à nossa, eis que têm franquia de ingresso lá, por suas ascendências morais.

Nossa reunião tem o objetivo de conversarmos sobre o atual estágio do Cristianismo na Terra e sobre a continuidade da execução do planejamento que foi estabelecido pelo Messias, relativamente à fixação dos seus ensinamentos. Iniciamos dizendo-vos que o Império Romano está prestes a sofrer nova investida de Espíritos que não querem o progresso do Cristianismo na Terra e dos seres que a habitam. Embora o atual Imperador Comodus tenha sido, para o Império, causa de um certo atraso para seus objetivos, ainda assim ele foi útil, muito embora o mais poderoso império do mundo tenha se transformado em prêmio de façanhas mirabolantes e em precário troféu de soldados sem lei. O Império tem sido presa de uma longa linhagem de aventureiros militares, muitas vezes estranhos ao nome e à linhagem de Roma.

"Em razão disto, nossos irmãos cristãos gozaram, por quase um século, de relativa paz, embora os muitos casos de perseguição e martírio, por não abdicarem da maravilhosa mensagem de nosso Amado Messias. Acompanhando a evolução terrena, daqui do nosso posto de observações, nesta Cidade, constatamos que o primeiro objetivo de cada imperador foi o de assegurar seu disputado trono, razão pela qual — e com certeza isto está nos desígnios de nosso Pai Celestial — dedicaram pouco tempo à supressão do Cristianismo ou às mudanças sociais e religiosas do Império.

"A instabilidade política de Roma, nestes tempos, é muito grande. Seus exércitos não são mais formados na sua totalidade por romanos, mas principalmente por pessoas vindas das províncias conquistadas há pouco tempo, por isto colocam e depõem imperadores pelos mais variados motivos, seja moedas, inveja, medo ou aversão pela disciplina.

"Uma crise econômica atualmente devasta Roma. Guerras civis explodem aqui e ali, deixando apenas, para a lembrança, a *Pax Romana* de Otaviano, o Augusto. Suas fronteiras são áreas de combate contínuo. As estradas estão um tanto quanto abandonadas. Há escassez de comida e salteadores se multiplicam e se organizam em quadrilhas. A corrupção é generalizada. A luxúria e a devassidão têm corroído as famílias e até a arte e a literatura romanas têm perdido o brilho.

"Há um misto de filosofia e religião que se opõem frontalmente à fé cristã, juntamente com o paganismo e as demais crenças que existem no Império. Para a superação desses obstáculos, a ação lógica atrelada à razão que poderá auxiliá-los no futuro é a fé cristã, a fraternidade e a caridade propagadas por Yeshua de Nazareth.

"Para que essa Nova Fé cresça fortalecida e penetre na ferida aberta no Império, será preciso que saibamos combater, em nossas fileiras, os desvios de rota que muitos têm provocado em nossos Núcleos, preocupação constante de nosso Mestre Yeshua, nossa, de Paulo, de Pedro, dos amigos Inácio e Policarpo, aqui presentes, e de tantos outros trabalhadores da Vinha do Senhor.

"Assim, irmão Irineu, é urgente continuar a exposição do verdadeiro Evangelho do Mestre, de maneira permanente e mais intensa. É preciso se posicionar contra as intromissões indevidas para fazer um bom enfrentamento a esses desvios, que têm deturpado a Sublime Mensagem. Para esse fim, fostes trazidos, a fim de que possais ouvir que nós estaremos sempre vos inspirando a estabelecer uma nova via de enfrentamento às dissensões que provocam nos ensinamentos de Yeshua e em nossas fileiras cristãs, muitas baixas e profundas divisões. Tereis, de nossa parte, irmão Irineu, as orientações constantes e ainda o auxílio de nosso Paulo e Inácio, e mais diretamente do amigo Policarpo, para que deixeis gravados os ordenamentos da verdade que os ensinamentos do Mestre objetivam, ou seja, a de libertar o pensamento humano das amarras dos novos dogmas obtusos que estabelecem crendices apartadas das verdades da Criação.

"Doravante, por decisão de Yeshua, a companhia de Inácio e Policarpo vos será constante, eis que gentilmente aceitaram a tarefa de inspirar-vos e de vos ajudar na reconstrução da fé verdadeira, apartada das interferências de doutrinas envelhecidas ou que pretendam deturpar a verdade."

O governador calou-se e estudou a reação de Irineu, que não se fez esperar:

— Nobre e estimado governador, irmãos queridos Inácio e Policarpo. Após ouvir estas ponderações todas, minha alma vibra na direção da verdade e meu coração bate mais forte, na certeza de que temos muito trabalho por fazer, muitas situações por enfrentar, para o que nos dedicaremos, sem dúvida alguma, sempre reunidos sob as asas da mensagem esclarecedora e consoladora de nosso Mestre Yeshua de Nazareth. Podeis contar com este vosso servo, que nada pede, mas apenas deseja servir sempre ao nosso Amado Messias, por todas as formas.

O clima era de alegria e paz. Então o governador deu a reunião por terminada e pediu a Inácio que orasse por todos, ao que o grande trabalhador de Antioquia da Síria assentiu:

Amado Yeshua, luz de nossos caminhos, regozijamo-nos, neste momento, ante nossos reencontros para estabelecer projetos de continuidade na defesa dos teus postulados e ensinamentos.

Nós, que pudemos desfrutar a comprovação da ação do teu imenso amor para com todos nós, do teu exemplo de compreensão e indulgência, exultamos por sempre servir-te e a nosso Pai Celestial. Auxilia-nos a continuar servindo na tua vinha e no ideal do teu amor para conosco. Abençoa-nos, hoje e sempre, e nos ampara por todo o momento de nossas vidas. Assim seja!

O governador, ainda por um pouco mais, estabeleceu conversação amena com todos os presentes. Irineu como que se refez da saudade, conversando bastante com Policarpo.

Após, acompanhados por Estêvão, Inácio e Policarpo, retornaram ao corpo físico, para a continuidade de suas lutas terrenas.

X

A VIAGEM DA FILHA DO SENADOR APOLÔNIO PARA LUDGUNUM – LEMBRANÇAS E ACONTECIMENTOS

Após ter ultrapassado as últimas sentinelas da guarda pretoriana que vigiava o palácio imperial e o reduto dos senadores e igualmente ter ultrapassado as sentinelas da saída norte de Roma, Aléxia cavalgava sozinha, levando um cavalo de reserva. Disfarçada com roupa de homem, os cabelos presos e um chapéu de couro de cabra, cavalgava pela Via Ápia. Planejou ir até a localidade de Veios e a partir de lá pretendia pegar a Via Aurélia, com destino ao Norte da Península Itálica.

O vento da noite lhe fustigava a face. Seguia sob os soluços do choro que lhe corroía a alma. Às vezes parecia ver vultos se aproximando. Embora não fosse afeta a medos, temia ser descoberta de alguma forma. Cogitava o longo percurso que teria que fazer. Ela já tinha estado com seu pai adotivo em Lugdunum, que era uma província romana na Gália Central, por duas vezes, na propriedade que ele adquirira, na zona rural, onde construíra uma confortável casa de campo e outra casa que havia cedido para o casal Valentim e Lia, pessoas da região, que viviam da colheita rural. Conhecera-os pela pessoa que lhe vendera a propriedade. Então o senador os convidou para tomarem conta da herdade e da casa principal. Eles poderiam morar na casa menor e explorar a terra, plantando parreirais e colhendo uvas para renda deles próprios. Pagariam o senador com os cuidados à propriedade e à casa grande e com a cessão de alguns vinhos artesanais que faziam para o patrão. Aléxia lembrava que simpatizara muito com o casal e que a simpatia deles para com ela também era evidente. Isto lhe trouxe um pensamento de reconforto.

Naquela madrugada, a noite era de luar, e isto facilitava a cavalgada. Queria chegar a Veios ainda antes do amanhecer. Não podia cavalgar muito rápido porque a outra montaria que levava, cujas rédeas amarrara na sua, trazia um pouco de roupa e uma boa quantidade de víveres, e num embornal de couro, trazia uma boa quantidade de áureos, denários e sestércios, que eram reservas feitas pelo senador, que dariam, com certeza, para ela suprir suas necessidades por uns dois ou três anos. Entretanto, tinha medo de salteadores.

Enquanto cavalgava, repassava em sua mente o trajeto. Teria que percorrer toda a província setentrional até chegar à fronteira da Gália Central e atravessá-la, pois ao fazê-lo iria para uma província imperial. Cogitava que precisava cavalgar o mais depressa possível, embora a notícia da prisão do Senador Apolônio por certo demoraria a chegar aos locais por onde ela passaria. Entretanto, se houvesse alguma abordagem por alguma tropa romana, ela possuía um passe senatorial, com a assinatura e a gravura do anel do Senador Apolônio, o que lhe franquiaria a passagem.

Aléxia chegou à encruzilhada da Via Ápia com a Via Aurélia, em Veios, quando começava a amanhecer. Dali para frente a distância era enorme. Pensou em descansar os cavalos, mas um pensamento íntimo de repente lhe adveio: "Aléxia, minha filha, não pare. Troque a montaria e siga, confiante em Yeshua." Então, quase chegando ao cruzamento das estradas, saiu um pouco da trilha, adentrou um pouco na vegetação que ali era um tanto esparsa, parou embaixo de uma árvore, calculando a distância e a ausência de visão da estrada sobre si e os cavalos, apeou, puxou os cavalos para trás da árvore, pegou um pequeno tonel de madeira — havia dois na montaria auxiliar —, abriu e deu de beber aos animais. Pegou pequeno saco com grãos, deu um pouco para cada animal, tomou um pouco de água de um dos cantis que levava na sua montaria, sentou-se sob a árvore, recostou as costas nela e tratou de tirar um breve descanso. Já se ressentia um pouco da caminhada, embora cavalgar não fosse novidade para ela.

Ali, naquele local, onde podia ouvir o som do vento a balançar as folhas das árvores e o murmúrio da vegetação, sua atenção primeira foi para uma prece de agradecimento e, ao mesmo tempo, um pedido de intercessão por seu pai adotivo. Amava o senador com se filha verdadeira fosse. Ele era um homem bom, pois seus pais carnais eram cristãos, embora fossem de origem grega. Ilon e Eleona eram comerciantes de roupas que, em busca da sobrevivência e melhores condições de vida, tinham ido parar em Roma. Lá eles tiveram a oportunidade de prosperar e chegaram a gozar de boa situação econômica. Viveram felizes, se amavam e o amor deles foi coroado com a chegada da filha. Aléxia tivera uma infância feliz, amada e cuidada, e recebera esmerada educação. Desde criança foi também educada sob o pensamento cristão. Frequentava, com seus pais, o Núcleo Cristão de Roma.

Lembrou que desde criança e depois, na adolescência, havia se encantado com os ensinamentos de Yeshua de Nazareth e com as pregações do Evangelho, que muitas vezes ouvira no Núcleo. Em seu coração despertara uma predileção especial por Miriam de Migdal e sua história de vida, a tal ponto que nos momentos de alguma aflição, orava e pedia ajuda a Yeshua, mas também a Miriam de Migdal, que acreditava ter ido morar próximo a Yeshua, após seu sofrimento e morte.

Então, Aléxia orou:

Oh! Amado Yeshua, sei que sabes dos meus tormentos e de minha angústia nestes momentos. Peço-te, em nome de Yahweh, socorre de alguma forma a meu pai amado Apolônio, que sofre a vileza dos maus. Socorre-o, Mestre de Amor e Bondade. Eu o confio a Ti. Peço também pelo jovem Elias, a quem conheci e que despertou meus sentimentos femininos, mas que o destino me impõe abandonar.

Quanto a mim, sigo para destino incerto. Peço também tua ajuda e proteção, porém, faz de mim, Senhor, tudo o que for de teu agrado, e que seja feita a vontade de nosso Pai Celestial. Bem sei que maior é tua solicitude por mim; que todo cuidado que eu mesma possa ter, se quereis que eu esteja nas trevas para que a dor me lapide a alma, bendito sejas; e se quereis que esteja na luz, sejas também bendito.

Peço também à querida Miriam de Migdal, onde esteja, guardar-me dos perigos e não permitir que o mal me sobrevenha. Rogo tuas bênçãos, em nome de Yeshua, e peço que *minha caminhada seja protegida.*

A oração reconfortou Aléxia durante o tempo em que estava descansando. Não viu qualquer cavaleiro passar na estrada, para lado nenhum. Como já havia descansado, trocou a carga dos animais, ajeitou-se na roupa, conferindo os detalhes, e vagarosamente saiu do local onde estava e ganhou a estrada novamente. Após cavalgar mais um tempo breve, chegou na encruzilhada das duas vias. Guinou os cavalos para a esquerda e ingressou na Via Aurélia, estrada construída pelos romanos, que atravessava a Gália Cisalpina e após ingressava na Gália Central.

Reconfortada pela prece, continuou com suas lembranças. Seu pensamento chegou ao terrível dia em que soldados da guarda pretoriana, sob o comando do então Imperador Marco Aurélio, na época em que Aléxia contava dez anos, invadiram a sede do comércio de seus pais e os prenderam sob acusação de idolatria a um deus desconhecido e a negativa de render culto ao imperador. Foi um dia terrível. Os soldados pretorianos não tiveram qualquer compaixão pela menina, aliás, um dos soldados, com feição animalesca, Fausto Decimus, correu atrás de Aléxia, que, apavorada e chorando, correu por alguns estádios e desesperada adentrou uma casa, que era justamente a casa do Senador Apolônio. Por sorte ou destino, este estava naquele momento saindo de casa, então correu e abraçou a menina, amparando-a, antes que o legionário a pegasse. Lembrou do diálogo rápido, quando o senador gritou para o legionário:

— Alto lá! Que pretendes? Por que queres pegar esta menina? Quem és, soldado? — ao que o legionário estacou o passo e respondeu:

— Sou o legionário Fausto Decimus, e cumpro ordens do prefeito pretoriano. Devo pegar esta menina e prender junto com seus pais, e tu estás atrapalhando.

— Vê como falas, soldado! — retrucou o senador — Estás questionando um senador de Roma. Esta menina não vai ser presa e ficará sob minha proteção, em minha casa. Quanto aos pais dela, apurarei no senado e com o prefeito pretoriano, e, se preciso, com o imperador, para saber o motivo das prisões, se é justo ou não. Então, aconselho-te que vás e te juntes aos teus colegas.

Havia tanta autoridade na voz do senador, que o soldado recuou e se foi. Então o senador abaixou-se, abraçou a menina, que chorava e tremia, assustada, e lhe disse:

— Tem calma, minha filha. Vem. Levar-te-ei para minha casa. Lá ficarás bem e serás cuidada. Consola-te. Quanto a teus pais, verei o que posso fazer, está bem assim? — disse enxugando as lágrimas de Aléxia com a barra da sua túnica.

Depois... depois, veio a batalha do Senador Apolônio para tentar soltar seus pais da prisão romana. Primeiro o senador buscou saber qual era o delito praticado pelos pais de Aléxia. Teve acesso à acusação, que curiosamente tinha sido feita por um comerciante romano, Eliel, que também vendia roupa, e que acusou os pais de Aléxia de crime de lesa-majestade, inventando a calúnia de que eles, além de não prestarem culto ao imperador, faziam campanha para as demais pessoas deixarem de assim fazer. O Senador Apolônio avocou a defesa dos pais de Aléxia e conseguiu provar que as acusações eram falsas e feitas por absoluta inveja, para eliminar um concorrente no comércio de roupas, tendo obtido permissão do próprio imperador para a soltura dos pais de Aléxia, que estavam presos nas celas das galerias do Coliseu.

De posse do alvará de soltura, o senador, acompanhado por dois legionários, sob suas ordens, dirigiu-se, no dia aprazado, para a prisão onde estavam os pais de Aléxia. Lá chegando, foram recebidos pelo intendente da prisão, o Centurião Anisius. Este, ao receber das mãos do senador o alvará de soltura imperial, ficou pálido e estático. O senador percebeu o que ocorria. Nada falou e esperou a sua reação. O intendente romano, a muito custo, recuperou a serenidade e, olhando para o senador disse, com voz fraca e embargada:

— Nobre Senador Apolônio, não poderei te atender, eis que o casal que procuras, esta noite que passou, cometeu suicídio.

O senador teve um choque, porém, percebeu que algo estava errado e exigiu que o intendente o levasse até onde estavam os corpos. O intendente não tinha como negar o atendimento a um senador de Roma. Um tanto reticente, fez sinal para que o senador o acompanhasse. O senador, temendo por sua própria vida, determinou aos soldados que haviam vindo com ele, que o acompanhassem também.

Caminharam por corredores com celas abarrotadas de prisioneiros. Uns gemiam e gritavam, imprecando contra Roma, outros estavam quietos, os olhares de tristeza e desesperança. Após chegarem a um corredor em que havia quatro celas, três estavam vazias, e numa, que estava aberta, jaziam no chão os corpos dos pais de Aléxia. O senador penetrou na cela, que estava aberta, agachou-se e examinou os corpos bem de perto. Havia marcas de cordas nas gargantas, porém, notou que na altura do peito deles, embora disfarçadas com panos, havia manchas de sangue. Não teve dúvida que eles haviam sido mortos por Roma. A muito custo o senador controlou-se. Sentia náuseas e uma imensa desilusão na alma. Contendo a indignação, nada falou, apenas tomou a iniciativa, no que foi seguido pelos soldados que o acompanhavam, de evadir-se o quanto antes do local, no que foi acompanhado também pelo intendente. Após retornarem à sala do intendente, o senador rapidamente agradeceu o atendimento com uma leve mensura e saiu porta afora. Caminhou com os dois soldados até as escadarias do senado e lá os dispensou. Subiu as escadas. Ao chegar ao átrio, olhou para o alto do prédio onde estava incrustada enorme águia feita em barro, sentou-se no último degrau e, olhando a cidade, começou a chorar convulsivamente e exclamou em voz alta:

Oh! Yeshua de Nazareth! Eis-me aqui, senador de Roma, que não abominou Júpiter, mas que acredita em *ti e tem consciência de que Júpiter e Yahweh são o mesmo Criador de todas as coisas.*

Do alto deste último degrau desta escadaria da Casa de Leis do Império, olho para baixo e posso ver a cidade majestosa, com suas colunas de mármore e granito, as estátuas que homenageiam a vida, a beleza dos grandes jardins, o espelho de prata do Tibre que a circunda, porém, nestes tempos em que as glórias estão sendo sepultadas no passado, vejo numa espécie de alaúde mortal, a cidade arrasada, as colunas queimando ao fogo ateado pelos outrora conquistados.

Ouço os gemidos, o choro e os lamentos; a montanha de escudos e lanças jogados e os corpos sob a indumentária dos soldados romanos, num festival horrendo de carnificina e sangue, espalhados pelas ruas e vielas. Sinto o cheiro pútrido do ar empestado e ouço o crepitar das labaredas que traduzem o ardor das chamas arrasadoras. Sinto o vento bafejar meu rosto, carregando a negra fumaça da desgraça e vejo, no chão, em frente a este Senado, a Grande Águia tombada, que nem intenta mais voar porque suas asas estão sujas do sangue dos justos e dos sofredores. Ah! Roma, Roma, onde está o teu panteão?

Nada mais posso ver de tuas glórias do passado. As colunas que te cercam o esplendor estão derribadas; abraça-te a destruição e a morte e tu entras em desespero!

Onde estás, oh! Otaviano Augusto, que não respondes? E tu, Tito Vespasiano Augustus, por onde andas? Oh! Antonino Pio, em qual Roma ascenderás à Casa de Júpiter? Nesta que meus olhos entristecidos ora veem, com certeza, não!

Ainda sob a cortina de lágrimas, o Senador Apolônio levantou-se, adentrou as dependências do senado e, ao fazê-lo, olhou para o seu interior, para o fausto das acomodações e igualmente exclamou:

Quanta pompa! Para que serve tudo isto, se a fraternidade não mora nesta casa? Te tornaste a casa da corrupção e dos negócios escusos. Tenho pena de ti! pois agasalhas os rostos rosados e a petulância de senadores vis e avaros. Caminhas para o nada! É o que te aguarda!

Dia virá em que serás somente lembranças de tempos amesquinhados e interessados nas glórias passageiras que se foram, mergulhadas no esquecimento do povo humilde e envolta por seus lamentos de morte e de dor!

Após enxugar as lágrimas, deu meia-volta e foi para sua residência.

Lá chegando, perguntou a Adora, que lhe prestava serviços de cuidadora, na casa, e agora com a menina, onde estava Aléxia, ao que Adora lhe respondeu:

— Nobre senhor, ela repousa. Estava um pouco indisposta e seu corpo estava quente além do normal, então eu a auxiliei a banhar-se e fiz-lhe um chá de romã. Ela tomou e eu a ajudei a recolher-se.

Após a fala de Adora, o senador deu-se conta de que começava a escurecer. A seguir, Adora lhe disse que seu banho estava preparado e que breve serviria o jantar. Apolônio agradeceu, tomou as providências para ir banhar-se, porém, antes, disse à serviçal:

— Boa Adora, gostaria que ceasses comigo. Precisamos conversar.

A serviçal não estranhou, pois quando o senador tinha algum problema ou aflição qualquer, sempre a convidava para acompanhá-lo nas refeições e conversava com ela como se ela fosse uma irmã dele.

Passado algum tempo, o senador apresentou-se para a ceia e logo começou a conversar:

— Boa Adora — sempre assim a chamava —, sabes que hoje fui cuidar da libertação dos pais de Aléxia.

Adora assentiu, com um gesto, que sim.

— Pois é — falou o senador —, quero te dizer que os pais dela foram mortos na prisão e eu não tenho dúvidas que foram os soldados romanos da guarda pretoriana que os mataram. Tenho a impressão de que o imperador nada sabe sobre isso, embora ele seja um tanto desiquilibrado, para o meu gosto, porém, este é o fato. Agora temos que dizer para a menina o que ocorreu, e confesso-te, boa Adora, que não sei como fazer, como ser portador de notícia tão triste. É até bom que ela tenha se recolhido cedo, mas temos que achar um meio de fazê-lo, até amanhã.

Adora ouviu o relato sobressaltada e exclamou:

— Pobre menina, que tragédia! Como ela está sofrendo, e sofrerá ainda mais!

Após refletir por mais alguns instantes, Adora disse ao senador:

— Nobre senhor Apolônio, sugiro que retardes a notícia por alguns dias, daí poderás pensar melhor em como fazer. Aliás, nobre senhor, essa menina não tem, então, para onde ir? O que o senhor pensa fazer?

O senador, em razão dos graves fatos e da situação, sequer havia pensado na hipótese, e ao Adora lhe falar disso, respondeu de imediato:

— Ora, boa Adora, ela tem sim onde ficar. Ficará aqui em minha casa. A adotarei como filha, o que achas?

A serviçal sorriu e apenas confirmava, no seu pensamento, o quanto o senador era um homem bom, então falou:

— Que maravilha, senador, será ótimo, ela terá vossa proteção e será uma companhia para vós e até para a minha pessoa. Vossa decisão é nobre e revestida de bondade.

O senador agradeceu. Sempre tratava seus empregados com extrema bondade e ainda mais Adora, que não tinha filhos, nem era casada e se empregara com ele há uma dezena de anos. O senador falou:

— Feito! Vou tratar da adoção diretamente com o imperador. Vá ajudando a menina. Amanhã sairei cedo. Se ela tiver algum percalço de saúde, manda chamar o médico Antemius, para atendê-la. Voltarei somente ao cair da noite.

O dia estava terminando e a noite chegando, quando o senador chegou à sua residência. Foi recebido pelo serviçal que lhe disse que Aléxia estava bem, porém quieta; que nada perguntara e estava estranha. Após as providências da higiene, o senador apresentou-se para o repasto. A serviçal, juntamente com Aléxia, já o esperavam. O senador abraçou Aléxia, beijou-lhe a testa, sorriu para Adora e tomou assento para a ceia. Começaram a comer em silêncio. De repente, a menina, olhando para o senador, falou:

— Senhor senador, o senhor nada me falou dos meus pais, mas eu sei que eles estão mortos.

O senador espantou-se, ficou pálido, e o mesmo se deu com Adora. Então disse:

— Como assim, minha filha, quem foi que te falou isto?

Aléxia respondeu, com lágrimas em seus olhinhos:

— Foram eles mesmos, ontem, quando fui deitar. Dormi um pouco e depois acordei com um leve barulho e com uma luz no quarto, e então lá estavam meu pai e minha mãe; me sorriam, sentaram na cama e afagaram meus cabelos. Eu tinha começado a chorar e meu pai falou:

— Querida Aléxia, não chores, nós estamos aqui, podes ver teu pai e tua mãe e podes ouvir-nos. Papai e mamãe vão ter que deixar-te, minha filha, por enquanto. Yeshua está nos chamando e deu permissão apenas para vir te visitar e dizer que estamos indo para a Casa de Yahweh. Mas tu não ficarás sozinha não. Nós pedimos a Ele e a Yeshua por você, e recebemos a informação de uma jovem muito bonita, que se apresentou para nós, que se chama Miriam de Migdal. Ela nos disse que o senador que mora onde estás é um bom homem e que te cuidará e te receberá como filha.

Aléxia fez uma pausa. Apolônio chorava, e o mesmo se dava com Adora.

Então a menina prosseguiu:

— Depois, minha mãe me abraçou, me beijou e disse que sempre estaria olhando e cuidando de mim, desde a Casa de Yahweh. Meu pai também me abraçou, beijou-me e os dois, chorando e sorrindo, me acenaram e de repente sumiram. Então eu sei, pelo que já aprendi, que eles morreram no corpo, mas que continuam vivos nos Céus.

Aléxia calou-se e enxugou as lágrimas. Apolônio fez o mesmo e disse:

— Querida Aléxia, o que falaste agora só faz confirmar o que eu já pressentia, e que Yeshua ensinou. De fato, filha, teus pais morreram, mas bem os viste aqui, o que significa que somente o corpo físico deles morreu, suas almas não, o que para mim é uma grande surpresa e uma confirmação. Quero te dizer que o que a jovem falou para teus pais é certo. Já tomei hoje mesmo as providências e já obtive a autorização imperial para adotar-te como filha do coração, então, aceitas?

Os olhinhos de Aléxia brilharam. Ela saiu do lugar onde estava, correu e abraçou o senador, depois abraçou a serviçal. Os três choravam novamente.

Na esfera espiritual, ali compareciam o Governador Acádio e a jovem Miriam de Migdal, que sorriam e agradeciam a Yeshua pela providência que chegava para a menina.

As lembranças de Aléxia, enquanto cavalgava, iam para o passado e voltavam para o presente. Às vezes esboçava leve sorriso, doutras vezes, chorava.

Continuando a caminhada, seu pensamento voou novamente para o passado. Reviu parte da sua adolescência, quando, por iniciativa do senador, passaram a frequentar o Núcleo Cristão de Roma, embora o Senador Apolônio fosse ao Núcleo sempre à noite, quando tinha as reuniões onde havia a pregação pública. De certa forma, ele se disfarçava, não que tivesse medo, mas, na condição de senador, ele não queria trazer problemas para Roma e para os demais membros do senado. Entendia não ter esse direito e tratava da crença como fato íntimo.

A realidade é que tanto o senador quanto Aléxia, cada vez mais se encantavam com o aprendizado que tinham a oportunidade de fazer sobre os ensinamentos do Suave Rabi da Galileia, de modo que suas vidas tinham adquirido um sentido lógico. Aléxia passou a entender a razão do sofrimento de seus pais e de seu próprio sofrimento, ao ver-se privada da companhia deles; que as dores pelas quais passamos têm um fundamento, eis que Yahweh não castiga quem quer que seja; que é o afastamento da prática do bem e das suas leis que provocam a dor e o sofrimento, e que aqueles que nesta vida, mesmo semeando o bem, sofrem, na Terra, assim se ressentem em razão de falhas cometidas em suas vidas, no passado espiritual.

Já tinha cavalgado um bom tempo e parecia que estava sendo protegida porque não encontrara, desde que saíra de Roma, qualquer pessoa que lhe cruzasse o caminho. Pensou em fazer mais uma parada, mas um pensamento instantâneo parecia dizer:

— Cavalga um pouco mais e para somente para a refeição da virada do meio-dia.

Passou as mãos pelo pescoço do cavalo, como a abençoá-lo; olhou para o cavalo reserva, que carregava as roupas e víveres; conferiu a amarração da rédea e viu que estava tudo bem. Olhou para a frente e prosseguiu na marcha regular que tinha adotado. Pôs-se a orar baixinho novamente:

Meu Yeshua, que a tua mão carinhosa alcance meu pai Apolônio, que provavelmente sofrerá julgamento de Roma. Auxilia-o para que ele não esmoreça e sinta as minhas energias próximas a ele. Tu sabes, oh! Príncipe da Paz, que ele é um homem bom, portador de um imenso coração e de misericórdia para com todos. Sei que Yahweh sabe o que será melhor para ele, e que será sempre feita a vontade do Pai Maior, mas quanto possível, ajuda-o e o abençoa.

Enxugou os olhos e novamente seu pensamento retornou para o passado. Lembrou do dia em que, caminhando pelas cercanias do Fórum Romano, encontrou-se com o jovem Elias ben Borusch. Foi mesmo um encontro de almas afins, assim pensava, pois o sorriso cândido e puro do jovem a cativou, e percebeu que o mesmo se deu com ele. Ficara ruborizada quando o jovem caminhou na sua direção e fazendo um gesto de mensura, lhe disse, sorrindo:

— Olá, linda Patrícia, que prazer sinto ao ver tua figura fidalga e simpática.

A atitude do jovem deixou-a impressionada e alegre. Lembrou-se de que retribuiu a mensura e respondeu:

— Olá! Vejo que és um jovem galanteador!

A partir daquele encontro, outros mais houveram, quase sempre no mesmo lugar. Nas conversações, ficou sabendo que o jovem Elias era de origem judia e praticante dos cultos e prédicas sobre o que ele chamava de Lei Antiga de Moisés, portanto adepto à crença dos judeus. Inúmeras foram as conversas com fundamento religioso, e Aléxia descobriu que o jovem não era radical quanto à sua crença, que era, aliás, tolerante com outras crenças, inclusive com o Cristianismo, o que a deixou mais aliviada.

Após outros encontros, e como a ligação deles aumentava, ela foi sincera com seu pai adotivo, comunicando-lhe os acontecimentos, pois já contava dezoito anos, e a maioria das jovens, na sua idade, já se haviam casado. O senador anuiu que ela lhe apresentasse o jovem Elias, o que foi feito, sendo que o senador simpatizara muito com o jovem e consentira no namoro deles. Foram, porém, poucos meses de novos encontros, pois ela teve que se evadir de Roma, e sequer tivera tempo de escrever algo ou mandar algum recado para Elias. Apenas pedira a Adora que quando ele a procurasse, que ela o colocasse a par da situação, porém nada dissesse do seu paradeiro, pois temia pelo senador e por si própria, mas que lhe dissesse também que, se fosse da vontade de Yahweh, eles haveriam de se encontrar novamente.

Agora, com os pensamentos inundados pelas lembranças de Elias, mais uma vez seu coração parecia doer dentro do peito. Novamente exclamou baixinho:

— *Oh! Senhor Yahweh, por que permite este sofrimento? Além de meus pais, tenho que me apartar de quem já amo com as vibrações mais sutis da alma? Peço-te, ampara e fortalece o querido Elias. Que ele não se desespere e que tu permitas que um dia eu possa reencontrá-lo.*

Naquelas cogitações, quando completou uma curva na estrada, viu, ao longe, soldados romanos que se aproximavam. Era um grupo de cavalaria, uma centúria. Então teve medo. O que poderia acontecer? Talvez não lhe dessem importância, pois cruzar com cavaleiros pelo caminho, nas estradas romanas, era muito comum. Tratou de pôr-se pela beirada da estrada, de modo a dar passagem. Logo estava cruzando a cavalaria romana. Procurou não abaixar a cabeça nem demonstrar medo, de modo que os soldados, ao cruzar com ela, alguns acenavam-lhe e ela retribuía o aceno, outros apenas olhavam na sua direção. As roupas masculinas que estava usando e o chapéu a disfarçavam muito bem. Alguns momentos depois, já tinha cruzado toda a caravana. Os soldados se afastavam e então, passado o momento crítico, seu coração disparou. Resolveu parar para descanso e para se refazer.

Como fizera da vez anterior, procurou outra árvore frondosa à margem da estrada. Logo localizou uma mais para dentro da mata. Para lá se dirigiu e novamente tomou as providências para o repouso dos animais, alimentação e água. Após ter tratado os animais, estendeu uma colcha no chão, próximo à árvore, certificou-se de que os animais estavam bem amarrados a outra pequena árvore e que da estrada não se poderia enxergá-los e deitou-se para repousar um pouco.

Como estava cansada, adormeceu. De repente viu-se saindo de seu corpo físico. Assustou-se, quase ao apavoramento. Ia retornar ao corpo quando mão delicada pegou-a pelo braço. Então olhou e viu uma jovem de singular beleza, de pele branca. Os cabelos castanhos e cacheados caíam-lhe sobre os ombros. Tinha olhos claros quase verdes e grandes, de um brilho incomum, o rosto muito bem delineado e um sorriso encantador, no qual se podiam ver a perfeição dos dentes superiores e inferiores. A jovem lhe falou:

— Não te assustes, querida Aléxia. Não tenhas medo. O que vês neste instante é um fato perfeitamente possível e natural; é, sim, teu corpo físico que repousa sob a árvore e ao mesmo tempo estás aqui comigo, fora dele, com teu corpo espiritual ou tua alma, para melhor entenderes. Nada temas. Isto ocorre com todas as almas, apesar de que a quase totalidade delas ignora esse fato e, na sua grande maioria, não têm conseguido sequer cogitar este fenômeno, que é verdadeiro.

“Enquanto as pessoas estão vivendo na Terra, Aléxia, elas podem se desligar temporariamente do corpo físico, que é como que um agasalho para a alma, e caminhar no mundo espiritual, mundo das almas, encontrar com outras almas, interagir, conversar e após retornar ao corpo físico. Assim, boa Aléxia, peço-te que confies em mim. Vim para te levar a um encontro, mesmo que rápido, mas que tenho certeza te fará bem — e olhando nos olhos de Aléxia, a jovem indagou: — Compreendeste ao menos um pouco do que te falei?

Ao dizer isto tudo, a linda jovem sorriu novamente e esperou a resposta. Aléxia, ainda muito confusa, respondeu:

— Sim, compreendi. Não muito, apenas uma parte, mas sinto confiança em ti. Como te chamas?

— Miriam — respondeu a jovem —, apenas Miriam.

— Então me dá tua mão — disse Miriam —, e não te preocupes, em pouco tempo retornaremos a este lugar. Fica tranquila. Há outros amigos espirituais que cuidarão dos animais e de teus pertences. Vamos!

Aléxia segurou a mão de Miriam e viu-se levitando no espaço. Sentiu um pouco de temor, fechou os olhos e, em breve tempo, quando os abriu, estavam chegando a um lugar maravilhoso. Aléxia ficou encantada com o que seus olhos viam. Era uma cidade maravilhosa. Muito, mas muito mais bela do que Roma. Suas ruas pareciam ter uma cor para o cinza; os gramados de um verde que ela nunca imaginara existir; várias praças com árvores e flores belíssimas, de variadas cores, misturadas entre si, com cores que ela desconhecia e almiscaradas. Viu pássaros de diversos tamanhos, com plumagens com combinação de cores maravilhosas. Ouvia perfeitamente seus trinados, suaves e alegres. Os prédios eram amplos, com colunas que lembravam um pouco as de Roma, mas muito mais altas. Vários prédios com torres circulares e anéis sobrepostos em tonalidade azul, mais forte e mais clara. Não parava de admirar a beleza do local.

Reparou que as ruas eram movimentadas com homens e mulheres, todos vestidos com túnicas brancas ou amarelo suave, ou em azul suave, com cintos em cordas. Os transeuntes com os quais cruzavam, todos eram alegres e sorridentes, e lhes acenavam ou faziam mensuras à passagem por eles. Após analisar a vestimenta das pessoas foi que Aléxia deu-se conta de que estava trajando uma túnica azul-clara e que seus cabelos não estavam presos. Enormemente surpresa, quis perguntar a Miriam sobre tudo o que via, inclusive sua própria roupa. Miriam leu os seus pensamentos e respondeu:

— Amiga Aléxia, sei o que pensas. Estás na cidade espiritual denominada Cidade da Fé. Aqui nesta cidade podemos ler os pensamentos, e te respondo que te esclarecerei sobre todas as tuas dúvidas e perguntas.

Aléxia ficou ainda mais espantada, contudo, ensimesmada com a resposta, nada mais perguntou. Então Miriam lhe disse:

— Vamos até o prédio da administração da cidade.

No caminho, Miriam foi esclarecendo para Aléxia todas as coisas que ela estava vendo, sobre sua vestimenta etc. Falou sobre o governador da cidade, de nome Acádio; sobre os objetivos da cidade e de seus moradores. Falou bastante sobre Yeshua de Nazareth, quanto ao trabalho que ali era levado a efeito, com o objetivo de fazer com que os ensinamentos que Yeshua havia trazido para a Terra, cada vez mais fosse conhecido e se fixasse nela, para que o processo evolutivo do mundo fosse sendo desenvolvido sob a égide dos ensinamentos que foram encaminhados por Yahweh. Aléxia tudo ouvia e por tudo se deslumbrava.

Após caminharem passando por três praças belíssimas, chegaram ao prédio da administração da cidade. Lá chegando, foram recebidas por Eleodora, a secretária do governador, que as cumprimentou. Tratava-se de uma senhora com aspecto ainda jovem, muito sorridente, que, olhando para Aléxia, disse:

— Olá, jovem Aléxia, que prazer em falar contigo.

A seguir dirigiu-se a Miriam, a quem cumprimentou também sorridente, dando mostras de que já a conhecia, e a seguir falou:

— Por favor, me acompanhem.

Seguiram por um pequeno corredor que dava para uma antessala. Eleodora parou e pediu que aguardassem. Deu três batidas na porta do outro cômodo, a seguir abriu-a, entrou e fechou-a. Miriam e Aléxia ficaram aguardando.

Em poucos instantes a porta se abriu e foi o próprio Governador Acádio, na companhia de Eleodora, que veio receber as visitantes na antessala.

O governador, dirigindo-se primeiro a Miriam, falou:

— Olá, nobre e querida irmã e amiga Miriam, nossa cidade se engrandece com tua presença, do que somos gratos a Yeshua. Estávamos te aguardando. Recebemos a comunicação do irmão Enoque, da Cidade do Amor, onde a irmã se radica, dizendo que não somente nos visitarias, o que muito nos honra e alegra, mas sobre a sua tarefa em auxiliar um grupo de almas, na Terra, com as quais, segundo também fomos informados, tens ligações do passado, e que para esse fim contarias com o apoio de nossa cidade, objetivando não apenas permitir a chegada para aqui de Espíritos sacrificados por Roma, cujo acesso à nossa cidade lhes foi franqueado por seus méritos, como também quanto ao apoio que devemos movimentar em relação aos teus amigos que estão encarnados.

"Sabemos também que esta é uma determinação direta do Mestre Yeshua. Fica tranquila e conta conosco. Esta cidade, repito, se alegra e se engalana com tua presença."

A seguir foi na direção de Aléxia e a cumprimentou:

— Boa menina Aléxia, igualmente estamos alegres com tua visita.

Após, olhando para ambas, sinalizou a porta de entrada de sua sala e disse:

— Por favor, entrai. Vamos nos acomodar melhor para conversarmos mais.

Miriam e Aléxia entraram e foram acomodadas em confortáveis cadeiras à frente da mesa de trabalho do governador.

Ao adentrarem à sala, Miriam não conteve a satisfação e alegria em ver que ali, sentados, já estavam o Apóstolo Pedro e o Apóstolo João, amigos queridos do seu coração e do Colégio Apostólico. Miriam quase que correu e os abraçou com saudade e alegria.

— Oh, meus amados Pedro e João, como estou feliz por vos ver. Ainda na noite passada, conversava em nossa cidade com a irmã Isabel, a mãe de nosso irmão João Batista, sobre os amigos e a saudade que sentíamos de vós. Sabemos que renunciastes a estar conosco na Cidade do Amor, pois lá poderíeis ficar. Aproveito para perguntar-vos por qual motivo optastes em ficar aqui na Cidade da Fé, que, aliás, é tão bela quanto a nossa Cidade do Amor. Confesso-vos que muitas vezes sinto falta de viver novamente aqueles tempos em que desfrutamos da presença de vários outros amigos do Cristo Yeshua.

Miriam calou-se, então foi João que respondeu:

— Querida irmã e amiga Miriam, nossa saudade é igual, contudo, conforta-nos ter sempre notícias de onde estás e do teu continuado trabalho em favor de Yeshua.

A seguir, Pedro disse:

— Boa Miriam! Como disse nosso João, nossa saudade também é persistente. Aqui nos radicamos em razão de todas as tarefas em execução, como também em razão da necessária afirmação do Evangelho de nosso Mestre Amado sobre a Terra. Com relação ao nosso reencontro, que nos agrada sobremaneira o espírito, aqui estamos para auxiliar-te no projeto de atender a entes queridos ao vosso coração e que estão ainda nas lutas terrenas.

Aléxia, que tudo via e ouvia, estava quieta, surpresa e boquiaberta. Será que Miriam estava falando com o Apóstolo Simão bar Jonas e com o Apóstolo João, citados nos Evangelhos de Yeshua? Estaria ela sonhando? Seria possível isso?

Foi o Governador Acádio que, lendo os pensamentos da jovem, interrompeu as conversações e, olhando para Aléxia, disse-lhe:

— Sim, minha querida irmã, estás diante dos amigos Apóstolos Pedro e João. A morte do corpo físico não elimina a vida do Espírito.

Aléxia levou a mão à boca num gesto de surpresa e até de espanto. Logo um pensamento lhe adveio. Como era cristã e já tinha algum conhecimento do Evangelho, exclamou:

— Ora, quem me trouxe até aqui me disse chamar-se apenas Miriam, e vós, nobre governador, chamaste-a também pelo mesmo nome. Os apóstolos falam a ela neste instante, de saudade, então... então... será que quem aqui me trouxe e está ao meu lado é Miriam de Migdal, a quem tenho predileção em minhas lembranças sobre a sua trajetória para o Cristo, na Terra, e nas orações e pedidos que faço a Yeshua?

O Governador Acádio, ao perceber o olhar de Miriam, apressou-se em responder:

— Sim, cara irmã, quem a trouxe até nós é, de fato, a querida irmã Miriam de Migdal, a amada amiga do Mestre e de Maria de Nazareth, bem como dos apóstolos, e que caminhou com Yeshua pelas cidades da Palestina e em Jerusalém.

Aléxia não conseguia disfarçar a enorme e ótima surpresa. Sorriu um sorriso cândido que revelava alegria interior e a seguir falou:

— Por Yahweh, que maravilha! Estou encantada, entretanto, uma dúvida me toma o pensamento. Que fiz eu para merecer tudo isto?

Miriam se acercou de Aléxia, abraçou-a e lhe disse:

— Aléxia, és uma alma querida do meu passado. Com o tempo ser-te-ão revelados alguns fatos que poderás saber. Por enquanto, tem calma e confia em nós.

Após passadas as surpresas, todos sentados, o governador retomou a palavra e disse:

— Amados meus e amiga Aléxia, aqui em nossa cidade, temos o registro de todas as vidas dos Espíritos ou almas que transitam pela Terra, desde a sua criação. Teu nome, Aléxia, está inserido nele. Na medida do possível, te revelaremos várias de tuas existências passadas na Terra. No momento, basta que te informemos que estamos acompanhando teu drama, desde tua infância, e tudo o que te envolve, inclusive a situação do Senador Apolônio. Também a separação involuntária de Elias, igualmente acompanhando o projeto em que estás envolvida no momento e que se trata de tua viagem para a cidade de Lugdunum. Por isto, foste trazida até nós, para que te coloquemos a par da proteção que, a pedido de amigos espirituais que te querem bem, estamos dispondo a teu favor, na tua caminhada. Queremos que viajes tranquila. Recomendamos que evites tocar nos acontecimentos de Roma com quem cruzares pelo caminho e evites exposição demasiada do passe senatorial. Nossa Miriam e amigos te acompanharão na viagem.

A seguir, o governador pediu ao Apóstolo João que fizesse uma oração. O Apóstolo de Patmos iniciou a orar:

Mestre Amado Yeshua! Nos ensinaste que quem é forte no amor permanece firme nas tentações do mundo e não cede às sugestões astuciosas dos inimigos de tua doutrina. Quem é esclarecido por teu amor, não considera tanto o dom de quem ama como o amor de quem dá; cativa-o mais o afeto que o benefício; cultiva, acima de tudo, os dons que coloca à disposição de Yahweh.

Em ti conservamos o firme propósito de servir, e nossa intenção de amar voltada a Yahweh. Abençoa-nos os bons objetivos e nos afasta da in-

dolência. Dá-nos força para continuarmos trabalhando na tua vinha. Está conosco, sempre!

O governador deu a pequena reunião por terminada. Todos se levantaram. Os abraços foram efusivos. Aléxia não cabia em si de contentamento. Despediram-se e, a breve tempo, Miriam trouxe Aléxia novamente para o corpo físico. Ao acordar, o silêncio no local era quebrado apenas pelo barulho das patas dos cavalos, que de quando em quando espantavam os insetos, com leves batidas no chão. Aléxia deu-se conta que adormecera debaixo da árvore, não saberia dizer por quanto tempo. Lembrou que tivera um sonho, no qual estavam Miriam de Migdal, por quem tinha predileção, e o Apóstolo João, que aprendera a conhecer pelo seu Evangelho, e ainda o Apóstolo Pedro e outras pessoas. Sorriu ante a lembrança do sonho, que lhe parecia real. Levantou-se, começou a guardar os pertences e alguns víveres que havia colocado sobre um pano estendido na relva, dobrou o pano e a colcha onde se deitara e colocou num dos cavalos, cuja troca, para descanso, em razão do seu peso, aproveitou e fez. Ajeitou o aperto das montarias, montou no cavalo e respirou fundo. Um pensamento instantâneo lhe adveio, então exclamou baixinho:

— Oh! Amado Yeshua e querida Miriam de Migdal, peço me auxiliem e me protejam dos perigos nesta viagem que faço sozinha.

A seguir, com cuidado, saiu do local e ingressou na Via Aurélia. O sol era forte, porém ela continuava a sua marcha. Havia cavalgado um bom tempo e não cruzara com nenhuma pessoa ou cavaleiro. O dia já ia se esvaindo e as primeiras sombras do crepúsculo anunciavam para logo mais a presença da noite, que lhe impediria a marcha, sendo necessário seu repouso e dos animais. Ia cavalgando ao trote do animal, quando começou a ouvir murmúrios de vozes trazidas pelo vento. Como não via ninguém à frente e o vento que aumentou de intensidade lhe fustigava a face, embora estivesse protegida, continuou a cavalgar. Com o cair da noite, a temperatura ia esfriando. Sentia a ponta do nariz gelar. As vozes que ouvia eram trazidas em vagas, pela ventania. Ficou um pouco aflita. Percebeu que em breve deveria cruzar com várias pessoas, pois os murmúrios das vozes que chegavam até ela iam pouco a pouco se ampliando. Logo percebeu que eram muitas vozes e que estavam cada vez mais próximas. Será que eram soldados romanos? – pensou.

Acabara de fazer uma curva na estrada, quando viu, na margem esquerda, um enorme descampado e lá instalado um grande acampamento de soldados de Roma, que reconheceu pela bandeira com a águia romana desenhada. Havia muitas tendas e tochas que iluminavam quase que completamente o local. Pensou em recuar, voltar e esconder-se, mas nem bem pensara nisso e ouviu um grito da sentinela:

— Alto lá! Quem vem? Aproxime-se devagar.

Como não tinha saída, Aléxia diminuiu a marcha do animal, temeu responder, eis que sua voz não tinha nada de masculina, porém, fazendo todo esforço, buscou engrossar a voz o quanto pôde e respondeu:

— Sou um viajante romano, estou só. Apenas com dois cavalos e mantimentos para a viagem.

— Aproxima-te mais e não intentes nada — gritou o vigia romano.

Aléxia aproximou-se e, como iniciava a escurecer, o vigia utilizava uma tocha e estava acompanhado de três outros soldados. Aléxia dirigiu-se aos soldados e, quando estava bem próxima, fez o cumprimento romano:

— Ave, Roma! Ave, César!

Os soldados, desconfiados, nada responderam, apenas caminharam na direção de Aléxia, dizendo:

— Para o cavalo e desce devagar. Já te dissemos, não intentes nada.

Aléxia obedeceu e ficou imóvel. O soldado que gritara aproximou-se, levantou a tocha acesa na sua direção e olhou-a mais de perto, depois falou:

— Dize-me teu nome, rapaz!

— Chamo-me Áureo Arquisius — respondeu Aléxia rapidamente — e venho de Roma. Estou a caminho da Gália Lugdunense, mais precisamente de Lugdunum, onde pretendo encontrar-me com uns amigos do meu pai.

O soldado, um pouco desconfiado, até em razão do timbre de voz de Aléxia, indagou:

— E quem é teu pai?

Aléxia pensou rápido e arriscou:

— Ele se chama Marcus Aureus Arquisius, e deu-me a missão de ir conhecer seus parentes e pegar com eles alguns sestércios que eles lhe devem.

— E quantos sestércios são, jovem rapaz? — indagou a sentinela.

Aléxia percebeu, pela indagação, que o soldado estava interessado nas moedas, então respondeu:

— Não saberia dizer, pois meu pai falou que eles saberiam o quanto deveriam me entregar.

O soldado olhou para os outros três legionários e falou:

— Garius, Savius e Brunus, levemos o visitante até o comandante para ver se ele quer falar com este rapaz ou se deixará que siga seu caminho sem interrupção.

Ao dizer isto, acenou para que Aléxia, que estava disfarçada, o acompanhasse. Puxando os animais pelas rédeas, acompanhou os soldados e foi na direção do acampamento, que era enorme. Aléxia calculou que ali deveriam estar de três a quatro centúrias. As tendas eram incontáveis, como também incontáveis as tochas que já iluminavam todo o acampamento. O soldado que lhe dera voz de alarme era na realidade um decurião do exército romano de nome Gregorius, que, acompanhado dos demais três legionários e do cavaleiro, se deslocaram até a tenda central. Ao passar por várias tendas, os olhares de curiosidade dos soldados eram intensos.

Chegaram a uma enorme tenda central, em forma arredondada. O decurião pediu que aguardasse, entrou na tenda e após alguns instantes retornou. Dirigindo-se a Aléxia, falou:

— Jovem, o Comandante Julius Atilius Galesus vai receber-te. Vamos, acompanha-me.

Aléxia, um pouco titubeante, acompanhou o decurião e entrou na tenda. Sentado em uma espécie de banco alto, havia um homem encorpado, a tez branca, os cabelos pretos, ondulados, o rosto afilado e olhos verdes, e tinha na face um sorriso franco. Aléxia reparou na beleza do comandante, que era sim um homem muito bonito. Controlou-se, saiu de suas cogitações e esperou. O comandante fixou o olhar sobre Aléxia e ficou a buscar com os olhos conhecer todos os seus traços. Sorriu levemente e então falou para o decurião:

— Nobre Gregorius, por favor, deixa-nos a sós. Aguarda fora da tenda.

O decurião, que nunca contestava ordens do comandante, fez uma reverência com o corpo, dizendo:

— Sim, meu senhor comandante. — E retirou-se.

Aléxia estava reticente, embora as roupas masculinas e os cabelos presos sob o chapéu. Ante o ocorrido, pensava: Será que o comandante havia reconhecido que ela era uma mulher? Ficou quieta e esperou. O comandante, indicando um banco pequeno, disse-lhe:

— Por favor, senta-te.

Aléxia obedeceu.

O comandante puxou um banco menor, sentou-se perto de Aléxia e falou:

— Caro jovem, noto pela tua maneira de ser, pela graciosidade de teus olhos e ainda mais por tuas mãos, macias e lisas, que não és quem buscas parecer. Desde a tua chegada nesta tenda, pela maneira como me olhas, com desconfiança, e pela graciosidade dos teus gestos, percebi que não és um jovem e sim uma jovem mulher que se veste como homem, talvez para escapar a algum malfeito, alguma ameaça a ti ou a algum familiar teu.

Aléxia estremeceu, mas continuou calada. O comandante então lhe disse:

— Por favor, nada temas. Peço-te que tires o chapéu — e esperou.

Aléxia não tinha o que fazer, ante o olhar firme do comandante. Lentamente tirou o chapéu, deixando à mostra os cabelos presos, que eram volumosos. O comandante sorriu e novamente ordenou:

— Agora, desprende teu cabelo.

Aléxia tremeu, porém, o comandante, percebendo a aflição dela, falou:

— Já te disse, não temas nada, nenhum mal te acontecerá, eu prometo.

Desajeitadamente, Aléxia soltou seus cabelos, que caíram cobrindo os ombros e abaixou os olhos.

O Comandante Julius Atilius Galesus não conteve o sorriso. Até parecia que se divertia com a cena, no entanto, controlou-se e falou:

— Podes prender teu cabelo novamente e colocar o chapéu. Não te preocupes, isto será um segredo nosso.

A seguir esperou. Aléxia, com dificuldade, pois tremia, ajeitou os cabelos, colocou o chapéu novamente e nada falou. Ainda parecendo se divertir com a cena, o comandante indagou:

— Minha jovem, quem és na verdade e o que fazes sozinha por estas bandas? Tem confiança, não revelarei teu segredo e penso que posso ajudar-te.

Pela primeira vez, Aléxia conseguiu falar, e, com voz débil, buscou ainda esconder sua identidade:

— Nobre comandante, por primeiro, agradeço seu gesto gentil para comigo. Eu sou filha de um comerciante romano, chamado Marcus Aureus Arquisius — e a seguir deu a mesma versão que dera ao decurião.

Após terminar, esperou.

O comandante levantou-se, foi até o fundo da tenda, abriu uma caixa pequena e de lá retirou um pergaminho. Voltou a sentar-se diante de Aléxia, desenrolou-o e começou a ler em voz alta:

— Ano 1.168 da era romana. Por ordem do Décimo Senhor Imperador, Marcus Aurelius Antoninus Augustus, o Império Romano informa a quem a este documento tiver acesso, que o Centurião Julius Atilius Galesus recebe a Comenda da Ordem da Suprema Corte Imperial, na condição de oficial do exército romano, em razão dos seus excelentes serviços prestados ao Império, na luta contra os invasores da Gália Central. Dado e passado na cidade Imperial de Roma, e anotado pela chancelaria do Senado Romano.

Assinado: Secretário do Senado - Senador Apolônio Aureus Arquisius.

A seguir, o centurião calou-se e olhou para Aléxia, que disfarçando o quanto pôde, embora a agitação mental e a surpresa de ver-se descoberta, buscou de todas as maneiras ficar impassível. O centurião sorriu e completou:

— Nobre senhora, não sei a que título de fato estás aqui neste instante, mas sabe que abomino mentiras e falsidades. Então dize-me de vós mesma, não és porventura Aléxia Aureus Arquisius, filha do Senador Apolônio, que inclusive falou-me muito sobre ti?

Aléxia desmoronou. Estava totalmente ruborizada e fez um esforço enorme para não chorar. Buscando recompor-se de forma rápida, respondeu:

— Sim, nobre comandante. Eu também não sou afeta a mentiras, e quando interrogada por vosso soldado, respondi que estava a serviço de meu pai, apenas omitindo seu primeiro nome. Sou sim a filha do Senador Apolônio, adotada por ele, e cavalgo sozinha a pedido dele. Vou para a Gália Lugdunense para buscar documentos que ele pediu, relativos a uma propriedade que ele adquiriu.

O comandante olhou fixamente e falou:

— Nobre senhora Aléxia, percebo que também não gostas de mentiras, como dizes, e estou disposto a dar-te cobertura, em homenagem ao Senador Apolônio, que conheci muito bem nas suas lides do Senado, tendo consciência de que ele é um homem muito bom e que ajuda a muita gente, inclusive me ajudou, pois foi uma das pessoas que avalizaram junto ao imperador o meu nome para ser promovido a centurião.

Nós estamos indo, também, para a Gália Central e Lugdunense. Sinto que posso e devo dar-te cobertura, pois para uma mulher viajar sozinha o risco é alto. Apenas recomendo que mantenhamos teu segredo com a tropa, e manterás o teu disfarce, por isto te acomodarei em tenda próxima à minha. Não temas. Não tenho a menor intenção de molestar-te. Acho que isto será melhor para a tua segurança, afinal, és filha de um senador de Roma. Então, aceitas?

Aléxia refletiu, pediu auxílio pelo pensamento a Yeshua, fez pequena pausa e respondeu:

— Aceito, sim, vosso amável convite, e igualmente que mantenhamos minha verdadeira identidade incólume.

O centurião assentiu com um gesto e, após sair pela abertura da tenda, chamou o soldado sentinela e pediu para que este chamasse o Decurião Gregorius.

Quando o Decurião Gregorius entrou na tenda e saudou novamente o Centurião, Julius lhe disse:

— Nobre decurião, toma providências de albergar os animais do jovem Aureus, tratá-los e incorporá-los à nossa caravana. Nosso jovem vai ficar na minha própria tenda esta noite. Providencia a montagem rápida de uma tenda bem próxima à minha, para que ele possa repousar nela a partir de amanhã. Vamos, apressa-te!

O decurião, meio confuso, saiu da tenda do comandante para tomar as providências solicitadas. Pelo caminho, ia pensando na surpresa que tivera. O que teria acontecido? Quem era aquele jovem? Será que era filho ou parente de algum amigo ou conhecido do comandante ou de alguma autoridade do Império? Enfim, como nunca discutia as ordens do seu superior, chegou até o local onde estavam amarrados os animais do jovem. Ao se aproximar, viu que o legionário Brunus estava próximo ao cavalo em que o jovem cavalgava, e viu o sorriso de satisfação do legionário, que, ao ver o decurião, tirou as mãos do embornal de couro que estava sobre o final da montaria, embornal que ele tinha aberto e que se mostrava carregado de moedas de aureus, denários e sestércios. Percebendo que tinha sido flagrado mexendo no alforje do jovem, o soldado exclamou:

— Decurião Gregorius, veja só quantas moedas, uma verdadeira fortuna tem aqui! Pelo visto nosso jovem é um salteador. Deve ter roubado esta fortuna. Estamos ricos! E o legionário ria muito.

Gregorius se aproximou mais do soldado e energicamente falou:

— Soldado, tira as mãos dessas moedas e fecha o embornal. Estás louco, por acaso?

— Louco, eu? — respondeu rindo o legionário, e acrescentou: — Não entendo. O que temes? Ficamos com essa enorme quantidade de moedas e damos fim no jovem. Isto será muito fácil.

Ao dizer isto, o legionário deu-se conta que o decurião estava sozinho e depressa perguntou:

— Cadê o jovem? Não vais me dizer que já te desvencilhaste dele e agora me dás ordens. Com certeza, queres ficar com esta fortuna sozinho.

— Não é nada disto — respondeu o decurião. — O jovem está na tenda do comandante, é seu hóspede. Ficará na tenda com ele, o que não consegui entender. O comandante pediu para providenciar os cuidados com os animais e pertences dele, então eu te garanto que se o jovem perceber que a fortuna dele foi mexida ou mesmo roubada, com certeza nos denunciará ao comandante e poderemos ser presos, e o que é pior, condenados à morte. Em razão disto, nem penses em retirar uma moeda que seja desse embornal. Fecha-o e me entrega.

Entre espantado e contrariado, o legionário obedeceu e entregou o embornal ao decurião. Gregorius a seguir disse:

— Vamos, alimenta os cavalos, além de dar-lhes de beber. Pela manhã, chama mais um auxiliar e monta uma tenda pequena ao lado da tenda do comandante, mas antes disto leva os outros embornais para a tenda do nosso chefe. Esse que está comigo, eu levarei até lá, pessoalmente.

A seguir o decurião tomou o caminho da tenda do Centurião Julius. Após ser anunciado pela sentinela e admitido na tenda, viu que o comandante e o jovem, sentados, conversavam animadamente. Então o decurião falou:

— Salve, Roma! Salve, nobre Centurião Julius! Trago para o jovem seu embornal, que julguei ser melhor trazer pessoalmente, pois nele está uma fortuna em moedas.

Disse isso acentuando o final e esperou a reação do comandante, que não se fez esperar:

— Pois bem, Decurião Gregorius, como sabes o conteúdo do embornal?

Gregorius sentiu suas faces queimarem. Tinha que pensar rápido e de acordo com a resposta que desse poderia receber voz de prisão, ali mesmo, então respondeu:

— É que ao retirar do animal, nobre comandante, o embornal caiu ao chão e uma parte dele se abriu.

O Comandante Julius olhou bem para o decurião. Uma sombra de irritação se formou no seu semblante. Ia falar, porém foi interrompido pelo jovem, que disse:

— Nobre centurião, de fato isto deve ter ocorrido, pois o fecho de um lado do embornal está com defeito.

A seguir, olhou para o decurião e sorriu. O momento era tenso, então o centurião disse:

— Está bem, Gregorius, entrega o embornal ao jovem Arquisius. Confesso que se não fosse pela intercessão dele, tu serias preso neste instante, e não penses que eu não percebi que falaste somente de uma parte do embornal. Agora retira-te, por favor.

O decurião, aflito pelo momento que viveu, endereçou um olhar de gratidão ao jovem e saudando o centurião, retirou-se.

A sós com o centurião, e como este havia descoberto o seu segredo, Aléxia apressou-se a dizer:

— Nobre centurião, as moedas são recursos de meu pai, o Senador Apolônio, e eu estou levando para ele, para ficar na propriedade dele.

O centurião sorriu e disse:

— Nobre Aléxia, não pedi contas do recurso, de quanto é, nem para onde levas, isto não é da minha conta, fica tranquila.

Passada a tensa situação, continuou o centurião:

— Como combinamos, manterei segredo sobre quem realmente és. Nada impede que sigamos conversando bastante até nosso destino.

Aléxia meneou a cabeça afirmativamente. Foram interrompidos pela sentinela que, adentrando a tenda, disse:

— Nobre Comandante, dois legionários o aguardam para escoltá-lo até o refeitório central.

O Centurião Julius agradeceu com gestual de mão e a seguir, olhando para Aléxia, disse:

— Jovem Arquisius, por favor me acompanha para o repasto noturno.

A seguir, saíram na direção da tenda das refeições.

Ao lá chegarem, Aléxia percebeu que estava sendo alvo de inúmeros olhares. O centurião parecia se divertir com aquilo. Tomaram assento, e logo o centurião disse ao soldado que os acompanhava.

— Peça para nos servirem.

Após servidos, o comandante, em meio à refeição, disse, utilizando a expressão masculina, em razão dos vários soldados e alguns decuriões que ali se achavam:

— Então jovem Arquisius, teu pai está bem, não é?

O jovem (Aléxia disfarçada) respondeu:

— Sim, nobre comandante, inclusive me falou bastante a teu respeito.

O diálogo foi feito propositadamente em voz alta, para que todos percebessem que o centurião deveria conhecer o jovem e tinha amizade com a família dele, desse modo sepultavam, de pleno, as desconfianças que já surgiam quanto a quem seria aquele jovem. Após, o centurião procurou somente falar de amenidades, da dura vida no exército, da região em que estavam. A breve tempo retornaram à tenda central. Lá chegando, o comandante disse em voz baixa, em razão da sentinela:

— Cara jovem, amanhã instalarão uma tenda auxiliar para ti, ao lado da minha, e daí poderás repousar lá. Por hoje, podes repousar por aqui. Prepararei uma cama para ti. Fica absolutamente tranquila. Nada vai te acontecer.

Aléxia agradeceu e com muito cuidado resolveu dormir vestida como estava e sem desprender os cabelos. Deitada sob as mantas que lhe haviam sido providenciadas pelo centurião, sentia um pouco de frio, ainda, até porque naquelas paragens e ainda mais em região descampada, o frio à noite era severo. Seu pensamento voou na direção do seu pai adotivo. As lágrimas rolaram por seu rosto. O que teria ocorrido com o Senador Apolônio? Por certo, se ainda não o tivessem morto, com certeza o matariam. Aquele pensamento a colocou aflita novamente, então recorreu à oração:

— *Oh! Senhor Yeshua, rogo-te que ouças minha voz. Fala-me, oh! Mestre, eis que tua serva te escuta. Tu que nos disseste que tuas palavras são espírito e vida e que teu fardo é leve e teu jugo é suave, consola meu coração, que bate descompassado, neste momento difícil em que temo pela vida de meu pai Apolônio, teu servo, e pela minha.*

Lembra-te de nós, socorre-nos a angústia, a aflição e a dor. Não apartes de mim o teu rosto e não demores a tua visita. Concede-nos teu sublime consolo, mesmo ciente de que ainda não somos bastante fortes e prudentes no teu amor. A quem posso temer, sendo o Senhor a minha luz e o meu caminho? Que as tuas bem-aventuranças possam acolher o Espírito de meu amado pai em teu abraço e que seja sempre feita a vontade de Yahweh.

Mais reconfortada pela prece, Aléxia percebeu que o comandante também havia se deitado em mantas mais ao canto, do outro lado da tenda, então adormeceu rápido, eis que aquele dia, além do cansaço da cavalgada, fora um grande teste para sua alma ainda jovem. Talvez, em razão disso, não se desprendeu do corpo físico. Dormiu profundamente.

As primeiras vagas da claridade invadiam a tenda e Aléxia acordou. A primeira coisa que fez foi reparar que além das mantas com as quais se abrigara, ainda havia uma outra manta de lã de carneiro cobrindo-a. Ficou levemente ruborizada, pois com certeza o Comandante Julius deveria, pela madrugada, tê-la coberto com aquela manta, que lhe esquentou bem o corpo. Daí talvez o sono profundo. Ao assim decifrar o ocorrido, Aléxia experimentou uma sensação de conforto e sentiu-se acolhida e protegida, pois o comandante demonstrara preocupação com ela. Sentiu também uma agradável vibração na alma. Tratou de levantar-se, de se compor, dobrar as mantas, deixando a manta de lã apenas com uma leve dobra. Percebeu que estava sozinha na tenda e, olhando em volta, viu que havia uma pequena mesa e sobre ela uma bacia com água e panos. Aproximou-se, lavou o rosto, secou, ajeitou mais firmemente o cabelo, colocou o chapéu de couro, ajeitou a roupa e nem bem tinha acabado de recompor-se quando o comandante adentrou novamente à tenda, trazendo com ele as duas sentinelas, que carregavam uma outra pequena mesa e mantimentos. Logo a mesa foi instalada com diversas frutas, um recipiente de barro com chá, que devia estar quente, em razão da fumaça que saía pelo bico, dois copos de barro e duas apetitosas broas. O Comandante Julius sorriu e a seguir convidou-a, e como estavam ainda na frente das sentinelas, disse:

— Caro jovem Aureus, vamos fazer o repasto matinal. Por favor, senta-te.

As sentinelas se retiraram da tenda. Aléxia acomodou-se em um dos bancos e o comandante apressou-se e serviu-lhe o chá. A seguir, partiu uma broa, lhe serviu um pedaço, e o mesmo fez para ele. Enquanto fazia isso, ele nada mais falou. Aléxia observava os gestos do comandante e sua gentileza. No íntimo, percebeu que se agradava daquilo tudo e uma onda de simpatia mais forte pelo comandante lhe invadiu a alma. Ficou um pouco sobressaltada com aquilo. O comandante, percebendo as reticências de Aléxia, disse em voz baixa:

— Espero que gostes, aliás, preferi que tomássemos o repasto aqui em minha tenda para evitarmos ao máximo tua exposição à tropa, compreendes?

Aléxia meneou a cabeça que sim. Após breve silêncio, ela falou:

— Nobre Comandante Julius, agradeço-te por ter-me coberto mais pela madrugada.

Julius não respondeu de imediato e, de maneira estudada, após alguns instantes, disse:

— Nobre jovem, peço-te escusas, mas quando mais se acentua a madrugada, o frio se torna mais intenso, e percebi que estava encolhida, portanto devia estar com frio, então tive a ousadia de te cobrir com mais uma manta, o que procurei fazer com muito cuidado para não te acordar. Fiquei com medo que não entendesses e gritasses.

Ao finalizar sua fala, o comandante sorriu, um pouco nervosamente.

Aléxia refletiu por alguns instantes e então respondeu:

— Agradeço tua intervenção e cuidados. Com certeza, se tivesse acordado, por certo me assustaria, mas evitaria gritar, afinal, estou num acampamento de soldados romanos.

Ao assim dizer, estampou um leve sorriso. Após isto, conversaram animadamente enquanto comiam e sorviam o chá. Falaram sobre a cidade de Roma, sobre a Corte Imperial. Parecia que dois antigos amigos conversavam. Assim que terminaram o repasto, o comandante disse que após o café da tropa, tomariam de novo a Via Aurélia e marchariam o dia todo, para à noite instalarem novamente o acampamento para pouso. Calculou que para chegarem à Gália Lugdunense demorariam de quatro a seis meses de marcha. Aléxia ficou um pouco aflita ao ouvir isso. Nesse tempo, poderia o comandante receber a informação sobre a prisão de seu pai e a partir disso não saberia dizer o que poderia lhe acontecer, contudo, elevou o pensamento para os Céus e disse baixinho:

— Yeshua, Yeshua, me ajuda!

Por certo que a marcha de quatro centúrias era mais lenta do que se estivesse cavalgando sozinha. Isso preocupava Aléxia, mas entregou seu destino a Yeshua.

Já haviam cavalgado por mais dez dias. Estavam na região montanhosa da Gália Cisalpina, quando, após recém-montado o acampamento para o pernoite, Aléxia viu que uma pequena tropa composta por vinte legionários chegou ao acampamento. Seu coração disparou, quando viu que dois dos soldados se dirigiam para tenda do comandante. Então, como já estava instalada na tenda ao lado, tratou de se aproximar da tenda do comandante, o que fez de maneira disfarçada, esgueirando-se por entre a sua tenda e a outra. Agachou-se e buscou ouvir o que conversavam. Não ouvira o início da conversa, mas ouviu bem o seguinte diálogo:

— Sim, nobre Comandante Julius. O imperador determinou, após julgamento pelo prefeito pretoriano Perenius, que o Senador Apolônio Aureus Arquisius fosse levado ao circo, pelo carrasco, e lá fosse decapitado, o que ocorreu!

Ao ouvir aquilo, quase que Aléxia deu um grito. A muito custo conseguiu controlar-se, porém, o rio de lágrimas rompeu-lhe os diques impostos pela alma e chorou baixinho à profusão. Controlando seu ímpeto, pelo instinto, novamente aguçou os ouvidos para continuar a ouvir o diálogo. Ouviu a voz do comandante, que retrucou:

— Como assim, nobre Decurião Maurilius, o que me contas? Por que razão prenderam o Senador Apolônio? De que o acusaram? Por que o mataram? Eu o conheço, é um homem extremamente bondoso!

— Pois é, comandante — respondeu o decurião —, todos em Roma o amavam ou o respeitavam, e quase todos concordam que Roma foi severa demais com ele, mas o imperador é o imperador, e por mais que discordemos dele, corremos o risco de sermos presos e eliminados se não obedecermos. O que dizem é que ele foi preso e vilmente morto no circo porque confessou-se cristão, e ainda diante do imperador, aliás o que Roma já sabia.

Aléxia continuava chorando e não poderia ver a expressão do rosto do comandante, que estava lívido e inconsolável. O decurião continuou:

— Em vista do ocorrido, nobre comandante, o imperador mandou confiscar a propriedade do senador, e que fossem ao encalço de sua filha, que se chama Aléxia, para que ela seja levada até ele.

— Então — aparteou Julius — tendes um mandado de prisão do imperador contra ela?

— Bem — respondeu Maurilius —, não se trata de um mandado de prisão, efetivamente. O imperador apenas determinou que a encontrássemos e a levássemos até a sua presença, de maneira imediata. Para cumprir as ordens do imperador, no dia seguinte à morte do senador, fomos até sua casa para apanhá-la e levá-la até a Corte, entretanto, chegando à moradia, somente encontramos a serviçal de nome Adora e na casa não havia nem sinal da jovem, nem rastro qualquer e nem notícia do seu paradeiro. A serviçal foi presa e torturada até a morte para confessar o paradeiro da jovem, porém nada disse.

Ali, no acampamento romano, agachada atrás da tenda do comandante, Aléxia acabava de receber mais um golpe do destino. Não bastava Roma ter assassinado seus pais e depois seu pai adotivo, agora também eliminava aquela que lhe fora uma espécie de segunda mãe, sua querida Adora. Ainda em pranto convulsivo, continuou a ouvir o decurião, que a seguir disse:

— Como procuramos por toda Roma e não achamos a jovem Aléxia, o imperador mandou notificar às Legiões mais próximas e a todas as Centúrias em trânsito pelas estradas mais próximas, para que se virem uma jovem suspeita, cavalgando sozinha, é para interpelá-la e, se preciso, mesmo sem o mandado de prisão expedido, prendê-la e levá-la a Roma.

A seguir, acrescentou:

— Em razão disto, nobre comandante, vos pergunto: Vistes alguma jovem sozinha por estas bandas, que possa levantar suspeitas?

O comandante prontamente respondeu:

— Não, não, nobre decurião, não vimos não.

Pensou rápido: E caso algum soldado da sua tropa informasse aos visitantes sobre o jovem a quem o comandante dera guarida? Então acrescentou:

— A única visita que recebi foi do meu sobrinho, que viaja para a Gália Central, mas já tomou dianteira de vários dias.

A seguir, o visitante falou:

— Bem, comandante, acho que aqui já cumprimos nosso papel. Resta-me pedir que possas alimentar os soldados da minha patrulha e possas conceder-nos pouso esta noite. Tão logo o dia inicie a clarear, iremos adiante, pois temos pressa.

— Sim — disse o Comandante Julius —, podereis todos cear aqui no acampamento e darei ordem para que levantem tendas a fim de que teus homens repousem e ao amanhecer podereis partir tranquilamente.

Aléxia procurou conter as lágrimas e furtivamente se dirigiu para sua tenda. Lá chegando, sentou-se em uma almofada. O coração estava em pedaços. Continuou a chorar, porém, um pensamento de reconforto lhe adveio por ter ouvido sobre os cuidados do comandante com sua pessoa, mas o que lhe aconteceria dali em diante? Não estaria o comandante correndo um risco desnecessário por albergá-la e ainda omitir detalhes sobre sua estada na tropa que dirigia?

Estava absorta em seus pensamentos. A dor parecia lhe rasgar o peito. Nem se dera conta de quanto tempo passara, quando percebeu as aberturas de sua tenda se movimentarem e viu o Comandante Julius adentrar. Ao vê-lo, sobressaltou-se um pouco, mas este fez um gesto com o dedo indicador sobre os lábios, sugerindo que ela ficasse quieta. A seguir, o comandante aproximou-se dela, agachou-se e falou baixinho:

— Nobre Aléxia, aconteceu algo que não posso te falar agora. Chegaram soldados de Roma, no acampamento, a me procurar e vieram falar comigo. Agora vou levá-los à tenda das refeições. Peço que fiques aqui. Mandarei o Decurião Gregorius trazer-te a refeição. Não saias da tenda, seja a que pretexto for. Depois virei te explicar o que está acontecendo. Confia em mim! Ainda antes do repouso noturno virei até aqui falar contigo, está bem?

O comandante aguardou a resposta de Aléxia, que com gestual afirmativo, sem nada falar, concordou com a recomendação. Julius percebeu que ela havia muito chorado, porém sequer suspeitou que Aléxia pudesse saber o que havia ocorrido, então sorriu novamente para ela e apressou-se a sair da tenda, e, antes que saísse, foi surpreendido pela fala de Aléxia, que lhe disse:

— Nobre comandante, eu vos agradeço os cuidados para com a minha pessoa. Ficarei sim reclusa na tenda e aguardarei vossas ordens.

Naquele instante foi que Julius de fato percebeu que o que estava fazendo era muito arriscado e que poderia mesmo colocar sua carreira de oficial em perigo, porém, ao mesmo tempo, se apercebeu que seu interesse por Aléxia ia além da vontade de somente ajudá-la. Um átimo de pensamento pareceu falar a sua própria consciência de que havia repentinamente se enamorado de Aléxia. Ao assim pensar, um frio lhe percorreu o corpo. Ficou alguns instantes paralisado e a seguir sorriu novamente e saiu da tenda, apressado.

Acompanhado por uma das sentinelas, dirigiu-se para a tenda das refeições, onde já havia chegado a patrulha romana. Ao lá chegar, o comandante encontrou o Decurião Gregorius. Rapidamente o chamou em particular e lhe disse:

— Gregorius, estes soldados aqui estão à procura da jovem filha do Senador Apolônio, que foi preso e morto por Roma. Indagado por eles, respondi que não recebemos nenhuma jovem em nossa tropa em deslocamento, o que de fato não ocorreu. Eu apenas disse sobre o jovem que demos guarida e informei-lhe se tratar de um sobrinho meu, mas que ele já havia partido. Então, te ordeno que nada fales sobre o jovem Áureo, que está conosco. Vai e fala aos ouvidos de todos os soldados cozinheiros e auxiliares, e a todos os que estarão em torno da patrulha que, se perguntados, falem o que estou dizendo.

"Após a refeição, eles vão repousar em tendas que deveis designar outros soldados para que preparem para eles, na saída do acampamento, dado que levantarão bem cedo e tomarão a estrada. Destaque dez homens de confiança para fazer a vigilância deles em todo o tempo que estiverem conosco e em torno das tendas onde vão repousar. Ao menor movimento furtivo de algum deles, podes dar voz de prisão e me chamar. Após dares as ordens, vai em segredo e leva a refeição para o jovem Áureo na sua tenda. Vai fazer o que te ordeno e nada questiones."

Gregorius bem compreendeu que algo estranho se passava e ficou mais ainda intrigado quanto ao motivo da proteção do comandante ao jovem visitante. Será pelas moedas dele? Pensou. Entretanto, lembrou-se que o jovem lhe salvara a vida, em razão da intervenção que fizera a seu favor junto ao comandante, e então, com dedicação, tratou de cumprir todas as ordens.

Enquanto isso, o Comandante Julius sentou-se com os soldados visitantes para cear. Tinha intenção de ficar conversando o máximo de tempo com o Decurião Maurilius e seus soldados, até que eles pedissem para ir ao repouso. Com esse fim, indagou:

— Nobre Maurilius, poderias dizer-me a quantas andam os fatos que ocorrem na Corte? Nós, os soldados, quase sempre estamos em campanha e pouco ou quase nada ficamos sabendo.

— Nobre comandante — respondeu o decurião —, a Corte Imperial, atualmente, tem se transformado numa verdadeira rede de intrigas. O imperador, como bem sabes, apenas quer saber das batalhas de gladiadores. Manda preparar adversários fracos e às vezes até doentes, para combater com eles, os vencendo, por certo, obtendo vivas e as honras da população que nada sabe sobre a fraqueza dos contendores, que, após suas vitórias, além do fato de ele ser imperador, o idolatra como um grande guerreiro, o que agrada sobremaneira a ele, mas que, convenhamos aqui para nós dois, nunca o foi e nem será.

O decurião ia continuar, quando Gregorius se apresentou no local e, pedindo licença, interrompeu a conversação, dizendo:

— Nobre Comandante Julius, peço vossa especial licença para vos falar em particular.

O comandante pediu desculpas pela interrupção, dizendo:

— Nobre Maurilius, peço que me aguardes um pouco. Tenho que atender a nosso decurião, eis que estamos tratando de nosso avanço na direção da Gália Central.

A seguir, puxando Gregorius levemente pelos ombros, se afastaram um pouco, ao que este disse em voz baixa:

— Nobre comandante, já providenciamos tudo o que nos ordenaste, contudo, antes de vossa chegada à tenda, o Decurião Maurilius indagou se o jovem que esteve na caravana é parente seu e em que grau. Respondi que não sabia e mudei de assunto, contudo, penso que devas saber disto. Precisas de algo mais?

Julius respondeu:

— Sim, nobre Gregorius, agradeço tua confiança e, como te ordenei há pouco, vai, com perfeita discrição, e sem auxílio de ninguém, prepara a refeição noturna e leva até a tenda do jovem Áureo. Entrega a ele, nada fales e te retira.

Gregorius acenou positivamente e apressou-se a cumprir as ordens.

Retornando ao diálogo com o decurião visitante, o comandante falou:

— Podes prosseguir, nobre Maurilius —, ao que este então falou:

— Além disto, todos sabem na Corte que a irmã do imperador, a nobre Lucilla, não concorda com o jeito do imperador governar. Pessoas que trabalham no Palácio Imperial já disseram ter ouvido discussões acaloradas entre os dois, onde ela já chegou a dizer para o imperador que ele não governa Roma como deveria; que deixa tudo nas mãos dos outros e de pessoas que aterrorizam as outras, e que é preciso governar e não brincar de governar e ainda que, a continuar assim, Roma vai perecer em breve. O imperador, nobre comandante, finge que a escuta, mas as constantes cobranças da irmã, muitas vezes com razão, é claro, são deixadas de lado. O gesto de mandar assassinar o Senador Apolônio foi reprovado pela irmã e caiu no desgosto da maioria do povo da cidade. Mesmo os membros do senado, em sua maioria, ficaram indignados e preocupados com o ocorrido, o que lhes colocou o temor de que suas prerrogativas como senador de Roma nada valem perante o imperador. Além de tudo isto, se cogita para breve a invasão, por hostes bárbaras, das fronteiras mais ao Norte e Oeste.

O comandante, ouvindo o relato, exclamou:

— Nobre decurião, infelizmente tudo o que me narras apenas traz intranquilidade ao povo e à nação. Tenho servido Roma, sem questionar seus governantes, mas confesso que estou cansado e desiludido. Ainda há não muito tempo, estive em combate na fronteira nordeste, contra os Dácios, numa guerra que parece não ter fim e ser infrutífera, além do que, apenas tenho visto as lágrimas e a dor dos que perecem, os aleijões e as orações aos nossos deuses, que mais parecem o triste lamento da desesperança. Parece mesmo que a Roma da justiça há muito tempo se foi.

Entreteceram mais conversações, até que se aproximava a virada da noite para novo dia, e, percebendo isso, o Decurião Maurilus disse:

— Nobre Comandante Julius, agradecemos por tua hospitalidade e pela ceia. Precisamos repousar para amanhã bem cedo tomarmos a estrada na busca da fugitiva.

O comandante respondeu:

— Ora, nobre Decurião Maurilius, aqui estaremos, enquanto em campanha, prontos para servir.

A seguir o comandante pediu que um soldado auxiliar fosse chamar Gregorius. Informado, este rapidamente se apresentou, então o comandante lhe disse:

— Nobre decurião, como estão os preparativos para o repouso de nossos visitantes?

— Tudo o que pediste foi providenciado — respondeu o decurião —, nossos amigos repousarão em tendas que mandaste levantar próximo à saída para a Via Aurélia, para facilitar-lhes o deslocamento.

— Então — falou o comandante —, leva-os até o repouso.

A seguir, olhou para o Decurião Maurilus, e este rapidamente fez posição de respeito e falou:

— Ave, Roma! Ave, César! Ave, nobre Centurião Julius! Agradecemos a acolhida que nos foi dispensada e nos retiramos para o repouso. Amanhã cedo partiremos.

O comandante respondeu ao sinal, sorriu e falou:

— Salve, Decurião Maurilius! Que façais boa viagem!

O Decurião Gregorius acompanhou a tropa visitante para as tendas, e o Comandante Julius apressou-se a ir na direção da sua.

O ar da noite estava frio. Encolhido no uniforme, com uma capa de lã presa pelos ombros e o chapéu de centurião, o Comandante Julius ia caminhando devagar por entre as tendas. O vozerio dos soldados no acampamento já tinha se acalmado. Era noite de luar, e a Lua parecia pratear de beleza aquela imensidão. Dava para divisar, até regular distância, o deslocamento dos soldados por entre as tendas. A certa altura, Julius parou, olhou para trás e pôde ver o vulto dos soldados da tropa visitante, certamente acompanhados por Gregorius, se deslocando na direção contrária à dele e se dirigindo para a saída norte do acampamento. A regular distância sua, na retaguarda, quatro soldados faziam sua segurança, e quando chegassem à tenda do comandante e do jovem visitante, substituiriam as quatro sentinelas que lá estavam e que a seu turno iriam ainda cear e repousar.

O comandante chegou até sua tenda. Duas sentinelas foram trocadas. Esperou e a seguir, com as duas outras, dirigiu-se à tenda do jovem visitante, onde as demais sentinelas foram trocadas. Na tenda do jovem visitante, disse às sentinelas:

— Abram bem os olhos. Vou adentrar na tenda para ver se nosso hóspede precisa de alguma coisa.

A seguir abriu com cuidado as abas da tenda, que, como a sua, era palidamente iluminada com uma lamparina com pavio mergulhado em óleo de oliveira. Reparou que a jovem já tinha se deitado sobre as almofadas e dormia. Percebeu que ela não estava bem coberta. Localizou a manta de lã que havia colocado sobre ela, em um canto da tenda, e com zelo, como se fosse um pai, cobriu cuidadosamente a jovem. Aléxia dormia um sono profundo. O comandante pegou um pequeno banco, com muito cuidado, sentou-se próximo a ela e ficou ali, na penumbra da tenda, admirando o rosto e os traços de Aléxia. Ela era mesmo muito bonita, eis que filha de pais gregos, dava mostra da beleza da linhagem das mulheres gregas. Ficou ali por um bom tempo, olhando para Aléxia e cada vez mais se cativando por ela. De repente, como que acordando do instante de ausência, tratou de colocar o banco no lugar, olhou mais uma vez para Aléxia e a seguir retirou-se para sua tenda.

O trinar de pássaros e o início das conversações dos soldados no acampamento prenunciavam a chegada de novo dia. Os primeiros raios de sol afastaram a obscuridade da noite. Aléxia abriu os olhos e, como ocorrera em outra vez, reparou que estava coberta com a manta de lã. Sorriu levemente, porém, seu pensamento logo a trouxe à realidade. As notícias terríveis da morte de seu amado pai adotivo Apolônio e de sua amada Adora lhe trouxeram de novo a sombra da tristeza. Um pensamento assomou em sua mente: O que seria dela dali em diante? Estava absolutamente sozinha no mundo. Nenhum parente sequer possuía. Isto lhe trouxe viva sensação de desconforto e novamente a emoção alimentou as fibras mais íntimas do coração e as lágrimas novamente se apresentaram.

Tratou de levantar-se, compôs-se, lavou o rosto e as mãos na bacia que havia na tenda, conferiu que os cabelos estavam bem presos sob o chapéu e buscou sondar pela abertura da tenda, o exterior. Somente viu as duas sentinelas. Não via mais movimento algum. De repente, viu que uma outra sentinela saía da tenda do comandante e vinha na direção da sua. Recuou e esperou. O chamado não se fez esperar:

— Nobre jovem Áureo, estás acordado? Se estiveres, o Comandante Julius o espera para o desjejum matinal.

Então saiu da tenda, sorriu para a sentinela e sem nada falar, apenas a acompanhou à tenda do comandante.

Ao adentrar na tenda, Aléxia viu que o Comandante Julius já estava com o desjejum preparado. Este levantou-se do banco onde estava e foi na direção dela, deu-lhe a mão, ao que ela correspondeu, e suavemente a fez sentar-se no banco à sua frente. Aléxia, no íntimo, sentiu repentina alegria pelo gesto do comandante. Fez uma mesura de agradecimento e, após sentar-se, esperou. O comandante então lhe disse:

— Nobre Aléxia, manifesto minha alegria por tua presença e antes que façamos o desjejum, gostaria de te explicar os motivos relativamente ao meu comportamento ontem, que vejo te deixou sobressaltada. Até percebi que choraste. Ocorreu, nobre Aléxia, um fato terrível que eu preciso te contar e peço que confies em mim. Ontem, como viste, recebemos a visita de uma patrulha de soldados romanos que estavam cumprindo ordens imperiais e estavam à procura de uma pessoa, assim...

Ao querer continuar, o comandante foi surpreendido por um gesto com as mãos, feito por Aléxia, como a pedir que ele silenciasse. Surpreso, o comandante silenciou. Aléxia a seguir, lhe disse:

— Nobre Comandante Julius, já antecipadamente peço perdão pelo meu gesto, que espero possas compreender, em razão de meus temores, eis que, quando da chegada à minha tenda, ontem à tarde, e vendo o líder da patrulha romana entrar em tua tenda, eu me acerquei furtivamente, do lado de fora, e pus-me a ouvir as vossas conversações, de modo que pude ouvir quase tudo o que conversaram. Sei da morte do meu amado pai adotivo, Apolônio, e daquela que foi para mim uma segunda mãe, a querida Adora. Foi-me um choque terrível. Chorei muito e rapidamente fui para a minha tenda. Passei quase toda a noite chorando por meus amores, até que, vencida pelo sono, adormeci. Quando acordei, hoje pela manhã, notei que o nobre comandante, que ficara de vir à minha tenda ainda ontem para conversarmos, foi quem deve ter-me coberto melhor, em razão do frio.

Aléxia silenciou.

O comandante, surpreso com o que ouvira, disse:

— Pois sim, nobre Aléxia, não, não ficarei zangado ou contrariado com tua atitude em ouvir sorrateiramente o que conversamos na minha tenda. Credito isso à tua enorme preocupação para que não sejas descoberta. Vejo que tua ação deixou tudo mais fácil de compreensão e te oferto meus sinceros sentimentos. Conheci bem teu pai adotivo. Era um homem notável. Ao ele ter sido vilmente morto por Roma, a verdade é que quem morreu mais um pouquinho foi a Roma dos sonhos, que pouco a pouco vai deixando de existir. Penalizo-me pela perda dos teus entes queridos. Na realidade, a glória de Roma não mais existe, e o sangue dos justos que já inundava, há tempos, as escadarias do Palácio dos imperadores déspotas e tiranos, continua a inundar.

"Quero te dizer, nobre Aléxia, que não temas. A patrulha romana já se foi. Bem ao amanhecer, tomaram a estrada. Apenas temos que tratar, daqui por diante, do teu destino e o que pretendes fazer."

Ao dizer isto, o comandante calou-se e aguardou. Aléxia refletiu por alguns instantes, enquanto Julius lhe servia o saboroso chá de hortelã. Ao receber o recipiente das mãos dele, notou que ele a olhava com um jeito diferente. Pegou o copo, agradeceu gestualmente, sorveu um gole e, ao fazê-lo, sentiu-se refazer um pouco, em face das notícias terríveis que tivera. Ainda pela manhã fazia um frio considerável. Esperou o comandante, que havia se levantado para apanhar um pedaço de broa. Quando ele se sentou, olhando-o, disse:

— Nobre Comandante Julius, eu não tenho motivos para desconfiar de ti, assim te confesso que tenho sim para onde ir. Na verdade, minha viagem, como já podes perceber, é uma fuga. Ainda no dia em que meu pai adotivo foi preso, logo no começo da noite, recebi a visita de um legionário que veio me dizer, a pedido do meu pai, que ele tinha sido preso por Roma; que eu me evadisse o mais rápido possível da cidade, pois ele temia pela vida dele e pela minha.

Aléxia tomou novo gole do chá e continuou:

— Como meu pai adotivo era um homem de Estado, ele já tinha me prevenido, há tempos, quanto a essa possibilidade, pois o imperador, dizia-me ele, era uma pessoa insensível, tirana e inconsequente, e que eliminava seus opositores ou quem lhe desobedecesse, fosse quem fosse. Assim, já tínhamos tudo previsto, e se acaso viesse a ser necessário, eu deveria me evadir de Roma, urgentemente. Avisada pelo legionário, com o auxílio de Adora, ajeitei o que me fosse necessário para a viagem, peguei as economias do meu pai, dei um pouco para Adora, guardei o resto num embornal de couro, e com dois cavalos rapidamente me evadi de Roma, ainda pelo meio da madrugada. Procurei cavalgar com cuidado, até que vossas sentinelas me avistaram, e eis-me aqui agora.

Aléxia fez breve silêncio. Como o comandante nada falou, continuou:

— Diante disto que lhe narrei, estou indo para Lugdunum, na província da Gália Romana Central. Próximo a essa cidade, meu pai Apolônio adquiriu já há alguns anos uma herdade. É para lá que tenciono ir, para o que vejo que posso contar com teu auxílio, não?

O Comandante Julius Atilius Galesus era um homem experimentado nas batalhas. Tinha uma astúcia aguçada. Como comandante da tropa sob seu comando, era um líder por natureza, de caráter reto, respeitado e amado por todos os seus soldados, porém, diante da jovem, sentiu que parecia ser um jovem inexperiente e entusiasmado. Enquanto Aléxia lhe dizia tudo aquilo, mais se encantava com ela. Então, respondeu, de inopino:

— Sim, nobre Aléxia, podes contar com minha ajuda. Tudo farei para que chegues até o vosso destino.

XI

A CONTINUIDADE DA VIAGEM DE ALÉXIA – REVELAÇÕES SOBRE YESHUA E SUA DOUTRINA

Após terem feito o desjejum matinal, o comandante disse para Aléxia que para que não suspeitassem da verdadeira identidade dela, deveria ir fazer as refeições na tenda própria para isso, e que ele a acompanharia sempre, para evitar maiores aproximações dos soldados.

Já haviam cavalgado por cerca de vinte dias, quando certa noite, após a ceia, o Comandante Julius disse a Aléxia:

— Minha jovem, o nobre Senador Apolônio foi covardemente morto apenas por se declarar cristão, ou seja, seguidor de quem chamam de Yeshua de Nazareth e tu também me confidenciaste que és cristã. Então te peço que, se possível, venhas comigo à minha tenda, pois desejo te perguntar sobre esse a quem tu dizes que tratas de Messias Judeu, e até mais, de Libertador da Terra. Pode ser?

Aléxia meneou com a cabeça que sim.

Tão logo terminaram a ceia, acompanhados pelos quatro soldados que sempre faziam a escolta do comandante, chegaram à tenda dele. Após adentrarem na tenda, se acomodaram em dois bancos. A seguir, o Comandante Julius falou:

— Pois não, nobre Aléxia, podes começar a falar sobre esse Yeshua.

— Nobre Comandante Julius, Yeshua é o mais perfeito homem que a Terra já conheceu. Sua vida é um hino de amor e suas ações vieram produzir o necessário encontro com o Amor. Jamais Ele semeou discórdias, ao contrário, semeou a igualdade das raças e disse que quem quiser encontrar a Casa de Yahweh, que é o Deus Criador de tudo, precisa penetrar pela porta estreita, porque a porta larga é a porta do erro e da perdição. Disse mais, que é preciso que adquiramos nossa túnica nupcial, se quisermos ter franqueado nosso ingresso na festa de bodas do Senhor Yahweh e na Sua Morada.

"Ele, quando esteve entre os homens, dignificou também a mulher; amou as crianças e os jovens e respeitou todos aqueles que se doaram por Sua Mensagem, para que ela abraçasse toda a Terra. Ensinou, nobre comandante, que o amor não conhece limites, mas que o seu ardor excede toda a medida, pois é capaz de tudo. Está sempre vigilante e ainda, no sono, não dorme; nenhuma fadiga o cansa; nenhuma angústia o aflige; nada o amedronta e, qual ardente chama, é cintilante labareda; irrompe para o alto e avança sem obstáculos.

"Também falou que quem ama voa e vive alegre, é livre, nenhuma prisão o retém e nada o embaraça. Dá tudo o que possui; não olha as dádivas que possa receber; antes pratica o bem a todas as pessoas, mas eleva acima de todos os bens aquele que os concede, Yahweh.

"Ainda ensinou, entre tantas outras coisas, que o Amor é humilde, reto, sóbrio, casto, constante, quieto e recatado em todos os seus sentidos; é submisso e obediente ao Ser Superior; que devemos confiar e esperar n'Ele, mesmo quando desconsolados, porque onde ele prevalece, prevalece a paz, a fraternidade e a concórdia; que o amor tende sempre para as alturas e não se deixa prender por coisas inferiores; que nada é mais doce que o amor; nada mais forte, nada mais sublime, nada mais delicioso, nada mais perfeito nem melhor, no céu e na Terra, porque o amor nasceu de Yahweh e vige acima de todas as criaturas.

"Nesse passo, nobre comandante, além de tudo isto, Ele nos deixou claro que o amor é pronto, sincero, piedoso, alegre e afável, forte, sofredor, fiel, prudente, magnânimo, varonil e nunca busca a si mesmo. Ensinou-nos que devemos depositar nossa confiança em nosso Pai Celestial, e que dessa forma não temeremos os prejuízos humanos, pois nossa consciência dará testemunhos de piedade e inocência, porque o coração humilde confia mais em Yahweh do que em si mesmo."

Aléxia fez uma pausa. Notou que os olhos do comandante estavam inundados de lágrimas. Tomando fôlego, continuou:

— Yeshua disse que o que mais agrada a Yahweh é o amor, a caridade e a humildade. Certa feita, também disse:

> Segue-me. Eu sou o caminho, a verdade e a vida; sem caminho não se anda; sem verdade não se conhece; sem vida não se vive. Se perseverares no meu caminho, conhecerás a verdade, e a verdade te livrará e alcançarás a vida verdadeira. Se queres entrar na vida, guarda os meus mandamentos; se queres conhecer a verdade, crê em mim; se queres ser meu discípulo, renuncia a ti mesmo; se queres ser exaltado no Céu, humilha-te na Terra; se queres reinar comigo, carrega comigo a cruz, porque só os servos da cruz acham o caminho das bem-aventuranças e da luz verdadeira. Quem conhece os meus mandamentos e os pratica, esse é o que me ama, e Eu também o amarei e me manifestarei nele, pois o servo não é maior que seu senhor, nem o discípulo maior que seu mestre.

Agora, efetivamente, o comandante chorava. Aléxia calara-se. Então, recompondo-se aos poucos, o comandante, com muita dificuldade, disse:

— Oh, jovem Aléxia, não sei dizer o motivo pelo qual tudo o que falaste, e foi muito pouco, mexeu bem fundo nas fibras do meu coração. Parece-me mesmo que as palavras que usaste já me eram conhecidas. Não sei explicar o porquê. Eu devo ter ouvido isto em algum momento desta vida, ou sonhando.

Como a noite já se fazia alta, sensivelmente emocionado, o centurião disse a Aléxia que deviam repousar; que eles continuariam as conversações sobre Yeshua. Sorriu para Aléxia, fez-lhe um sinal para que se aquietasse e foi até a abertura da tenda, deu ordens para que a sentinela acompanhasse o hóspede à sua tenda. Despediram-se cordialmente.

Aléxia, ao chegar a sua tenda, refletia em tudo o que havia acontecido e que sua fala mexera mesmo com o comandante, que, tomado de alta carga de emoção, encerrara a conversa. Deitada e aquecida, Aléxia orou fervorosamente a Yahweh pedindo pelas almas de seu pai adotivo e de sua querida Adora. Não tardou a adormecer. Tão logo assim o fez, viu-se saindo de seu corpo físico. Novamente se espantou um pouco, mas a seguir viu ali no centro da tenda a amiga Miriam de Migdal, acompanhada por um jovem que não lembrava de ter conhecido. Miriam sorriu para ela e aproximou-se, juntamente com o jovem, e a seguir falou:

— Boa Aléxia, como já te orientei nas vezes anteriores, peço que nada temas. Apresento-te o amigo e irmão Estêvão.

O jovem sorriu. Era belo, jovial e esbanjava simpatia. Então ele se aproximou, pegou na mão de Aléxia e suavemente depositou um beijo no dorso. A seguir falou:

— Nobre Aléxia, Estêvão, a seu inteiro dispor. — E sorriu.

Miriam então falou:

— Amiga Aléxia, viemos buscar-te para uma visita à Cidade da Fé. O Governador Acádio precisa falar-te. Pedimos que nos acompanhes, pode ser?

Aléxia, com um gesto, concordou. Deu a mão para Miriam e a breve tempo chegaram na Cidade da Fé. Como da vez anterior, foram recebidos pela secretária do governador, Eleodora. Esta os saudou com alegria e os encaminhou até a sala da governadoria. Lá anunciou os visitantes, que tiveram permissão para entrar. Tão logo adentraram à sala, o Governador Acádio levantou-se e veio saudá-los:

— Olá, nobre irmã Miriam; olá, meu irmão Estêvão; olá, Aléxia. Estou alegre por revê-los. Venham, sentem-se.

Acomodados em bancos confortáveis, o governador iniciou a falar:

— Nobre irmã Aléxia, foste novamente trazida até nós, porque chegou o momento de registrar-te fatos de algumas de tuas vidas passadas e bem assim de personagens que se relacionam contigo nesta tua atual estada na Terra. Desse modo, o que te for revelado neste momento, levarás como lembranças vagas ou sonhos que poderão repetir-se, mas que têm o único objeto, o de despertar teu espírito para os compromissos espirituais que assumiste.

Dizendo isto, o governador levantou-se, foi até uma parede larga onde havia inúmeras prateleiras com inúmeros rolos de anotações, pegou um, retornou ao seu lugar e sentou-se. A seguir abriu o rolo de anotações e se preparou para ler. Foi quando, olhando para Aléxia, disse:

— Minha nobre irmã, aqui temos as anotações de inúmeros Espíritos que vêm se dedicando, há muito tempo, em não só reverenciar Yahweh como nosso Criador, como a servir de instrumento de suas orientações para com a Humanidade, oportunizando conhecer os objetivos de cada um de nós, desde que fomos criados por Ele, e a trabalhar na aplicação desse conhecimento, em favor de nós mesmos e de toda a Humanidade, eis que precisamos uns dos outros para crescermos e chegarmos próximo ao nosso Criador.

"Desta feita, estou autorizado a falar-te de algumas vidas que tiveste no passado, na Terra, não para que te possas vangloriar de alguma coisa, mas sim para que tenhas consciência exata da importância daqueles que se candidataram, desde muito cedo, a auxiliar na compreensão das verdades alusivas à Criação e nas verdades de Yahweh e do Evangelho de nosso Mestre de Nazareth."

O governador começou a desenrolar as anotações e, parando em uma parte, disse:

— Além de outras vidas que viveste na Terra, nobre Aléxia, revelo-te que há muitos e muitos anos, numa das tuas vidas, estiveste na Terra, na condição de uma princesa moabita, nas terras de Moab, quando te chamaste Ruth. Mesmo na condição de princesa, tinhas elevados ideais e não te satisfazias com a idolatria do teu povo. Na oportunidade, conheceste Elimelech, sua esposa Naomi e seus dois filhos, que haviam vindo das terras de Judá. Te familiarizaste com os costumes e modo de viver daquela família e começaste a comparar teu modo de vida com o modo de vida daquela família. Aprendeste a admirar as leis e os costumes judaicos, e, quando um dos filhos de Naomi te pediu em casamento, ficaste feliz e aceitaste. Renunciaste então à vida da luxúria no palácio real, às perspectivas de riquezas e honras materiais, no futuro, para te dedicares ao povo a que te havias unido.

"Teu sogro Elimelech, teu marido e teu cunhado acabaram por perecer em razão de uma doença misteriosa, restando-te a sogra Naomi, que dispensou tua companhia, acrescentando que eras muito jovem para ficar presa a ela e que deverias voltar à tua cidade e para os teus, eis que não havias deixado de ser uma princesa. Tu te negaste a abandoná-la e a seguiste, e para esse fim, aqui está anotado, disseste a ela, na ocasião:

"*— Eu te suplico, não me peças que te deixe e que retorne após te seguir. Para onde quer que fores, eu irei, e onde pousares, pousarei; teu povo é o meu povo e teu Deus é o meu Deus; onde morreres, morrerei, e ali serei enterrada; somente a morte me separará de ti."*

O governador fez breve pausa, olhou para Aléxia e viu o enorme interesse com que ela acompanhava a narrativa do que estava anotado, e então continuou:

— Em 1130 a.C., quando chegaste junto com Naomi à Terra Prometida, era tempo de colheita e estavam as duas exaustas após a longa jornada, e com muita fome. Enquanto Naomi repousava, saíste à procura de alimento e entraste num campo onde muitos homens estavam ocupados com a colheita de grãos. Ante a necessidade, sentaste para descansar e esperar alguma sobra de grãos, e enquanto esperavas foste surpreendida por uma voz suave e gentil que te disse:

"— Que Yahweh esteja contigo, estrangeira!

"Tu retribuíste a gentil saudação, ao que o homem disse:

"— Entra no campo! Não te acanhes. Recolhe algumas espigas e sacia a tua fome.

"Depois se apresentou:

"— Chamo-me Boaz, sou juiz em Israel e proprietário deste campo.

"Agradeceste a ele, colheste algumas espigas e quando estavas para partir ao encontro de tua sogra, Boaz te disse para permaneceres ali mais um pouco e recolheres o que os segadores haviam abandonado pelos cantos do campo, como *péa*.

"Indagaste então:

"— O que é *péa*?

"Boaz te respondeu:

"— A Torá nos diz que quando o dono de um campo já apanhou sua colheita, deve deixar um canto para os pobres, os necessitados e os estrangeiros, a fim de que venham e colham as sobras. Isto significa a *péa*.

"Após colheres mais um pouco de alimento, preparavas-te novamente para partir, ao que Boaz te disse:

"— Não precisas partir ainda. Por que não ficas e te beneficias da *leket*?

"— E o que isso significa? — perguntaste.

"Boaz respondeu que também de acordo com a Torá, se um segador deixa de cortar alguma plantação com a sua foice, não lhe é permitido voltar. Deve abandonar o que esqueceu de cortar, ou que deixou cair, e este deve ser deixado para trás, como respiga para os pobres e estrangeiros. Agradeceste a informação, mas de novo iniciaste a querer partir, ao que Boaz insistiu:

"— Não, não te vás, ainda podes ver a *Shichechá*.

"Então perguntaste o que significava a palavra, e Boaz te respondeu:

"— Quando o dono de um campo está levando sua carga aos celeiros, pode acontecer que tenha esquecido alguns fardos pelo caminho ou no campo. A Torá proíbe de voltar a recolhê-los, pois ele deve deixar esses fardos esquecidos para os pobres, as viúvas, os órfãos e os estrangeiros.

"Após ouvir tudo aquilo e ficar tocada pela simpatia de Boaz, agradeceste e prometeste voltar depois de atenderes a Naomi. Boaz, ante a insistência, te acompanhou no trajeto para levares alimento a Naomi, que ficou feliz pelo teu êxito. Ao Boaz conversar com tua sogra, a identificou, ao Naomi lhe falar que ela era esposa de Elimelech e que ele havia morrido. Boaz convidou-as para se hospedarem na casa dele, dizendo que conhecia Elimelech, que era um parente seu, longínquo.

"A realidade é que Boaz já estava encantado contigo e tempos depois acabou pedindo-te em casamento. Tu aceitaste e foste recompensada novamente com a riqueza e com a felicidade. Tiveste com Boaz um filho, que se chamou Oved. Este, por sua vez, te deu um neto com o nome de Yishai, e este te deu um bisneto de nome Davi, o ungido e amado Rei de Israel."

O governador fez novo silêncio. A seguir, continuou:

— Das anotações, vejo também que por volta do ano 273 a.C., vieste para a Terra novamente, quando viveste no Egito e foste conhecida pelos nomes de Maria, a judia, e de Maria, a profetisa; contudo eras de origem grega e possuías conhecimentos da filosofia de tua nação. Por essa época pregavas a unidade de Deus e a continuidade da vida, tendo levado uma vida de dedicação às pessoas necessitadas de amparo, tanto material como moral.

"Depois, retornaste ao palco terreno como Maria de Betânia. Renasceste como irmã de Lázaro e Marta. Nessa ocasião, foste um modelo de dedicação a Yeshua. Amaste Yeshua de todo o teu coração. Sempre fizeste o melhor para agradá-lo e servi-lo. Nessa condição, durante o sacrifício e martírio do Justo, tu acompanhaste Maria de Nazareth; Miriam de Migdal; Maria, esposa de Clopas; Salomé, esposa de Zebedeu, mãe de Tiago Maior e João; Maria, mãe de Tiago Menor; Joana, esposa do Intendente Cusa, que inclusive, após a morte física do Mestre, foi à cidade a fim de preparar especiarias para cuidar do corpo do Messias para o sepultamento; Suzana, que era de Tiberíades e João. Nos últimos momentos de Yeshua fisicamente, na Terra, estiveste com elas e João, aos pés da cruz.

"Após a morte de Yeshua, permaneceste ainda por um tempo junto com teus irmãos Lázaro e Marta, em Betânia, contudo Lázaro passou a ser um foco de interesse de inúmeros cristãos, que iam em peregrinação a Betânia, somente para falar com teu irmão e saber do milagre praticado por Yeshua, o que de certa forma distorcia o sentido da mensagem que o Mestre trazia, acreditando que Ele trouxera Lázaro de volta do túmulo e sequer davam conta de que também o Mestre tinha dito que Lázaro dormia, portanto não estava morto. O Sinédrio, não satisfeito, revoltou-se contra isso e a morte de Lázaro foi planejada, pois julgavam ter a morte de Yeshua se tornado inútil ao deixar Lázaro vivo, pois entendiam que ele representava o apogeu da obra do Messias e de seus prodígios. Era o testemunho vivo de que Yeshua havia ressuscitado dos mortos e de fato praticava milagres.

"Avisado a tempo, Lázaro despediu-se de ti e de Marta e fugiu para Jericó, atravessando o Jordão, contudo, não se permitiu descanso até chegar a Filadélfia. Lá ficou na casa de Abner, a quem conhecia, e sentiu-se a salvo das intrigas do Sinédrio. Após, com tua irmã, vendestes as terras em Betânia e vos juntastes ao irmão. Lázaro se transformou em membro ativo do Núcleo Cristão de Filadélfia. Serviu como forte apoio a Abner, vindo a morrer com sessenta e sete anos de idade. Nobre Aléxia, tu, na condição de Maria, e tua irmã Marta, continuastes a viver no corpo físico, após a morte de Lázaro, e fizestes um excelente trabalho de caridade, pregando a Sublime Mensagem de Yeshua e atendendo aos doentes e aos pobres de Filadélfia e região, para o que utilizastes o Núcleo Cristão como base. Dedicastes o resto de vossas existências físicas, à época, para mais amar e reverenciar o Amoroso Messias, pela realização de obras no bem e de amor aos mais necessitados."

O governador calou-se. Aléxia continuou a chorar, porém não eram lágrimas de tristeza, mas de saudade que lhe percorria o íntimo do Espírito. Controlando-se, falou ao governador:

— Oh! Nobre Governador Acádio, as revelações que fazes sobre algumas de minhas vidas pretéritas me avivam as lembranças de momentos felizes, mas também de alguns momentos de dor, entretanto, alegro-me por lembrar que sempre procurei, à minha maneira, servir a Yahweh e a Yeshua. Ante tudo o que me narraste, tenho uma indagação que não sei se será possível obter resposta, contudo a farei: Poderias, talvez, me revelar quem são na realidade os meus pais, que foram mortos por Roma, e por qual motivo pereceram e se eram bons e justos?

O governador olhou para Miriam de Migdal e após para Estêvão, desenrolou um pouco mais o pergaminho e leu novamente:

— Teus pais foram, no curto espaço de tempo que viveram contigo, dois fiéis servidores de Yeshua, que aceitaram a tarefa de receber-te como filha e educar-te nos princípios cristãos. Ao mesmo tempo, sabiam que ainda tinham alguns compromissos espirituais a ajustar com a Lei Divina, entretanto eles não precisariam expiar as faltas com tanto rigor temporal, pois poderiam fazê-lo com mais tempo e brandura, porque o amor cobre a multidão de pecados, entretanto, em ato de verdadeira abnegação ao Cristo, dispuseram-se em receber-te como filha, no início, e sabiam que teriam que passar a tarefa a outro Espírito. Assim, teus pais viveram as últimas existências deles na Terra, nas pessoas de Abiel e Reyna, que viveram nas cidades de Antioquia da Psídia e Trôade e que tiveram a oportunidade de conhecer e conviver com o apóstolo da gentilidade, Paulo de Tarso. Como tinham pequeno ajuste entre si, também se dispuseram a receber-te na condição de filha. Após terem retornado à Pátria Espiritual, por decisão de Yeshua, e sob a permissão de Yahweh, outro trabalhador de sua vinha, que tinha a linhagem romana, quando viveu em Antioquia da Psídia como o cidadão romano de nome Tércio, que também já estava de retorno ao corpo físico, agora na condição do Senador Romano Apolônio, veio a adotar-te como filha e a amar-te, garantindo a ti os cuidados necessários.

O governador fez novo silêncio. Aléxia estava pensativa e interessada. Então, Acádio disse que encerraria por enquanto as revelações. Mais algumas conversações foram estabelecidas e chegou o momento em que todos se despediriam. Miriam e Estêvão levavam Aléxia de volta ao corpo físico.

O dia amanheceu frio.

O astro-rei, desde os primeiros momentos do dia, aquecia a paisagem ali naquelas bandas da Gália Cisalpina, coberta de mata rasteira, cujo verde resplandecia, como esmeralda a brilhar sob o açoite dourado dos raios do sol. Aléxia acordou no corpo. O vozerio dos soldados já era audível. Relinchos dos cavalos, de quando em quando, também se faziam ouvir. Após espreguiçar-se, Aléxia orou sentidamente pedindo a Yeshua proteção e forças para poder chegar a seu destino. Levantou-se, ajeitou-se na roupa masculina, prendeu bem os cabelos para não ser reconhecida como mulher, lavou as mãos e o rosto e saiu da tenda. Tinha uma vontade imensa de ver a manhã radiosa. Saudou as sentinelas que estavam com os rostos avermelhados pelo frio, embora estivessem bem agasalhadas. Uma fogueira no chão entre sua tenda e a do comandante os aquecia. A seguir, dirigindo-se a uma delas falou:

— Nobre legionário, o comandante está em sua tenda?

— Nobre jovem — respondeu a sentinela —, o comandante levantou bem cedo e foi dar uma volta a cavalo. Ele sempre gostou de fazer isto.

A seguir, vendo a expressão de surpresa no rosto do Aléxia, a sentinela indagou:

— Gostarias que te trouxesse um cavalo para ires encontrar-te com ele?

Aléxia assentiu com a cabeça que sim, e, indo na direção de sua tenda, foi dizendo:

— Agradeço, porém, vou aguardar dentro da tenda, em razão do frio.

Sentada, na tenda, Aléxia ficou a pensar no comandante. Ele era muito amável, gentil, carinhoso com ela, atencioso e era um homem muito bonito. De repente, buscou afastar aqueles pensamentos e lembrou-se do jovem judeu Elias, por quem já se havia enamorado, em Roma. Sem se aperceber, começou a comparar mentalmente Elias com o comandante. Novo pensamento lhe adveio: Será que estava analisando por qual coração ela penderia? Assustou-se um pouco com o pensamento, afastou-o e voltou à realidade quando ouviu passos da sentinela e do animal. Então saiu da tenda, agradeceu e montou no cavalo. Não havia perguntado nada, quando a sentinela falou que o comandante tinha ido cavalgar para a direita, onde há um vasto campo e os soldados lhe disseram que há um pequeno rio.

Aléxia agradeceu com um gesto e foi na direção indicada pela sentinela. Cavalgou uns oito estádios quando avistou um rio que tinha pequena extensão de uma margem à outra. Reparou nas águas cristalinas e na grande quantidade de pedras no seu leito. Desceu do cavalo, agachou-se na margem e ficou a olhar o movimento da enorme quantidade de peixes pequenos que nadavam de um lado para o outro. Quanta vida! Quanta beleza! Como a Criação é um grande enigma, pensou. Admirava tudo aquilo, que entendia ser obra de Yahweh, quando leve ruído a fez olhar para trás, e, ao fazê-lo, viu que o Comandante Julius estava em pé e sorridente. Sem saber por que, sentiu ruborizar-se e nada falou. Julius foi quem disse:

— Nobre Aléxia, não imaginava encontrar-te aqui. Como soubeste do meu paradeiro? Ela respondeu:

— Fui informada pela sentinela que gentilmente buscou-me o cavalo.

Após alguns instantes de silêncio, Julius disse:

— Eu saí para cavalgar um pouco e para pensar melhor em tudo o que me falaste ontem à noite sobre esse a quem chamais de Yeshua. Refleti nas palavras dele, principalmente sobre o amor, e confesso que jamais imaginei ouvir conceitos tão maravilhosos sobre esse belo sentimento da alma. Não consigo tirar da memória quando falaste, embora muito pouco, sobre o que Ele ensinou. Sinto que minha vontade de conhecer esse homem a quem chamam de Messias, a cada momento se avoluma. Em meio a tudo isto, também estou procurando refletir sobre o nosso encontro e sobre os compromissos que assumi contigo, a despeito da minha função no exército romano. É certo que omiti tua presença em nosso destacamento militar e o fiz por uma força que até agora não consegui definir bem qual seja. A princípio, imaginei ser zelo por seres uma mulher, depois refleti que isso não poderia fazer com que me furtasse a cumprir o meu dever como oficial romano. Dessa forma, chego à conclusão que despertas em meu íntimo profundas simpatias, um sentimento que por enquanto não sei bem definir se é de cuidados com tua fraqueza física e solidão, ou se se trata de um sentimento de amor, onde esteja permeando a atração de um homem por uma mulher.

Julius, após ter tido aquilo, propositadamente calou-se e olhou Aléxia fixamente, estudando a reação de seus olhos. Aléxia sentiu leve tremor, mas preferiu nada falar. Julius percebeu o desconcerto dela, então procurou mudar o rumo da conversa.

— Vê, nobre Aléxia, que rio bonito e quanta vida há nele! — E ficou fixamente olhando para o rio, disfarçando a conversa.

Aléxia novamente nada falou. Após alguns instantes em que ficaram mudos na contemplação do rio e dos peixes que bailavam daqui para lá e de lá para cá, o comandante quebrou o silêncio, dizendo:

— Nobre Aléxia, vamos regressar ao acampamento. Por certo a tropa me aguarda para seguirmos caminho.

Sem mais nada falarem, pensativos, retornaram. Dali a mais algum tempo, após todos as tendas terem sido desmontadas, a tropa ganhou a estrada. O comandante e Aléxia, que, para a tropa, dado o disfarce, era o sobrinho do comandante, cavalgavam na retaguarda.

Estavam se aproximando do final do dia e igualmente de uma região muito acidentada, com pequenos montes intercalados por vales e densa mata dos dois lados da Via Aurélia, quando, ao contornar por uma pequena descida e uma grande pedra que margeava o caminho, o cavalo do comandante se assustou ao avistar um réptil e, levantando as patas dianteiras, acabou por derrubar o comandante que, ao cair, bateu com a cabeça numa pedra. Logo o sangue apareceu e ele perdeu os sentidos.

Socorrido rapidamente pelos soldados, foi colocado deitado à margem da estrada. O médico da tropa foi imediatamente chamado para o atendimento. Marcus Alienus procurou examinar com cuidado o ferimento na cabeça do comandante e percebeu que era grande e grave. Com panos conseguiu estancar o sangue que vertia. Ele ainda estava sem sentidos. Examinou a pulsação, notou que estava fraca, a seguir falou ao Decurião Gregorius que na ausência do comandante era quem assumia a tropa:

— Nobre decurião, não temos condição de prosseguir, temos que acampar aqui mesmo e cuidar do comandante. Farei um curativo com pasta de figo e com alecrim. Vamos pedir aos nossos deuses pela vida dele, pois o ferimento é grave.

Sem outra solução, a tropa começou a montar o acampamento. Entre a margem da estrada e as pedras, havia espaço suficiente para assim ser feito. Tão logo a tenda do centurião foi montada, ele ainda desacordado, foi levado à mesma. O médico confidenciou a Aléxia que se o comandante ficasse muito tempo desacordado, talvez não sobrevivesse, e se continuasse a viver, não deveria ser mais uma pessoa normal. Aléxia sentiu uma grande aflição lhe invadir a alma e começou a chorar baixinho. Um misto de dor e preocupação lhe invadiu o íntimo. Se dispôs a ficar com o médico na tenda para auxiliá-lo no que fosse possível.

Após os novos cuidados do médico, que havia enfaixado a cabeça de Julius com panos, o comandante começou a voltar a si e a se movimentar lentamente. Abriu os olhos, viu o médico e viu o rosto grave de Aléxia. Devagar, levou as mãos à cabeça, que por certo doía. Percebeu que ela estava envolta em panos. Seu olhar de interrogação foi respondido pelo médico, que lhe disse o que havia acontecido e lhe pediu para ficar calmo, nada falar e não fazer qualquer esforço. A seguir, ainda preocupado por Julius ter ficado um bom tempo desacordado, o médico lhe disse:

— Nobre comandante, se estiveres me ouvindo e compreendendo o que falo, por favor levanta tua mão.

O comandante levantou vagarosamente uma das mãos, demonstrando que entendia o pedido e a seguir fechou os olhos novamente. A dor era forte. Ao fechar os olhos, pediu mentalmente que Júpiter lhe salvasse a vida. Não queria morrer, porque ainda se achava muito jovem. Com os olhos fechados, escutou o conselho do médico para não dormir e procurar reagir à dor e abrir os olhos.

Em meio aos cuidados com o comandante, já se havia passado bom tempo. Aléxia, embora o disfarce que tinha que manter a todo custo, disse ao médico que se ele quisesse, poderia descansar, que ela velaria pelo acidentado e qualquer dificuldade que houvesse, o acordaria. O médico, que se achava desgastado e cansado com o esforço do atendimento, assentiu e buscou acomodar-se na tenda.

O Decurião Gregorius veio à tenda para saber do estado de saúde do comandante. Informado a respeito, saiu e distribuiu suas ordens aos demais legionários, pedindo que todos rezassem a Júpiter pela saúde do comandante.

Antes de repousar um pouco, o médico disse para Aléxia que seria necessário que ela ficasse conversando com o comandante, para que ele não dormisse, até que o organismo dele começasse a reagir ao impacto que tivera na cabeça. O médico se deitou na tenda, próximo ao paciente. Aléxia olhou para o centurião, que tinha os olhos abertos, apesar de não manifestar reação além do aceno que dera há pouco. Obedecendo às orientações do médico, iniciou a falar-lhe:

— Nobre comandante, desejo vos falar novamente sobre Yeshua de Nazareth, aquele que tomou para si as dores do mundo e deixou-se sacrificar para a redenção de toda a Humanidade.

Percebendo que Julius piscava de quando em quando, continuou:

— Ele nos ensinou que devemos confiar em Yahweh, que é o único Deus, e que todos os demais povos da Terra adoram seus deuses, com vários nomes, mas que na realidade são representações deste, que é único, o criador de todas as coisas, e magnânimo na bondade e na justiça. Que Ele chega até nós, todos os dias, por seus mensageiros; pelos amigos que nos ajudam; pelos médicos que buscam nossa cura; pela luz do Sol que nos visita sem cessar e que nos dá energias da vida; pelos oceanos e pelas ondas do mar; pelos rios, que não somente deleitam nossas vistas, mas que nos dão os peixes como alimento; pelos animais da caça, que também nos sustentam as necessidades do corpo; pelos pássaros que gorjeiam e alçam os belos voos que alegram a nossa existência; pelas flores que nos dão o perfume da vida; pelos frutos que também saciam nossa fome e nos dão energias; pela luz plácida do luar que nos encanta a alma; e mesmo pelos inimigos que testam nossa resistência, paciência e necessidade de os compreender para os amar. Ele é nosso amigo e poderosa é a sua Misericórdia. Ele conhece nossas fraquezas e nossas necessidades.

“Certa feita, Yeshua de Nazareth desceu de um monte e grande multidão veio para ouvi-lo, ao mesmo tempo; um leproso veio ao seu encontro e o adorou, dizendo: ‘*Senhor, se quiseres, podereis curar-me*’. Então Yeshua, estendendo a mão o tocou e disse: ‘Quero-o, fica curado.’ No mesmo instante desapareceu a lepra. Disse-lhe então Yeshua: ‘Abstém-te de falar disto a quem quer que seja, mas vai mostrar-te aos sacerdotes e oferece o dom prescrito por Moisés, a fim de que lhes sirva de prova.' Diante desta narrativa, elevo meus pensamentos a este Mestre Querido e Amado, e peço socorro para ti, amigo Julius, neste momento difícil pelo qual passas."

Ao orar, Aléxia lembrou de sua infância, quando sua mãe orava e impunha as mãos sobre sua cabeça, e também do tempo em que junto com seu pai adotivo Apolônio frequentavam o Núcleo Cristão de Roma. Ante a lembrança, levantou suas mãos e impôs sobre a cabeça do comandante, continuando a pedir a ajuda do Mestre. Percebeu, olhando para o Comandante Julius, que ela própria enxergava uma luz meio azulada, que saía de suas mãos e penetrava na cabeça do centurião. Este, quando Aléxia lhe impôs as mãos, percebeu os movimentos dela, e num ato instintivo fechou os olhos. Momentos após, o comandante começou a sentir um grande alívio nas dores que sentia em sua cabeça, até que aos poucos a dor foi quase que cessando. Aléxia já tinha terminado a imposição das mãos e olhava para o rosto do comandante. Ficou um tempo o contemplando, enquanto ele tinha aos olhos fechados. Ele era um homem belo, com traços fortes, porém finos. Quando abriu os olhos, ele viu que ela se sentara ao lado de onde estava deitado, sorriu levemente para ela, contudo, não se sentia em condições de falar. Aléxia sorriu-lhe alegre e disse baixinho:

— Oh, que bom! Vejo que estás melhor, nobre Julius. Teu sorriso me traz a confirmação de que os Espíritos do Senhor estão te socorrendo. Penso e sinto em minha mente que agora, se quiseres, podes dormir, para te recuperares melhor. Estás me compreendendo? — indagou.

O comandante sorriu-lhe novamente e piscou os olhos. Após isto, sentiu um sono pesado e adormeceu.

Aléxia o cobriu melhor, na cama improvisada na tenda; olhou para o lado e viu que o médico dormia, se refazendo dos esforços que empregara nos cuidados com o comandante. Recostou-se um pouco em almofadas, fechou os olhos e procurou descansar. Sentia sono, porém a preocupação com o comandante a impedia de entregar-se ao mesmo. Mais um tempo se passou, quando, próximo da virada da noite para o início do novo dia, o Decurião Gregorius visitou novamente a tenda para saber da saúde do comandante. Aléxia atendeu-o e falou baixinho que o comandante estava se recuperando, que nada falara, mas sorrira para ela, e agora estava adormecido. Pediu ao decurião que transmitisse a boa notícia à tropa e que todos aproveitassem para repousar, sendo esse, por certo, o desejo do comandante. Gregorius percebeu a dedicação do jovem — assim parecia ser, para ele —, sorriu e disse que iria avisar a tropa. Antes de sair, perguntou, em forma de dúvida:

— Nobre jovem Arquisius, será que amanhã poderemos seguir adiante?

— Não posso te afirmar isto, nobre decurião — respondeu Aléxia. — Talvez nosso amigo médico, que por ora descansa, possa nos responder a essa dúvida, logo cedo.

O decurião deu boa noite e se foi em direção à tropa.

Aléxia apenas cochilava. Ao menor movimento do comandante, abria os olhos para conferir se ele não precisava de auxílio. As primeiras vagas da claridade começavam a chegar, quando Aléxia, vencida pelo cansaço, na posição em que estava recostada, adormeceu profundamente. Um pouco depois o médico acordou e conferiu o quadro à sua volta. Aléxia dormia recostada, quase sentada; o comandante dormia também. Levantou-se e foi até onde Julius estava. Com cuidado, conferiu o pulso, que estava normal. Percebeu que o comandante não tinha febre. Sorriu para si mesmo, de contentamento. Agasalhou-se melhor e saiu da tenda, deparando-se com duas sentinelas. Cumprimentou-as e disse:

— Amigos, precisamos de chá quente e alimento para três. Poderiam providenciar? Nosso comandante está bem, graças a Júpiter. Ainda dorme, porém não apresenta quadro de saúde grave e seria de bom alvitre que ele se alimentasse.

As sentinelas sorriram. Todos os soldados gostavam muito do comandante. A sentinela Maurilius respondeu:

— Nobre doutor, irei já dar as boas notícias à tropa e providenciar o que pedes.

O médico voltou para a tenda, justamente no momento em que o comandante acordava. Embora deitado, ele olhava para Aléxia, que dormia, em clara contemplação. O médico se aproximou em silêncio e lhe disse baixinho:

— Olá, nobre comandante! Como te sentes?

— Sinto-me bem e sem dor — respondeu, também baixinho —, sinto apenas um pouquinho de fraqueza.

— Que bom! — respondeu o médico. — Quanto à fraqueza, é natural. Além de não teres te alimentado desde o acidente, ainda perdeste um pouco de sangue. A propósito — continuou o médico —, achas que podes sentar? Posso ajudar?

De maneira lenta e auxiliado pelo médico, o comandante sentou-se. Naquele exato momento, Aléxia acordou. Por poucos instantes, ficou confusa, porém logo recordou de tudo e ficou um pouco assustada ao ver o comandante sentado. Este a olhou novamente e sorriu. Aléxia conferiu-se rapidamente. Estava com as roupas masculinas, os cabelos presos e o chapéu. Então relaxou. Levantou-se e foi para perto do comandante e disse:

— Graças a Yeshua e a Yahweh, vejo que o comandante está bem.

Sorriu para ele e para o médico e perguntou:

— Nobre comandante, estás mesmo em condição de sentar?

— Sim — respondeu Julius —, estou. Dizia a nosso médico que estou bem, embora um pouco fraco, mas ele me disse que é em razão da perda de sangue e da falta de alimentação, entretanto, não sinto dor alguma.

Ia continuar a falar quando foram interrompidos pelas sentinelas que adentravam à tenda trazendo chá quente, broas, mel e queijo. Ajeitaram tudo num canto e começaram a servir. O médico recomendou que o comandante se alimentasse sem restrições.

Aléxia ajudava o comandante quando este disse:

— Nobre jovem, quero te dizer que vi tudo o que se passou e ouvi tudo o que falaste. Acompanhei tuas palavras com vivo interesse e o que mais me impactou foi quando impuseste tuas mãos sobre minha cabeça. Naquele momento ela doía muito, mas tão logo o tempo foi passando, o calor que se desprendia de tuas mãos penetrava minha cabeça e eu sentia como que uma leve pontada no centro da cabeça e percebi que a dor foi cedendo aos poucos, até que logo a seguir cessou. Ao cessar, senti um sono muito pesado chegar e então adormeci, porém, não tenho a menor dúvida de que foi a tua ação que me aliviou ou que me curou, pois, além do curativo, nada mais sinto em minha cabeça. Poderias dizer-nos qual é o segredo dessa ação?

Aléxia, um pouco ruborizada, explicou ao comandante e ao médico que aquela ação que fez, de impor as mãos sobre a cabeça das pessoas, havia aprendido com seus pais naturais, que eram cristãos. Era o que podia dizer.

XII

A INSPIRADA AÇÃO DOUTRINÁRIA DE IRINEU NO NÚCLEO CRISTÃO DE LUGDUNUM

Corria o ano de 182 d.C. e o epískopo Irineu continuava seu vigoroso trabalho em defesa dos verdadeiros postulados do Evangelho do Mestre Yeshua, na tarefa que havia recebido de seu instrutor e amigo Policarpo de Esmirna. Do alto de seu posto, no Núcleo Cristão de Lugdunum, cidade que já tinha ofertado o sacrifício de muitos cristãos, para contentar a sanha cruel dos prepostos romanos da região e satisfazer àqueles voltados à fé dogmática judia, que continuavam a perseguir o Cordeiro de Yahweh, sem tréguas e a insuflar Roma contra os seguidores do Cristo Yeshua, Irineu, com o auxílio de seus diákonos Ápio, Nicholas, Odélio e Absalom, nas reuniões privadas que faziam no Núcleo, onde compareciam os Espíritos amigos, Policarpo de Esmirna, que fora seu mestre direto e Inácio de Antioquia, recebia ensinamentos e orientações seguras que lhe auxiliavam na ação de proteção da mensagem do Sublime e Inesquecível Galileu.

Certa noite, há alguns anos, no dia dezoito de maio do ano de 178 d.C., quando tinham iniciado as atividades privadas, pela sensibilidade de Ápio, Inácio de Antioquia compareceu à reunião e orientou Irineu da forma seguinte:

Amados irmãos em Cristo Yeshua!

Vos saúdo em nome daquele que é a palmatória da Terra e que, sob a orientação do Pai Celestial, doou-se integralmente a seus irmãos, propiciando que se fizesse chegar a todos a certeza da imortalidade da alma, do que deu provas irrefutáveis no Monte Tabor, e outras vezes, na Palestina, por ocasião das reuniões que fez com seus apóstolos, após sua morte física.

Querido irmão e amigo Irineu, já lá se vão os anos em que por amor a sua imorredoura mensagem de libertação, muitos irmãos doaram seu tempo e suas vidas em favor da Sublime Mensagem da Galileia. Essa tarefa de extrema dedicação continua fazendo tremer as bases das crenças pagãs, dos impérios do poder passageiro e do império dos poderes religiosos, que não estão assentados com a verdade.

Em nome de nosso Mestre Amado, aqui compareço, esta noite, sob delegação do Governador Acádio, da Cidade da Fé, para alertar-te da necessidade de estabeleceres conosco uma comunicação mais permanente, de modo que venho convidar-te a antes de ires repousar, te entregares à inspiração e anotares as ideias que procuraremos inspirar-te. Falo em meu nome, em nome de nosso irmão e amigo Policarpo de Esmirna e em nome do amigo Flávio Justino. Nós três fomos destacados para estar contigo e orientar-te, não somente em razão de nossa forma de ver e interpretar os fatos que têm circundado a divulgação da Mensagem do Inesquecível Messias, mas principalmente para sermos os transmissores da orientação segura que virá através de nossos irmãos Paulo de Tarso e Simão bar Jonas, do Apóstolo João e do Governador Acádio, instruções que virão diretamente do Mestre.

Esperamos, assim, Irineu, que te dediques com afinco a esta nova tarefa, para que possas captar as orientações que te chegarem, sob o estigma da mais absoluta fidelidade.

Deixamos-te nosso abraço fraterno e rogamos que as bênçãos do Mestre embalem os teus objetivos e ideais e dos demais irmãos.

Abraça-te, com carinho, o irmão Inácio de Antioquia.

Irineu, profundamente sensibilizado, agradeceu ao Espírito Inácio, orou fervorosamente e encerrou a reunião. Já a partir do dia seguinte, à noite, após a reunião do Núcleo e antes de repousar, Irineu preparou-se, orou e colocou-se à disposição dos amigos espirituais. Após a prece, começou a fazer anotações, sendo que a primeira chegou-lhe nos termos seguintes:

Querido irmão. Paz com Yeshua!

Já transcorreram os anos em que, inspirado pelos benfeitores espirituais, tive a oportunidade maravilhosa de ter em mim despertada a paixão pela grandeza dos ensinamentos de Yeshua de Nazareth, o que teve início quando pude encontrá-lo no portal da cidade de Damasco, na condição que detinha de irascível perseguidor, preso ainda à obtusa visão de um Yahweh cruel e vingativo. Após isto, enormes foram as lutas e inúmeras as viagens de pregação da Mensagem do Mestre, em que tive a colaboração de irmãos e amigos valiosos. Os desafios se sucederam em grande monta, porém, ao final da jornada terrena, pude sentir com clareza d'alma que muito maiores foram as alegrias e as recompensas.

Após ter entrado em contato com a Mensagem do Mestre, através dos escritos de Mateus Levi, e de buscar o convívio dos amados apóstolos, procurei, irmão Irineu, com o valoroso auxílio de amigos sinceros e apaixonados pela Boa-nova, ser fiel ao Cristo, por tudo e sobretudo porque não tive dúvidas sobre a grandeza dos extraordinários ensinamentos que Ele trouxe para Terra, eis que nas suas palavras o amor fez sempre morada, e nos seus exemplos, Yahweh se aproximou dos homens dizendo-lhes na acústica da alma: "Todos vós sois meus filhos. Amo-vos. Sois parte da minha inteligência. Jamais ficareis sem minha presença, seja na dor, seja na tristeza; nas lágrimas como na desesperança; na satisfação como na alegria, pois sois parte do meu ser."

Depois de tantas lutas para solidificar os ensinamentos do Mestre Amado, para o que acorreram inúmeros irmãos valorosos e dedicados, após retornar às moradas celestes, com tristeza, temos visto atualmente, na Terra, a presença vil e sorrateira de interesses mesquinhos e de disputas vãs, que adentraram no território de nossos Núcleos Cristãos, produzindo divisão e separação, o que, enquanto no corpo físico, combati com todas as minhas forças e que continuo, na Pátria do Espírito, combatendo, pelas oportunidades renovadas que o Mestre me tem permitido, daí a razão de nosso encontro espiritual e de nossos escritos.

Após ter-vos dito isto, porque a lembrança deve sempre ter o papel de construção, razão pela qual fatos e situações que não promovam a criatura para ser melhor moralmente devem ser deixados de lado, a fim de não turbar-nos a alma, venho lembrar-vos da intensa luta que meus escritos estabeleceram contra as ideias que visavam e ainda visam distorcer os ensinamentos do Mestre, com o ousado plano de fazer perecer Sua Doutrina. Não compareço para manifestar ideias contrárias, porém, sim, ideias favoráveis a respeito dos cuidados que precisamos ter com os Evangelhos, tão primorosa e arduamente escritos por nossos Mateus, Marcos, Lucas e João, porque os que não aceitaram Yeshua como o Messias verdadeiro e único, não sossegaram seus inconformismos, e têm se aproveitado da boa-fé de irmãos incautos, para espalharem doutrinas falsas no seio do Cristianismo.

Nesse passo, irmão Irineu, grave contradição tem sido espalhada nos Núcleos Cristãos, sob o nome de Gnosticismo, pregando a existência de mundos completamente diferentes e negando a unidade de Yahweh. A consequência desse pensamento, irmão Irineu, será o abandono completo da característica divina do Mestre Yeshua e do seu relacionamento com o Pai Celestial. Além disto, eles negam a interferência de Yahweh nas coisas materiais, ou seja, pregam que há um certo desgoverno na Criação, o que, convenhamos, é inadmissível ao bom senso de que se reveste toda a Criação Divina, pois ao mesmo tempo em que pregam a existência de um Deus Absoluto, também negam a sua responsabilidade e interferência no mundo material.

Venho, por final, alertar-te, irmão Irineu, que deves dedicar-te a estudar essas questões, para o que contarás com a presença e inspiração de diversos companheiros que lutaram e continuam lutando pela verdade e para que passes a escrever sobre elas a fim de bem orientares o rebanho cristão. Agradecido, renovo meu abraço e desejo que Yeshua continue te abençoando.

Teu amigo e irmão Paulo de Tarso.

Irineu, sensibilizado, agradeceu mentalmente ao gigante da divulgação do Cristianismo na Terra, e comprometeu-se a escrever anotações próprias sobre a questão, para o que, externou pelo pensamento, contava com a presença e inspiração dos irmãos espirituais.

Dois dias haviam se passado. Irineu, sob profundas reflexões, à noitinha, eis que não havia reunião naquele dia no Núcleo, orou fervorosamente e a seguir iniciou suas anotações, que começaram a chegar, pela inspiração, ofertando inúmeras argumentações contra as heresias do então Gnosticismo, orientações que se resumiram em três aspectos. O primeiro, o aspecto filosófico; o segundo, o aspecto histórico e o terceiro, o aspecto exegético.

Em primeiro lugar, chamou a atenção para o absurdo do sistema gnóstico, especialmente para sua ideia de que Deus, que dizem ser o artífice do mundo visível, seria uma entidade angélica a que denominaram de Demiurgo; que o *eon divino,* a mando do Demiurgo, veio sobre Yeshua, quando de seu batismo por Yochonam e permaneceu com Ele até o momento do seu sofrimento e morte.

Irineu cogitou que a consequência direta desse sistema é o abandono completo do entendimento cristão tradicional acerca do Ser Divino e de seu relacionamento com Deus; que na sua ansiedade de segregar a matéria do espírito e o mal do bem, os gnósticos dissolveram, ao mesmo tempo, a unidade da Criação e a unidade de Deus.

Em segundo lugar, Irineu entendeu que a alegação dos gnósticos de que eram eles que ensinavam a verdadeira doutrina de Yeshua era imprópria e não poderia ser levada a sério. Em razão disto, Irineu estabeleceu que os ensinamentos que existiam, notadamente os Evangelhos Cristãos, as epístolas de Paulo de Tarso, as cartas de Inácio de Antioquia e de seu mestre direto, Policarpo de Esmirna, não se coadunavam com os novos ensinamentos gnósticos; que essas fontes insuspeitas, em razão da experiência dos valorosos defensores dos veros ensinamentos do Cristo se contrapunham totalmente às versões dos gnósticos, que tinham o objetivo de inovar os Evangelhos; que os ensinamentos citados, em contraposição ao sistema gnóstico, continham a regra da verdade e eram publicamente reconhecidos.

No terceiro modo de ver a situação, Irineu, tomando os ensinamentos do Cristo e os registros dos apóstolos, demonstrou que esses ensinamentos eram totalmente diferentes dos ensinamentos que os gnósticos procuravam espalhar. Bebeu na fonte das apologias extraordinárias de Flávio Justino Mártir, com quem convivera fisicamente por um tempo, os conceitos acerca da unidade de Deus (Yahweh) e de Jesus (Yeshua) como filho de Deus, e concluiu que a regra da verdade estava nos escritos dos apóstolos ou evangelistas, associados aos de Paulo, Inácio e Policarpo.

Para Irineu, o conceito de Deus como Criador assumiu importância vital, representando, portanto, tese contrária aos gnósticos, que diziam haver uma grande distância entre os homens e o Criador ou Demiurgo. Contrariamente a essa ideia, que entendia ser uma heresia, Irineu anotou que: *O primeiro artigo de sua fé é a certeza da presença de Deus, o Pai Incriado, não gerado, Invisível, Divindade Una e Único Criador do Universo, que se relacionou com o mundo através de* vários profetas de vários povos, principalmente através de seu *Filho, Yeshua de Nazareth e de seus ensinamentos, e que continua se relacionando com os seres de sua Criação.*

Depois destas primeiras anotações inspiradas, Irineu confidenciou a seus diákonos auxiliares que necessitava ir a Roma, a fim de dialogar com o epískopo geral cristão, Victor, que havia assumido a direção do Núcleo Cristão Central de Roma, a fim de ofertar-lhe suas anotações.

XIII

CONTINUIDADE DA VIAGEM DA CARAVANA DE MATEUS BEN JOSEPHO RUMO A JERUSALÉM

– NOVOS ENSINAMENTOS

O dia amanheceu engalanado no deserto de Dan.

Acampada próximo ao Oásis de Dan, a caravana de Mateus ben Josepho acordava. O blaterar dos camelos já se ouvia. O vozerio dos caravaneiros parecia uma música desconecta, mas refletia vida. Mateus acordara muito cedo, contudo, contrariamente ao que fazia todos os dias pela manhã, quando acordava em viagem, desta feita não se levantara. Ficou ali recolhido em meio às almofadas e colchas. Ainda pela manhã, bem cedo, fazia muito frio no deserto. Meditava na conversação que tivera com Elias e o jovem Shebir na noite anterior. O que o jovem Shebir lhe falara, sentia que havia mexido fundo em seu coração. Refletia na interpretação que o jovem fizera em razão de seu rápido encontro com a jovem Ana, o que produzira profundo sulco em sua alma. Lembrando de tudo, um pensamento lhe adveio repentinamente: Será que era possível haver outras existências? Será possível a alma viver em vários corpos e em etapas diferentes? Aquilo lhe parecia uma loucura. Não encontrava firmes respostas.

Lembrou-se de que havia uma corrente de seu povo que adotava a possibilidade de existir o que chamavam de várias vidas. Sentiu-se confuso, porém, de uma coisa tinha certeza: a explicação de Shebir fizera muito bem ao seu coração dorido pela saudade, que entendia inexplicável, mas que lhe produzia melancolia.

Absorto naqueles pensamentos, viu a entrada da tenda se movimentar e logo adentrou à mesma o jovem Shebir, que ao ver o senhor ainda deitado, sobressaltou-se e disse:

— Oh! Senhor, estás doente? Não levantaste? Esse não é seu costume. Perguntei à sentinela se havias ido caminhar e ela me respondeu que não, que ainda não tinhas saído da tenda, então me preocupei e tratei de ver-te.

Shebir aguardou. Mateus então sorriu para o jovem e respondeu:

— Não, meu jovem, não estou doente. Apenas refletia sobre nossa conversação de ontem à noite.

Mudando o curso da conversa, indagou sobre Elias. Shebir respondeu:

— Senhor, Elias está bem, reúne os homens neste instante e dá as ordens para levantarmos o acampamento após o repasto matinal.

Mateus apressou-se a levantar. Ajeitou-se na túnica, lavou as mãos e o rosto com jarra e bacia, num canto da tenda. Alinhou os cabelos com as mãos e disse:

— Estou pronto, jovem Shebir. Vamos ao repasto. Após isto, peço que digas a Elias que envie dois homens para desmontarem minha tenda.

Em breve tempo estavam na tenda das refeições. Lá encontraram Elias e a maior parte dos caravaneiros, se alimentando. Após os cumprimentos, Mateus sentou-se com Elias e Shebir e passaram a se alimentar com chá quente, broas e mel. Enquanto se alimentavam, Elias foi quem falou:

— Meu senhor, já dei as ordens para retomarmos a marcha após a refeição da manhã. Já despachei também dois homens para desmontarem tua tenda.

Mateus sorriu ante a presteza de Elias e respondeu:

— Fizeste bem, meu amigo, eu havia pedido que Shebir te dissesse dessa necessidade. Devemos logo nos colocar na estrada. Pretendo que passemos por Siquém, ainda na região de Canaã. Talvez acampemos por lá, dependendo da viagem e do tempo.

Alimentaram-se em razoável silêncio, e, antes de terminar a refeição, Mateus se dirigiu a Shebir e disse:

— Meu jovem, se for possível, ao acamparmos, logo mais à noite, gostaria que continuássemos nossa conversa sobre esse teu Yeshua. Pode ser?

Shebir sorriu e disse:

— Pode sim, meu senhor. Terei imensa alegria em fazê-lo e a Elias, que com certeza estará conosco, não é?

Elias assentiu com a cabeça, que sim.

Logo mais a caravana novamente se deslocava pelo deserto. O frio cedia lentamente à presença do astro-rei, que iniciava a crestar as paisagens por onde os caravaneiros caminhavam.

Aproximava-se o crepúsculo. A caravana, após dois dias de viagem, chegou próximo a Sicar, também conhecida como aldeia de Askar, antiga Siquém, que naquela época era mais uma aldeia, com traços das cidades que ali floresceram e foram alvo de destruições e reconstruções, onde acamparam.

O acampamento ficava apenas a cem estádios da aldeia. Sicar ficava aos pés do Monte Ebal, próximo ao poço de Jacó. A cidade era muito antiga. Em aramaico, seu nome era *Sicara.* Situava-se a leste do Rio Jordão e a oeste do Mar Morto, incrustada num planalto entre os montes Ebal e Gerizim. Por ela caminharam o patriarca Abraão, Jacó, José do Egito, Josué e o Mestre Yeshua. Era uma importante cidade Cananeia, nos vales montanhosos de Efraim. No século XIV a.C., com o nome de Siquém, foi governada pelo soberano Labyu e por seus filhos. Nesse mesmo século, aliou-se com os lapirus, indispondo-se com o Egito. Tornou-se a primeira capital do Reino do Norte. Foi construída e destruída inúmeras vezes pelos faraós egípcios, no século XVIII a.C., e por Abilemec, no século XII a.C., depois pelos assírios, em sua campanha para a conquista do Reino do Norte, no ano 724 a.C. Reconstruída, foi parcialmente destruída em 107 a.C., pelo asmoneu João Hercano.

Foi nessa cidade que Jacó ergueu um altar para Elohim, Deus de Israel, e onde foram depositados os ossos de José do Egito, que foram transportados do Egito. Lá também, Josué, já idoso, reuniu os israelitas para orientar que seguissem a Deus sobre todas as coisas. Essa aldeia se funde a duas gigantescas montanhas. Na primavera, há um esplendor verde nesse pequeno vale regado por várias fontes.

O reino do Norte, reino de Israel, que englobava dez tribos, foi posteriormente invadido pelos assírios. Os assírios tinham como tática miscigenar a população conquistada através de casamentos, diminuindo o seu sentimento nacionalista e evitando possíveis revoltas por independência. Isso fez com que os habitantes do reino do Norte fossem considerados pagãos pelos demais judeus. A adoração e o culto de divindades dos assírios ajudaram a aumentar ainda mais essa divisão. Diversas crises políticas e religiosas acabaram levando à decadência os dois reinos. O reino de Israel é destruído pelos assírios, enquanto o reino de Judá é destruído pelos babilônios, de sorte que após a volta da Babilônia, estabeleceu-se uma separação odiosa entre judeus e samaritanos. A hostilidade era tanta que um judeu, a caminho da Galileia, não passava por Samaria.

Iniciava a cair a noite, e todos os membros da caravana apressaram a instalação do acampamento. Montaram as tendas em vários círculos, como era o costume, sendo que a tenda do chefe da caravana, Mateus ben Josepho, ficava ao centro. Após terem feito a refeição noturna, Mateus mandou chamar os jovens Shebir e Elias, para irem a sua tenda. Tencionava continuar os diálogos já feitos com Shebir, sobre Yeshua de Nazareth e sobre o que Ele de fato ensinava.

Shebir e Elias a breve tempo chegaram à tenda do chefe. Após as saudações, os dois se acomodaram em confortáveis almofadas. Mateus iniciou a conversação.

— Jovem Shebir, confesso-te que fiquei muito impactado com o que narraste a mim e a Elias, sobre esse a quem chamam Yeshua, e igualmente o que Ele ensinou e o que fez, embora sinto que narraste muito pouco. Peço-te, se possível, nos fales muito mais sobre tudo o que Ele disse e fez.

Mateus calou-se. O jovem Shebir, sorridente, olhou para Mateus e depois para Elias, e a seguir disse:

— Meu senhor, o que Yeshua ensinou excede todos os ensinamentos dos judeus, que aliás é a sua gente; excede com certeza todos os demais ensinos que se acham espalhados pelo mundo, porém, para compreender e saborear toda a plenitude de suas palavras, será preciso que nos esforcemos em conformar com Ele toda a nossa própria vida, porque Ele ensinou que não são as palavras sublimes pronunciadas com esmero que fazem o homem ser justo, mas é a vida virtuosa, trabalhando no bem e para o bem que o torna mais agradável a Yahweh.

"Desse modo, para se aliar a Yeshua, será preciso ser humilde de coração e desprezar a vaidade, pois vaidoso é quem amontoa riquezas perecíveis e nelas coloca a sua confiança; quem ambiciona honras e deseja posições de destaque; quem segue os apetites da carne, que se preocupa só com a vida presente e não se preocupa com a vida futura. Para nos aproximarmos de Yeshua, precisamos desviar nosso coração das coisas visíveis e transportá-lo às coisas invisíveis; precisamos ter o espírito puro e simples e não nos distrairmos com ocupações fúteis. Precisarmos travar e vencer o mais rude combate, que é o de vencer-se a si mesmo, de vencer as próprias imperfeições.

"Diante destas propostas, não se deve dar crédito a qualquer palavra nem obedecer a todo impulso, mas pesar e analisar os fatos e situações na presença de Yahweh, com prudência e vagar. Assim, é importante jamais agir com precipitação. Sabedoria é não crer em tudo o que dizem os homens, nem encher os ouvidos alheios do que ouvimos ou acreditamos. Quanto mais o homem for submisso a Yahweh, tanto mais terá serenidade e sabedoria, em todas as suas ações. Todas as vezes que o homem deseja alguma coisa desordenadamente, torna-se logo inquieto. O soberbo e o avarento nunca logram sossego, entretanto, o humilde, o pobre de espírito consegue, mesmo ante as dificuldades, encontrar a paz.

"A vida de todos nós, nobre chefe Mateus e Elias, conforme vaticinou o inesquecível Messias, é dádiva divina que precisamos saber compreender, e ver, em tudo o que nos rodeia, os sinais evidentes do Criador.

"Estamos vivendo dias decisivos para a Terra, e mesmo aqui, neste pedaço de deserto esquecido do mundo que já conhecemos, se prestarmos a devida atenção, veremos a presença de Yahweh nas suas areias que, açodadas pelo vento, caminham livres para se assentarem mais adiante, num movimento que nos deixa transparecer uma verdade, ou seja, de que não há nada inerte na Criação.

"As areias caminham; as árvores têm o seu ciclo; as folhas crescem, depois caem; as flores se abrem e se fecham, implementando nova vegetação; os animais, em seus movimentos, lutam pela manutenção da espécie e logram perecer enquanto outros nascem. Assim se dá com os homens, pois, como ensinou-nos o Mestre, vivem e se reproduzem sob a ação do Pai Celestial, e também seguem o seu curso de evolução, habitando as muitas moradas da Casa do Pai.

"Ante essa maravilhosa faina diária da Criação, é certo, podereis perguntar: 'Ora, se Yahweh tem todo esse poder, por que permite que os homens sofram perseguições, fome, doenças que provocam dores em seus corpos físicos? Por que permite as dores da alma, que brotam da saudade, do vazio, da tristeza e da melancolia; as dores da injustiça, das ofensas à sua dignidade?' A resposta, é claro, não será simples. Porém, nela já se encontram demarcadas a história de cada ser, de cada um de nós, eis que nosso íntimo nos revelará, com certeza, nosso grau de pacificidade ou de belicosidade. Desta forma, para aquele que não admite contrariedades de qualquer espécie, o sofrimento o recebe e a dor o embala, até que machucado, cansado das refregas, acabará um dia reconhecendo, não somente a existência do Criador Divino, mas entendo que necessária é sua retificação moral, para que, além de libertar-se, possa também, a seu passo, auxiliar na libertação de outros irmãos, também sofredores.

"A Doutrina de Yeshua não veio à Terra para espalhar a tranquilidade do Mar Morto, mas para fornecer movimento permanente de vida, e de vida em abundância.

"Quem ouve as palavras de Yeshua, repetidas pelos cristãos sinceros, não se aflige quando alguém faz dele mau conceito, ou diz coisas que ele não gostaria de ouvir. Por essa razão, precisamos ser prudentes, calar na hora da tribulação, nos voltarmos para nosso interior para encontrarmos o Cristo em nós e confiar n'Ele, pois 'de que nos servem as preocupações quanto ao futuro incerto senão para acumular tristezas sobre tristezas', como nos disse também o inesquecível Paulo de Tarso? Quando o homem de Tarso assim falou, por certo trazia na lembrança o que o Messias já tinha ensinado e alertado, ou seja: *'A cada dia basta o seu mal'*."

Shebir calou-se. Enquanto falava, dos contornos de seu corpo espiritual saíam energias esbranquiçadas que atingiam Mateus e Elias, em suas cabeças, como a envolvê-los, e também na região dos seus corações. Mateus e Elias estavam profundamente sensibilizados. A emoção que os invadia trazia-lhes uma euforia nunca antes experimentada. O silêncio magistral ainda se fez por mais algum tempo. O próprio Shebir estava também emocionado.

Mateus, quebrando a magia do momento, com a voz embargada, disse:

— Nobre jovem Shebir, não tenho como definir-te o que sinto em minha alma neste instante. Apenas o que consigo exprimir é que enquanto falavas, pareceu-me que fui transportado para fora desta tenda e, não sei como, me vi como um homem espremido em meio à multidão que, em uma rua de Jerusalém, via passar o Messias que tu nos apresentas cada vez mais, com mais vigor e intensidade, carregando pesada cruz de madeira, a fronte coroada de espinhos e o sangue que lhe tomava o rosto e as vestes. Também me pareceu que na imobilidade que me tomou de assalto o espírito, naquele fatídico momento, Ele parou, cambaleante, e olhou na minha direção. Seus olhos, na lembrança do êxtase que há pouco tive, pareciam querer me dizer:

— Quando te decidires a me procurar, vem até mim, e eu te atenderei!

Mateus, ao dizer isto, chorava. Elias, também, com a voz embargada, somente disse:

— Oh, meu Yahweh! Como pode haver alma tão boa assim? Por que nós não o compreendemos e ainda teimamos em não o compreender?

Shebir, naquele momento, propôs orarem para encerrar a conversação daquela noite. Mateus e Elias apenas assentiram com gestual de cabeça. Assim, o jovem, olhando para o teto da tenda, iniciou a oração:

Oh! Divino Messias, Luz do Mundo, recorremos à fonte de tua excelsa misericórdia e bondade para que, pelas dádivas do teu amor, nos auxilies a nos curarmos de nossas paixões desordenadas e dos vícios que nos maculam a alma.

Oferecemos, Senhor, nossa disposição de servir ao bem. Compadece-te de nós e auxilia-nos a conseguir sermos dignos de gozar de teus dons, para que possamos encontrar o Reino de Yahweh.

Assim seja.

Como a noite já ia alta, após mais algumas palavras de alegria pela reunião, Shebir e Elias despediram-se do chefe caravaneiro, buscando o repouso, eis que logo pela manhã, bem cedo, deveriam seguir na direção de Jerusalém.

XIV

CONTINUIDADE DA VIAGEM DE ALÉXIA RUMO A LUGDUNUM – CONFIDÊNCIAS

Após o diálogo entre o Comandante Julius, o médico Neemias e Aléxia, na manhã um pouco fria no acampamento à margem da Via Aurélia, o comandante disse que se sentia bem e que, portanto, a caravana militar poderia seguir viagem. Os soldados retomaram a caminhada e, como era praxe, o comandante e o jovem Arquisius (Aléxia disfarçada) cavalgavam na retaguarda. Conversavam animadamente, sem levantar suspeitas dos demais soldados. Após mais trinta dias de marcha, cruzaram o território da Gália Cisalpina e adentraram o território da Gália Lugdunense.

Certa noite, quando já estavam acampados e Aléxia iniciava o repouso na sua tenda, novo tropel de cavalos a pôs assustada e em guarda. Como ainda estava acordada, buscou apurar os sentidos para tentar ouvir as conversas que vinham da tenda do Comandante Julius. Pôde ouvir quando um soldado visitante disse:

— Nobre Comandante Julius, a situação no Palácio Imperial não é boa. Há muita intriga, e nosso imperador mais e mais promove festas e orgias. Entretanto, em raro dia de sobriedade, ordenou uma investigação sobre a morte de vários acusados, pelo governador de Lugdunum, de perverterem o Império com ameaças cristãs, e destacou-me e aos soldados que me acompanham para que viéssemos dar conta da missão. Há rumores no Império que ele teme os cristãos, em razão de atitudes como esta, que ele toma quando sóbrio. Enfim, na direção de cumprir as ordens do imperador, cavalgamos um bom trecho e conseguimos alcançar vossa caravana. O imperador foi informado de tua missão e pediu-me pessoalmente que incorpores a tua tropa no mesmo serviço, embora eu deva me adiantar a vós e chegar a Lugdunum bem antes. Pediu-me também para fazer buscas em Lugdunum para localizar o paradeiro da filha do Senador Apolônio, que foi morto por Roma, pois há suspeitas que tenha fugido para lá, dado que a última viagem que o senador fez fora de Roma foi para Lugdunum, em férias de lazer com a filha.

"Ao que se sabe e se fala, é que o imperador não pretende prendê-la para executá-la, mas para que ela integre seu harém, pois tem notícia que ela é uma bela mulher, e dizem que é cristã."

Ao ouvir aquela narrativa, pois as tendas eram muito juntas, Aléxia se sobressaltou. O medo invadiu sua alma. Um pouco aflita, pôs-se a orar pedindo a Yahweh que a protegesse do mal. Como não conseguia conciliar o sono, ainda ouviu quando o soldado visitante disse:

— Nobre comandante, peço autorização para pouso em vosso acampamento. Amanhã, ainda com a escuridão, já voltaremos para a estrada. Quero chegar a Lugdunum o mais rápido possível, e, depois, lá nos reencontraremos.

Escutou a voz do comandante que disse:

— Permissão concedida.

O comandante chamou as duas sentinelas e disse a uma delas:

— Servilius, leva o Decurião Artemius e seus soldados para a tenda das refeições e toma providências para que eles sejam alimentados.

Depois, disse a outra sentinela:

— Cicerus, vá atrás do Decurião Gregorius e peça para ele providenciar tenda para pouso dos visitantes. Não se preocupem, enquanto tomam as providências que pedi, ficarei bem. Vamos, andem!

Aléxia ouviu o barulho da retirada dos visitantes que se foram junto com as sentinelas. Rápido silêncio se fez entre as tendas. Estava cogitando sobretudo o que acontecera, quando ouviu o barulho das abas de sua tenda e viu um vulto entrar. Sobressaltou-se, porém, ouviu uma voz baixa:

— Nobre Aléxia, tem calma, sou eu, o Comandante Julius. Preciso falar-te. Não acenderemos lamparinas, apenas peço que eu possa me aproximar para conversarmos um pouco. Preciso te colocar a par de nova situação.

Aléxia exclamou, também em voz baixa:

— Sim, sim, nobre Julius, podes aproximar-te.

Era uma noite de lua cheia e o interior da tenda, ante pequenas cavidades que havia na sua cumeeira, estava um pouco iluminada. Julius, acostumado com deslocamentos noturnos, divisou uma almofada e puxando-a, sentou-se próximo a Aléxia, de quem via somente uma pálida silhueta. Então lhe falou:

— Nobre Aléxia, há um novo comando de soldados que se desloca de Roma para Lugdunum. Ao que fui informado, o imperador determinou que seja feita uma investigação sobre a morte de vários cristãos no circo local. Também esse comando, e agora já são dois, tem a missão de investigar teu paradeiro. Desconfiam que tu deves ter fugido para Lugdunum.

Julius, propositadamente, omitiu de Aléxia qual era o objetivo do imperador em prendê-la. Aléxia, embora tivesse ouvido o diálogo, também fez questão de não se referir ao mesmo. Julius prosseguiu:

— Nobre Aléxia, à medida que nos aproximamos de Lugdunum, as coisas estão ficando preocupantes. Passo a temer por tua segurança e por teu destino, de modo que estou pensando numa alternativa que me veio à mente, e que preciso rapidamente te expor, porém, para isso, preciso fazer-te algumas perguntas, posso?

— Sim, claro que pode — respondeu Aléxia.

— A propriedade que o senador comprou fica na cidade ou na zona de campo ou mata? — perguntou o comandante.

— Na zona de campo — respondeu Aléxia.

— E a compra da propriedade foi feita em nome do senador?

— Não — respondeu Aléxia —, as terras estão em nome do casal que cuida dela. O senador assim fez porque são eles que cuidam da propriedade e a fim de incentivá-los, talvez, mas sei que eles sabem e assinaram um documento ao senador lhe confiando de volta toda a propriedade.

— Ótimo — respondeu Julius. — E tu saberias chegar até lá, mesmo cavalgando à noite, se preciso? — indagou Julius.

— Sim, nobre comandante, acho que conseguiria sim.

— Então, eis meu plano. Esse comando militar que acaba de chegar, ainda com o escuro-claro da manhã vai pegar a estrada e ficamos de nos encontrar em Lugdunum, o que deve acontecer em mais uns vinte ou trinta dias. Então, assim que eles ganharem a estrada, eu chamarei o Decurião Gregorius, que é de minha inteira confiança, e pedirei que ele te acompanhe. Daremos um bom tempo de vantagem ao comando e depois saireis os dois somente. Chegando a Lugdunum, tu irás direto para a propriedade do senador, entretanto, Aléxia, para que nada dê errado, penso que tenho que revelar a Gregorius a verdade sobre ti, pois com certeza pernoitareis pelo caminho, e pode acontecer de sem querer, te revelares como mulher, ou através dos cabelos ou outra qualquer situação. O que achas do meu plano?

Aléxia refletiu. Estava apreensiva e preocupada, porém verificou que era o melhor a fazer. A situação estava ficando tensa e perigosa, principalmente para o comandante ao acobertá-la na caravana militar. Após refletir um pouco, respondeu:

— Sim, nobre Julius, acho que é o melhor a se fazer, contudo te pergunto, o decurião é confiável? Não poderia querer abusar de mim, de certa forma?

— Conheço bem Gregorius. Ele serve comigo em campanhas militares já por mais de quinze anos. É de irrestrita confiança e nenhum mal te fará, ao contrário, te protegerá mais ainda, tenha certeza. À tropa direi que tu precisaste adiantar-te e que enviei Gregorius contigo para que o decurião, chegando antes a Lugdunum, providencie nossas acomodações junto à intendência romana local.

Após breve silêncio, o Comandante Julius aproximou-se um pouco mais, e no lusco-fusco do luar que penetrava na tenda, pediu licença e acariciou os cabelos de Aléxia, que não se moveu, dizendo, por final:

— Nobre Aléxia, amanhã, após a refeição do meio-dia, pegareis a estrada, até para que se dê boa distância aos soldados que partirão pela manhã. Não poderei, é claro, me despedir de ti na frente dos soldados com palavras carinhosas, mas quero que saibas, antes de partir, o que relutei muito em dizer-te, que escutando melhor o coração percebi que eu te amo muito. Não, não digas nada. Gostaria de continuar a minha viagem na esperança ou na ilusão de que tu também podes me amar. Peço que sigas com confiança, e que o meu Deus Júpiter e os teus Yahweh e Yeshua te protejam.

Antes que Aléxia esboçasse alguma reação ou fala, Julius levantou-se e deixou rapidamente a tenda.

Assim que as primeiras vagas da claridade adentravam à tenda do comandante, que ficara acordado, pois não conseguira conciliar o sono, este chamou uma sentinela e deu ordens para que trouxesse o Decurião Gregorius a sua tenda. Dali a pouco tempo, o decurião chegou e se apresentou a Julius, que lhe disse:

— Sente-se, nobre Gregorius. Preciso fazer-te uma revelação e um pedido especial.

O decurião viu nos olhos de seu comandante viva preocupação, mas esperou sem nada falar.

— Gregorius, nós já estamos juntos pelas estradas e pelos combates há um pouco mais de quinze anos e tu, como eu, não constituímos família, nossa família tem sido Roma. Travamos muitos bons combates, outros nem tanto, mas já servimos a três imperadores e, convenhamos, nos últimos tempos estamos assistindo ao anúncio do esfacelamento do Império, porém, somos soldados, não do Imperador e sim de Roma, e precisamos continuar lutando por uma Roma justa e altaneira, o que não tem sido fácil nos últimos tempos.

"Digo-te isto porque me sinto um pouco cansado e aflito com o estado de coisas que tem acontecido. Quero te revelar que fui muito amigo do Senador Apolônio Aureus Arquisius, que Roma acaba de executar friamente, somente porque ele se confessou cristão. Um homem bom, sensível, cooperativo, que orgulhava Roma e que, inclusive, muito me ajudou quando dele precisei. Sei que sabes do ocorrido, e a par da sua morte, que muito senti, o destino trouxe-me a oportunidade de retribuir o favor que o senador outrora me fez. Sabes, também, que ele deixou uma filha adotiva, não?

Gregorius acenou com a cabeça que sim.

— Pois é — completou o comandante —, essa filha, no mesmo dia em que ele foi preso, avisada por soldado amigo do senador, arrumou seus pertences e evadiu-se de Roma, ainda na noite daquele dia fatídico. Ninguém sabe do seu paradeiro, e por aqui, com o destacamento militar que ontem chegou ao nosso acampamento e que já deve ter ganho a estrada, são dois grupamentos de soldados que estão à procura da filha do senador, que se chama Aléxia.

Ao dizer o nome, o comandante estudou bem a fisionomia de Gregorius e percebeu que ele estava um pouco tenso, então indagou:

— Vejo que os fatos que estou narrando te colocam apreensivo. Alguma questão grave ocorre? Queres me falar?

O decurião, então, olhando para o comandante, respondeu:

— Nobre comandante, o dever para mim está acima de tudo. Como soldado de Roma, que escolhi ser, jurei servir à Pátria e a ela, se preciso, dar a minha vida. Sempre servi no exército com esse ideal, e de fato já passamos juntos por muitas vitórias e poucas derrotas, e também tenho visto nosso Império desmoronar na mão de imperadores despreparados, como o nosso atual, o que me oferta um certo desencanto. Foi esse desencanto que me fez ficar calado, além do que, não sou um homem que possa trair seu comandante. Isto te digo porque sei que o jovem Anquisius que está em nossa caravana militar não é teu sobrinho e sim a jovem Aléxia, da qual me narras a existência neste diálogo.

Ao dizer isto, o decurião calou-se.

O comandante, surpreso, olhou para o decurião e disse:

— Ora, nobre Gregorius, como sabes disto?

O decurião respondeu:

— Também conheci o Senador Apolônio e conheci a filha adotiva dele, em uma reunião no Senado, que pude presenciar.

— Assim, tu me facilitas as coisas — disse Julius —, primeiro porque tua lealdade mais se confirma aos meus olhos e ouvidos; segundo porque preciso de ti para uma missão arriscada, eis que planejei que tu, ainda hoje, após a refeição do meio-dia, munido de suprimentos, acompanharás Aléxia pela estrada, rumo a Lugdunum, levando-a para uma propriedade no campo, que somente ela sabe o endereço. E após entregá-la, volverás para a cidade e te entrevistarás com as autoridades romanas e a Intendência local, preparando nossa chegada. Então, o que me dizes?

— Nobre comandante — respondeu o decurião —, farei o que me ordenas. Tomarei todas as precauções possíveis, e que Júpiter me proteja. Fica tranquilo, nada revelarei a ninguém sobre esse segredo. Podes contar com minha discrição e minha proteção à jovem.

Antes de sair da tenda, o decurião perguntou ao comandante:

— Ela sabe ou saberá o que me revelaste e pediste?

O comandante meneou a cabeça que sim. Então, os dois soldados se abraçaram. Logo, o decurião deixou a tenda para as providências quanto à viagem.

Após a refeição do meio-dia, o Decurião Gregorius, acompanhado do jovem Anquisius, que na realidade era a jovem Aléxia, montados em seus cavalos, e mais uma parelha que levaria provisões e pertences, e que também serviriam para a troca de montarias, despediram-se do Comandante Julius. Antes, em particular, na tenda do comandante, a jovem Aléxia já havia se despedido deste, ocasião em que manifestou sua enorme gratidão, dizendo-lhe o seguinte:

— Nobre Julius, sinto-me tua devedora ante o teu bondoso coração e por demais honrada com teus cuidados, amizade e carinho para comigo. Crê, nobre amigo, acho que assim posso chamar-te, que jamais esquecerei estes dias que passamos juntos, em pleno convívio fraternal. Sei que tu me disseste amar-me. Agradeço a distinção. De momento não posso retribuir da mesma forma, mas quem sabe um dia, talvez, eis que o futuro pertence a Yahweh, o meu Deus, e também a quem chamais Júpiter, o teu Deus, possa eu sentir em relação a ti as mesmas vibrações.

Após dizer isto ao comandante, Aléxia, num ímpeto, o abraçou e depositou um beijo em sua face. O abraço foi correspondido e Aléxia não pôde deixar de ver duas lágrimas rolarem pelo rosto do comandante.

Após tomarem a estrada, Gregorius e o jovem, eis que Aléxia ainda mantinha o disfarce, iam cavalgando e conversando, pois teriam muito tempo para isto. Andando somente os dois e repousando à noite, Gregorius calculou que entre dez a quinze dias, se as chuvas não atrapalhassem muito, estariam em Lugdunum.

Já haviam cavalgado um bom tempo sem muito se falarem. Quando iniciava o cair do crepúsculo, Gregorius disse:

— Jovem, fica aqui na estrada com as parelhas, que vou entrar um pouco na mata em busca de uma clareira, mais ou menos escondida da via, eis que temo por interrupção e inclusive salteadores, que os há em todo lugar.

Em breve tempo, retornou e disse:

— Por favor, acompanha-me. Achei um excelente lugar para nosso pernoite. Uma pedra grande com uma abertura não somente funda, mas que nos servirá de abrigo. Podemos, inclusive, fazer um fogo para aquecer-nos e espantar animais indesejáveis, e na posição em que estaremos, da estrada não dará para ver a fogueira que ficará na parte posterior da pedra.

Aléxia acompanhou Gregorius e breve chegaram ao local. O decurião amarrou os animais, deu-lhes de beber de um cantil de couro grande, procurou limpar bem o local, acendeu um pequeno fogo e tirou as provisões do lombo dos cavalos para eles também descansarem. A seguir, com duas panelas de barro, tratou de aquecer alimentos que levavam. Fez delicioso chá e iniciaram a alimentar-se. Até ali tinham conversado amenidades, e a jovem Aléxia acreditava, a seu modo de ver, que Gregorius não sabia de seu segredo. Então, fez planos de não se deixar notar. Já fazia alguns instantes que ceavam, quando Gregorius disse:

— Meu caro jovem Anquisius, penso que não devo mais chamar-te desse modo.

Ao ouvir isto, Aléxia teve um ligeiro tremor, porém disfarçou e aguardou. O decurião continuou:

— Não devo chamar-te assim porque quero te dizer que conheço teu segredo e bem sei que deves ficar espantada. Sei que és na realidade Aléxia, a filha do Senador Apolônio, pois já sei há muito tempo que o senador nunca teve sobrinho, além de ter conhecido teu pai e te haver visto com ele. Quando o nobre comandante deu conta à tropa de que eras um jovem sobrinho do senador, eu respeitei. Contudo, após, ele revelou-me, em confiança, tua verdadeira identidade. Como devoto extremo respeito ao comandante, que é um homem justo e bom, jamais trairia a confiança dele.

Aléxia estava com a pele avermelhada. A revelação do decurião a deixava desconcertada, atônita e preocupada, contudo, nada falou. Esperou pacientemente que o decurião continuasse a falar. Gregorius, após uma pequena pausa, continuou:

— Percebo que te afliges por eu conhecer o teu segredo, porém quero tranquilizar-te, primeiro porque, como disse, jamais trairei a confiança de meu comandante; segundo porque, também como te falei, conheci o Senador Apolônio e não posso aceitar a injustiça de que ele foi alvo. Diante disto, jovem Aléxia, penso que entre nós, na caminhada, não deve mais haver simulação. Não te preocupes, pois te tratarei com toda honra e respeito, porém, doravante, conversaremos em clima de amizade e sem o disfarce que utilizas. Não peço que modifiques tua vestimenta e não deves desprender o cabelo, pois isto nos evitará aborrecimentos. Apenas entre nós, nos trataremos como o decurião e a jovem Aléxia, está bem? Tomaremos cuidado para que outros não saibam, até chegarmos a teu destino.

Aléxia, embora um pouco abalada, recorreu a seu sentido de segurança, então disse:

— Nobre decurião, não posso dizer que não estou surpresa, porém, penso que assim será melhor.

A seguir o decurião serviu o repasto e enquanto ceavam conversaram animadamente sobre a cidade de Roma. Após cearem, o decurião disse:

— Jovem Aléxia, podes ir repousar. Ficarei de guarda até o dia começar a querer clarear. Estou acostumado a isto. Depois eu repousarei um pouco pelo sono, já com sol mais alto, enquanto tu vigiarás, depois seguiremos em frente.

O próprio decurião preparou o local para Aléxia se deitar. Estendeu duas colchas bem próximo à parede de pedra. Aléxia deitou-se. Sentia-se segura. Viu nos olhos do decurião que ele era uma pessoa boa e sensível e não teve medo de ele saber que ela era mulher. Rapidamente adormeceu. Estava tão cansada, que não conseguiu desdobrar-se do corpo físico. Dormiu profundamente. Quando acordou, o Sol já ia um pouco alto e o decurião já estava com o chá pronto, feito no fogo que ele manteve aceso toda a noite e madrugada. Já havia estendido um pano, e sobre ele colocara broas e mel. Aléxia indagou se ele não queria dormir um pouco. Gregorius disse que quando o dia começara a clarear entregou-se um pouco ao sono e quando acordou viu que ela ainda dormia. Alimentaram-se, trataram de aviar e carregar os animais novamente e a breve tempo retornaram à estrada.

Desse modo, por doze dias seguidos, mantiveram a mesma disciplina e conversaram bastante sobre Roma, suas ações e seu possível destino, sobre o qual o decurião se apresentava um pouco descrente. No amanhecer do décimo terceiro dia, avistaram ao longe a cidade de Lugdunum. Ao fazê-lo, a jovem Aléxia disse a Gregorius:

— Nobre decurião, precisamos contornar a cidade pela linha oeste e pegar uma pequena estrada, a que dão o nome de Litrão. Dali, a algumas horas de viagem, fica a propriedade do senador. Penso que basta me levar até o início dessa estrada e depois seguirei sozinha, pode ser assim?

Pode sim — respondeu Gregorius —, penso que é até melhor que eu não saiba qual a propriedade, para não cair em eventual contradição.

Após mais algum tempo contornando a cidade pelos arredores a oeste, avistaram a estrada, que era bem estreita. Ao chegarem à encruzilhada, estacaram os cavalos. Aléxia disse:

— Nobre Gregorius, daqui sigo sozinha. As provisões deixo contigo. Antes quero agradecer profundamente teus cuidados e zelo para comigo. Se eu voltar a encontrar o Comandante Julius, farei questão de registrar a ele tua lealdade, respeito e educação.

Lançando um olhar de gratidão na direção de Gregorius, Aléxia levantou a mão, saudou-o e seguiu com seu cavalo e o cavalo auxiliar que levava suas roupas e o alforje em couro com os recursos financeiros deixados pelo Senador Apolônio. Tomou a estrada no rumo a oeste. Gregorius retribuiu o gesto, e ficou ali parado até que viu, ao longe, Aléxia fazer uma curva na estrada e desaparecer.

Gregorius movimentou seus cavalos e se foi na direção da cidade. Pelo caminho, ia lembrando de tudo o que havia acontecido ultimamente, na caravana militar: a chegada do jovem Anquisius, assim anunciado pelo comandante, que na realidade era a jovem Aléxia; as atenções desmedidas do comandante para com a jovem. Lembrou que o comandante estava mesmo apaixonado pela jovem, em razão dos seus cuidados para com ela. Compreendia muito bem isso, porque os soldados romanos viviam em campanhas militares permanentes, sequer podiam ver as suas famílias, ainda mais os que eram casados, que viam suas esposas e filhos de quando em quando. Por essa razão, passavam muito tempo sem suas mulheres e mesmo os que não eram casados, se ressentiam de companhia feminina. Não que fosse somente isso que levara o comandante a se apaixonar pela jovem Aléxia, mas a educação, a fineza e seu comportamento cativante. Além disso, a beleza de que Aléxia era portadora, eis que na viagem que fizera com ela, pudera ver, em algumas ocasiões, seus cabelos dourados sobre os ombros, que contrastavam com os olhos de uma cor mesclado ao cinza, o rosto angelical, tudo nela era realmente muito atraente. Além disso, era de uma simpatia imediata a quem a conhecesse. Nessas divagações, entendia muito bem o coração do comandante.

O decurião desviou o pensamento de Aléxia e se concentrou na necessidade de chegar em Lugdunum. Dessa forma, apressou os cavalos para ir até a Intendência Romana.

Lugdunum era dirigida pelo Cônsul Romano Triário Materno.

A seu passo, Aléxia também se apressou. Queria chegar à herdade do senador, que agora seria sua, ainda com o dia claro. O coração estava preso de certa aflição. Ainda antes de escurecer, Aléxia chegou à propriedade, que ficava à beira da estrada. Meneou os cavalos à direita. Havia cercas-vivas em toda a propriedade, e no centro um portão feito com árvores desbastadas e firmado com cordas em piquetes fixos. Parou os cavalos e abriu o portão. Após passá-lo, fechou com cuidado. A seguir, montou novamente e seguiu por uma estradinha estreita, porém bem arrumada, no rumo da casa grande que havia na herdade. Após aproximadamente quatro estádios, divisou a casa e viu que estava aberta. Ao lado, havia uma casa menor. Na frente da casa menor, viu uma mulher que estendia roupa num varal. Esta, ao vê-la, assustou-se um pouco, porém, ao Aléxia chegar mais perto, levou as mãos à boca e exclamou:

— Ora, veja só! É a menina Aléxia!

E deixando o vasilhame com roupas, apressou-se a ir ao encontro dela.

A jovem desceu do cavalo e abraçou a mulher, que era esposa do servidor que cuidava da herdade e a explorava, para seu sustento e da família. Ficaram as duas abraçadas um bom tempo até que Aléxia se desprendeu. Viu a indagação no semblante da senhora, então falou:

— Minha amiga Dânia, não te surpreendas demais. De fato, sequer pude mandar mensageiro avisar, mas está tudo bem, apenas trago notícias que não são boas, a respeito de papai — e, desviando propositadamente o assunto, a seguir indagou:

— E teu marido, está bem? Onde ele está?

— Está, sim — a senhora respondeu. — Neste momento está no campo conferindo a situação dos parreirais. Há com ele um casal de trabalhadores jovens, que contratamos e que moram numa pequena casa que construímos logo ali — e apontou para uma casa que parecia nova, mais atrás da residência dos servidores. — Breve ele chegará, pois está para escurecer.

A seguir a senhora disse:

— Mas vamos, venha para tua casa. Todos os dias abrimos ela e conferimos a limpeza, para estar sempre pronta.

Aléxia acompanhou Dânia, que logo a seguir ajudou a tirar os pertences de Aléxia do lombo dos cavalos e foi levando os cavalos para amarrá-los em pequena árvore mais ao fundo. Voltou correndo a tempo de continuar a auxiliar Aléxia.

Aléxia acomodou-se no quarto onde sempre ficava quando visitava a propriedade. A senhora apressou-se a preparar o banho para a jovem e após disse:

— Vou preparar o jantar aqui na tua casa. Nós não a usamos, mas está tudo preparado para isto, pode ser?

Aléxia sorriu e disse:

— Pode, sim. A senhora, seu marido e o casal que vos auxilia são meus convidados. Faço questão que venham cear comigo, além do que já vos colocarei a par do motivo da minha chegada.

Dânia sorriu e se retirou, não sem antes fechar os demais cômodos da casa.

Aléxia pacientemente arrumou seus poucos pertences e sua roupa, guardou o alforje com os recursos que o senador deixara e dirigiu-se ao local do banho, que já estava preparado. Banhou-se e a seguir ajeitou-se. Fazia frio. Colocou sobre a roupa uma capa, a única que pôde trazer, e recostou-se um pouco na cama. As roupas que guarneciam a cama estavam limpas e perfumadas, sinal do esmero da senhora Dânia. Após se ajeitar para descansar um pouco, olhou para o teto do cômodo e enquanto seus sentidos relaxavam e também seus músculos, a imagem perfeita de seu pai adotivo, o Senador Apolônio, pareceu-lhe se desenhar perfeitamente no centro do cômodo. A lembrança fez as lágrimas virem para fora, em abundância. Chorou sentidamente, exclamando baixinho:

— Oh! Yeshua, por qual razão será que tudo aconteceu dessa forma?... Bem sei que nada acontece sem que a vontade de Yahweh fosse feita, mas dói-me na alma o que fizeram com meu querido pai Apolônio.

Muito embora Aléxia tivesse dons espirituais, não logrou ver que de fato o Senador Apolônio, acompanhado de outros dois romanos, a acompanhavam, e também não ouviu o diálogo entre eles, que se deu da forma seguinte:

— Nobre amigo Apolônio, a bondade de Yeshua nos permitiu, mesmo em razão de estares em recuperação, que pudesses, através de nossas narrativas, acompanhar grande parte da viagem de tua filha, e agora nos permite ver, de maneira rápida, que ela está bem e segura.

— Sim, sim, caro amigo Lucinius — respondeu o senador —, fico muito feliz e sou grato ao Mestre e a nosso Pai Celestial. Agora podemos voltar. Estou em paz e pretendo recuperar-me o mais rápido possível para ajudá-la quanto mais.

A seguir, os três Espíritos que ali estavam retornaram à cidade de Nova Roma, na Pátria Verdadeira, onde o senador estava internado e em franca recuperação.

Após passado um bom tempo, Aléxia, que controlara o choro, dormira, ante o cansaço. Acordou com leves batidas na porta, quando ouviu:

— Jovem Aléxia, o jantar está pronto. Estamos te aguardando.

Aléxia levantou-se, abriu a porta, sorriu e disse à senhora:

— Sim, que ótimo, então vamos a ele.

Fechou a porta e acompanhou Dânia. Chegaram a uma ampla sala, que tinha móveis confortáveis, uma mesa comprida para oito lugares, cadeiras e, sobre a mesa, a refeição noturna já estava servida: galinha assada, batata, verduras e arroz. A sala era bem iluminada por quatro grandes lamparinas, uma em cada canto. Ao chegarem, Aléxia se dirigiu ao marido de Dânia, Glaucius, e o abraçou dizendo:

— Olá, senhor Glaucius, vejo que estás bem e forte.

A seguir foi apresentada ao casal que os caseiros haviam contratado, Noel e Diana.

Após todos se sentarem, Aléxia disse:

— Amigos, estou muito contente por estar aqui com vocês. Apreciaria que comêssemos primeiro e depois tomássemos um chá digestivo.

Ao dizer isto, olhou para a senhora, que assentiu com um sorriso.

— Na hora do chá vos narrarei o motivo da minha vinda.

Todos se puseram a cear. Durante a ceia, o senhor Glaucius fez um relato a Aléxia, de como estava a propriedade e o que estavam plantando e colhendo. Fez comentários sobre a região, sobre a vizinhança e sobre a cidade.

Após cearem, Aléxia e os demais, enquanto as duas senhoras iam à cozinha para preparar o chá, foram para outro cômodo, uma sala onde havia seis bancos com encostos e almofadas, pequena mesa no centro e um grande tapete. A casa que o senador mandara construir e mobiliar era muito confortável.

Depois de servido o chá de margaça, Aléxia falou para todos:

— Meus amigos, antes de vos narrar os últimos acontecimentos em que estive envolvida, peço que procureis vos consolar.

A seguir, Aléxia narrou tudo o que tinha acontecido: a morte do senador; a fuga de Roma em plena noite; o auxílio da tropa romana e do Comandante Julius; a escolta do Decurião Gregorius. Quando terminou, viu que o casal de servidores chorava. O outro casal mantinha a cabeça baixa e o olhar triste.

Aléxia aguardou. Glaucius, enxugando os olhos, disse:

— Nobre jovem Aléxia, não podemos conter a tristeza. O Senador Apolônio foi, para nós, o pai que apareceu no momento mais difícil de nossas vidas. Tivemos que vender tudo o que tínhamos para cuidar da doença de nosso filho e por mais que procurássemos salvá-lo, nada adiantou e ele morreu. Estávamos sem nada. Tínhamos poucos dias para entregar a casa que já havíamos vendido. Não tínhamos um recurso sequer, até para adquirir alimentos, quando o conhecemos no mercado de Lugdunum, eis que lá ele procurava um casal para cuidar da propriedade dele. Pareceu mesmo que o destino nos levou até ele. Nós não queríamos nada, apenas que ele nos empregasse, mas ele fez muito mais, não somente nos empregou, como nos deu a propriedade para cuidar e nos servir dela como bem quiséssemos. Lembro que ao nos trazer para aqui, antes de ir para Roma — nessa época a jovem devia ter uns doze anos —, ele falou-nos:

— Cuidem daqui como se fosse vossa própria casa.

Glaucius fez uma pausa e acrescentou:

— Agora, essa notícia triste por demais e arrasadora nos coloca em aflição. Aléxia interrompeu dizendo:

— Nobre amigo, sei que amáveis e estimáveis muito o papai Apolônio, mas não se pode mudar os desígnios de Yahweh. Após ter-vos contado tudo isto, quero dizer ainda que aqui será doravante a minha residência, e se o Império Romano não houver confiscado nossa residência, em Roma, tempo haverá que tratarei de vendê-la de alguma forma.

Ao dizer isto, Aléxia viu pequeno sorriso nos lábios do casal. Então aproveitou o momento para dizer:

— Além disso, quero vos falar que adoraria daqui para frente tratar-vos como se fossem meus novos pais, pois não tenho parente algum. Estou completamente sozinha.

Ao dizer isso, sorriu para eles, e então continuou:

— Como a propriedade está em vosso nome, o que meu pai adotou como cautela, gostaria que ficasse decidido entre nós, até quando seja necessário, que tal permanecerá assim, e tão logo seja possível, oficializaremos novo documento, ficando a metade para vós e a outra em meu nome.

O casal, ao ouvir aquele gesto de bondade e desprendimento, voltou a chorar. O momento naquela sala era mágico. Como não se emocionar quando a caridade ou a piedade adentra porta adentro de nosso coração? Num ímpeto, levantaram, foram na direção de Aléxia e a abraçaram. Os três choraram, dessa feita, lágrimas de alegria misturadas à saudade do Senador Apolônio. O casal de empregados que acompanhava a cena também chorava.

Após os abraços, Aléxia ainda disse:

— Gostaria de falar mais. Apreciaria que a partir de amanhã viésseis morar comigo, aqui na casa grande. Poderíeis instalar o jovem casal amigo — ao dizer isto olhou para eles — onde vocês vivem atualmente, e deixaríeis casa pequena para novos empregados, se necessitarmos. O que lhes parece?

Mais uma vez o amor sincero, aquele pregado e vivido por Yeshua, se fazia presente naquela casa. Após aquela noite de certa tristeza e de alegrias, a senhora Dânia e a outra jovem senhora ajeitaram tudo e se despediram de Aléxia, que falou:

— Então, tudo certo! Amanhã faremos as mudanças sugeridas. Agora vou repousar. Confesso que após todo esse tempo nas estradas e dormindo ao relento ou em tendas, me sinto muito cansada.

A seguir foi na direção dos dois casais, beijou a todos na face e retirou-se para seus aposentos.

Após deitar, orou profundamente.

Querido Mestre Yeshua! Na lembrança do teu valoroso ensinamento: "Bem-aventurados os simples porque hão de ter paz", e ainda "Quem me segue não anda nas trevas", aqui estou, nesta casa que doravante habitarei, trazendo a alma carregada de saudade de meu amado pai Apolônio.

Bem sei que ele há de estar vivendo em morada que preparaste para ele, que também sei deve ser conquista do amoroso coração de que ele é portador.

Nestes momentos de dor, vos peço, não aparteis de mim o vosso rosto; não demoreis a vossa visita; consolai-me, para que não fique a minha alma diante de vós, qual terra sem água. Que eu possa compreender a vontade de vosso e nosso Pai Celestial.

Que vossa verdade me ensine, me defenda, me conserve, me livre dos maus desejos e afetos desordenados. Que teu amor generoso me inspire nas ações e me agasalhe a alma, hoje e sempre. Assim seja.

Após orar, Aléxia adormeceu. Seu corpo físico refletia forte cansaço. Chegado o sono profundo, escutou alguém chamá-la:

— Aléxia, Aléxia, vem...

Ao escutar o chamado, viu-se fora do corpo físico, que repousava, e viu que Miriam de Migdal era quem a estava chamando. Ela estava na companhia de Estêvão. Como já não era mais novidade para ela sair do corpo físico enquanto este repousava, sorriu para os dois Espíritos queridos e foi na direção deles. Após os abraços, foi Estêvão quem falou:

— Amiga e irmã Aléxia, viemos te buscar para que possamos ir até um local próximo à Cidade da Fé. Trata-se de uma cidade bem menor, que se chama Nova Roma. Vamos, não percamos tempo.

Dando as mãos a Miriam de Migdal, que lhe sorria, se foram para o espaço. A breve tempo chegaram à cidade mencionada por Estêvão. Ao chegar, Aléxia reparou que a cidade parecia ser como que uma miniatura de Roma: as construções ao estilo romano, algumas com estilo grego, todas com colunatas nas entradas; as ruas eram calçadas, lembrando a cidade dos Césares; seus habitantes usavam trajes romanos, fossem homens ou mulheres.

Caminharam até uma praça bastante arborizada, em frente da qual ficava majestosa construção, que era o prédio da Administração da cidade. Subiram os vários lances de escadas que davam acesso ao interior, e a seguir estavam numa sala bem grande, onde havia várias pessoas trabalhando, fazendo anotações em papiros. Estêvão e Miriam saudaram os Espíritos que ali trabalhavam. Uma jovem muito bonita veio sorrindo na direção deles e disse:

— Olá! Quanta honra em receber-vos, nobres Estêvão e Miriam. Igual honra em receber a jovem Aléxia. Sou Artêmia. Peço a gentileza de me acompanhardes. Nosso administrador vos aguarda.

Estêvão, adiantando-se, respondeu:

— Saudações, nobre Artêmia. Rever-te é uma alegria. Fomos designados por nosso Governador Acádio, da Cidade da Fé, a fim de que cuidássemos de estabelecer o contato programado para o que o governador já enviou resolução ao Administrador Lucinius. Então, vamos lá.

Acenando para Miriam e Aléxia, seguiram Artêmia.

Caminharam por um pequeno corredor e chegaram a uma porta em arco, onde havia, em cima e ao centro, uma águia talhada em madeira e, ao lado dela, em cima, ao centro, uma cruz. A porta era dupla, abrindo para dentro. Artêmia deu duas batidas e abriu-as, ao que o Administrador Lucinius, que estava sentado em uma cadeira atrás de uma mesa mais ou menos comprida, ao ver a porta se abrir e os visitantes entrarem, mais do que depressa levantou-se sorrindo e veio a seu encontro. Trajava uma túnica branca até os pés, com uma sobretúnica em vermelho e tinha um cinto de couro largo na cintura. Cabelos escuros, um pouco encaracolados, alto e esguio. Olhos grandes, castanhos, que ao fitar revelavam um olhar penetrante como o de uma águia. Aproximou-se de Estêvão e dobrando um dos joelhos, fez uma mensura, o mesmo fazendo na direção de Miriam de Migdal, e falou:

— Quanta honra em receber Espíritos tão nobres! Agradecemos a Yeshua essa possibilidade.

Olhando para Aléxia, foi na direção dela, abraçou-a pelo ombro e falou:

— Olá, nobre Aléxia! Já te conheço por relato de um grande amigo, e como ele me confidenciou, és bela, além da narrativa, e vendo além do exterior, percebo que tens ainda mais beleza em vosso coração. Por favor, vinde, sentemo-nos.

A seguir, encaminhou-os todos para vários móveis confortáveis, com assento, com os braços em curva, no estilo romano. Todos sentaram-se.

Estêvão, olhando para o administrador de Nova Roma, iniciou a conversação.

— Nobre Lucinius, com certeza já recebeste resolução enviada pelo Governador Acádio, a propósito da situação que ocorreu com o Senador Romano Apolônio e envolvendo nossa irmã Aléxia.

Ao ouvir aquela referência, Aléxia se sobressaltou um pouco. Estêvão continuou:

— Por esse motivo aqui estamos.

— Sim, nobres Estêvão e Miriam — respondeu o administrador —, já está tudo preparado, conforme as orientações. Peço então que levantemos e me acompanheis.

Todos se levantaram. Lucinius disse a Artêmia, que participava do encontro:

— Irmã, peço que vás mais rápido na frente e avises o irmão Gabinius que estamos indo para lá.

Artêmia assentiu com a cabeça e saiu apressadamente, enquanto Lucinius ainda teceu mais algumas considerações sobre o andamento do tratamento com os romanos que desencarnavam e tinham merecimento para serem trazidos para a cidade. Narrava várias situações, caminhando com os demais, lentamente.

O grupo saiu do prédio da Administração, desceu os vários lances de escada, atravessou a via por onde romanos iam e vinham, em trajes típicos, que, ao vê-los, faziam mensuras abaixando a cabeça. Logo chegaram a um prédio comprido, com imponente entrada à romana, com as típicas colunatas no pórtico, e sobre ele Aléxia notou novamente as esculturas da águia romana ao lado de uma cruz, no mesmo tamanho. Subiram os lances das escadas e adentraram amplo salão, onde vários Espíritos, atrás de várias mesas, todos vestidos à romana, faziam anotações. Ao comando de Lucinius, o grupo continuou na direção de uma porta grande. O administrador acenava para os servidores e estes respondiam com as mãos e sorrisos. Após, abriu as portas e adentraram amplo aposento, cheio de camas, todas ocupadas por Espíritos, cidadãos romanos, que eram ali socorridos após a desencarnação.

Vários outros Espíritos, vestidos à romana, espalhados pelo amplo salão, atendiam aos internados. Eram enfermeiros e médicos, que iam e vinham pelas camas. Lucinius sorria para todos e acenava, cumprimentando. Estes, ao ver o grupo, e principalmente Estêvão e Miriam, que irradiavam luz safirina meio azulada, que saía dos contornos de seus Espíritos, dobravam os joelhos e faziam mensuras na direção deles.

Estavam quase cruzando o salão, quando o auxiliar da Administração Gabinius veio ao encontro deles. Ao chegar, saudou Lucinius e, olhando para Estêvão e Miriam, dobrou um dos joelhos, abaixando a cabeça. A seguir falou:

— Alegramo-nos em receber a vós, Espíritos iluminados e mensageiros de Yeshua. Aqui estamos para vos servir.

Estêvão adiantou-se, pegou no braço de Gabinius, que estava na postura de reconhecimento, e levantou-o suavemente pelo ombro, dizendo:

— Nobre irmão Gabinius, nós é que ficamos encantados com vossos trabalhos. Nova Roma está cumprindo com galhardia a missão destacada por Yeshua, que, com certeza, se alegra com os excelentes resultados de acolhimento e esclarecimento a muitos cidadãos romanos que aqui chegam e têm a oportunidade de, além de serem tratados, receberem as orientações do Evangelho do Mestre.

— Somos nós que temos a agradecer — falou Gabinius, empertigando-se. — Está tudo preparado. Rogo que me acompanheis, por favor.

Acabaram de cruzar todo o salão e chegaram a uma pequena antessala. Ali o Administrador Lucinius disse:

— Nobre irmão Estêvão, daqui para diante, a atividade está sob teu comando.

Aléxia, que acompanhava tudo com extremada curiosidade, lembrou-se da referência feita a seu pai adotivo, o Senador Apolônio. Novamente se sobressaltou um pouco, mas nada falou. Estêvão, então, dirigindo-se a ela, disse:

— Nobre Aléxia, aqui estamos, juntamente com nossa amada Miriam e os demais irmãos, para que, em nome de Yeshua, possas reencontrar teu pai adotivo, que repousa no cômodo ao lado. Adentraremos o mesmo. Vejo daqui que ele dorme. Entremos em silêncio, e enquanto lá, oremos mentalmente.

Aléxia estava muito emocionada. O grupo entrou no outro recinto. Sobre uma cama à romana, o Senador Apolônio repousava. Estêvão pôs-se a orar pelo pensamento:

Bem-aventurados são aqueles que já compreendem que amar-te, oh! Mestre Yeshua, significa doar a vida a ti e a Yahweh.

Quando estás presente, tudo é suave e nada nos é difícil, e quando falas ao nosso coração, sempre sentimos alívio.

Lembramos, oh! Mestre, da amiga Maria de Betânia, aqui na condição de nossa Aléxia, que levantou pulos de alegria quando sua irmã Marta lhe disse: — Vamos, o Mestre te chama!

Agradecemos a concessão do reencontro de almas amigas. Abençoa-nos.

A seguir, Estêvão fez sinal para Aléxia sentar-se na lateral da cama. Aléxia, que já chorava baixinho, sentou-se e levemente começou a alisar os cabelos do senador. Quanta saudade!

Então orou sentidamente:

Amado Yeshua, meu coração transborda de gratidão e alegria. Sinto, ainda mais, que tua consolação vai muito além da palavra dos homens.

Agradeço-te o carinho e ternura para com meu pai e amigo, e te peço, deixa-nos permanecer sob tuas bênçãos, hoje e sempre. Assim seja.

Ao Aléxia finalizar a prece, Estêvão se aproximou juntamente com Miriam de Migdal. Miriam, então, com a destra, tocou levemente a cabeça do senador. Este abriu os olhos instantaneamente e deparou-se com sua filha Aléxia sentada a seu lado e a olhar para ele com os olhos da saudade e do afeto. Sorriu. Havia expressão de agradável surpresa em sua face. Continuou a olhar para Aléxia sem nada falar, como a certificar-se se a presença dela ali não seria uma projeção da sua mente. Então Aléxia falou-lhe:

— Olá, papai, como estás?

— Oh! Minha amada filha — respondeu-lhe Apolônio —, estou bem. Que alegria imensa estou sentindo por poder ver-te e ouvir-te! Orei a Yeshua para que nos permitisse este momento.

A seguir, devagar, sentou-se e abraçou a filha do coração. As lágrimas vertidas pelos dois eram de alegria. Ficaram um tempo abraçados. Após, o senador deu-se conta de que havia mais Espíritos ali. Olhou-os e percebendo os contornos faciais, os braços e mãos e tórax iluminados de Estêvão e Miriam, indagou:

— Vós, com certeza, sois mensageiros do Mestre Yeshua, não é? Podereis dizer vossos nomes?

Estêvão adiantou-se e falou:

— Eu me chamo Estêvão e a irmã que me acompanha chama-se Miriam de Migdal.

Ao ouvir os nomes manifestados, o senador arregalou os olhos.

— Por Yeshua! Será que vós sois o Estêvão que temos estudado nos Atos dos Apóstolos? — E olhando para Miriam, perguntou: — E vós, porventura sois Miriam de Migdal, que conviveu diretamente com o Mestre Yeshua?

Os dois menearam a cabeça afirmativamente. O senador começou a chorar. A emoção invadia seu espírito com uma intensidade tal que parecia estar vivendo um sonho maravilhoso. Estêvão se aproximou e, segurando uma das mãos do senador, falou:

— Nobre amigo Apolônio, as consolações espirituais excedem todas as delícias do mundo e todos os deleites da carne. As delícias do Espírito são suaves e permanentes apenas naqueles que fizeram de suas vidas um hino de virtudes e amor. Os maiores, diante de Yahweh, são aqueles que agiram como menores, na Terra. Quanto mais humildes, mais ascenderão à glória, nas moradas de Yahweh. Muitos têm se apresentado a Yeshua como apreciadores do reino de amor por Ele decantado, mas bem poucos agem em verdadeira humildade e suportam suas cruzes. Deste modo, vemos também que muitos dizem amar o Mestre, enquanto não enfrentam as adversidades, contudo, os que o amam verdadeiramente, tanto o louvam nas tribulações e nas angústias como na consolação. Tu te dispuseste a suportar as tribulações por amor ao bem e te tornaste fiel servidor do Cristo. Sofreste a injustiça em nome de Yeshua, sem esperar ou pedir retribuição qualquer. Te tornaste bem-aventurado, por tuas boas ações. Agora receberás a recompensa a que fizeste jus, para que, integrando-te no trabalho de auxílio aqui na cidade de Nova Roma, possas continuar tua caminhada na direção do Pai Celestial.

A seguir, pediu ao senador que se deitasse novamente, e com o auxílio de Miriam de Migdal, ministrou passes sobre a cabeça de Apolônio e a seguir de Aléxia. Com a ação de Estêvão e Miriam, por indução energética, o senador adormeceu novamente, tendo ocorrido o mesmo com Aléxia.

Estêvão e Miriam então providenciaram o retorno de Aléxia ao corpo físico.

XV

A CARAVANA DEMATEUS BEN JOSEPHO DEIXA SICAR NO RUMO DE JERUSALÉM –

CONFIDÊNCIAS SOBRE O JULGAMENTO DE YESHUA DE NAZARETH

A noite caía, em Sicar. Após a caravana de Mateus ben Josepho ter comerciado, feito trocas, preparava-se para, no dia seguinte, levantar acampamento e rumar na direção de Jerusalém.

Na noite que antecedia a partida, mais uma vez Mateus mandara chamar o jovem Shebir e Elias, pois sentia na alma uma necessidade incontrolável de conversar com o jovem novamente, sobre o judeu Yeshua. Não sabia definir o motivo que parecia obrigá-lo a assim proceder. Pretendia, naquela noite, revelar a Shebir um sonho que tivera e que já se repetira várias vezes. Pretendia que o jovem cristão pudesse talvez decifrá-lo.

Após a ceia noturna, que naquela noite fora feita por Mateus, em sua tenda, ao invés de ir para a tenda do refeitório central, Shebir e Elias chegaram na tenda do chefe caravaneiro. Foram saudados com alegria:

— Olá, jovem Shebir! Olá, Elias, que bom que atenderam a meu chamado. Por favor acomodem-se, há almofadas sobrando. Pedi à sentinela que daqui a pouco nos traga um chá quente para nos aquecermos. O frio, esta noite, está um pouco severo, não acham?

Os visitantes menearam a cabeça, concordando.

Após acomodados, Mateus disse:

— Meu jovem amigo Shebir, inicio nossa conversa indo direto a uma questão que muito me tem intrigado, e que gostaria de expor.

"Ocorreu-me, por três vezes seguidas, enquanto nos deslocávamos pelo deserto de Dan, um sonho que me tem posto não somente curioso, como também apreensivo, de modo que passo a vos relatar.

"Sonhei que via uma ampla sala, ricamente adornada com janelas compridas e vitrais adornados, tapetes refinados pelo chão, várias cadeiras com braços em curva e assentos contendo almofadas em cetim colorido e aos fundos da sala havia um quadrado com dois degraus acima do piso e nele um trono, também ricamente adornado com mantas em cetim, onde sobressaíam as cores azul e branca. Em volta do trono, em semicírculo, estavam as oito cadeiras a que já me referi, com espaldares altos para os braços, que eram em curva, sendo quatro de cada lado do trono.

"Sem entender como, em uma dessas cadeiras que circundavam o trono, eu me vi sentado, estando ao meu lado uma pessoa que percebi ser muito amiga minha, de quem não lembro o nome. Não saberia dizer quem era, como também não lembro quem eram as demais pessoas sentadas nas outras cadeiras. Todas estavam ocupadas. No trono, vi que havia um homem do meu povo, mais velho do que eu, com trajes em branco e azul, tendo na testa uma tiara em azul, adornada com algumas pedras brilhantes. Em seu peito, uma corrente de ouro trazia na ponta uma estrela de seis pontas, a estrela do Rei David. Havia, naquela ocasião, ali na sala a que me refiro, um assunto em debate, que era grave e que estava relacionado com uma pessoa cujo nome não me lembro.

"O que me chocou profundamente, nos sonhos, jovem Shebir, é que após vários debates entre nós sobre essa pessoa, com exceção da minha opinião e da opinião do amigo que estava a meu lado esquerdo, todos os demais falaram que se devia condenar a referida pessoa à morte.

"O que vi, no sonho, logo após, nobre Shebir, tem me incomodado muito, pois lembro de me ter visto, em companhia do amigo de quem te falei, retirando-nos da sala. Ao cruzar a porta de saída, olhei para trás e quando fixei os olhos na pessoa que dirigia a reunião, vi, em instantes rápidos, acontecer uma coisa muito terrível, pois a partir da cabeça dele, tudo começou a se esfarelar devagar, como se ele fosse uma estátua de areia. Primeiro foi desaparecendo a cabeça, depois o rosto, após o pescoço, os ombros, o peito e assim todo o resto do corpo foi se esfarelando, até ficar no trono um pequeno monte de areia. Assustado, olhei para os demais companheiros que lá ficaram sentados e o mesmo fenômeno começou a ocorrer com os demais.

"Apavorado, olhei para minhas mãos e braços e vi que contrariamente aos demais companheiros, e exceto também meu amigo que me acompanhava para fora, nossos corpos não se esfarelavam. Naquele instante, muito confuso e um tanto quanto apavorado, ouvi uma voz dizer-me:

"— Tende calma, nada ocorrerá convosco. Antes, testemunhais o que ocorreu com aqueles que perpetraram este nefando julgamento. Por não terdes concordado com os demais, fostes e sereis poupados. Ide e vivei. Contudo, fazei de tudo para conhecerdes a verdade e a ela vos dedicai.

"Lembro, ainda, jovem Shebir, que quando lancei um definitivo olhar sobre o recinto, também nas demais cadeiras havia somente um pequeno amontoado de areia no lugar dos corpos dos companheiros de outrora. A seguir, já no lado de fora, eu e meu amigo, apreensivos, começamos a sentir um vento forte varrer o ambiente. O vento trouxe, com sua aragem, aqueles pequenos montes de areia do interior daquela sala para fora, e eles se transformaram em uma nuvem escura que caminhou pelo local, e à medida que caminhava, da nuvem saíam gemidos, lamentos, gritos de dor e choro alto e forte, o que nos deixou abismados e ainda mais apreensivos.

"Mais do que depressa, nos evadimos do local, quase a correr. De repente, sentimos como que uma mão forte que nos segurou pelos ombros e a mesma voz novamente nos falou:

"— Tende calma. Não temais. Logo estareis em segurança. Ide, apressai o passo na direção da luz.

"Em meio àqueles momentos de aflição, acordei suado e apreensivo. Este sonho, jovem, como te disse, se repetiu três vezes. Lembro ainda que quando seguimos o conselho da voz, que não identificamos, nos vimos, de repente, em pé, nas escadarias do templo de Jerusalém, porém tudo estava deserto e escuro. As paredes estavam totalmente derribadas, as chamas consumiam o templo e um misto de horror e morte pairava no ar. O aspecto lúgubre e tenebroso do templo era chocante."

Mateus ben Josepho fez uma pausa, como que a se recuperar do esforço que fizera para narrar os sonhos. Logo, retomando a palavra, disse:

— Ante esses sonhos que te narrei, meu jovem, como sei que tens uma grande sensibilidade na alma, gostaria de pedir-te sobre a possibilidade de que possas interpretá-los, se possível, pois isto tem-me colocado sobressaltado em demasia. Pode ser?

Elias estava impactado com a narrativa de Mateus e pôs-se em expectativa.

O jovem Shebir, então, olhando para os dois, disse que tentaria interpretar os sonhos da melhor maneira possível. A seguir, fechou os olhos, orou em silêncio, o que fez na acústica da alma, pedindo o apoio de Yahweh e de Yeshua, depois, ficou um tempo em silêncio. Mateus e Elias estavam apreensivos. Passados alguns instantes, viram que as feições de Shebir se modificavam e, quando este começou a falar, também perceberam nitidamente que sua voz modificou-se completamente, tornando-se muito mais grave.

Inspirado pelos Espíritos do Senhor, Shebir, com os olhos fechados, começou a falar:

— Nobre Mateus ben Josepho, aqui comparecemos em nome de Yeshua, para dizer-te que esta tua atual existência é oportunidade para que possas atender ao chamado e penetrar no âmago da mensagem do Sublime Rabi da Galileia.

"Estamos autorizados a te dizer que anteriormente a esta tua existência atual, viveste na Terra, ao tempo de Yeshua, e participavas do Sinédrio Judeu, como membro da Gerousia. Eras um dos sacerdotes juízes e te chamavas Hiran ben Elias.

"Embora a Gerousia fosse composta de setenta e um membros, uma reunião, certa feita, foi convocada às pressas, com o número reduzido de nove membros, quatro conselheiros sacerdotes, quatro sacerdotes juízes e o sumo sacerdote, e tu participaste desse apressado julgamento, como um dos juízes.

"A realidade, Mateus, é que todos somos responsáveis pelos atos que praticamos, como também pelas omissões e mesmo pelos pensamentos malsãos. Naquela fatídica noite para a Humanidade, o antigo Sumo Sacerdote Anás, sogro do Sumo Sacerdote Caifás, e por ordem deste, destacou um grupo de soldados do templo para irem ao jardim do Getsêmani e dar voz de prisão a um judeu que era conhecido como Yeshua ben Josepho, com a determinação expressa para que esse Yeshua fosse trazido ao Grande Conselho, que precariamente estava reunido aguardando pelo prisioneiro.

"Após ser preso por vários homens da guarda do templo, Yeshua foi levado primeiro ao sacerdote Anás e depois ao Grande Conselho, chefiado pelo Sumo Sacerdote Caifás, onde estavam reunidas, também, como espectadoras, algumas lideranças judias, aguardando o desfecho da ação dos guardas do templo. Introduzido no recinto, com o porte ereto, olhar que exalava paz e tranquilidade, o Mestre Yeshua foi colocado em pé, a uma certa distância do trono do Sumo Sacerdote Caifás, de modo que havia a sua direita e esquerda vários sacerdotes e juízes, mais atrás, em pé, uma dezena de autoridades outras do Sinédrio, dentre elas Anás. Foi o antigo Sumo Sacerdote Anás que se adiantou e disse a Caifás:

"— Nobre sumo sacerdote, eis o homem!

"Após algum silêncio, continuou:

"— Nós o prendemos no Getsêmani, e, segundo soube, não ofertou resistência e acompanhou a guarda até aqui, mudo, e até este momento nada falou.

"Caifás olhou novamente para Yeshua, mediu-lhe o porte majestoso e, enquanto assim fazia, percebeu que sua própria boca e queixo tremiam, em claro sintoma de nervosismo, pois o olhar do Mestre o desconcertava por completo. Parecia mesmo que exalavam chamas ardentes em sua direção e que o colocavam sentindo uma espécie de esfogueamento interior. Não conseguiu sustentar aquele olhar manso, pacífico, porém firme. Desviando do Mestre, o olhar, perguntou a seu sogro:

"— Sacerdote Anás, onde estão os acusadores do povo que enviaram inúmeras reclamações contra este homem?

"Anás fez um sinal para dois homens dentre aqueles que estavam na retaguarda do Mestre. Estes se adiantaram e se apresentaram a Caifás:

"— Mestre e Sumo Sacerdote Caifás, eu sou Yaron ben Isaque e este meu amigo é Avital ben Zebuhum.

"— Dizei-nos, pois — questionou Caifás —, com que fim estais nesta reunião? Do que acusam este Nazareno?

"Yaron adiantou-se e disse:

"— Este homem blasfemou contra o Templo e contra Yahweh, eis que o ouvi dizer a mim e a várias pessoas:

"— *Eu posso destruir o Templo e construí-lo novamente em três dias.*

"Caifás olhou para Yeshua, que permanecia impassível. Aquilo o incomodava demais. Então falou:

"— E então, nazareno, não vais defender-te desta acusação?

"Yeshua seguiu calado, o que irritava profundamente Caifás, que voltou a falar:

"— Em nome de Yahweh, já que não queres responder à primeira acusação, eu exijo que digas perante este Supremo Conselho: — Tu és o Messias, o Filho de Yahweh?

"Yeshua olhou bem nos olhos de Caifás e, olhando para todos os demais presentes, eis que tinha o retrato mental da indigência espiritual daqueles que ali estavam para acusá-lo, disse calmamente:

"— *Quem está dizendo isto é a vossa pessoa. O que posso dizer é que de agora em diante, vós vereis o Filho do Homem sentado ao lado do Todo Poderoso e descendo seu Espírito das nuvens dos céus!"*

"Após esta resposta do Mestre, Caifás ficou descontrolado. Qual dardo certeiro, o que ouvira lhe ferira a mente e o coração. Porém, ele era o atual sumo sacerdote e não poderia demonstrar fraqueza nem perder sua autoridade. Caifás era dotado de uma astúcia felina. Yeshua prosseguiu:

"— *Não vos espanteis pelo que falo, eis que isto já foi anunciado pelos Profetas Isaías, Jeremias e Daniel, quando se referiram ao Filho de Yahweh. Quanto ao templo que disse poder destruir, bem sabeis que um homem não pode derrubar paredes tão grossas. Refiro-me ao templo dos vícios mundanos, das intrigas e maledicências que vós bem sabeis existir e praticais na casa que deveria ser o receptáculo limpo e puro para hospedar Yahweh, eis que essas deformidades assaltam a casa mental do vosso Conselho.*

"*Quando falo do Filho de Yahweh, falo sim da minha pessoa, mas também de vós outro, porquanto somos seus filhos. Entretanto, somente um de nós virá depois na glória de Yahweh. Desse modo, não vos admireis de dizer que Eu sou o Filho de Deus, o Enviado, porque Eu sou o Bom Pastor e o bom pastor cuida bem das suas ovelhas.*

"Num repente, tomado de cólera, eis que não conseguira que as acusações fossem comprovadas, Caifás desceu do trono, aproximou-se de Yeshua, rasgou parte de suas próprias veste e gritou:

"— Vejam, Ele blasfemou! Não precisamos de mais testemunhas. Vós todos que aqui estais ouvistes agora mesmo a blasfêmia contra Yahweh! Então, o que resolveis sobre este homem? Ele é ou não culpado de blasfêmia?

"Ante o silêncio que se fez na sala, incomodado, Caifás começou a andar por todo lado, pensativo, de repente parou na frente de uma das cadeiras e olhando o seu ocupante disse:

"— Dize-me tu, por primeiro, Yohosef.

"Ao dizer isto, olhou para seu filho, que era membro daquela reunião. Yohosef ben Caifás não titubeou, dizendo:

"— O Nazareno blasfemou contra Yahweh. Se coloca como sendo o Messias, sem sê-lo.

"A seguir, Caifás caminhou para frente de outra cadeira e indagou:

"— E tu, Gamaliel ben Raban, o que dizes?

"Gamaliel, utilizando de serenidade, olhou para Caifás e respondeu firmemente:

"— Prezado sumo sacerdote, primeiro ouso discordar da pressa com que pretendes julgar este nazareno. Segundo, recomendo que será melhor alvitre seguir os ditames de nossa lei e levar o caso para os setenta e um, até porque este Conselho não tem autoridade para continuar com este julgamento, e muito menos para condenar este homem.

"— Tenho sim autoridade para julgá-lo — respondeu Caifás, irritado. — Segundo meu entendimento e ante a imediata necessidade, se não estiverdes satisfeito, podeis deixar a reunião.

"Gamaliel, mais do que depressa disse:

"— Sim, me retirarei. Recuso-me a acompanhar este julgamento que é precipitado e contrário à própria lei de Israel. O acusado sequer tem direito a defesa. — E preparou-se para se retirar do recinto.

"Aproveitando-se que estava em frente a Gamaliel, Caifás olhou para seu lado direito e perguntou:

"— E vós, Hiran ben Elias, o que dizeis?

"Hiran sentiu aqueles olhos gélidos pousarem sobre ele e olhou para Yeshua. O Mestre dirigiu-lhe um olhar compassivo, o que lhe infundiu confiança, então disse:

"— Nobre sumo sacerdote, escutei bem as acusações formuladas contra este homem e na condição de um dos juízes deste tribunal vejo que as provas para acusar este nazareno inexistem, senão, são fragílimas. Igualmente a Gamaliel, também não posso compactuar com isto. Se vós e os demais membros deste improvisado tribunal insistirdes em prosseguir com isto, a história de nosso povo, por certo, ficará manchada no tempo, com mácula inapagável. Olho para este homem e somente vejo paz e serenidade. Não conheço bem o que Ele ensina, mas sinto e vejo no seu semblante que Ele exala luz e ilumina a alma de todos a sua volta. Desse modo, antes que me peçais para sair, sigo o amigo Gamaliel e me retiro deste julgamento falso e contrário à Lei.

"A seguir, Hiran ben Elias acompanhou Gamaliel e os dois apressadamente se retiraram do Gazith."

O Espírito que falava através de Shebir fez breve silêncio. Após, continuou:

— Depois disto e de tudo o que ocorreu, tu, juntamente com Gamaliel, foste conversar com José de Arimateia e com Nicodemos, dois fariseus membros do Grande Conselho, que faziam parte dos que não foram convocados para aquela fatídica reunião. Enquanto conversavas com os demais amigos, o malfadado julgamento prosseguia na Gazith.

"Caifás era genro de Anás. Anás havia sido o sumo sacerdote dos judeus, entre os anos 7 a 14 d.C. Ele havia sido destituído da liderança dos judeus, pelos romanos, que não o admitiam mais como porta-voz dos israelitas, e foram os romanos, através do Procônsul Valério Grato, que indicaram Caifás como representante dos judeus, posição que havia assumido no ano 18 d.C. Embora Anás tivesse sido deposto, aos olhos dos judeus, ele continuava sendo o sumo sacerdote, pois pela lei de Israel, essa era uma função vitalícia. Foi por isso que Yeshua foi levado primeiro a Anás, porque ele era o conselheiro adequado para apontar o rumo do processo contra o Messias, ou seja, como o processo deveria seguir. Pela ação de Anás, este havia aconselhado a seu genro Caifás que não convocasse a Gerousia completa, pois entre os setenta e um não se poderia ter certeza de qual seria o desfecho do processo e eram grandes as chances de Yeshua ser inocentado de toda e qualquer acusação. Em razão disso, Anás sugerira a Caifás reunir o Conselho menor, composto por quatro sacerdotes e quatro sacerdotes-juízes, sendo que Caifás teria não só poderes para a condução da reunião no processo de acusação, como teria o voto final.

"Após a saída do Gazith, de Gamaliel e Hiran, o julgamento apressado prosseguiu e Caifás continuou submetendo o Mestre a interrogatório, pois pretendia reunir mais provas contra Ele, de modo que a autoridade romana, a quem tinham que pedir para analisar o caso e autorização para aplicação da provável pena a Yeshua, não se recusasse. Então interpelou Yeshua:

"— Dize-nos, nazareno, um pouco do que ensinas ao povo, pois as notícias dão conta de que falas a uns uma coisa e a outros outra, e que ensinas doutrinas que pervertem a Lei de Moshe.

"Yeshua olhou-o firmemente e respondeu:

"— *Eu falei abertamente ao mundo; eu sempre ensinei na sinagoga e no templo, onde os judeus sempre se ajuntam, e nada disse de oculto. Ensinei que Yahweh é a verdadeira alegria e esperança e um Pai Justo e digno de louvor, e que é chegada a hora da salvação.*

"*Se duvidas do que falo, por que perguntas a mim? Pergunta aos que ouviram, o que é que lhes ensinei, eis que eles sabem o que eu lhes tenho dito.*"

"Caifás acusou o golpe. A resposta o deixou sem ação.

"Um dos que estavam à retaguarda, percebendo o mutismo e o apuro que Caifás experimentava, aproximou-se do Mestre e lhe deu uma bofetada no rosto, dizendo:

"— Assim é que respondes ao sumo sacerdote?

"Ali se cometia outro ato contrário à lei judaica, pois ela determinava primeiro que o acusado tivesse testemunhas de defesa e elas deveriam ser ouvidas por primeiro, e que ninguém poderia ser punido antes de ser condenado. Caifás fez vistas grossas e não repreendeu o ato ilegal cometido contra o Mestre, porém Yeshua o fez, com incomparável energia e com argumento irrefutável, eis que olhou bem no fundo dos olhos do seu agressor e falou:

"— *Se falei mal, dá testemunho do mal; e se bem, por que me feres?*"

"O interlocutor também desconcertou-se e Caifás ficou petrificado, porém a trama estava sendo bem elaborada, eis que ali estavam falsas testemunhas, cujo objetivo era condenar o Mestre.

"Ao lado de Caifás ficavam os secretários. Os que ficavam à direita deveriam anotar tudo o que serviria de defesa ao acusado; os que ficavam à esquerda, tudo o que era contrário. O acusado estava no meio da sala, rodeado de guardas. Entretanto, nesse caso não havia nenhuma justiça em curso, visto que não havia um argumento de defesa que fosse anotado nem testemunhas de defesa foram ouvidas. O que se buscava era apenas a aparência de um julgamento, para terem o que alegar depois, diante do governador romano. As falsas testemunhas que haviam sido subornadas por Anás e Caifás não apresentavam coerência nem concordância em suas acusações. Segundo a Lei de Israel, um testemunho não tinha valor se seus depoentes não estivessem de acordo em todos os pontos.

"O malfadado julgamento prosseguia, porém não se encontrava em Yeshua nenhuma sombra de culpa. Caifás então resolveu encerrar aquele teatro burlesco e fatídico e repetiu o que havia dito antes:

"— Nós não necessitamos mais de testemunhas, insisto, vós ouvistes este homem blasfemar neste tribunal. Que vos parece? — disse olhando para os que ali ficaram.

"A resposta veio em coro:

"— Culpado, culpado, que seja condenado à morte.

"Então os guardas e aqueles que estavam na retaguarda rodearam o Mestre e começaram a cuspir na sua face e a dar-lhe socos e a dizer-lhe:

"— Então, impostor, profetiza para nós, afinal, não és o rei dos judeus? — E davam-lhe bofetadas.

"A Lei judaica exigia que cada julgador proferisse seu voto separadamente, mas os julgadores presentes, passando por cima das prescrições legais, pronunciaram de uma só voz a sentença de morte contra Yeshua. Caifás, antes de tratar de providenciar o envio do prisioneiro a Pilatos, aproximou-se deste e falou em voz alta e com olhar divertido:

"— Nazareno, foste condenado à morte. Tu, na verdade, és um impostor que prega contra o Templo e que prega contra Yahweh. Estás condenado pelo Sinédrio.

"O Mestre, cuspido, machucado, já com suas vestes rasgadas, olhou nos olhos de Caifás, com olhar de profunda compaixão e lhe disse:

"— *Caro sacerdote, nada acontece na Terra sem razão, sem desígnio e sem ordem de Yahweh. É para mim um bem que me tenhas humilhado, porque o bom coração é aquele que desterra de si a soberba e a presunção.*

"Não temo vossos imperscrutáveis juízos. Sabeis que afligis o Justo. Castigai-me com duros açoites, enviando-me dores ao meu exterior, porém jamais penetrareis no meu interior.

"Inclino-me não a ti, porque tua autoridade foi concedida pelo Meu Pai que está no Céu, que pode retirá-la, a qualquer tempo. Inclino-me a Ele, Pai Querido, em cujas mãos deposito o meu destino.

"Vós sabeis que nada se esconde à consciência humana. Os homens frequentemente enganam-se em seus juízos porque só amam as coisas visíveis. O mentiroso engana o mentiroso; o vaidoso engana o vaidoso; o cego ao cego; o doente ao doente.

"Dia virá, e isto está na lei, que vós lamentareis este momento. Não desejo que o sofrimento habite o vosso coração, porque lá ele já se acha instalado.

"Quanto a mim, bem sei que se aproxima o momento do retorno à Casa de Elohim, e ainda que me seja penoso ouvir vossas acusações sem fundamento, pedirei a Ele que vos socorra na medida de vossas necessidades e méritos.

"Sigo, e quem me segue encontrará paz. Repito, ainda uma vez: Eu sou o caminho que deveis seguir; a verdade que deveis crer; a vida em abundância que deveis esperar.

"Eu sou o caminho infalível; a vida interminável. Eu sou o caminho direito, a verdade suprema, a vida verdadeira e ditosa.

"Se perseverardes, um dia, no meu caminho, conhecereis a verdade e a verdade vos limpará as mazelas da alma e alcançareis a vida eterna.

"Por final vos falo: Se quiserdes outra vida, guardai meus mandamentos. Se quiserdes conhecer a verdade, crede em mim. Se quiserdes ser perfeito, vendei tudo e dai aos necessitados. Se quiseres um dia ser meu discípulo, deveis renunciar a vós mesmo. Se quiserdes ser exaltado no Céu, humilhai-vos na Terra.

"Se quiserdes um dia reinar comigo, devereis carregar vossa cruz, porque somente os servos de Meu Pai encontram o caminho das bem-aventuranças e da verdadeira luz. Ainda uma vez vos convido: Segui-me,

pois eu sou o caminho, a verdade e a vida, e este é o caminho que vos levará ao encontro da Casa de Nosso Pai Yahweh."

"Enquanto Yeshua falava, mágico silêncio se fez no Gazith. Podia-se ouvir um leve ressonar. Todos ali estavam impactados. Anás e Caifás pareciam hebetados. Os olhos de ambos estavam esbugalhados; pareciam querer saltar das suas órbitas. Eles sabiam que aquele julgamento estava sendo feito em total desrespeito à lei hebraica, tanto escrita quanto tradicional, da qual aqueles governantes judaicos professavam ser tão zelosos guardiães. Nenhuma audiência legal sobre a capital acusação fora devidamente realizada. Ainda, Yeshua fora submetido a interrogatório preliminar pelo próprio sumo sacerdote.

"Tal inquérito preliminar era completamente ilegal, porquanto o código hebreu estipulava quem eram as testemunhas de acusação, em qualquer caso que fosse proposto ao Gazith (Tribunal do Sinédrio), teria que ser bem definida a acusação contra o citado, e que o acusado deveria ser protegido contra qualquer indução que viesse a lhe ser feita pessoalmente no sentido de testificar contra si mesmo.

"Dessa forma, a resposta de Yeshua, que na verdade era uma réplica do acusado, deveria ser levada em conta de um protesto suficiente ao sumo sacerdote, contra o procedimento ilegal que Ele estava sofrendo, por isto é que o Mestre lhe havia falado: *"Eu falei abertamente ao mundo; eu sempre ensinei na sinagoga e no templo, onde todos os judeus se ajuntam, e nada disse de oculto. Por que me perguntas a mim? Pergunta aos que ouviram o que lhes ensinei; eis que eles sabem o que eu lhes tenho dito."*

"Essa objeção de Yeshua era perfeitamente legal e caminhava na direção contrária ao inexistente direito de ser o prisioneiro confrontado em face de seus acusadores, porém a objeção do Mestre foi recebida com o mais absoluto desprezo. A realidade é que a lei e a justiça hebraicas haviam sido destronadas naquela noite. Inegavelmente os príncipes dos sacerdotes do Templo, os juízes e os anciões, naquele Conselho, buscavam falso testemunho contra o Mestre, para poderem mais apressadamente sentenciá-lo à morte.

"Se o Conselho reunido tinha assim feito, com número reduzido e não com os setenta e um membros, o que já não significava o quórum legal, além do mais, qualquer sessão do Sinédrio à noite violava diretamente a lei judaica, pois não havia previsão na lei para reunião nesse período, além do que, era ilegal o Conselho considerar tal acusação em um dia do shabat, de festa, ou na véspera de quaiquer desses dias.

"Ainda há que se registrar que os acusadores deveriam comparecer antes, pessoalmente, para receber uma advertência preliminar do Conselho, contra a prestação de falso testemunho. Todo aquele que se defendesse deveria ser tido como inocente até ser declarado culpado dentro do procedimento devido. Entretanto, naquele falso julgamento, os juízes não só procuraram testemunhas, como acharam testemunhas falsas e, muito embora isso tudo, não havia ocorrido um claro testemunho que levasse à condenação do prisioneiro, porquanto, mesmo em razão dos perjúrios, e ainda o suborno das testemunhas, não haviam conseguido com a rapidez desejada por Anás e Caifás chegar a um acordo entre si mesmos.

"Que Yeshua deveria ser condenado por uma acusação ou outra e morto, já havia sido determinado pela maioria dos juízes sacerdotais, em conversações escusas de bastidores. Apesar disto, o fracasso em encontrar provas cabais contra Yeshua ameaçava alongar a execução do nefando plano, razão pela qual pressa e precipitação caracterizavam o procedimento. Haviam ilegalmente feito prender Yeshua durante a noite; estavam fazendo um arremedo de julgamento à noite; tinham o claro propósito de condenar o prisioneiro, em tempo de apresentá-lo às autoridades romanas, tão cedo quanto possível, pela manhã do dia seguinte, como sendo um criminoso devidamente julgado e considerado merecedor da morte. O plano de Anás e Caifás era o de condenar o Cristo, acusando-o de sedição, fazendo-o parecer um perigoso perturbador da paz da nação judia e um incitador de oposição contra a autoridade e domínio de Roma.

"A sombra vagamente definida de uma acusação legal produzida pelo obscuro e inconsistente depoimento de testemunhas falsas foi o suficiente para encorajar a iníqua corte.

"Caifás, após passados os instantes de estupefação, enquanto ouvia a fala de Yeshua, fugiu de ouvir a voz de sua própria consciência.

O torpor das maravilhosas palavras do Mestre havia passado por aqueles homens, cegos pelo poder, como vento.

"Então Caifás, levantando-se de seu lugar, com ênfase dramática, buscou repetir uma pergunta que já fizera a Yeshua:

"— Então, nazareno, não respondes coisa alguma ao que estes depuseram contra ti?

"Yeshua, como fizera doutra vez, ficou calado. Nenhum testemunho consistente ou válido havia sido apresentado contra Ele, por isto repetiu seu majestoso silêncio.

"Então Caifás, tresloucado, rasgou suas próprias vestes e novamente acusou Yeshua de blasfêmia contra Yahweh, pedindo aos julgadores que o condenassem e aplicassem a pena de morte. O gesto do sumo sacerdote em rasgar suas próprias vestes, inclusive, era expressamente proibido na lei judaica. Além disso, não houve nenhuma indicação de que o voto dos juízes tenha sido recebido e anotado, segundo preceituava a lei. Yeshua foi então condenado culpado da mais abominável ofensa conhecida entre o povo judeu. Embora de maneira totalmente injusta, Ele foi declarado culpado de blasfêmia, pelo Tribunal.

"Ainda mais, de acordo com a lei hebraica, os sinedristas não poderiam ter condenado o Mestre à morte, uma vez que o poder de decretar sentenças capitais havia sido tirado do Conselho judaico por decreto romano, mesmo assim, o Tribunal de Caifás decidiu que Yeshua era réu de morte. Em seu assomo de ira, os juízes de Israel entregaram o Mestre à vontade das zombarias. Além de tudo o que ocorrera, mais grave se tornava a fatídica decisão, porque a lei e os costumes judaicos da época determinavam que toda pessoa que fosse declarada culpada de uma ofensa grave e capital, depois de devidamente julgada pelo Tribunal do Sinédrio, deveria ser submetida a novo julgamento, no dia seguinte, e nesse outro julgamento, após ouvida novamente a acusação e a defesa, qualquer um dos juízes que houvesse votado pela condenação poderia mudar seu voto, mas aqueles que tivessem votado pela absolvição, não poderiam alterar suas decisões anteriores.

"Nesse novo julgamento, a maioria simples seria suficiente para absolver, porém, para condenar, seriam necessários dois terços do total dos julgadores. Não se pode ainda deixar de registrar para a história que no Tribunal do Sinédrio havia uma cláusula para os julgamentos, que até pode parecer sem justo propósito, mas que determinava que se todos os juízes presentes, excetuando-se os que não haviam comparecido ou se retirado, por uma razão ou outra, votassem unanimemente pela condenação à pena de morte, o veredito não deveria prevalecer e o acusado teria que ser libertado, porquanto o voto unânime contra um prisioneiro indicava que este não tinha tido nenhum defensor e nenhuma testemunha ouvida a seu favor, e que os juízes poderiam de fato compor uma conspiração contra o acusado. Dessa forma, e de acordo com essa norma judaica, o veredito contra o Mestre, proferido naquela sessão noturna e ilegal, pelos sacerdotes era um veredicto totalmente nulo.

"Caifás sabia desse risco e fez uma manobra, após a indigitada e malfadada decisão tomada por unanimidade daqueles que prosseguiram no julgamento. Com habilidade perversa, suspendeu a sessão, anunciando que ela seria retomada ao nascer do novo dia, para dar a impressão de que estavam obedecendo ao preceito de novo julgamento previsto na lei. Entretanto, na nova sessão, ignoraram por completo a determinação de novo julgamento. Nessa sessão, que foi feita logo ao amanhecer, o que fizeram foi aprovar as irregularidades ocorridas na sessão noturna e foram decididos os detalhes das ações futuras. A par disso, fizeram um arremedo ou um simulacro de um segundo julgamento, eis que Yeshua foi novamente conduzido à presença deles, e ao invés de serem reexaminados os testemunhos contra Ele, Caifás voltou a perguntar-lhe:

"— Dize-nos de uma vez, damos-te uma segunda chance, és tu o Messias?

"O Mestre Yeshua, que lia a mente daqueles homens falsos e hipócritas, respondeu, com serenidade e dignidade:

"— *Se vo-lo disser que sim, sei que não o crereis; e também, se vos perguntar o que achais, não me respondereis nem me soltareis. Apenas repito o que já disse, que desde este dia o Filho do Homem se assentará à direita do poder de Yahweh."*

"Após isto, Yeshua calou-se.

"Diante de todas as ocorrências perpetradas pelo pequeno conselho de sacerdotes, juízes e anciões do sinédrio, o que se chamou de julgamento de Yeshua, e anciões de Israel, foi uma grande farsa. Cite-se que o Sinédrio era encarregado, sob a lei rabínica, de proteger o acusado. Nenhum membro da corte poderia atuar inteiramente como acusador ou promotor. A lei judaica requeria que se desse aos acusados o *benefício da dúvida*, para ajudá-los a estabelecer sua inocência. Pelo ângulo que se veja o julgamento, este foi eivado de vícios. Houve perjúrio pelos julgadores, que se utilizaram de mentiras para acusar um homem de bem que não tinha uma mácula sequer contra seu caráter."

Shebir silenciou. Depois, aos poucos, foi alterando a voz para sua normalidade.

Mateus ben Josepho e Elias estavam em prantos, ali na tenda do caravaneiro chefe. O tempo havia parado. Shebir, retomando a sua integridade corporal, também estava emocionado, eis que por um fenômeno que não compreendia, viu seu corpo espiritual ao lado do seu corpo físico e percebeu que quem falava por ele era o Espírito Estêvão, e por uma estranha capacidade lembrava de tudo o que Estêvão falara através de si mesmo.

Passados alguns instantes em que as lágrimas foram represadas, o jovem Shebir aduziu:

— Eis que, nobre chefe Mateus, após esta narrativa que foi feita diretamente de uma das moradas do Pai Celestial, dizem-me ainda aos ouvidos, pelo que se pode depreender de teu sonho, que foste, em tua vida anterior, na Terra, o juiz Hiran ben Elias e participaste do início do julgamento do Messias naquela noite, e juntamente com o sacerdote Gamaliel te retiraste do julgamento, por não concordares, como Gamaliel também, com aquela injusta reunião. Por isto teu corpo e o de Gamaliel não se esfacelaram como areia, o que foi uma representação moral do que ocorreria com os demais julgadores que utilizaram de insanidade legal. Os montes de areia que divisaste em teu sonho se referem aos demais acusadores e julgadores do Mestre, pois nada deixaram de herança positiva para o futuro, ao contrário, perpetuaram o julgamento mais imoral, defeituoso e ilegal da história humana. Como nada deixaram de útil, suas heranças se esvairão no tempo, qual areia, que, assopradas pelos ventos do deserto, perambulam de lá para cá, e daqui para lá, até que um dia possam se incorporar nas dunas da verdade, eis que o Pai Celestial é amável e justo e chegará para eles também o momento do arrependimento e se apresentará em seus destinos doloridos, por certo, a estrada da restauração para que caminhem por ela, entre pedras pontiagudas, lama, buracos, açoites e tempestades, e consigam um dia chegar ao porto da redenção.

"Tu tiveste, nessa noite, a oportunidade bendita, proporcionada, com certeza, pelo nosso Mestre Inesquecível Yeshua, de teres essas sublimes revelações que com certeza servirão para teu progresso e também como uma pálida informação de quanto vale a tribulação e a dor, para limpar as ferrugens da alma, que são os vícios morais indesejáveis. Em razão disto, nobre Mateus, o que com certeza se estende ao irmão Elias e a minha pessoa, bem como a todos os nossos irmãos em Humanidade, tivemos a visão de que cumpre a todos nós caminhar com ânimo por entre todos os obstáculos e arredar com o auxílio da mão poderosa da Divindade todos os empecilhos que nos possam impedir a marcha para o progresso de nossas almas, pois, como registrou o ilustre servidor de Yeshua, o Apóstolo João, na sua obra chamada Apocalipse: *"Ao vencedor será dado o Maná, e o covarde, ainda aguarde as misérias."*

"Deveremos, meus amigos, assim sei que posso chamá-los, buscar a paz verdadeira do Céu e não a da Terra, não nos homens, mas de Yeshua e Yahweh. Devemos, por amor a Yahweh, aceitar tudo o que vem ao nosso encontro, de boa vontade: os trabalhos, os sofrimentos, as doenças, as injúrias, as afrontas e o desprezo, do que Yeshua, como Mestre inigualável, deu provas, pois viveu, a fim de que progridamos em virtudes e nos transformemos em soldados do Mestre Galileu, pois a quem o serve, Ele disse:

"— *Eu te recompensarei plenamente e estarei contigo em toda tribulação e nas alegrias, até o fim dos tempos.*

"É chegado o momento, nobres Mateus e Elias, de trabalharmos na Vinha do Senhor; de fazermos de nossas vidas, a semeadura do amor que Yeshua exemplificou para todos, antes amando e servindo, amparando e socorrendo, para que tenhamos vida com Yeshua, e vida em abundância."

Shebir calou-se. Nada mais havia a dizer naquela noite, na tenda do chefe caravaneiro Mateus ben Josepho. Tudo o que ocorrera fora maravilhoso e as vibrações amorosas dos Espíritos do Senhor impregnavam a todos e ao ambiente.

Mateus tivera a interpretação clara e precisa dos sonhos que tivera. Ficou simplesmente abismado em saber que vivera em Jerusalém em outra vida do passado espiritual, na condição de um sacerdote-juiz do templo de Israel. Mateus já tinha conhecimento de que seus irmãos judeus, como ele e sua família, que se guiavam pelos ensinamentos e interpretações de Raban ben Hilel, não somente aceitavam, como criam na reencarnação das almas, como uma verdade luminar da Criação. Ele também já se pegara várias vezes em conversação sobre essa crença, e tranquilamente a aceitava como uma verdade absoluta. Avaliou os aspectos que envolveram seu sonho. Um reconfortante sentimento lhe invadiu a alma, por poder saber que naquela outra vida, agira na direção contrária à daqueles que condenaram Yeshua de Nazareth, em julgamento ilícito e absurdo, e que, com o auxílio da autoridade romana, crucificaram-no, logo aquele homem que nenhuma mácula moral tinha e que, ao contrário, irradiava paz e luz.

A revelação do jovem Shebir era rica em detalhes. Mateus não duvidou dela, nem Elias, pois compreenderam que os Espíritos do Senhor falaram através de Shebir, em razão de sua completa alteração facial e da voz e da riqueza de dados e detalhes sobre o triste e lamentável julgamento do Messias. Ante as revelações extraordinárias, Mateus cogitou: *O que eu devo fazer?*

Quedou-se, por instantes, pensativo. Revisitou mentalmente todos os fatos e a manifestação final do jovem cristão. Então não teve dúvidas: Ao chegar em Jerusalém, em primeiro lugar conversaria com seu pai e familiares e depois visitaria o Núcleo Cristão objetivando aprender sobre Yeshua e sua doutrina. Com certeza, cogitava, se prepararia para não somente vivê-la, mas principalmente divulgá-la.

Elias, que tudo ouvira e assistira, pensava na grandeza daquela alma, que lhe era desconhecida até então, com a profundidade desnudada ante aquelas mágicas e maravilhosas revelações.

Mateus ben Josepho, quebrando o silêncio e com os olhos marejados pelas lágrimas, disse:

— Jovem amigo Shebir, sinto na alma que não foste tu que falaste, mas sim os Espíritos, sob o comando do teu Mestre, que nos revelou as lembranças e ditou as orientações para seguirmos em frente, a caminho da estrada de serviço, por amor à causa desse Rabi da Galileia. Crê que tudo farei para ser agradável a Yahweh e que buscarei, ainda não sei como, ser mais um trabalhador do Cristo Yeshua.

A noite já ia alta, então, a pedido de Mateus, Shebir orou:

Amado Mestre Yeshua, sublime orientador de nossas vidas, lembramos de tua maravilhosa orientação: "Quem me segue não anda em trevas."

Pedimos-te que nos ajudes a trilhar sempre o caminho que nos ensinaste, que é o da prática do bem e da vivência plena do amor.

Que nunca nos faltem as forças e o ânimo necessário para vivermos em plenitude as tuas amorosas recomendações: "Procura desviar o teu coração das coisas visíveis e transportá-lo às coisas invisíveis, porque o homem bom e piedoso dispõe primeiro no seu interior as obras que há de fazer no exterior."

Bem já sabemos que enquanto vivemos neste mundo, não podemos estar sem trabalho, por isto está escrito na Lei Antiga o que o profeta já disse: "Não tem o homem uma tarefa sobre a Terra? Não são os seus dias como os de um mercenário?"

Devemos, pois, estar em alerta contra as tentações que provocam em nós o desânimo e precisamos vigiar e orar.

Abençoa-nos os propósitos e a todos nós. Assim seja.

Após a oração de Shebir, Mateus iniciou as despedidas para o repouso. Abraçou com respeito e carinho o jovem, e o mesmo fez com Elias. Estes se retiraram para suas tendas. Mateus, ainda sob o embalo de forte impacto, buscou o sono, de modo que agradeceu mentalmente a Yahweh, e, desta feita, também a Yeshua.

Em breve adormeceu.

XVI

CONTINUIDADE DA VIAGEM DA CARAVANA DE MATEUS BEN JOSHEPO

– A CHEGADA EM JERUSALÉM

– CONFIDÊNCIAS DO RABINO ELEAZAR SOBRE O PRIMEIRO JULGAMENTO DE SAUL DE TARSHISH PELO SINÉDRIO JUDEU

Amanheceu em Sicar, no local em que a caravana de Mateus ben Josepho estava acampada. O chefe caravaneiro acordou. Ainda enrolado em mantas e sobre as almofadas, sentia um pouco o frio da manhã, que carregava o sereno da madrugada. Esperou um pouco para se levantar. Ficou refletindo sobre tudo o que ocorrera em sua tenda na noite anterior. Não esqueceria jamais, por certo, tudo o que o jovem Shebir lhe falara e estava ainda muito impressionado com a alteração da voz do jovem e com as revelações que ele fizera. Passou tudo pela memória. Estava muito impactado. A revelação de que a alma vive várias vidas, para ele não era nova. Seus familiares, desde seu pai e sua mãe, frequentadores assíduos da sinagoga, acreditavam nesse fato, e assim também ensinavam a Mateus, porém, a revelação de que ele vivera em Jerusalém e, ainda mais, na condição de sacerdote-juiz do Sinédrio, deixava-o um tanto abalado, e mais desconcertado se sentia ante a revelação de que havia participado da primeira parte do julgamento de Yeshua de Nazareth. Consultou sua intimidade, e sua consciência espiritual não lhe ofertava dúvidas sobre ser a revelação verdadeira.

Ainda sob a lembrança dos fatos, pensou em chegar o mais depressa a Jerusalém. Queria falar com seu pai sobre todos aqueles acontecimentos, pois ele, além de crer na reencarnação da alma, poderia lhe falar mais alguma coisa sobre a revelação que tinha ocorrido.

Além desses pensamentos, lembrou-se também das outras informações que ao longo da viagem o jovem Shebir lhe fizera, principalmente sobre a jovem Ana, de quem seus olhos e seu coração não conseguiam esquecer. Cogitou que pretendia conversar com o rabino Eleazar sobre tudo o que lhe acontecera na viagem. Precisava ouvir qual era a posição dele, principalmente sobre a parte que envolvia o julgamento de Yeshua de Nazareth. Após passado algum tempo e feito o repasto matinal, a caravana começou a se mover no rumo de Jerusalém.

Num dia ensolarado, logo após a virada do meio-dia, a caravana de Mateus ben Josepho atravessava o portal norte de Jerusalém, que àquela época os romanos denominavam de Syria Palestina, após a revolta do judeu Simão bar Kokhba.

Corria o ano 191 d.C., e a cidade era governada pelo Procônsul General Asélio Emiliano. A dominação romana ainda impunha a submissão política e econômica. Os judeus já não tinham mais o templo faustoso e imponente. Sobraram somente pedaços da arcada, onde manifestavam a saudade dos tempos idos, reuniam-se em orações matinais e vespertinas, e em lamentações, invocando não somente os tempos de glória de Israel, mas o auxílio de Yahweh, para que não os abandonasse à sanha dos conquistadores que já por muitos anos impingiam à nação o gosto amargo do domínio estrangeiro. Em suas preces e evocações, lembravam-se dos exílios do povo no Egito e na Babilônia. Ressoava na mente deles a recitação dos velhos profetas da Lei Antiga, que os fazia lembrar das agruras do povo.

Lembravam sempre do Salmo 137 do Rei David:

> Se eu me esquecer de ti, ó Jerusalém, que resseque a minha mão direita. Pregue-se minha língua ao palato, se eu não me lembrar de ti, se não preferir Jerusalém à minha alegria.

Também sempre recitavam a promessa do Senhor, no cântico de Zacarias:

> Assim diz o Senhor dos Exércitos: Eis que salvarei o meu povo da terra do oriente e da terra do ocidente; e trá-los-ei e habitarão no meio de Jerusalém; e eles serão o meu povo, e eu lhes serei o seu Deus em verdade e em justiça.

Lembravam também que o Profeta Ezequiel dizia que:

> A glória de Yahweh havia se retirado do templo para o oeste do monte das oliveiras e dali tinha ascendido aos Céus.

Igualmente, sempre lembravam que, enquanto Jerusalém queimava diante da invasão babilônica, o Profeta Jeremias via a cidade incendiada e parecia-lhe que o fogo estava queimando seus ossos, até esgotarem suas lágrimas, então lamentou:

> Chora amargamente de noite e as suas lágrimas lhe correm pelas faces; não tem quem as controle; todos os seus amigos a deixaram triste e se tornaram estranhos.

Ante essas lembranças um tanto amargas, os judeus buscavam um alento que lhes fizesse suportar as imposições. As revoltas anteriores não haviam conseguido trazer a libertação almejada nem a paz para o povo. Mateus conhecia a tradição do seu povo e, como seus pais, desejava uma Israel livre. Apenas não concordava que a libertação deveria se dar pela revolta. Como era comerciante, tinha o pensamento de que a libertação de Israel deveria ser negociada sem guerras, pois Roma precisava das riquezas para manter sua dominação e seus domínios, mas já não tinha as garras de antes, para fazer com que as regiões dominadas continuassem a servi-la, sem que houvesse contrariedades, porque uma revolta aqui, uma insurreição ali, nas vastas fronteiras do Império, sempre estava a ocorrer.

Após a chegada da caravana e os cuidados com o armazenamento das mercadorias, os ajustes e as despedidas momentâneas, quase ao escurecer, Mateus chegou à casa de seus pais. Ao vê-lo, o velho judeu Rabban ben Josepho, seu pai, estampou largo sorriso, o mesmo ocorrendo com sua mãe, Afra, e igualmente com suas duas irmãs, Jaffa e Yudith.

Após os abraços, Mateus foi banhar-se, para logo depois sentar-se para cear com a família, pois nutria muita saudade. Depois dessa providência, todos se reuniram para a ceia noturna. As conversas, como não poderia deixar de ser, giraram em torno da longa viagem de Mateus. Os lugares onde estivera, as mercadorias que trouxera e os demais acontecimentos que eclodiram na caravana. Mateus disse que a viagem tinha sido muito boa e que não tivera nenhum percalço que pudesse deslustrar todo o trajeto.

Em meio à conversação, Mateus pediu licença aos pais e irmãs para lhes contar um sonho que tivera e que se repetira por três vezes. Antes de começar a narrar, teceu comentários elogiosos ao jovem Shebir ben Isaque e igualmente a Elias ben Shebabe. Informou que o jovem Shebir e sua família eram todos seguidores de um homem chamado Yeshua de Nazareth, a quem denominavam como o Cristo, e que, portanto, seus seguidores chamam a doutrina que Ele ensinava de Cristianismo, que já era conhecida de Israel e de Roma há muito tempo.

A seguir, fez o relato de maneira pausada, demonstrando viva emoção. Após ter narrado tudo e ante o semblante de expectativa das irmãs e dos pais, Mateus inquiriu a seu pai sobre tudo o que ele falara, indagando:

— Em razão disso tudo, papai, tenho que perguntar-te: dado teu conhecimento da Lei Antiga de Israel, o que me dizes sobre meus sonhos e sobre esses fatos?

O velho Rabban ben Josepho sorriu levemente. Todos estavam aguardando a resposta. Então começou dizendo:

— Filho amado, tu sabes da nossa crença e da nossa tradição, que mantemos a todo custo, apesar de Roma ainda nos submeter a suas vontades, aos caprichos do poder econômico e à vigilância pela espada.

"Nestes tempos, que continuam difíceis, tenho estudado com meus pares, na Sinagoga de Jerusalém, a história um tanto fatídica do nosso povo, e confesso que no princípio sempre abominei as alegações de que esse tal Yeshua de Nazareth seria o Messias esperado por nosso povo, o nosso libertador, cuja liberdade não estamos experimentando. Muitas vezes cheguei à irritação com vários irmãos que, imitando antigo rabino de nosso povo chamado Saulo de Tarso, propunham a necessidade de se pensar, de se discutir essa hipótese. Para mim, meus filhos, esse a quem chamam Yeshua sempre fora um impostor, que inclusive chegara a propagar que viera direto do próprio Yahweh, que era seu filho enviado. Contudo, neste período em que estiveste ausente, meu filho, surgiu-me um fato interessante, que me levou á refletir muito sobre esse assunto. Em nossas reuniões na Sinagoga de Jerusalém, temos estudado com vagar as ideias de um de nossos mais ilustres orientadores de Israel, o Rabino Hilel, que nasceu na Babilônia e que, quando tinha perto de trinta anos, estudou com os sábios Shemara e Abtalion, em Jerusalém. Hilel foi o primeiro dos autores do nosso Mishná e disse que nossa nação tinha que compreender os deveres de cada um em relação a seu próximo.

"Ele tinha uma paciência inabalável. Era amável, simples e próximo aos sofredores. Tinha uma grande generosidade, piedade e amor a todos. Era tolerante e falava a língua do povo. Ensinava sempre a ética das coisas e externava sua humildade em todas as ocasiões. Certo dia, meus filhos, indagado por um jovem qual era o conceito mais importante da lei de Moshe, ele respondeu: *"Não faças aos outros o que não queres que façam a ti"*, aí está toda a Torá. E acrescentou: *"O resto, meu jovem, é mero comentário. Vai, pois, estuda e coloca em prática"*. O Rabino Hilel era crente na reencarnação, pois estudava o conceito conhecido por nosso povo como *guilgul*, em que a alma deve voltar várias vezes até cumprir todas as leis da Torá. Também no *Zohar* está claro que todas as almas estão sujeitas à reencarnação. Nossos mestres cabalistas, todos, ensinam que a alma reencarna numa nova forma física, conceito que está no livro que eles denominam *Sefer-Há-Balir*, e explicam que os justos sofrem porque pecaram numa vida anterior.

"Também, lembro-me bem de que está escrito no Gênesis:

> Quanto a ti, em paz irás para os teus pais; serás sepultado numa velhice feliz. É na quarta geração que eles voltarão para cá, porque até lá a falta dos amoreus não terá sido paga.

"A seguir, estudamos no Êxodo:

> Não te prostrarás diante deles e não os servirás, porque Eu, Yahweh, teu Deus, sou um Deus zeloso, que visito a culpa dos pais sobre os filhos na terceira e quarta geração dos que me odeiam, mas que também ajo com benevolência e misericórdia por milhares de gerações, sobre os que me amam e guardam meus mandamentos.

"Além de tudo isso, Mateus, nossos profetas antigos vaticinaram a verdade da reencarnação. Daí a lembrança que tenho do que disse o Profeta Ezequiel:

> E disse a mim: — Filho do homem, estes ossos são toda a casa de Israel.
>
> Eis que dizem: — Os nossos ossos estão secos e está perdida a nossa esperança.
>
> Por isso, profetiza e lhes diz: — Assim diz Adonai, o Senhor Deus: eis que eu obro vossas sepulturas e vos farei sair delas, ó povo meu, e vos reconduzirei à terra de Israel. Saberão que Eu sou Yahweh, quando eu abrir vossos túmulos e vos elevar de vossas sepulturas, oh povo meu. E ali porei sobre vós o meu Espírito e revivereis e vos reporei sobre a Terra. E eles saberão que Eu sou Yahweh.
>
> Disse isso e fez o oráculo de Yahweh.

"Diante de todas essas coisas, ao analisar a interpretação dos sonhos que tiveste, Mateus, e que nos narraste, convenço-me de que a possibilidade da verdade sobre o Nazareno é grande e, como revelo a vós, meus filhos, em meu coração já começa a brotar a aceitação de que esse a quem chamam de Yeshua de Nazareth seja mesmo o Messias esperado por nosso povo. Peço que não vos choqueis com o que vos falo, e o faço na intimidade de nosso lar para que eu não seja mal compreendido, pois nosso povo, ainda, na sua quase totalidade, declina que o Nazareno Crucificado era um visionário enlouquecido, que ousou se dizer filho de Yahweh e por Ele enviado, mas que conviveu com a ralé de nosso povo, não demonstrando poder algum, e classificam sua morte na cruz como um ato acertado da Casa de Israel."

À medida que falava, o pai de Mateus via no semblante dos filhos e da esposa apreensão e surpresa. Após uma pequena pausa, continuou:

— Então, a respeito do Nazareno, tenho que vos revelar um acontecimento que carrego em segredo, mas que após vos colocar a par, espero que possais ter uma perfeita análise quanto ao acontecido, que me deixou profundamente abalado em minhas convicções:

"Há aproximadamente seis meses eu estava na Sinagoga, em conversa com o rabino Eleazar e com os irmãos Aryel e Issachar, que são meus velhos companheiros de frequência e de estudos da Torá. Nossa conversa girava em torno da continuidade dos anos de escravidão política e econômica a Roma e sobre quando poderia terminar aquele regime de escravidão.

"Lembro-me de que, na ocasião, o rabino Eleazar disse-nos o seguinte:

"— Meus irmãos, já caminhamos para o final deste século, e nossa submissão continua. Trabalhamos para encher as salas dos tesouros dos romanos com o pagamento dos impostos que nos impingem e, além de dominarem nossa pátria, chegaram até a mudar o nome de nossa cidade sagrada. Parece mesmo que a libertação está muito longe de acontecer. Tenho estudado com afinco as anteriores escravidões de nosso povo no Egito e na Babilônia, e temo que desta vez a nossa escravidão a Roma ainda deva demorar bastante, isso levando-se em conta o tempo que nossos antepassados foram submetidos às outras nações a que já me referi.

"Diante disso — continuou o Rabino —, fiquei pensando quais seriam os motivos que têm levado nosso povo a sofrer tanto nas mãos de outras nações, que tolhem nossa liberdade e se servem do nosso suor para aumentar seus poderes e suas riquezas. Por que somos os primeiros a alardear que somos o povo escolhido por Yahweh? Que escolha é essa? Será certamente para a dor e o sofrimento? Será que nosso orgulho racial está certo? Somos mesmo superiores a outros povos? Que superioridade é essa que nos torna novamente escravos? Se olharmos para nossa própria história, meus irmãos, o que encontraremos? Qual o legado deixado pelos reis de nosso povo?

"Confesso-vos, irmãos, que em meus estudos e pesquisas sobre a história de nossa raça, até este momento, somente tenho visto a presença marcante do orgulho e da soberba, da dor e do sofrimento. Talvez isso aconteça porque a ação de nosso povo, ao longo dos anos, tenha sido prepotente. Temo-nos comportado como se os outros povos devessem existir para serem nossos servidores e que Israel, um dia, dominará toda a Terra.

"Outrora, invadimos a casa dos vizinhos, que colocamos na conta de inimigos da nação; espalhamos a morte e o arrasamento. Assim, vejo que os reveses que temos sofrido encontram lógica em nós mesmos, em nossas ações desequilibradas e eivadas de extremado orgulho. Pelo que tenho deduzido, os profetas de nosso povo, dentre eles Daniel, Jeremias, Isaías, Ezequiel e Neemias, foram aqueles que verdadeiramente buscaram alertar nossa gente contra esses pensamentos insanos de tola supremacia, inclusive alertando para que nos preenchêssemos de humildade e buscássemos entender os motivos de tantas tragédias de nosso povo, nas próprias ações desavisadas de nossa gente.

"Ante tudo isso, na minha visão, essa afirmação de que no seio de nosso povo ainda virá o Messias, o Libertador, que libertará nosso povo da escravidão romana e submeterá os conquistadores à chibata de nossa fé, estabelecendo o reino de Israel do Oriente ao Ocidente da Terra, tem me parecido a manifestação de uma fé que não encontra lastro nos verdadeiros profetas de nosso povo.

"Diante do que vos falo, busquei encontrar em nossas tradições as profecias que pudessem responder a uma dúvida atroz, que me apareceu em razão dos estudos a respeito da crença que surgiu no seio da nossa nação e que hoje é denominada como Cristianismo, que teria como seu fundador o Nazareno Yeshua.

"Assim, localizei, nas mais antigas profecias, o que está registrado por Moshe no Deuteronômio: *'O Senhor teu Deus te suscitará um profeta do meio de ti, de teus irmãos, semelhante a mim; a ele ouvirás'*. Após, encontrei no Profeta Oseias uma pequena, mas profunda profecia: *'Quando Israel era menino, eu o amei; e do Egito chamei meu filho'*.

"Depois, no Profeta Malaquias:

> E tu, Belém Efrata, pequena demais para figurar entre as melhores de Judá, de ti me sairá aquele que há de reinar em Israel, e cujas origens são desde os tempos antigos, desde os dias da Eternidade.

"Nessa linha de raciocínio, entre as profecias mais claras, no meu entendimento, e que tenho estudado com vigor, destacam-se as dos Profetas Isaías, Jeremias e Daniel. Lembro delas, pois já as decorei. Isaías profetizou:

> Portanto, o Senhor mesmo vos dará um sinal: Eis que a virgem conceberá e dará à luz um filho e o chamará Emanuel.
>
> Mas para a Terra que estava aflita não continuará a obscuridade. Deus, nos primeiros tempos, formou desprezível a terra de Zebulom e a terra de Neftali; mas nos últimos, tornará glorioso o caminho do mar, além do Jordão, Galileia dos gentios. O povo que andava em trevas viu grande luz, e aos que vivem na região da sombra da morte, lhes resplandeceu a luz.
>
> Repousará sobre ele o Espírito do Senhor; o Espírito de sabedoria e de entendimento; o Espírito de conselho e de fortaleza; o Espírito de conhecimento e de temor ao Senhor.
>
> Ele foi oprimido e humilhado, mas não abriu a boca; como cordeiro foi levado ao matadouro; e como ovelha muda perante os seus tosquiadores, ele não abriu a boca.

"Do Profeta Jeremias, aprendi a seguinte profecia:

> Assim diz o Senhor: Ouviu-se um clamor em Ramá, pronto e grande lamento; era Rachel chorando por seus filhos e inconsolável por causa deles, porque já não existem.

"Depois, constatei no Profeta Daniel o seguinte:

> Sabe e entende, desde a saída da ordem para restaurar e para edificar Jerusalém, até ao ungido, ao príncipe, sete semanas e setenta e duas semanas; as praças e as circunvalações se reedificarão, mas em tempos angustiosos.

"Entretanto, irmãos, as profecias que mais me abalaram foram as do Profeta Zacarias, pois ele disse:

> Alegra-te muito, ó filha de Sião; e exulta, ó filha de Jerusalém; eis aí vem o teu rei, justo e salvador; humilde, montado em um jumento, num jumentinho, cria da jumenta.

"Mesmo diante dessas profecias, eu continuava a carregar a dúvida se Yahweh enviaria o Messias para que nosso povo se libertasse, e se ele já tivesse chegado, não haveria razão para continuarmos escravizados, haja vista que Yeshua de Nazareth não conseguiu subjugar nossos dominadores, e a liberdade ainda nos é um fruto azedo e amargo. Entretanto, irmãos, aprofundando-me nos estudos da lei, localizei outras profecias, as quais, para mim, fora de qualquer dúvida, remetem a Yeshua de Nazareth e a sua qualidade de Messias, por tudo o que ocorreu com Ele, e disso temos conhecimento. Assim, recito essas profecias, para que analiseis comigo. No que se refere à traição de um dos seus chamados apóstolos, de nome Judas Iscariotes, fui encontrar nos salmos antigos do nosso Rei David o seguinte:

> Até meu amigo íntimo, em quem eu confiava, que comia do meu pão, levantou contra mim o calcanhar (Salmos 41:9).
>
> Não me deixei à vontade dos meus adversários, pois contra mim se levantam falsas testemunhas e os que só respiram crueldade (Salmos 27:12).
>
> São mais que os cabelos da minha cabeça os que, sem razão, me odeiam; são poderosos os meus destruidores, os que com falsos motivos são meus inimigos; por isso tenho que restituir o que não furtei (Salmos 69:4).
>
> Por isso, eu lhe darei muito como a sua parte, e com os poderosos repartirá ele o despojo, porquanto derramou a sua alma no monte; foi contado entre os transgressores; contudo levou sobre si o pecado de muitos e pelos transgressores intercedeu (Salmos 53:12).

"Mas os Salmos de nosso David que ainda muito mais me impressionaram nesse sentido foram os seguintes:

> Cães me cercam; uma fúria de malfeitores me rodeia; transpassaram-me as mãos e os pés (Salmo 22:16).
>
> Por alimento me deram fel e na minha sede me deram a beber vinagre (Salmo 69:1).
>
> Repartem entre si as minhas vestes e sobre minha túnica deitam sorte (Salmo 109:4).
>
> Em paga do meu amor, me hostilizam; eu, porém, oro (Salmo 22:18).

"Depois, encontrei nas profecias de Zacarias, à semelhança do Salmo 22:16 do Rei David:

> E sobre a Casa de David e sobre os habitantes de Jerusalém derramarei o espírito da graça e de súplicas; olharão para aquele a quem traspassaram; panteá-lo-ão como quem pranteia por um unigênito e chorarão por ele como se chora amargamente pelo primogênito.

"Também, nessa linha de pensamento, disse o Profeta Isaías:

> Mas ele foi traspassado pelas nossas transgressões e moído pelas nossas iniquidades; o castigo que nos traz a paz estava sobre ele, e pelas suas pisaduras fomos sarados. Certamente ele tomou para si as nossas enfermidades e as nossas dores levou sobre si; e nós o reputávamos por aflito, ferido de Deus e oprimido.

"Para encerrar esta breve descrição quanto às profecias que abalaram minhas convicções e que têm também abalado as estruturas da tradição do nosso povo, assim entendo, deixei uma por último, nesta nossa conversa, que entendo como fatal às minhas convicções de outrora e que se traduz precisamente no que foi dito por nosso Rei David, que comandou a nação quase mil anos antes do nascimento do Nazareno Yeshua. Vejamos o que ele disse:

> Com efeito, não é o inimigo que me afronta, se o fosse, eu o suportaria; nem é o que me odeia que se exalta contra mim, pois dele eu me esconderia, mas és tu, homem, meu igual, meu companheiro e meu íntimo amigo. Juntos andávamos;

> juntos nos entretínhamos e íamos com a multidão à Casa de Deus (Salmo 55).

"O rabino Eleazar fez uma breve pausa e a seguir continuou:

"— Naquele instante, meu filho, nós, que o ouvíamos, fazíamos comparações mentais entre as profecias que foram retratadas e a história de Yeshua de Nazareth, sua condenação pelo Sinédrio e por Roma, sua crucificação, a traição de que fora vítima por um de seus amigos íntimos que convivia com ele.

"De fato, por mais que se negue, e isso tem sido a sistemática de nosso povo, que Yeshua de Nazareth seja o Messias há tanto tempo aguardado, após um estudo sério sobre esses vaticínios, não há como negar que Ele seja mesmo o Messias que haveria de vir e veio. O filho de Yahweh que veio para a Terra.

"Mais uma vez o rabino, meus filhos, fez uma longa pausa. Todos ficamos em silêncio. Depois, retomando a palavra, ele disse:

"— A par dessas profecias, que grande parte de nossos anciões e mestres têm se negado a debater, como a temer a revelação da verdade, quero dizer-vos que tive acesso a uma espécie de segredo, que é guardado de maneira severa pela Gerousia, o Supremo Conselho de nosso povo, e que se traduz no primeiro julgamento interno feito pelo Sinédrio, então ainda sob a direção do Rabino Caifás, sobre a deserção do rabino Conselheiro Saul de Tarshish, isso quando o Sinédrio teve a confirmação de que ele tinha se bandeado para as fileiras de Yeshua de Nazareth, cujo primeiro julgamento ouso, sob pedido de sigilo, retratar aos irmãos, pois o copiei, para que se possa ter uma análise mais aprofundada possível.

"A seguir, o Rabino Eleazar pegou um rolo de pergaminhos que carregava, abriu-o e começou a ler para nós justamente o ocorrido com o referido rabino:

"— Já se haviam passado dois meses que a caravana de guardas do templo liderada por Saul tinha demandado à Síria, todos a cavalo, com a finalidade de se cumprir a ordem emitida pelo Sinédrio, expedida pelo Sumo Sacerdote Caifás, a pedido de Saul, para prender um tal chamado

Ananias, que já era portador de idade e que, segundo informações que haviam chegado anteriormente, era membro da Sinagoga de Damasco, mas tinha se retirado dela. Isso havia ocorrido após uma ocasião em que ele viera a Jerusalém, em cuja viagem conhecera pessoalmente Yeshua de Nazareth. Que após retornar a Damasco, Ananias não somente pedira desligamento da Sinagoga, como passara a ser um fervoroso e ardoroso divulgador dos ensinamentos que colhera desse Yeshua, o que já chocara em parte a comunidade judia de Damasco. Que Ananias, após ligar-se aos ensinamentos de Yeshua, passou a ter o dom de falar línguas estranhas e de curar as pessoas ao simples toque de suas mãos, o que foi apurado por nossos irmãos de Damasco como falsidades e mentiras.

"Quando se adentrava no terceiro mês, a caravana de guardas do Sinédrio, que era comandada por Elisha ben Ishmael, numa quarta-feira pela manhã, chegou de retorno a Jerusalém, sem a companhia de Saul de Tarshish. Imediatamente foram à residência do Sumo Sacerdote Caifás e, após serem recebidos, fizeram um relato minucioso do ocorrido antes de adentrarem a cidade de Damasco, de que o rabino Saul decidira ficar em Damasco e os dispensara, pedindo que avisassem que não retornaria ao Sinédrio. Conforme as anotações feitas por Elisha, Caifás ficou para além de irritado, ficou mesmo muito nervoso. Imediatamente despachou mensageiro para chamar seu sogro, Anás, e os conselheiros mais chegados: Leon Shem, Ezra Lev, Hiran ben Mical e Menachem Nehemias, para que fossem até sua residência, pois haveria reunião do Sinédrio logo mais à noite e ele tencionava discutir uma grave notícia que lhe chegara, antes da abertura das atividades.

"Enquanto o mensageiro cumpria as ordens de Caifás, este, a sós, começou a refletir sobre a infeliz ocorrência. Ele gostava muito de Saul. Tinha certeza de que ele era a pessoa talhada para substituí-lo à frente do Grande Conselho, devido a seu grande conhecimento da Lei Antiga e sua capacidade de liderança, que era nata, e além disso, a sua firmeza e energia nas decisões que tomava em defesa da raça e crença judias. Ainda havia outra situação que era uma espécie de sonho arquitetado pelo sumo sacerdote, qual seja ver sua filha Debhora se casar com Saul. Lembrava que ele já produzira várias reuniões fortuitas para que eles se encontrassem e ficassem conversando. A notícia fora terrível! Já não bastava a presença infausta do impostor que se arvorara como Messias, mas que tivera o justo castigo. Agora vinha ter essas informações nas quais, à primeira vista, poderia haver um engano, mas que, se verdadeiras, colocariam a comunidade judia em polvorosa. Não, não podia ser verdade! Diante dos pensamentos, enquanto aguardava, exclamou em voz alta: 'Por Yahweh! Será que essa tolice não vai acabar! Já eliminamos o aventureiro, e agora Saul! Não, não é possível que tudo isso seja verdadeiro! Devo estar tendo um pesadelo'.

"Em meio aos devaneios, Caifás nem percebera que os irmãos por ele chamados haviam acabado de chegar. Conduzidos ao sumo sacerdote, este os saudou com o ósculo habitual e convidou-os a irem para uma sala ampla, onde poderiam conversar sobre o assunto para o qual foram requisitados mais à vontade. Após as acomodações, Caifás fez um breve relato das notícias trazidas por Elisha. Quando concluiu, percebeu que todos estavam surpresos e até aturdidos. O sacerdote Hiran ben Mical, após passados os momentos de estupefação, falou:

"— Nobre sumo sacerdote e demais irmãos, confesso que, além de surpreso, nutro até um certo ceticismo quanto à notícia ser mesmo verdadeira ou não. Conheço Saul. Ele não é daquelas pessoas que mudam ao sabor do vento."

"Leon manifestou-se da mesma forma que Hiran, no que foi seguido por Ezra.

"Apenas Menachem ficou quieto.

"Após mais algumas conversações e discussões, Caifás pediu a impressão de Menachem, que era um sacerdote tarimbado e muito respeitado. Menachem cofiou a longa barba branca e falou:

"— Meus irmãos, o ocorrido é mesmo muito grave. Será preciso que cuidemos dele com muita atenção, serenidade e sem precipitações. Eu sugiro que o sumo sacerdote conceda uma trégua de noventa dias sobre o assunto. Até lá, teremos tempo para colher mais informações e quem sabe ouvirmos do próprio Saul o que ele tem a nos dizer."

"Após a sugestão de Menachem, Caifás interrogou os demais, que foram unânimes em acompanhar Menachem.

"Então o sumo sacerdote disse:

"— Assim será. Daremos um prazo de noventa dias para que possamos colher o maior número de informações possível sobre a ocorrência. Nada falaremos à noite, na reunião do Sinédrio, e se nos perguntarem algo, nada por enquanto sabemos."

"Todos concordaram, e Caifás deu a rápida reunião por encerrada.

"Fato concreto é que, nesse período de tempo, a notícia caminhou, e logo todos ficaram sabendo em Jerusalém, e principalmente os membros da Gerousia começaram a pressionar Caifás para reunir o Grande Conselho e tomar uma decisão de uma vez por todas. Caifás então resolveu convocar o Grande Conselho e para que não houvessem outras críticas, que já ouvira aqui e ali, sobre a pressa e equívocos cometidos no julgamento do Carpinteiro de Nazareth, pois se dizia, aos cantos, no Sinédrio, que houvera um grave erro por parte do sumo sacerdote, quando decidira os destinos do Nazareno, numa reunião de poucos membros, então desta feita convocaria o Grande Conselho para debate. Nada decidiria sem a presença total dos setenta e um componentes, agora reduzidos a setenta, sem a presença de Saul de Tarshish.

"A reunião foi habilmente convocada para o último dos noventa dias. Aberta a reunião e instalada a sessão, Caifás pediu ao irmão destacado, o sacerdote Matatias Malachi, que fizesse a leitura da pauta, o que este fez na seguinte forma:

"— Nobres irmãos, membros desta Gerousia, por ordem do sereníssimo Sumo Sacerdote Caifás, está formulada acusação contra Saul de Tarshish, rabino fariseu membro deste Conselho Sinedrino, Corte Suprema de nosso povo, que tem a missão de administrar a justiça, interpretando e aplicando fielmente a Torá e as demais leis de nossos antepassados, que se encontra formulada nos termos seguintes:

O conselheiro rabino Saul de Tarshish, em cumprimento da ordem expedida por este Grande Conselho, sob a chancela do sumo sacerdote, deslocou-se à cidade de Damasco, na Síria, com o objetivo de prender um ex-membro da Sinagoga de Damasco, de nome Ananias, que, segundo fontes, abandonou nossas leis e a Sinagoga e passou a pregar os ensinamentos do Nazareno que foi condenado por este Sinédrio por falar falsidades e se dizer filho de Yahweh e ainda o Messias que o povo aguardava, tendo sido desmascarado e após crucificado pela autoridade romana.

Que Ananias, além de pregar esses falsos ensinamentos, dizem, iniciou a fazer curas em nome desse Yeshua de Nazareth, do que não se coletaram provas, e cuja ordem de prisão foi assinada pelo sereníssimo sumo sacerdote a pedido do próprio Saul.

Que, quando do cumprimento da tarefa, segundo o relato do chefe dos lictores da guarda sinedriana, o irmão Elisha, ao chegarem próximo a Damasco, já na virada do meio-dia, uma luz intensa, mais clara que o dia, de repente lhes apareceu à frente; que todos caíram dos seus cavalos e, a partir daí, viram que Saul olhava a esmo para o alto e para o nada, e falava coisas estranhas e desconexas em voz alta. Que ao invés de fugirem, como muito se alardeou, ficaram à espreita e perceberam que Saul, de repente, parecia ter ficado cego, pois seus olhos foram tomados por uma nuvem branca e grossa, e ele tateava para localizar-nos e ao animal. Que Elisha se aproximou dele e perguntou-lhe o que ocorria, e que então Saul lhe disse: Irmão Elisha, peço-te que, junto aos demais irmãos, retornes a Jerusalém. Eu fico aqui. Não te preocupes por não estar enxergando. Espero que seja por pouco tempo. Acho que a intensidade da luz, que imagino deves ter visto também, cegou-me, o que espero seja temporário. Antes que partam, apenas peço me levem a uma estalagem para que eu repouse um pouco e quem sabe meus olhos melhorem e volte a enxergar em breve.

Que Elisha obedeceu; que o levou a uma estalagem e que após isso retornaram, a pedido de Saul, mas que antes, no caminho da estalagem, Saul lhes disse que, quando caíram dos cavalos, sob aquela intensa luz, ele viu Yeshua de Nazareth, o carpinteiro crucificado, ressuscitado, que falou com ele; que após isso ele se colocou à disposição do Nazareno, e que em razão disso não tinha mais condição de voltar a Jerusalém e ao Sinédrio, ao menos temporariamente. Inclusive que tinha ficado privado da visão após a conversa com o Nazareno, e que este lhe aconselhara entrar na cidade e se hospedar, pois alguém o iria procurar em nome d'Ele.

Além desse relato insuspeito, notícias chegaram, através de nossos irmãos da Sinagoga de Damasco, de que o tal Ananias, perseguido por Saul e nossos lictores, foi a seu encontro na estalagem, e lá, em razão do dom que possuía, curou a cegueira de Saul. Que após alguns dias, Saul, em sua companhia, foi à Sinagoga de Damasco e lá falou publicamente sobre esse tal Yeshua de Nazareth, inclusive manifestando que dali em diante seria um divulgador dos ensinamentos do carpinteiro de Nazareth.

Evidente que ao assim proceder, o fariseu e rabino Saul feriu totalmente as disposições de nossa lei, razão pela qual, por ordem do sereníssimo Sumo Sacerdote Caifás, está instalado o processo contra Saul de Tarshish, por parte deste Sinédrio, devendo este ser julgado pelos crimes de atentar contra a crença de seus antepassados e por deserção.

Nos termos das leis de Israel, fica assentado o relato e a abertura do processo.

"Breve silêncio, e então Caifás disse:

"— Para que não nos acusem de inobservância de nossa legislação, pergunto à Gerousia se há algum membro que se dispõe a fazer a defesa do acusado Saul de Tarshish.

"Pequena pausa, que foi quebrada pelo Conselheiro Rabban Gamaliel, que, levantando-se, falou:

"— Sereníssimo Sumo Sacerdote Caifás e nobres pares deste Conselho, nos termos dispostos em nossa legislação, apresento-me na condição de defensor do fariseu Saul de Tarshish. Peço-vos, diante dos dispositivos de nossa Lei, me concedais o prazo legal para que eu possa estudar detidamente a acusação e os fatos que a envolvem."

"Entre a surpresa e a irritação, Caifás, contrariado, engoliu em seco, respondendo:

"— Nobre irmão Gamaliel, decreto-te investido no cargo de defensor do conselheiro acusado. Concedo-te o prazo de seis meses, que entendo mais do que suficientes, dadas as distâncias, para colheres todas as provas que entenderes úteis ao julgamento. Todos serão avisados da continuidade do julgamento na data a ser marcada. Declaro suspensa a sessão."

"Após o encerramento, os comentários gerais foram inevitáveis. A maioria dos membros, pelos murmúrios, seriam implacáveis com Saul. Gamaliel recebeu um olhar felino de Caifás, que nada falou. Logo a seguir, foi cercado pelos membros do Conselho: Nicodemos, José de Arimateia e Hiran ben Elias, que fizeram questão de externar o apoio à atitude do defensor. Gamaliel agradeceu o apoio e pediu para se reunir com eles o mais breve possível, pois queria se inteirar de tudo o que envolvia a atitude de Saul, que era seu amigo e com quem muito conversava. Após retornar à sua casa, naquela noite, Gamaliel não conseguiu conciliar o sono. A agitação da sessão, o desenrolar dela, a acusação contra o amigo, os fatos narrados, o olhar desconcertante de Caifás e a solidariedade dos amigos que se aproximaram dele mexiam muito com os pensamentos do velho sacerdote-juiz, que também era da classe dos fariseus.

"Gamaliel tinha estreitas e excelentes relações com Tiago Maior, com Simão bar Jonas e com Mateus Levi, que eram membros do Núcleo Cristão que estes fundaram em Jerusalém, na saída da estrada que levava a Jope. Eram ligações alimentadas pelas extensas conversações que mantinham às escondidas, sempre ajustadas por Nicodemos e José de Arimateia. Pretendia, pois, estar com eles. Enquanto o sono não vinha, cogitou ir ao Núcleo Cristão disfarçadamente, para lá conversar com todos e ouvi-los, principalmente sobre suas dúvidas em relação aos ensinamentos do Nazareno Crucificado, objetivando averiguar, com firmeza, se o que havia ocorrido com seu amigo Saul tinha mesmo fundamento; se não seria um ato insano de sua parte. Após os intensos pensamentos, foi vencido pelo cansaço, pois estava quase clareando o dia, quando adormeceu.

"O Sanhedrin, ou Sinédrio, era a Corte Suprema da lei judia. Tinha o objetivo de administrar a justiça. Seus membros deveriam interpretar a Torá de maneira oral e escrita, e, de acordo com a tradição, compunha-se de setenta membros dentre os mais velhos e mais experientes e influentes da nação, aos quais se somava mais um que era o escolhido como sumo sacerdote. Adotara esse nome desde o tempo do Rei Hircano, entre 63 a 40 a.C.

"Após a invocação de Gamaliel para fazer a defesa de Saulo de Tarso, Caifás, além da clara irritação, estava mesmo preocupado. Ele já mandara prender Simão bar Jonas e Tiago algum tempo atrás, logo após a desencarnação do Mestre Yeshua, e os havia submetido a julgamento sob a acusação de que eram seguidores do impostor e desertores da Lei Antiga, e que, portanto, deveriam também ser mortos. Na ocasião, no julgamento, Gamaliel também invocara o papel de defensor deles e, quando instalado o Tribunal, após lida a acusação de que eles eram seguidores do Nazareno Crucificado e, portanto, perigosos à sociedade judia, ele havia feito uma soberba defesa que resultou na libertação destes, logo, sua preocupação tinha fundamento. No seu pensamento, lembrava o que Gamaliel tinha dito, ao final da defesa de Simão e de Tiago:

"— *Varões de Israel, atentai bem no que ides fazer a este homem. Tomai cuidado e vos acautelai, porque antes destes dias se levantou Teudas, insinuando ser ele alguma coisa, e a este se ajuntaram mais quatrocentos homens, mas ele foi morto e todos quantos lhe prestavam obediência se dispersaram e deram em nada. Todos os que deram-lhe ouvidos foram desprezados. Depois dele, levantou-se Judas, o galileu, nos dias do recenseamento, e levou muitos consigo, mas também este veio a perecer e todos os que lhe obedeciam foram dispersos. Agora vos digo: dai de mão a esses homens, libertai esses homens e deixai-os, porque se esta obra vem dos homens, perecerá, mas se é de Deus, não podereis destruí-la, para que não sejais, porventura, achados lutando contra Deus.*"

"A esse argumento, não houve superação. A Gerousia, por maioria, determinou a soltura de Simão bar Jonas e Tiago. Caifás tinha plena consciência dos extraordinários conhecimentos da lei judaica, de que Gamaliel era possuidor e da sua extraordinária erudição; temia quais seriam os argumentos legais que deveriam ser utilizados pelo sacerdote-juiz na direção da defesa do rabino Saul de Tarhish.

"Os meses se foram escoando. Se no Sinédrio continuava chegando enorme quantidade de denúncias contra Saulo, a partir da Sinagoga de Damasco, uma última notícia dava conta de que ele havia se evadido de Damasco na calada da noite e não se tinha notícias do seu paradeiro. Ao receber essa última notícia, o sumo sacerdote, que já andava muito aborrecido com aquela situação, ficou mais irritado ainda. Tomou providências de despachar novos membros da guarda do Sinédrio para fazer buscas sobre Saulo e o conduzir para Jerusalém. Para isso, deu uma ordem de prisão liminar, a fim de que ele fosse ouvido no julgamento, entretanto as buscas se mostraram inúteis.

"Já Gamaliel, com o objetivo de reunir elementos que pudessem abrandar o julgamento dos membros da Gerousia, iniciou a fazer suas próprias investigações, com muito cuidado, para não ser levado à conta de interesse pessoal em livrar Saulo da condenação provável pelo Grande Conselho. Assim, buscou colher antes o maior número de informações possível sobre Yeshua de Nazareth e seus ensinamentos. Ele já possuía conhecimento sobre as ações deste, que o tinham levado a se retirar do apressado julgamento de Yeshua pelo Conselho reunido em número menor e de forma equivocada.

"Obedecendo a sua intuição — ele sempre fazia isso —, buscou ir até a residência do Conselheiro José de Arimateia, de modo que, numa noite de sexta-feira, conforme acertado por serviçal que despachara anteriormente, Gamaliel demandou a casa do amigo conselheiro. A casa ficava na Alta Jerusalém, próximo ao comércio público. Era na verdade bem ampla, com entrada sob um pequeno pórtico, e após, dava acesso a ampla sala, com adornos nas paredes e castiçais com lamparinas dependuradas do teto. Enormes tapetes persas adornavam o recinto e diversas almofadas grandes estavam sobrepostas nas laterais, em tecidos acetinados. Quase ao centro da sala, confortáveis bancos com braços em curva e forrados com pequenas almofadas eram um convite a sentar-se.

"Recebido por um serviçal, Gamaliel sentou-se em um deles e aguardou um pouco. Logo, anunciado pelo serviçal, viu que José de Arimateia adentrou à sala, indo na sua direção, abraçou-o e depositou-lhe um ósculo na face, costume dos irmãos que compunham a Gerousia, ao tempo em que disse:

"— Olá, meu bom amigo e irmão Gamaliel, já te aguardava e estou à disposição para conversarmos. A que vens?

"Gamaliel sorriu e respondeu:

"— Nobre irmão José, fui nomeado defensor de nosso irmão Saul de Tarshish, em razão dos fatos últimos ocorridos, e que já sabes e presenciaste em nossa última reunião do Grande Conselho. Aqui compareço porque sei de tuas ligações com os cristãos e que inclusive conseguiste com amigos, entre eles o Senador Nicodemos, a liberação do corpo de Yeshua de Nazareth quando da morte dele, com as autoridades romanas, e que tiveste honra em lhe enterrar o corpo, que parece ter ressuscitado, como dizem os cristãos, no que não acredito, até porque jamais em nossa gente isso ocorreu, e mesmo a alardeada ressuscitação de Lázaro, para minha pessoa, jamais ocorreu, pois imagino que ele não havia morrido, apenas estava demonstrando uma doença dos sentidos que nos é desconhecida."

"Após breve pausa, continuou:

"— Mas não vim aqui para falar sobre essas coisas, e sim buscar informações que me possam fazer compreender um pouco esse Yeshua. Pretendo reunir elementos que me auxiliem a ofertar segura defesa em favor de Saulo de Tarso, nosso companheiro no Grande Conselho, em razão da decisão por ele tomada, em seguir a quem chamam de Messias, e que a mim escapa o real motivo. Sei que nossa conversa será confidencial, para que não te exponhas perante a Gerousia, contudo, apreciaria me falasses sobre a personalidade de Yeshua de Nazareth, se assim puderes fazer."

"Gamaliel se calou, olhou profundamente nos olhos de José de Arimateia e aguardou.

"José de Arimateia beirava os sessenta anos de idade. Era de estatura média, o rosto redondo trazendo um leve corte natural sob o queixo, a barba espessa, já grisalha, os olhos, nem pequenos nem grandes, eram castanhos, o nariz bem-feito, vasta cabeleira, também grisalha, o que lhe dava um ar de soberania. Tinha um sorriso franco e perfeito. Então refletiu por alguns instantes e a seguir falou:

"— Nobre amigo e irmão Gamaliel, terei imenso prazer em falar-te a respeito do que sei sobre Yeshua de Nazareth. Começo dizendo-te que certo dia, há quase um ano, era de tarde e eu me dirigia ao nosso templo para adentrá-lo pela porta principal, quando vi pequeno agrupamento de pessoas próximo às escadarias. Tomado de curiosidade, para lá me dirigi, e qual não foi minha surpresa ao ver que no centro do grupo estava um homem de inconfundível beleza, mais alto do que o comum de nosso povo, magro, ereto, com os cabelos amendoados, partidos ao meio, à moda nazarena, o rosto perfeito, a barba não muito grande e dois olhos grandes, castanhos, que traduziam profundidade ao olhar. Eu já tinha ouvido falar tantas coisas sobre esse Yeshua de Nazareth, mas ainda não tivera oportunidade de encontrá-lo. Logo percebi, pelo semblante, pelo olhar que traduzia altivez e ternura, ao natural, que estava na presença de um homem bom, sereno e sábio. Confesso, Gamaliel, que fiquei profundamente impactado. Parecia mesmo que me sentia como que preso ao chão, nem sequer me movimentava, eis que estava sob verdadeiro encantamento. O máximo que pude fazer foi colocar-me ao lado do grupo para poder ouvir o que Ele falava àqueles que o acompanhavam, então passei a escutá-lo:

O homem sábio, meus irmãos, é aquele que ainda se poderá achar alegre ou triste, sossegado ou agitado, porém será sempre confiante no futuro, porque pressente ou já tem consciência da vida espiritual e com isso se coloca acima das inconstâncias da Terra, não cuidando unicamente dos seus sentimentos, mas concentrando-se no esforço permanente de sua alma, em benefício do seu próximo.

Quanto mais pura for a intenção em ajudar, em servir; quanto maior for efetivamente o empenho na feitura do bem, ele mais facilmente conseguirá acalmar as tempestades da alma. Mas, ainda, entre vós, a maioria tem obscurecido o olhar da intenção pura, porque bem depressa esqueceis os deveres justos para com Yahweh e para com vosso próximo, e volveis para qualquer coisa que vos agrade aos sentidos, ao exercício do orgulho e do egoísmo.

Cumpre, pois, purificar o coração para que sejais simples e retos; para que sejais sempre agradáveis ao Pai Celestial, em razão disso. Recomendo-vos, irmãos, não vos deixeis atrair e perder pelas coisas mundanas, que são temporais. Servi-vos delas conforme o fim ordenado por Yahweh, que nada deixou sem ordem e destinação, mas sempre fazei isso com santificação.

"Após ele dizer isso, de repente, olhou-me fixamente nos olhos e vi um leve sorriso em sua face. Confesso-te, irmão Gamaliel, que ao Ele olhar-me, senti que me desnudara a alma. Fiquei paralisado diante daquele olhar que jamais esqueci e jamais esquecerei nesta e noutras vidas, isso digo com absoluta certeza. O que ouvira provocou em minha mente uma verdadeira revolução de ideias, então, criando coragem, não sei de onde, levantei a mão para falar-lhe. Ele, percebendo, olhou-me novamente e fez ligeiro sinal de concordância com a cabeça. Então falei:

"Raboni, aprecio este encontro. Já ouvi falar sobre ti e sobre o que ensinas, e confesso-te, pelos relatos que me têm chegado, que Yahweh deve ser mesmo teu guia. Dize-me, por favor, se um homem que é submetido a uma legislação pode discordar dela e não a aplicar de acordo com o espírito da lei.

"Ele olhou-me com a ternura de um irmão mais velho e, surpreendendo-me, iniciou a resposta declinando meu nome:

— *Irmão José de Arimateia, o que perguntas tem profundo significado e merece profunda reflexão.*

Todos estamos submetidos às Leis que nosso Pai Celestial estabeleceu como primado para este mundo e para as outras inúmeras moradas de Sua Casa. Também sabemos que na Terra estamos submetidos a leis humanas, exaradas por nosso povo, à feição da Lei Antiga, principalmente no Deuteronômio e no Levítico, ditadas pelo Profeta Moshe, como os estrangeiros estão submetidos às leis dos seus povos.

Nesse compasso, é imperioso entender que a Lei de Yahweh é atemporal, o que significa ser eterna, imutável e se estabelecer sobre todas as nações da Terra, entretanto, as leis humanas caminham entre o tempo e o vento; ora assolam uma nação ou pessoas, ora abrandam, pois dependem, para seu aperfeiçoamento, do progresso dos homens. As leis humanas tenderão a se aproximar da justiça de nosso Pai Celestial, porém, para isso, percorrerão ainda os largos caminhos do futuro.

A esse propósito, indaguemo-nos: como nos julga o Criador, em face de nossos erros? Nosso povo já pensou nisso de várias formas, principalmente adotando o entendimento de que Ele castiga, que é cruel, que é vingativo, que é o Senhor dos Exércitos, que derrota e massacra o inimigo. Porém, respondo-te que Yahweh julga antes a intenção e depois as atitudes, que são analisadas sob o crivo de Suas Leis. Entretanto, nobre José, ao julgar-nos, Ele usa de bondade, de condescendência, de compreensão, de indulgência, de tolerância, de humildade e de magnitude quanto às decisões que profere.

O exemplo do Pai Celestial precisa servir de norte para os julgadores da Terra, eis que, em qualquer circunstância a que sejamos chamados a julgar, precisaremos deter um mínimo desses predicados, para que possamos aplicar a mais vera justiça. Para isso o homem deverá sempre se preocupar em avaliar todas as circunstâncias que envolvem o erro ou o delito, jamais se afastando do sentimento de misericórdia, em cuja ação está a paz de consciência de quem julga, e deve ele nunca esquecer que, onde não houver justiça, por certo não haverá a exata aplicação da lei.

Significa tudo isto, nobre José, que devemos, por nossa confiança, sob qualquer hipótese, confiar em Yahweh e seguir sempre adiante, pois embora a severidade de Suas Leis, Seu amor é infinito, principalmente na direção dos que erram.

Tem sempre em mente, José, que o Pai é Clemente e Misericordioso; que não quer que tuas boas obras pereçam, nem quer a morte do pecador, eis que planta as riquezas da sua bondade em vasos de misericórdia.

"A seguir calou-se e continuou a sorrir-me. Jamais esqueci e esquecerei d'Ele e do que ensinou.

"José de Arimateia fez uma pausa.

"Gamaliel, que parecia ter bebido as falas do amigo, estava pensativo, petrificado e imóvel. Que maravilhoso ensinamento! Que clareza de raciocínio jamais vista ou suspeitada. Após breve instante, falou:

"— Nobre irmão José, estou profundamente sensibilizado com o que ouvi, e faço-me uma pergunta: por que os homens de nosso povo sacrificaram alma tão sóbria e generosa?"

"Trocaram mais algumas confidências a respeito, e após, Gamaliel agradeceu a recepção e a gentil atenção e apressou-se a se retirar, não sem antes tomar delicioso chá com o amigo, após o que, despediram-se.

"Gamaliel continuou seus contatos. Desta feita, foi em busca do Senador Nicodemos. Após ajustado o contato, dirigiu-se à casa do senador. Lá sendo muito bem recebido, iniciou o diálogo com o amigo, dizendo a mesma coisa que já tinha dito a José de Arimateia, no que se refere aos apontamentos que estava coletando a respeito de Yeshua de Nazareth, para buscar entender o que havia ocorrido com Saulo de Tarso.

"Nicodemos, ao recebê-lo, com alegria, disse-lhe:

"— Nobre irmão Gamaliel, antes de tudo, quero te falar da alta estima que tenho por ti, com quem muito tenho aprendido. Poderia falar-te, sobretudo, quanto à extraordinária lição que Yeshua me proporcionou, sobre a necessidade de renascer de novo, de modo que abandonei os conceitos a respeito da Escola de Shamai e curvei-me aos ensinamentos de nosso bondoso e inesquecível mestre Rabban Hilel, que bem sei é vosso estimado avô.

"Na continuidade da conversação com o Mestre Yeshua, naquela noite em que o procurei, além do que Ele me disse efetivamente a respeito de encontrar o Reino dos Céus e como se pode adentrar nele, tendo em vista que Ele percebeu em meu semblante uma profunda tristeza, pois eu estava sendo alvo de uma campanha caluniosa no Sinédrio, inclusive acusado de perverter a lei de Moshe, pelo que, lembro e jamais esquecerei, que Ele falou-me também o seguinte:

— *Nicodemos, não deves entristecer-te sem limites, em face daqueles que lançam inverdades contra ti. Não deves quedar-te preocupado, a não ser somente com o teu interior, com a conversa permanente e necessária que deves ter a todo instante com tua consciência.*

As maldades humanas, as injúrias, calúnias e maledicências, é certo que podem deixar sulcos pelos quais poderão escorrer nossas lágrimas, mas, como chuva passageira, passam, e nossas lágrimas também secarão.

Não será na Terra a primeira nem a última vez que ouvirás as ofensas e sentirás desprezo. Deves sofrer ao menos com paciência o que por enquanto não podes sofrer com a alegria da certeza de que Yahweh não quer a morte do pecador. Ainda que te custe ouvir esta ou aquela palavra e te sintas ofendido ou indignado, modera teu ímpeto e não deixes escapar de tua boca impropérios nem ofensas de qualquer tipo, nem represálias.

Entrega sempre tuas angústias a Yahweh e logo verás que a tempestade se acalmará em teu coração e a dor se converterá em bênção. Além disto, faze o que é mais sublime: ama sempre mais e cada vez mais, principalmente os inimigos.

Deves, nobre Nicodemos, por amor a Yahweh, aceitar as eventuais dificuldades com boa vontade, pois isso te fará progredir em virtudes e te fará agradável a Ele.

Eu sou o Enviado de Yahweh, não para projetar-me, e sim para que possa projetar Nosso Pai que está nos Céus e alertar a todos sobre a necessidade de amá-lo, sob todas as circunstâncias e sem limites, e ao mesmo tempo amar ao próximo como a nós mesmos, e para isso não devemos conviver com paixões más ou queixas.

Se porventura padeces de injúrias não merecidas, não fiques contrariado, adorna tua cabeça com a coroa da resignação e levanta os olhos para os Céus. Confia no Senhor da Vida, que dará a cada um a recompensa, segundo as suas obras.

"Nicodemos calou-se e aguardou. Gamaliel, profundamente meditativo, falou:

"— Nobre irmão, que conceitos maravilhosos, desconhecidos de nossa gente, e que profundidade nessas sábias palavras. Apenas ante as tuas preciosas informações e as que colhi com nosso irmão José de Arimateia, já ouso dizer que falecem as minhas dúvidas sobre ser Yeshua de Nazareth o Messias esperado por nossa gente. Agora começo a entender um pouco por que nosso irmão Saul ligou-se a Ele."

"Após mais algumas conversações, despediram-se.

"Gamaliel retornou a sua casa. No caminho de volta, refletia em tudo o que ouvira e anotara. Jamais tinha cogitado de pensamentos tão sábios e edificantes; de conselhos tão úteis, e em nada do que Yeshua falara via existir contrariedade aos ensinamentos da Torá. As conversações com José de Arimateia e com Nicodemos descortinavam um mundo novo para Gamaliel.

"Alguns meses se haviam passado. Gamaliel ainda tinha que fazer uma última visita para concluir suas pesquisas e anotações. Tivera a oportunidade de ter acesso aos arquivos do Sinédrio, onde havia informações sobre as decisões que haviam sido tomadas por Saul de Tarhish, logo após a desencarnação de Yeshua, principalmente sobre o fato relacionado com a prisão e lapidação daquele a quem os cristãos chamavam de Estêvão. Porém, chamou-lhe muito a atenção um discurso que Saul havia feito na sala do Grande Conselho, alguns dias antes de partir para Damasco, no intento de prender o judeu Ananias, numa reunião à qual Gamaliel não comparecera. Ao encontrar essas anotações, leu-as atentamente. Saul, na ocasião, assim se expressara:

Nobre sumo sacerdote e nobres irmãos membros deste Conselho.

Preciso vos dizer que no momento tenho o coração em frangalhos e a mente um tanto quanto turbada. Vós sabeis da contrariedade que tenho nutrido na direção daquele a quem chamamos de o Crucificado, e parece que como a querer se vingar de minha pessoa e deste nosso Conselho, penso que foi Ele que me preparou uma verdadeira cilada.

Alguns de vós sabeis, do que peço antecipadas desculpas ao sumo sacerdote, de quem omiti isto, que nutria e nutro, por uma jovem chamada Abigail, profundos sentimentos de amor, a ponto de tê-la elegido como minha futura esposa, e que, para meu gáudio, era por ela correspondido.

Entretanto, o pregador do que chamam Casa do Caminho, edificada por seguidores do carpinteiro morto, e que se chamava Estêvão, foi preso por minha ordem e foi condenado à lapidação por prática de crime contra a lei de Israel, lapidação que dirigi pessoalmente.

Entretanto, qual não foi minha enorme surpresa ao ter conhecimento, nos estertores da morte do pregador, que ele era o irmão da jovem Abigail, que estava desaparecido há muito tempo. A partir daí, permito-me suprimir detalhes das cenas desagradáveis que ficaram gravadas profundamente em minha alma. Ante a morte do pregador, perdi o amor de Abigail e parece mesmo que de alguma forma venho perdendo o rumo da minha existência.

Sei que me pedireis para não fraquejar, e não fraquejarei. Dobrei no meu íntimo a certa ira que tenho pelo carpinteiro morto e perseguirei sua alma, seu Espírito, onde quer que ele e eu estejamos. Em razão disto tudo e ante a concessão do sereníssimo sumo sacerdote, parto em missão de aprisionar outra pessoa, um irmão de nossa raça que voltou as costas à Lei de Moshe e converteu-se a essa seita do carpinteiro, que se encontra em Damasco, na Síria, de nome Ananias. Para aumentar a minha tristeza, descobri ter sido ele quem sugestionou Abigail e sua família a se transformarem em seguidores do Crucificado.

Depois disso tudo, ainda vos revelo que ultimamente tenho tido maus pressentimentos que se me abatem, e recentemente sonhei ver todos vós, nobres conselheiros, voltando-me as costas e imprecando contra minha pessoa, o que espero nunca aconteça. Sigo em viagem. Antes, porém, conto com vossas orações. Paz em Yahweh.

"Esse relato impressionou Gamaliel, que, de posse dele, planejou ir até o Núcleo dos Cristãos para falar com Simão bar Jonas e com Tiago, que já conhecia, e por eles já havia intercedido no Sinédrio, quando haviam sido presos a mando do sumo sacerdote.

"Numa noite aprazada, coberto por capa e capuz, adentrou o Núcleo Cristão de Jerusalém. Era dia em que haveria prédica pública por parte dos membros da casa. Prontamente reconhecido por Simão e Tiago, após os cumprimentos, foi conduzido a sentar-se mais à frente e lhe foi pedido que, se possível, ouvisse a pregação primeiro e que depois conversariam. Gamaliel assentiu gentilmente e sentou-se ao lado de Simão. Naquela noite a palestra sobre a leitura que seria feita cabia ao Apóstolo Bartolomeu. Tiago, tomando de pergaminho sobre a mesa, desenrolou-o e leu um trecho alusivo às anotações de Mateus Levi sobre os ensinamentos do Mestre Yeshua:

> Não penseis que Eu tenha vindo destruir a lei ou os profetas; não os vim destruir, mas cumpri-los, porquanto em verdade vos digo que o Céu e a Terra não passarão sem que tudo o que se acha na lei esteja perfeitamente cumprido; enquanto reste um único iota e um único ponto.

"Após a leitura, Bartolomeu levantou-se e iniciou a comentar o trecho lido:

Amados irmãos em Yeshua! Para compreender seu papel na Terra e seu anseio pela busca da felicidade, o homem precisa sempre se esforçar para ir ao encontro da verdade, sem afastar-se do cumprimento da lei.

Em nossa caminhada, que se tem mostrado pedregosa, cheia de buracos, espinhos e acidentes, será preciso arregimentar todas as forças da nossa alma para que, ao longo dela, tenhamos condições de aprender a contornar as dificuldades que ora e vez se nos apresentam na figura dos enormes desafios que em primeiro lugar são pessoais, fruto da necessidade de lutarmos contra nossos próprios desequilíbrios, aprumando nosso espírito no objetivo de ser uma criatura melhor, cumpridora de seus deveres e obrigações para com ela própria, para com Yahweh e para com o seu próximo.

Desse modo, assume, pois, o papel de poderoso auxiliar para alcançar nossos objetivos de reforma íntima, a criteriosa e rigorosa observação do que está escrito na Lei Antiga e na expressão dos profetas de nosso povo, cujos apontamentos e ensinamentos devemos buscar conhecer, eis que se trata de ensinamentos e também de sadias advertências que sempre nos foram enviados, em todos os tempos, a mando de Yahweh, através dos seus mensageiros, a quem chamamos: os Espíritos do Senhor.

A respeito disso e das intrigas e controvérsias que têm surgido no meio de nosso povo, principalmente da dolorosa ocorrência da ilegítima prisão e morte do Cordeiro Divino, precisamos compreender as anotações da Lei Antiga, buscando o espírito com que foram escritas. Nelas devemos verificar qual a utilidade, e não a sutileza da linguagem, relembrando o que nos disse o Rei David, no Salmo cento e dezesseis: 'Os homens passam, mas a verdade do Senhor permanece eternamente'.

Em razão disso, devemos observar que Yahweh fala-nos de diversas maneiras, sem acepção de pessoas. Na leitura do que está retratado na Lei do Senhor, somos na maioria das vezes prejudicados pela curiosidade e nos perdemos nos vãos de discussões da letra sem conseguir penetrar no espírito da verdadeira orientação que emana de seus ensinamentos. Se quisermos tirar proveito, precisamos lê-los com serenidade, com humildade, simplicidade e fé autêntica, sem aspirarmos a reputação dos sábios.

Precisamos ouvir calados as palavras da sabedoria e não devemos nos desagradar das sentenças dos mais velhos, porque eles não falam sem razão. Por isso, não te importes em saber o que seja a teu favor ou contra ti. Procura antes que Yahweh esteja contigo em tudo o que fizeres. Ele está na Lei, mas também está no que serve a lei, no que a aplica, naquele que a contraria, mas será sempre o Deus de misericórdia e amor, e o Deus de todos, sejam judeus ou não judeus, pois Ele não escolhe por raça nem crença. Sua raça é a Humanidade inteira e sua crença é o amor. Por isso que Ele nos enviou Yeshua, para nos alertar sobre a necessidade do fiel cumprimento da lei até o fim e revelar o Deus bom.

Yeshua não nos trouxe nenhuma lei nova, mas trouxe o dever de compreendermos melhor o que já está escrito na Lei Antiga, e a partir desse ponto, somar os ensinamentos que Ele trouxe para a Humanidade, aplicando os preceitos primeiramente em nós próprios para sempre agimos na direção do próximo com lealdade, compreensão e amor.

É certo, então, que o Mestre nos recomenda amar aqueles que nos ofendem, o que ainda é incompreensível para nosso povo. Para aplicar esse preceito orientador, sem sombra de dúvida, aqueles que o entenderem e buscarem vivê-lo serão separados pelo olhar da desconfiança e pela ação da incompreensão. Yeshua não quer a divisão, mas alertou que para viver a mensagem do amor, a divisão se fará naturalmente, porque o amor verdadeiro não comporta interesses pessoais egoísticos de qualquer natureza.

"Bartolomeu calou-se e se sentou. O silêncio era total.

"Gamaliel estava profundamente tocado por conceitos tão claros e simples. A seguir ele percebeu que vários membros do Núcleo, em silêncio, aproximaram-se dos frequentadores e impunham as mãos sobre a cabeça dos presentes, em gestos de transmissão de boas energias. Terminada a prédica e ante a saída do público, Gamaliel foi gentilmente conduzido a outra sala, onde já aguardavam outros membros. Simão, adiantando-se, falou:

"— Irmão Gamaliel, sabemos a que vens, e o que temos a te dizer é que estamos a teu inteiro dispor, se pudermos auxiliar.

"Gamaliel então agradeceu e disse:

"— Caros amigos, penso que já sabeis da notícia que se espalhou há alguns meses e que é dita aos quatro cantos de Jerusalém, não é?

"Como ninguém falava nada, Simão indagou:

"— E qual é essa notícia? Podeis nos dizer?

"Gamaliel respondeu:

"— O nosso irmão do Conselho Superior do Sinédrio, Saul de Tarshish, que vós já conheceis, de maneira indesejada, partiu há vários meses para a cidade de Damasco, na Síria, com ordem de prisão expedida pelo Sinédrio, com o objetivo de prender um judeu que era frequentador da Sinagoga de Damasco, de nome Ananias, e que se converteu à vossa crença. Entretanto, ocorreu que quando chegaram próximo ao pórtico de entrada da cidade, aproximava-se o meio do dia e estava um pouco nublado. Então, ele e mais quatro companheiros, soldados do Sinédrio liderados por Elisha, o chefe da guarda sinedriana, foram alvo de uma situação inusitada e estranha. Segundo a narrativa que Elisha fez ao sumo sacerdote do Sinédrio, houve um clarão enorme que quase cegou a todos. Os cavalos se assustaram e todos foram ao chão, e enquanto estavam ainda atirados à terra, viram que Saul estava de joelhos e falava palavras desconexas, parecendo conversar com alguém.

"Passados aqueles momentos, o clarão havia desaparecido, quando viram Saul levantar-se e tentar ir na direção deles e não conseguir. Parecia não enxergar nada. Elisha e os demais se assustaram, porque quando olharam para Saul, viram que seus dois olhos tinham ficado brancos como se fossem misturados ao leite de cabra.

"Elisha ia falar, quando Saul disse:

"— Irmão Elisha e demais irmãos, como podeis perceber, não estou enxergando mais nada. Não sei dizer se foi o clarão, que acho que vós também vistes, que me cegou, e embora devesse ficar apavorado com o ocorrido, sinto um reconforto em minha alma que não saberia explicar-vos, mas o que posso explicar, e peço que sejais pacienciosos comigo, é que após, o clarão e antes de me quedar cego, eu O vi! Eu vi o Crucificado! Eu vi Yeshua de Nazareth, que longe de estar pendurado numa cruz, mostrou-se em trajes e fisionomia belíssimos: uma vestimenta branca, coberta por um manto azul da cor do mar da Galileia, os cabelos castanhos que pareciam de ouro, tal o brilho, os olhos grandes, castanhos e belíssimos, a barba bem-feita e um meio sorriso encantador, envolto em claríssima luz, e Ele se dirigiu a mim e eu falei com Ele. Não, não me leveis na conta de louco ou enlouquecido. Ele deu-me instruções para adentrar a cidade e procurar uma hospedaria, que uma pessoa, em seu nome, me procurará lá. Peço-te, amigo Elisha, que me leves até a hospedaria mais próxima que encontrares e que lá me possas instalar. Seria um gesto de bondade que eu jamais esquecerei, eis que não estou enxergando nada, apenas uma luz branca. Após me instalarem lá, peço-vos, irmãos, que, junto aos demais, retorneis a Jerusalém. Eu ficarei por aqui. Não sei o que me aguarda, porém vos confesso que, quando da aparição de Yeshua de Nazareth, Ele perguntou-me por que eu O estava perseguindo e convidou-me a trabalhar na Sua vinha, e de uma forma que também, por momento, não conseguirei explicar-vos, eu aceitei o convite e não sei o que sucederá daqui para frente.

"Após Elisha e os demais terem ficado surpresos, levaram Saul a uma hospedaria e novamente foi recomendado por ele que retornassem em paz, porque dali em diante ele passaria a servir ao Carpinteiro de Belém, que diziam haver ressuscitado dos mortos e que ele tinha comprovado isso com sua aparição. Pediu ainda a Elisha que dissesse ao Sinédrio a verdade do que tinha ocorrido, principalmente que participasse aos membros do Conselho, quando inquirido, que Yeshua de Nazareth o havia convidado a trabalhar na Sua vinha e que ele havia aceitado.

"Gamaliel fez propositada pausa e olhou para seus anfitriões.

"Os apóstolos do Mestre que ali estavam se entreolharam. Seus olhares demonstraram nítida preocupação e desconfiança, não do rabino Gamaliel, mas sobre tudo o que ele relatara. Gamaliel, percebendo as reticências e retomando a fala, perguntou.

"— Dizei-me, amigos, por primeiro, qual a vossa impressão sobre o que vos narrei, e após, se é possível que Yeshua de Nazareth tenha mesmo ressuscitado e seja mesmo o Messias aguardado por nosso povo. E se assim entenderem possível, o que vos leva a pensar dessa forma?"

"Simão se adiantou e, procurando responder às indagações do velho sacerdote judeu, disse:

"— Irmão Gamaliel, bem sabemos do caráter bondoso de tua pessoa, cuja grandeza se reflete em tua humildade. Nunca chegaste até nós manifestando autoridade, e bem que a possuis, pois além de seres neto de nosso inesquecível Rabban Hilel, és respeitado por teres posições humanas e sempre justas, do que eu e o irmão Tiago somos testemunhas vivas, quando intercedeste a nosso favor no Sinédrio, por ocasião da prisão que sofremos injustamente, e conseguiste nossa libertação. Como não temos posse, nossa única moeda de valor que te ofertamos será sempre o nosso coração reconhecido à tua amorosa atitude. Quanto à notícia que nos trazes sobre os fatos que teriam ocorrido com o rabino Saul de Tarshish, não os colocaremos sob o terreno da mentira ou falsidade, até porque, quem não conhece efetivamente a fundo, quem não viveu o que foi narrado, não deve exprimir opinião, porque se assim o fizer, com certeza correrá muito mais risco de errar do que de acertar. De modo que não faremos juízo. Preferimos aguardar os acontecimentos futuros.

"Agora, quanto a Yeshua de Nazareth ser ou não ser o Messias esperado por nosso povo, tenho a te dizer o seguinte: muitos profetas do nosso povo, de um modo ou de outro, envolvidos nas escravidões no Egito e na Babilônia, sempre apregoaram a vinda do Libertador, do Messias, que, por determinação de Yahweh, viria na nação de Israel, para libertá-la do jugo da tirania. Entretanto, foram poucos os profetas que profetizaram a vinda de um Messias que haveria de trazer uma revelação verdadeira, a de revelar a verdadeira face de Yahweh para o povo.

Dentre eles destacamos os Profetas Daniel, Zacarias, Ezequiel, Isaías e Jeremias. Nessas revelações, que com certeza vossos mestres estudaram e também tu estudaste, sempre se buscou interpretar a libertação da nação, como a possibilidade não somente de vivermos em liberdade na fé e, sob esse prisma, respeitar os outros povos. Não, infelizmente nunca foi assim pensado pelos líderes principais do povo, pois a liberdade por eles ensinada traz Israel como uma nação que futuramente deverá ser a dominadora da Terra, para isso escravizando os outros povos, numa interpretação de patamar egoístico, emergindo do mar do orgulho e ainda presa da pena de Talião, também prevista, segundo os intérpretes, na Lei Antiga.

"Desconhecem, vossos principais líderes, o que Yeshua efetivamente ensinou com esse propósito. Vejamos o que Ele disse quando esteve conosco, após a sua ressurreição:

> Assim como Eu ofereci voluntariamente meu sacrifício a Nosso Pai Celestial, com as mãos estendidas na cruz, assim deveis vós, a cada dia, vos sacrificar com todas as forças, por amar aos que vos perseguem e caluniam, sendo exemplos de tolerância e indulgência para com todos os vossos irmãos, para que o mundo se transforme na morada dos justos, em cuja morada o egoísmo e o orgulho não habitarão. Agindo dessa forma e espalhando o bem, dia virá, para o homem, em que ele compreenderá que há um só rebanho e um só pastor.

"Simão calou-se.

"Gamaliel, que havia prestado muita atenção à fala do apóstolo, estava pensativo. O que ele disse atingiu as fibras de sua alma. Analisando os pensamentos que lhe vinham naquele momento, experimentou paz e compreendeu que estava diante da verdade. Passados mais alguns instantes, levantou-se e agradeceu aos anfitriões, dizendo:

"— Nobres Simão e Tiago, eu vos agradeço pela acolhida e ao mesmo tempo saúdo os demais — o que fez com um gesto de reverência a todos os que ali se achavam, e depois arrematou:

"— O que vim procurar, já encontrei, podeis crer nisto. O que farei do que encontrei, confesso-vos que ainda não sei. Agradeço-vos a acolhida e me retiro, vos saudando em nome de Yahweh.

"Antes que Gamaliel se retirasse, Simão fez-lhe sinal com as mãos que esperasse. Então, dirigindo-se a um móvel mais à frente, retirou dele um rolo de pergaminhos, aproximou-se de Gamaliel e lhe disse:

"— Nobre sacerdote, irmão e amigo Gamaliel, para nós foi uma honra receber-te.

"Ao dizer isso, estendeu o rolo de pergaminho para Gamaliel, dizendo:

"— Permite-me que possamos presentear-te com as anotações feitas por nosso irmão Mateus, que no momento está ausente, nas quais está contido quase tudo o que Yeshua nos ensinou e principalmente viveu, esperando que possas ler e retirar delas grande proveito para tua alma.

"Gamaliel pegou o rolo de pergaminho que lhe foi estendido por Simão. Ao fazê-lo, sentiu que uma emoção muito forte lhe invadia todo o corpo. Olhou para o apóstolo de Yeshua e agradeceu:

"— Nobre amigo Simão, quero manifestar-te e aos demais minha gratidão, não somente pelo carinho e presteza com que me recebestes e atendestes, como pelo belo presente que me concedeis. Vou ler e estudar o que aqui está escrito com afinco. Sabeis vós que, enquanto possível, eu serei, no Sinédrio, uma voz para servir-vos. A propósito, percebi que, quando vos narrei o ocorrido com Saul de Tarshish, vós ficastes céticos ante os fatos. Antes que eu me vá, gostaria de vos dizer que eu confio em Saul. Ele é meu amigo. Conheço a sua alma decidida e resoluta. Ele luta com coragem e destemor pelo que acredita ser verdade, o que não quer dizer que eu concorde com tudo o que ele fez. Entretanto, se ele, como tudo indica, passou a servir a vosso Yeshua, tende certeza que conquistastes um extraordinário trabalhador para vossa causa. Não peço que me digais crer no que falo, mas conhecendo o caráter de Saul, tenho certeza de que dia virá, no tempo, em que me concedereis razão no que digo. Agora me despeço.

"Todos se abraçaram e logo mais Gamaliel deixava o recinto.

"Simão, olhando para seus irmãos, disse:

"— Amados irmãos, o Sacerdote Gamaliel é um homem justo e bom. Deveria ser ele o sumo sacerdote, e nosso Mestre não teria sido injustamente morto.

"Após retornar do Núcleo Cristão, Gamaliel chegou à sua residência experimentando viva sensação de alegria e paz. O ambiente da casa dos cristãos era especial. Lá se sentira otimamente bem, tanto que tencionava voltar mais vezes. Depois de fazer frugal refeição noturna e banhar-se, preparou-se para se recolher ao leito para o repouso necessário. Antes, porém, à luz de uma lamparina, tomou do pergaminho com que Pedro o havia presenteado, desenrolou-o um pouco e leu um trecho; depois mais um pouco, assim fazendo para ver o que as anotações traziam. Depois as leria todas desde o início, contudo, de repente, o trecho em que houvera parado a leitura chamou sua atenção. Então leu com cuidado e devagar:

> Amados irmãos, ninguém acende uma candeia para pô-la debaixo do alqueire; põe-na, ao contrário, sobre o candeeiro a fim de que ilumine a todos os que estão na casa.
>
> Aproximando-se, disseram-lhe os discípulos: — Por que lhes falais por parábolas? Respondendo-lhes, disse Ele: — É porque a vós outros foi dado conhecer os mistérios do Reino dos Céus, mas a eles, isso não lhes foi dado. Porque àquele que já tem, mais se lhe dará e ele ficará na abundância; àquele, entretanto, que não tem, mesmo o que tem se lhe tirará. Falo-lhes por parábolas, porque, vendo não veem e ouvindo não escutam e não compreendem. E neles se cumprirá a profecia de Isaías que diz: "Ouvireis com vossos ouvidos, e não escutareis; olhareis com vossos olhos e não vereis, porque o coração deste povo se tornou pesado e seus ouvidos se tornarem surdos e fecharam os olhos para que seus olhos não vejam e seus ouvidos não ouçam; para que seu coração não compreenda e para que tendo-se convertido, Eu não os cure.

"Gamaliel, ao terminar a leitura do trecho, estava profundamente tocado com o que lera. Ficou a pensar no ensinamento. Ele até que se considerava um bom conhecedor da lei do seu povo. Em razão disso, comungava que sua gente não se aplicava como devia na interpretação dos livros que retratavam a tradição religiosa da nação, daí por que havia muitas incógnitas em relação à ligação de Yeshua com sua gente. Com certeza, os profetas, ao longo dos anos, sempre haviam buscado alertar o povo para a necessidade de compreensão da mensagem orientadora de Yahweh, que contém, sob quaisquer aspectos, as respostas para as criaturas irem ao encontro da felicidade.

"Agora, o que ele lia nas anotações de Mateus Levi era muito diferente e lhe despertava a atenção. Nunca tinha lido ou ouvido nada que fosse parecido à destinação do conhecimento, tal qual dissera Yeshua, porque Gamaliel compreendera que a luz a que se referia o Mestre Yeshua se traduzia na Lei Antiga, e que essa Lei, de maneira equivocada, era propriedade dos que se arvoravam como os únicos conhecedores de toda a lei, mas que, através de suas vivências e exemplos negativos, se apartavam da correta aplicação delas, colocando, agora compreendia, a luz sob o alqueire.

"Como não havia pensado nisso antes? Que profundidade de conhecimentos sobre a alma humana demonstrava Yeshua! Não, Ele não poderia ser somente um reles filho de Belém Efrata. Na continuidade da sua leitura, percebeu também que o que Yeshua ensinava sobre os olhos de ver e ouvidos de ouvir estava ligado ao exercício da fé por parte do povo, que não conseguia enxergar nada sobre o que acontecia à sua volta, nem ouvia os lamentos dos mais necessitados, e que, as mais das vezes, fechava os olhos para a dor do outro, o sofrimento e as necessidades dos menos favorecidos. Aqueles pensamentos lhe invadiam a alma qual flecha certeira e o deixavam com maior interesse ainda no estudo de tudo o que estava anotado no rolo de pergaminho. Como já era tarde da noite e se achasse cansado, após orar a Yahweh, inclusive pedindo intercessão do Pai Celestial em favor do amigo Saulo de Tarso, Gamaliel preparou-se para o repouso e a seguir adormeceu.

"Os seis meses concedidos pelo sumo sacerdote, relativamente à suspensão do processo interno aberto no Sinédrio contra Saulo de Tarso, escoaram-se. O sumo sacerdote então marcou o dia para o julgamento pelos crimes de apostasia e deserção, cometidos por Saul de Tarshish.

"Foi numa quarta-feira, pela manhã, do mês de maio do ano 37 d.C., que a Gerousia, com setenta membros, exceto Saul, iniciou o julgamento. Caifás, após todos acomodados, abriu a reunião:

"— Nobres irmãos membros deste Conselho, conforme aprovado há seis meses, retomamos hoje o julgamento da atitude levada a efeito por antigo membro deste Conselho, que foi afastado de suas funções, provisoriamente. Esta reunião visa a deliberar sobre a deserção de Saul de Tarshish e sobre a sua negação de nossa fé, e portanto, traição a nosso povo. Todos os relatos que chegaram a este Conselho dão conta de que se confirmaram a negativa da fé, feita por parte de quem dividia este Conselho conosco, no sentido de ter renegado nossa crença e as leis de Israel, e manifestado obediência ao judeu crucificado, de nome Yeshua de Nazareth, numa atitude despropositada e que pode, inclusive, demonstrar sinais precoces de demência, a meu ver. Diante disso, determino ao secretário deste Conselho que leia agora a acusação formal e definitiva contra Saulo de Tarso.

"O secretário da Gerousia, Nathan ben Isaque, levantou-se e iniciou a leitura:

"— Nobres conselheiros. No ano de 3.787 da graça de Yahweh, o Sumo Sacerdote Caifás apresentou denúncia contra o Conselheiro Saulo de Tarso, já afastado provisoriamente de suas funções, e que se traduz no seguinte:

"Na qualidade de Sumo Sacerdote do Sinédrio de Israel e ante os graves fatos coletados e recebidos, que dão conta e provam que Saulo de Tarso, membro afastado desta Gerousia, malversou a crença do seu povo e abdicou da fé em Yahweh, o denuncio por prática dos crimes a seguir dispostos:

"1. O conselheiro afastado feriu o que determinou o Profeta Moshe no Deuteronômio, capítulo 13: 1 a 5, a saber: *'Se aparecer entre vós profeta ou alguém que faz predições e vos anunciar sinais miraculosos e prodígios, e se o sinal ou prodígio que ele falou acontecer, e ele disser: Vamos seguir outros deuses que vós não conheceis e vamos adorá-los, não deis ouvidos às palavras daquele profeta ou sonhador, porque o Senhor, vosso Deus, está vos pondo à prova, para ver se o amais de todo coração e de toda alma. Segui somente o Senhor, vosso Deus, e temei a ele somente. Cumpri seus mandamentos e obedecei à sua voz e o servi com muito zelo. Aquele profeta e sonhador terá que ser morto, pois pregou rebelião contra o Senhor, vosso Deus, que vos tirou do Egito e vos retirou da terra da escravidão e porque ele tentou afastar-vos do caminho que vosso Senhor vos traçou. Assim, eliminareis o mal de vosso meio'*.

"Declaro que Saulo de Tarso contrariou esses ditames da nossa lei ao abandonar a sua crença e negar a fé, e passar a seguir um sonhador que se disse filho de Yahweh, e ainda Rei dos Judeus, e que foi, segundo os ditames do Deuteronômio, morto conforme a lei. Em razão disso, Saulo de Tarso deve ser preso, julgado e condenado, e igualmente, conforme a lei, morto.

"2. Declaro, também, que Saulo de Tarso contrariou os ditames da nossa lei ao praticar apostasia e ferir o dispositivo do Deuteronômio, cap. 17:11 a 13 e 18 a 20, a saber: *'Procede conforme ao mandado da lei que te ensinarem, e conforme o juízo que te disserem farás; da palavra que te anunciarem te não desviarás, nem para a direita e nem para a esquerda. O homem, pois, que houver soberbamente, não dando ouvidos ao sacerdote, que está ali para servir ao Senhor teu Deus, nem ao juiz, esse homem morrerá e tirarás o mal de Israel, para que todo o povo o ouça e tema e nunca mais se ensoberbeça. Será também que, quando se assentar sobre o trono do seu reino, então escreverá para si num livro, um traslado desta lei, do original que está diante dos sacerdotes levitas; e o terá consigo e nele lerá todos os dias da sua vida, para que aprenda a temer o Senhor seu Deus, para guardar todas as palavras desta lei, e estes estatutos, para cumpri-los; para que seu coração não se levante sobre os seus irmãos, e não se aparte do mandamento, nem para a direita e nem para a esquerda, e desse modo terá, assim como os seus filhos, um longo reinado no meio de Israel'.*

"É fato que o conselheiro afastado deu as costas aos estatutos e leis de nosso povo, e os descumpriu; sua atitude em renegar Yahweh e apegar-se ao carpinteiro sonhador, que foi morto, traduz-se em claro descumprimento dos mandamentos, tanto para a direita como para a esquerda, porque descreu de Yahweh e elegeu ídolo de barro.

"Em sendo assim, peço a este Conselho, com base no que está predito ainda no Deuteronômio, cap. 17: 2 a 11, a saber: *'Se um homem ou uma mulher que vive numa das cidades que o Senhor lhes dá, for encontrado fazendo o que o Senhor, o seu Deus, reprova, violando a sua aliança e desobedecendo o seu mandamento, estiver adorando outros deuses, prostrando-se diante deles. Ou diante do sol ou diante da lua, ou diante das estrelas do céu; se vocês ficarem sabendo disso, investiguem o caso a fundo. Se for verdade e ficar comprovado que se fez tal abominação em Israel, levem o homem ou a mulher que tiver praticado esse pecado à porta da sua cidade e apedrejem-no até morrer; pelo depoimento de duas ou três testemunhas, tal pessoa poderá ser morta, mas ninguém será morto pelo depoimento de uma testemunha; as mãos das testemunhas serão as primeiras a proceder à execução, e depois as mãos de todo o povo. Eliminem o mal do meio de vocês; se para os seus tribunais vierem casos difíceis demais de julgar, sejam crimes de sangue, litígios ou agressões, dirijam-se ao local escolhido pelo Senhor, o seu Deus; procurem os sacerdotes e levitas e o juiz que estiver exercendo o cargo na ocasião. Apresentem-lhes o caso e eles lhe darão o veredicto; procedam de acordo com a decisão que eles proclamarem no local que o Senhor escolher. Tratem de fazer tudo o que eles ordenarem; procedam de acordo com a sentença e as orientações que eles derem. Não se desviem daquilo que eles determinarem, nem para a direita e nem para a esquerda'.*

"Assim, em razão dos crimes praticados por Saul de Tarshish, pede-se a condenação deste, e em ato final, seja por este Sinédrio expedido o competente mandado definitivo de sua imediata prisão, onde for encontrado, a fim de que preso, seja trazido a este Sinédrio, para que lhe seja dada a oportunidade de ser ouvido, porém, que antes da sua audição, já lhe seja lido o veredicto final deste julgamento, através do qual, ante os crimes de que está sendo acusado, pede-se já a sua condenação definitiva à morte por lapidação. É o que pede o Sumo Sacerdote Caifás. Dado e anotado no livro de ocorrências da Gerousia deste Sinédrio.

"Após lida a acusação, o sumo sacerdote levantou-se e disse:

"— Irmãos conselheiros, esta é a acusação. Confesso-vos que presido esta sessão muito a contragosto. Sempre nutri para com o ex-rabino Saulo uma relação de amizade e confiança. Sempre atendi a todos os seus pedidos, de modo que além da acusação, sinto-me traído na amizade que sempre despendi com ele. Confesso que, muito embora o grau de simpatia, na difícil função que me foi delegada pelos pares deste Conselho, não posso tergiversar e sou impelido a fazer a justa aplicação de nossas leis, pelo que peço que desconsidereis, neste julgamento, o eventual clima de amizade que alguns de vós, ou todos vós, devotais a Saulo, em razão dele ter trazido para este Conselho, para o Sinédrio e para nosso povo a mancha da deserção. Segundo os ditames de nossas leis, será dada agora a palavra ao seu defensor, o Conselheiro Gamaliel. Peço a atenção de todos."

"Caifás sentou-se, continuando a demonstrar toda sua contrariedade com o ex-rabino. A um sinal seu, Gamaliel levantou-se, foi até o centro da sala onde estavam reunidos os conselheiros, sentados em bancos com encosto em enorme mesa circular, em formato de meia-lua. Com muita calma e demonstrando autoconfiança, perpassou o olhar em todos os conselheiros, demorando-se um pouco ao olhar o sumo sacerdote, como a medir as suas reações e, demonstrando coragem e serenidade, começou a falar:

"— Nobre sumo sacerdote, nobres irmãos com os quais tenho tido a honra de dividir lugar nesta Gerousia, saúdo-vos a todos, em nome de Yahweh, nosso Senhor e Criador de todas as coisas, do Céu e da Terra, e todas as gentes que povoam este nosso mundo. Todos vós sabeis que aqui estou na condição de defensor do Conselheiro Saul de Tarshish, que continua a ser nosso irmão, o que nunca deixou ou deixará de ser, eis que tem a mesma paternidade, pois criado também por Yahweh. Desta forma, peço a especial atenção, para que, independentemente do libelo acusatório lido contra o acusado, possais ao final não concordar com a atitude de Saul, porém jamais podereis negar a irmandade que tendes com ele, razão pela qual peço a gentileza que useis de serenidade.

"De fato, as leis do nosso povo têm conduzido a nação desde os tempos do pai Abraão, passando por Moshe e os demais profetas, contudo, para bem aplicá-las em nossas vidas, precisamos buscar nelas a verdade, e não a eloquência ou o interesse pessoal. Devemos ler e estudar nossas leis, buscando fazê-lo com o mesmo espírito com que foram feitas e escritas, razão mais do que justa, a fim de que, ao lê-las, encontremos sua utilidade e não as usemos em proveito próprio e de interesses de mando, objetivando a satisfação de nosso egoísmo, porque a lei não tem partido e o seu fundamento primaz é dispor os deveres e sancionar a prática da justiça, buscando evitar as injustiças.

"Meus irmãos, Yahweh fala-nos de diversas maneiras, sem acepção de pessoas ou de interesses. Em razão disso, o que temos visto recentemente em nossas decisões, e me refiro, ao meu entender, à equivocada e malfadada decisão adotada em relação ao Carpinteiro de Nazareth, em cujo julgamento se deu crédito a qualquer palavra sem comprovação e se obedeceu a impulsos, sem que fossem sopesados os fatos com prudência e vagar.

"Infelizmente, muitas vezes demonstramos fraqueza e aceitamos muito facilmente o que dizem dos outros e o que dizem os outros. Temos aceitado com mais facilidade o mal do que o bem. Como conselheiros que já vivemos muitas etapas nesta existência, que nos forneceu o estofo da experiência, não devemos crer levianamente em tudo o que nos contam, pois temos os elementos da experiência para buscar conhecer, da melhor forma possível, a fraqueza humana. Por isso, grande sabedoria é não agir com precipitação e não crer sem discernimento em tudo o que dizem os homens. Quanto mais o homem for humilde e submisso a Yahweh, tanto maior será sua sabedoria e serenidade em todas as suas ações e, portanto, decisões. Após feitas essas observações iniciais, que julgo importantes, passo, efetivamente, a fazer a defesa do acusado, e o farei da forma seguinte:

"Primeiro: qual a conduta do acusado perante o Sinédrio, esta Gerousia e nosso povo? A essa indagação, ouso responder que, efetivamente, nenhum de nós que aqui está neste momento, e isso falo com absoluta certeza e isenção, tem qualquer reparo ou reclamação quanto à conduta de representação do acusado, que em todos os atos de sua vida perante nosso povo e perante o Templo sempre agiu com a mais absoluta correção e de quem ninguém teve ou tem qualquer reclamação a fazer, eis que, em todos os atos da sua vida, até este momento, de caráter religioso ou social, sempre agiu com a mais absoluta correção e fidelidade às nossas leis e mandamentos.

"Segundo: é a conduta de Saul, em face dos crimes de que é acusado, de fato, nociva ou ofensiva a Israel? Respondo: essa é uma questão gravíssima e que entendo ser o cerne a ser debatido neste julgamento e que merece extremado cuidado na análise. Ao exarar meu entendimento, nesta ocasião, peço antecipadamente vossa compreensão, porque retirei-me de um julgamento que continuo a entender como apressado e até sem propósito, quando pequena parte deste Conselho, a meu ver, sem a devida representação legal, houve por condenar Yeshua de Nazareth como um impostor e embusteiro, e que, ao dizer-se filho de Yahweh, segundo os que o acusaram, demonstrava loucura e envergonhava a raça. Falo isto com a clara consciência de que, por nossas leis, gozo de imunidade, enquanto manifestando ou fazendo a defesa do acusado Saulo, acrescentando que não estou a acusar quem quer que seja.

"Para dizer isso, confesso-vos que, durante os seis meses passados, fiz a mais ampliada pesquisa possível, inicialmente sobre Yeshua de Nazareth. Avistei-me com os seguidores d'Ele; fui muito bem recebido por eles e de nossos encontros tenho a relatar-vos que todos os grandes profetas de nosso povo profetizaram a vinda do Messias, do Libertador de Israel, e, quase que unânimes, deixaram claro que o Messias haveria de vir, não com pompa e demonstrando poder e supremacia política ou econômica, porém seria o artífice da supremacia do amor. Vejamos, pela lembrança, as seguintes profecias: o Profeta Isaías disse:

> Por que um menino nos nasceu, um filho se nos deu, e o governo estará sobre os seus ombros; e o seu nome será: Maravilhoso Conselheiro, Príncipe da Paz.

"Também disse:

> Era desprezado e o mais rejeitado entre os homens, homem de dores e que sabe o que é padecer; e, como um de quem os homens escondem o rosto, era desprezado e dele não fizemos caso. Certamente ele tomou sobre si as nossas enfermidades e as nossas dores, levou sobre si; e nós o reputávamos por aflito, ferido de Deus e oprimido. Mas ele foi traspassado pelas nossas transgressões e moído pelas nossas iniquidades, o castigo que nos traz a paz, estava sobre ele, e pelas suas pisaduras fomos sarados. Todos nós cuidávamos desgarrados como ovelhas; cada um se desviara pelo caminho, mas o Senhor fez cair sobre ele a iniquidade de nós todos.
>
> Ele foi oprimido e humilhado, mas não abriu a boca; como cordeiro, foi levado ao matadouro, e como ovelha muda perante os seus tosquiadores, ele não abriu a boca.

"Entre inúmeras outras profecias, ressalto também, nesta Gerousia, a profecia de Miqueias:

> Mas tu, Belém Efrata, posto que pequena para estar entre os milhares de Judá, de ti que me sairá aquele que há de reinar em Israel, e cujas saídas são desde os tempos antigos, desde os dias da eternidade.

"Gamaliel fez uma pausa, percorrendo com o olhar todas as fisionomias dos conselheiros. Percebeu que Caifás estava ruborizado de ira; uma parte do Conselho mostrava-se enfadonha e sem interesse; outra parte demonstrava certo interesse e uma parte menor acompanhava a fala de Gamaliel, com atenção. O sumo sacerdote queria interromper o pronunciamento de Gamaliel, mas isso seria contrário à lei. Buscou se conter.

"— Bem sei, irmãos, que grande parte de vós reprova minha manifestação, porém, como defensor do acusado, por nossas leis, não posso ser interrompido, então prossigo:

"— Acaso algum de vós já analisou a fundo essas profecias de nossa gente e as confrontou com os acontecimentos que levaram à crucificação de Yeshua de Nazareth? Se ainda não o fizeram, recomendo que o façam e verão que, sem dúvida, e ouso dizer isso sob a garantia da imunidade que nossa lei me concede na qualidade de defensor, que o Messias veio e foi imolado na cruz, pela mentalidade egoística e orgulhosa de nosso povo, que está órfão e extraordinariamente compromissado ante Yahweh e de acordo com nossa lei. Esse acontecimento fará incidir, no futuro, sobre nosso povo, as graves e extremadas dores das expiações que avançarão por milênios, até, no meu entender.

"Para minha pessoa, esta defesa se traduz no maior desafio da minha existência, pois o meu propósito é entender, a distância, o que se passou e passa na mente do amigo Saul de Tarshish, para que nosso povo não cometa outro grave erro. Com a alma leve, o coração repleto de alegria e a consciência absolutamente tranquila, ostentando a qualidade de velho sacerdote, que sou, e tendo me negado a participar do estranho, apressado e despropositado julgamento do Raboni Yeshua de Nazareth, julgamento esse que contrariou os dispositivos de nossas leis, e após a continuidade de minhas entrevistas e pesquisas feitas a respeito daquele a quem chamam O Salvador, venho manifestar a este Sinédrio que não tenho a menor dúvida, em minha alma, de que Yeshua de Nazareth é sim o Messias aguardado por nossa gente e que se deixou imolar para que as profecias se cumprissem."

"Gamaliel tomou fôlego. Agora, grande parte do Conselho o olhava com sinais claros de indignação, irritação e espanto. O sumo sacerdote, então, parecia querer colocar os olhos para fora das órbitas. Sua coloração avermelhada, na pele, demonstrava que a qualquer momento parecia que ia explodir de raiva. Após mais alguns momentos, Gamaliel, retomando a palavra, continuou:

"— Caros irmãos, depois dessas considerações, que julguei necessárias, continuo. Sempre tive por Saul o mais profundo apreço e admiração. Enxerguei a sua vida de perto e sempre tive uma compreensão geral de suas propostas e objetivos, de sua altivez, de sua firmeza, de sua lealdade, de sua correção como homem, de sua educação e gentileza e de sua imensa cultura, pelo que, no meu modo de ver, em breve tempo ele seria, sem a menor sombra de dúvida, o nosso líder maior do Sinédrio, tal a sua firmeza na defesa dos postulados de nossas leis e tradições. Foi por conhecer o seu impoluto caráter e suas qualidades que não relutei em imediatamente me apresentar como seu defensor perante esta Gerousia.

"Desse modo, para buscar de alguma forma compreender a atitude dele, comunicada a este Sinédrio, à vista de ele ter abandonado nossa crença e ter-se transferido à defesa daquele que vós chamais de o *reles carpinteiro de Nazareth*, debrucei-me a estudar as circunstâncias e os fatos que envolveram o que vós chamais como deserção, por parte de Saulo. Depois de entrevistar os soldados do Sinédrio que acompanhavam Saulo e de ir ao Núcleo Cristão e conversar com os seguidores de Yeshua de Nazareth, cheguei às seguintes conclusões:

"Primeiro: Saul é o que podemos chamar de um judeu legítimo, da tribo de Benjamin, criado segundo nossas tradições e leis, e portador de um coração impetuoso, fariseu de têmpera firme e de cultura invejável, com vasto conhecimento de nossas leis e das leis de Roma. Domina com facilidade a língua pátria, o grego e o aramaico, e é versado na língua de Roma, portanto autoridade em nossa Lei e igualmente, em razão de sua cidadania romana, que lhe foi conferida em Tarso, na Cilícia romana, é também autoridade na lei romana. Demonstra enorme conhecimento acerca dos pensadores de nosso e de outros povos, como dos filósofos da Grécia, por exemplo. Em que pese essas qualidades, ele tem um temperamento um tanto difícil de se lidar e na maioria das vezes é alheio à dor de outrem. Para Saul — e vós, nobres conselheiros, já tivestes disto inúmeras demonstrações —, sempre foi inconcebível qualquer situação, palavra ou fato que ousasse denegrir os princípios das nossas leis e de nossa fé em Yahweh.

"Essa a razão mais forte, que o fazia, conforme ele próprio confessou-me, trabalhar para o banimento dos ensinamentos que haviam sido trazidos pelo Carpinteiro de Nazareth, que ele entendia ofensivos a Israel, muito embora, e disto eu tenho certeza, apesar de sua cultura, não conhecia esses ensinamentos. Ouso dizer-vos, ainda, que, embriagado por sua insensata fúria, Saul não foi capaz de entender, que objetivando esse fim, ele tomou um caminho diverso do que pretendia e de maneira irracional até, invadiu os limites da convivência humana, fazendo lapidar um seguidor do Carpinteiro, de nome Estêvão. Ademais, sua ação temerosa, para que vós não duvideis dos propósitos que ele alimentava em face dos seguidores daquele a quem chamavam "O Homem do Caminho", provocou uma certa debandada das lideranças do Núcleo por eles fundado, que conhecemos com o nome de Casa do Caminho. Porém, essa debandada não foi feita por simples temor a Saulo, e diante das visitas que fiz e dos levantamentos que pude colecionar, a maioria das lideranças que passaram a divulgar os ensinamentos de Yeshua foram para as mais diversas regiões, e nesses lugares começaram a pregar em nome do Carpinteiro de Nazareth, dando expansão ao que eles denominaram como Boa-nova.

"Segundo: a ação de Saul de Tarshish, na perseguição a essa gente, foi duríssima e severa. Não só blasfemava contra o Homem do Caminho, como perseguia sem tréguas Seus seguidores, o que o levou, como bem sabeis, à cidade de Damasco, ao encalço do judeu convertido aos ensinamentos de Yeshua de Nazareth, de nome Ananias. Historio todos esses fatos e as circunstâncias para que, na condição de conselheiros, possais ter mais elementos para analisar todo o conteúdo da acusação e as provas que conseguimos coletar.

"Quanto ao relato feito na acusação, relacionado aos fatos narrados pelo chefe da guarda do Sinédrio, tudo indica ter havido por parte de Saulo uma conversação em favor dos ensinamentos de quem chamais de "o carpinteiro crucificado", porém, para se ter essa certeza, ainda faltam muitos elementos para que este Conselho possa fazer uma análise bem criteriosa, o que significa que, pelo momento, os fatos trazidos na acusação lida são inconclusivos.

"Ante o arrazoado que faço, devo concluir a minha defesa, para que, a partir disto, vós julgueis conforme as vossas consciências, e a concluo na forma seguinte: gostaria de lembrar o que já aprendemos pelos ensinamentos dos profetas de nosso povo.

> Não te importes muito em saber quem seja por ti ou contra ti, mas trata de saber se Yahweh está contigo em tudo o que fizeres, principalmente no que se refere ao que Ele recomenda como o Pai Celestial que é.

"Vós estais aqui para julgar com equidade e justiça, e, sem sombra de dúvida, cada um deve julgar segundo o seu interior, razão maior pela qual deveis julgar as atitudes de Saulo, que ainda militam no campo da alegação, e não julgar o homem Saulo, que, pela sua vida dedicada a Yahweh e a este Sinédrio, não pode ser tido na conta de um simples desertor, como é acusado.

"Alerto-vos para que não vos deixeis levar por temores e por tradições desapegadas do bom senso, pois já temos certeza de que somente um coração puro gozará de alegria, ao passo que, se há em alguma parte tribulação e angústia, trata-se de desequilíbrios que a má consciência experimenta. Antes de nos espantarmos com o comportamento de Saulo, que segundo a acusação renegou nossa causa, é preciso indagar nossa consciência, sobretudo em razão da decisão grave e equivocada, quando da morte de Yeshua de Nazareth, pois todos vós que aqui estais fostes chamados a esse julgamento.

"Então, indago se há certeza por parte da maioria desta Gerousia de que o Carpinteiro era mesmo um impostor da lei? Vossas consciências não vos acusam de ter porventura cometido um crime? Vós já cogitastes que ao endossardes o vil assassinato de Yeshua de Nazareth, podereis ter assumido um dever de altíssima gravidade e que com essa decisão empenhastes nossa nação a resgastes futuros dolorosos ante as leis de Yahweh? Acaso pretendeis agravar ainda mais as expiações pelas quais nosso povo certamente passará, condenando à morte um homem que defendeu, e tenho certeza que defende, nossas leis apenas pelo simples fato dele passar a seguir quem, na minha visão, deu à lei de Israel o pano de fundo da tolerância e da indulgência que nunca existiu?

"Com qual medida da verdade compareceis aqui, hoje, para dar os vossos veredictos? Tendes vós a certeza inabalável que o Carpinteiro de Nazareth não é o Messias que aguardamos ou aguardávamos? Já analisastes com atenção e vagar tudo o que Ele ensinou; o que Ele fez; o que Ele viveu? Tendes a certeza dentro dos vossos corações de que Saulo ofendeu nossas leis?"

"Gamaliel fez breve silêncio e a seguir continuou:

"— Eu penso, nobres conselheiros, que a criatura humana deve tudo fazer para se tornar um homem de bem; se preciso, ser como o ferro metido no fogo, que perde a ferrugem e se faz todo incandescente. Assim, o homem que se entrega a Yahweh de forma integral, livre da tibieza, torna-se um novo homem. Ante essas verdades, se quereis saber o que penso em relação a Saul, vos digo: para minha pessoa, ele se entregou ao fogo incandescente dos ensinamentos de Yeshua de Nazareth, desconhecido de todos nós, pois, pelo pouco que já pude conhecer desses ensinamentos, eles incendeiam as consciências na direção do bem comum, e confesso que a minha consciência, após isso, ficou incandescente, principalmente em razão de um ensinamento do Nazareno, que ouso ler nesta Gerousia, neste momento, pois Ele assim disse:

Não penseis que vim trazer a paz à terra; não vim trazer a paz, mas a espada. Pois vim causar divisão entre o homem e seu pai, entre a filha e sua mãe, e entre a nora e a sua sogra. Assim os inimigos do homem serão os da sua própria casa.

Quem vos recebe, a mim me recebe, e quem me recebe, recebe aquele que me enviou. Quem recebe um profeta no caráter de profeta, receberá o galardão de profeta; quem recebe um justo no caráter de justo, receberá o galardão de justo.

Eis que vos envio como ovelhas para o meio de lobos; sede, portanto, prudentes como as serpentes e simples como as pombas. Acautelai-vos dos homens, porque vos entregarão aos tribunais e vos açoitarão nas suas sinagogas.

"Ora, diante dessas verdades, o que vemos com este julgamento? Vemos que Saul está como que vestindo essas profecias do Carpinteiro perante este Conselho, que, mesmo sem julgá-lo totalmente, já procedeu à divisão, colocando-o como renegado, desertor e ex-conselheiro.

"Não, não tenho outros elementos para sustentar nesta defesa, além daqueles que já desfilei, eis que o acusado está ausente, o que já contraria nossas leis. Não pude dialogar com ele, porém, pelo que conheço de Saul, de minha convivência com ele, muito lhe custou e muito ainda lhe custará a mudança que adotou. Cogito que somente um fato muito marcante e totalmente novo e inesperado o faria mudar o curso de sua vida, razão pela qual acredito que sim, que ele viu Yeshua de Nazareth na glória de Yahweh, conforme pregavam seus seguidores, e passo a crer na ressurreição do Carpinteiro de Nazareth."

"Gamaliel, após essa longa fala, silenciou e tomou um bom gole de água. O semblante do Sumo Sacerdote Caifás, que antes era de raiva expressa, agora era ausente; parecia viajar pelo pensamento, longe daquela sala, absorto. Talvez estivesse lembrando do seu fatídico veredicto acusatório contra Yeshua. Já os demais conselheiros estavam quase na sua totalidade reflexivos. Gamaliel, percebendo isso, retomou a palavra:

"— Agora que os nobres pares deste Conselho me ouviram pacientemente, passo a fazer algumas observações do que entendo ser indispensável a um julgador.

"Penso que quem julga tem a responsabilidade muito mais ampliada do que o padrão normal das criaturas. Dessa maneira, o julgador não deve ser um justiceiro, e sim um aplicador das leis, e deve fazer esforços para aplicá-las sob o império da equidade, buscando interpretar o fato, as circunstâncias, os agravantes, os atenuantes e a face do espírito da própria lei, que se traduz na compreensão necessária do objeto da lei, de sua extensão e das consequências de sua aplicação, cujo espírito deve ser enquadrado na medida do delito e das circunstâncias que o envolveram. Antes, e sobretudo, analisar o bem e o mal de que o acusado é portador, porque mesmo o insano criminoso deve amar alguém que lhe proporcionou a vida física; que desvelou cuidados; que buscou a sua felicidade, embora os percalços da existência, portanto, o mais vil criminoso possui em si a semente do amor, pois para Yahweh, todos somos seus filhos e merecedores de sua atenção e cuidados, principalmente os que estão doentes da alma.

"Não deve, pois, o julgador esquecer que as criaturas muito desejam que os outros sejam perfeitos, contudo, nem sempre assim se apresentam e nenhum esforço fazem para emendar as próprias faltas. Ele deve lutar para não se enquadrar nesse padrão, porque, se assim o fizer, não terá isenção para julgar, eis que não haverá justiça se o direito for mal aplicado.

"O julgador deve se revestir das virtudes da tolerância e da indulgência, e julgar mais com o coração do que com a razão, como um pai que ama seu filho vai julgar os seus erros, o que não quer dizer que se ausente de aplicação da lei, mas ele deverá aplicá-la com parcimônia, objetivando construir um novo homem, e não destruir ainda mais o que lhe foi apresentado.

"Por nenhuma coisa neste mundo se deve praticar a maldade, buscando satisfazer nossa postura orgulhosa e egoística. Yahweh assim dispôs, para que aprendamos a carregar uns o fardo dos outros; porque ninguém há sem defeito na Terra; ninguém sem carga emocional; ninguém com força e juízo bastante para si, pelo que, cumpre que uns aos outros nos suportemos, consolemos, auxiliemos, instruamos e aconselhemos; porque as virtudes, quando regradas com o suor de nossa preocupação com o próximo, manifestam-se nas ocasiões das adversidades, fornecem ao homem a coragem necessária para superar os obstáculos e o auxiliam a caminhar na direção do bem.

"Nobres irmãos conselheiros, vós já conheceis Saul há bastante tempo. Convivestes com ele por muitos anos, portanto, peço-vos que o julguem com equidade e justiça. Penso, por final, faltar a esta Gerousia elementos de prova que apontem sem dúvidas que Saul de Tarshish contrariou a Lei de Yahweh, razão mais do que suficiente para embasar meu pedido de que, em razão da ausência do acusado, este julgamento seja suspenso, e portanto adiado, e, se não suspenso, que Saul seja absolvido das acusações de apostasia e deserção da Lei de Yahweh, eis que nada disso restou provado. Assim, diante das manifestações que faço, resta-me, por final, rogar a Yahweh que nos dê o tirocínio necessário para a decisão que deveremos tomar e que Ele nos abençoe a todos!"

"Gamaliel encaminhou-se a seu lugar e sentou-se.

"O silêncio era total. Os conselheiros se entreolharam e aguardaram. Caifás levantou-se e, visivelmente contrariado, disse:

"— Nobres conselheiros, tivestes a oportunidade de ouvir a defesa de Saul de Tarshish feita pelo Conselheiro Rabban Gamaliel. Suspendo a reunião para a refeição e voltamos na segunda hora do meio-dia para a continuidade dela.

"Dizendo isso, bateu com um pequeno martelo de madeira sobre a mesa, levantou-se e se retirou apressado. Intensa foi a movimentação dos conselheiros e destes entre si e com Gamaliel. Muitos o vinham felicitar pela defesa, outros vinham questionar trechos da lei antiga. José de Arimateia e Nicodemos se aproximaram e o abraçaram, convidando-se para fazerem a refeição com ele.

"Na segunda hora após o meio-dia, todos estavam a postos. O sumo sacerdote, demonstrando a mesma contrariedade, reabriu a reunião dizendo:

"— Nobres conselheiros, após as considerações do defensor, pela lei, franqueio a palavra ao conselheiro que queira se manifestar, e, segundo a norma sinedriana, somente serão ouvidos os cinco primeiros a levantar a mão ao sinal do martelo.

"Dizendo isso, bateu sobre a mesa. Apenas dois conselheiros levantaram a mão: José de Arimateia e Neemias ben Yigal. O sumo sacerdote, então, disse:

"— Pela ordem, tem a palavra o conselheiro Neemias ben Yigal.

"O velho Neemias ben Yigal era membro da casta dos fariseus, como Saul. Levantou-se e iniciou a falar:

"— Nobres irmãos, começo dizendo que para mim a pior espécie de homem é aquele que ilude pela falsidade e provoca decepção e temor. Sem pretender alongar-me, cumprimento o irmão Gamaliel por seu brilhante esforço em tentar defender o que considero indefensável, eis que o fato concreto é que Saul de Tarshish ofendeu nossas leis. Ofendeu esta casa; ofendeu nossa nação e se bandeou para o lado de um aventureiro que foi justamente punido. Seu gesto inesperado, entendo que haverá de lhe custar a vida, pois não se ofende Yahweh impunemente. Detinha ele a mais irrestrita confiança desta Gerousia, e o que fez? Respondo: traiu essa confiança. Não somente assim procedeu, como deu as costas a Israel, acumpliciando-se a um judeu que envergonhou nosso povo, querendo se fazer passar por Messias, quando na realidade nada mais era do que um visionário que, conhecendo algumas predições dos profetas, hábil e ardilosamente trabalhou com elas, tentando se encaixar no perfil anunciado, porém foi desmascarado e morto, o que não mais permitiu fortalecer uma corrente que na verdade tinha o objetivo de nos enfraquecer a fé.

"Pasme este Conselho, o aventureiro chegou a dizer que deveremos amar nossos inimigos, o que é um acinte contra a lei de Moshe. Pois bem, aplicamos a lei e eliminamos o falsário. Agora, o que vemos, para nossa perplexidade? Vemos que os falsos ensinamentos que ele derramou sobre a ralé de nossa nação parece que contaminou um dos mais ilustres membros deste Conselho, o que me causa espanto, pois ouvi o irmão Gamaliel atentamente. Percebi o enorme esforço que ele fez na direção de defender Saul. Ao lado do brilhantismo de sua defesa, ante algumas de suas falas, passo também a temer pela sorte do ilustre defensor, pois que me pareceu que ele também está um pouco influenciado por esse Nazareno, que, morto, teima agora em assombrar esta casa, o que confirma ter sido ele mensageiro de satanás.

"Peço atenção dos irmãos deste Conselho, pois o crime que estamos julgando não pode ficar impune. Não se ofende o Sinédrio e se fica imune. De fato, Saul era portador de todos os predicados que o irmão Gamaliel aqui desfilou, porém, ao abrir mão da fidelidade de nossa fé; ao voltar as costas a Yahweh, cometeu o crime de deserção e, o que é mais grave, de apostasia. Por essas razões, irmãos, se quisermos fazer justiça, o desertor Saul de Tarshish deve ser preso e deve ser condenado à morte, também por crucificação, para que sirva de lição ao povo de Israel e principalmente àqueles que seguem o carpinteiro morto."

"Após a sua fala, Neemias aguardou alguma manifestação. Como ninguém ousou falar, agradeceu ao sumo sacerdote e buscou sentar-se em seu lugar.

"Breve silêncio.

"O Conselheiro José de Arimateia levantou-se, dirigiu-se ao centro da sala e começou a falar:

"— Nobre sumo sacerdote, nobres irmãos que compõem este sagrado Conselho, penso que em todas as coisas devemos procurar ver de que forma estaremos diante do severo juiz da nossa consciência, à qual nada é oculto, eis que a consciência não se deixa enganar, nem aceita desculpas. Por isso ouso dizer aos pares deste Conselho: quem aqui efetivamente conhece seus pecados? Quem de nós não os tem, em maior ou menor grau? Estais prestes a fazer um juízo sobre um membro desta Gerousia. Em vossas mãos está a decisão de condená-lo ou absolvê-lo. A esse fim, gostaria de lembrar o que nos disseram nossos antepassados, nos Salmos:

> Bem-aventurado o homem que não anda no conselho dos ímpios, não se detém no caminho dos pecadores, nem se assenta na roda dos escarnecedores. Antes o seu prazer está na lei do Senhor e na sua lei medita de dia e de noite. Ele é como a árvore plantada junto à corrente de águas, que no devido tempo dá seus frutos e cuja folhagem não murcha. Tudo quanto ele faz será bem-sucedido.

> Os ímpios não são assim, são, porém, como a palha que o vento dispersa. Por isso os perversos não prevalecerão no juízo, nem os pecadores na congregação dos justos, pois o Senhor conhece os caminhos dos justos, mas o caminho dos ímpios perecerá.

"Diante dessa lembrança e diante do que ouvimos da parte do irmão Gamaliel, peço-vos que, ao julgarem o amigo Saul, façam-no com clemência, para que vossas consciências não vos acusem mais tarde de terem sido ímpios."

"José de Arimateia concluiu dizendo:

"— No meu entendimento, não há elementos que possam deslustrar o que Saul fez de bom a este Conselho e, levando-se em conta o que nos disse o irmão Gamaliel, penso que não deveis condená-lo sem que ele seja ouvido, e se não o absolverem, ao menos que se lhe dê o benefício da dúvida, optando por julgá-lo em novo momento, em que seja oportunizada sua defesa pessoal."

"José de Arimateia concluiu e sentou-se.

"Nenhum conselheiro pediu a palavra, então o sumo sacerdote levantou e disse:

"— Pois bem, nobres irmãos conselheiros, tendes os elementos que entendo necessários para ofertar o veredicto final neste julgamento. Suspendo a sessão para que todos possamos conversar entre nós, pelo tempo necessário a esse fim, e logo mais retornaremos para a decisão final."

"Enquanto a reunião ficou suspensa, todos foram servidos de delicioso chá, e as conversações foram inúmeras. José de Arimateia, Nicodemos, Hiram ben Elias e Gamaliel buscaram conversar com o maior número possível de conselheiros a fim de convencê-los a não acusarem Saul como desertor e conceder-lhe a oportunidade de falar ao Conselho.

"Antes de escurecer, o sumo sacerdote retomou a reunião, e após todos acomodados, argumentou:

"— Nobres conselheiros, pergunto se já tendes uma posição uniforme ou se teremos que fazer nova votação?

"O Conselheiro Neemias levantou-se e saudou Caifás:

"— Venerando sumo sacerdote, com a aquiescência dos pares desta Gerousia, que me escolheu para ler o veredicto, comunico-vos que, por maioria de votos, o Conselho assim decidiu: *'A Gerousia deste Sinédrio entende como graves os crimes cometidos pelo acusado Saul de Tarshish, contudo, sopesando a acusação e o que foi dito em defesa do acusado, amparado em nossas leis, que exigem a prova inquestionável da prática dos crimes dos quais ele é acusado, o Conselho votou pela manutenção da ordem de prisão de Saul de Tarshish e pela realização de novo julgamento, que se dará quando este se quedar preso e presente, para ofertar sua defesa pessoal.'*

"Após, silenciou.

"Caifás não conseguia disfarçar a sua decepção, porém, como sumo sacerdote, tinha a obrigação de aceitar o veredicto do Conselho. Então falou:

"— *Ante a decisão lida, que foi adotada por maioria de votos e na condição de sumo sacerdote desta Gerousia, acato o julgamento deste Conselho que decidiu pela manutenção da ordem de prisão de Saul de Tarshish já encaminhada às Sinagogas e pela realização de novo julgamento quando este estiver preso e for conduzido a este Sinédrio. Diante disso, decreto a perda das funções de conselheiro e de todas as prerrogativas do cargo de que gozava Saul de Tarshish. Que seja expedida nova ordem de prisão definitiva contra o referido e encaminhada a todas as Sinagogas existentes, e tão logo ele seja preso, seja encaminhado a Jerusalém para novo julgamento. Que seja feita a assentada no livro de julgamentos da Gerousia. Era o que continha."*

"A seguir, Caifás fez menção de encerrar a reunião e se retirar, quando foi surpreendido pelo Conselheiro Gamaliel, que, levantando a mão, pediu a palavra, que lhe foi concedida. Gamaliel levantou-se. O silêncio se impôs. Então disse:

"— Nobre Sumo Sacerdote Caifás, nobres irmãos deste Conselho, quero vos dizer que de há algum tempo tenho acalentado uma ideia que ouso colocar em ação neste momento. Dediquei grande parte da minha vida a esta Casa. Velei pelas leis de Israel, como um pai amoroso vela por seus filhos. Aprendi e procurei viver em relação a meus irmãos da mesma maneira que meu avô viveu e me ensinou, principalmente jamais esquecendo uma preciosa lição que ele me ensinou quando eu ainda era um adolescente, eis que ele me disse: *'Gamaliel, a glória das pessoas boas está na própria consciência, e não na sua boca ou na boca dos outros'*.

"Também aprendi que proceder sempre bem e ter-se em pequena conta é indício de alma humilde. Assim sendo, aquele que não procura o testemunho favorável dos homens está todo direcionado a Yahweh.

"Confesso-vos que me sinto cansado e um tanto alquebrado, e após esses debates e a decisão tomada, e para que não me sobrevenha o hálito da ingratidão, informo-lhes que estou apresentando a minha renúncia a esta Gerousia. Pretendo retirar-me de Jerusalém, para justo descanso e para que eu possa refletir, no restante da minha existência, sobre tudo o que tenho visto, ouvido e estudado ultimamente. Bem sei, e confesso que nem pelo maior dos benefícios vos posso render condignos louvores e agradecimentos por tudo de bom que me dispensastes neste tempo em que aqui convivemos. Testemunho disso é o tratamento bondoso que sempre recebi de todos os irmãos presentes e a mais alta distinção do sumo sacerdote. Levo comigo o bem mais precioso com que aqui adentrei, a minha consciência tranquila em razão do dever cumprido, e peço ao nosso benigno Elohim preservar-vos das iniquidades e sofrimentos, e vos amparar os bons propósitos, sempre. Abraço-vos com preito de gratidão e sigo para meu novo destino com a confiança que nos ensinou o Eclesiastes: *'Manifestai, Senhor as vossas maravilhas, e seja glorificada a vossa destra, pois não tenho outro refúgio senão em Vós, meu Senhor e meu Deus!'*.

"Gamaliel calou-se. Abundantes lágrimas desciam pela sua face.

"O sumo sacerdote, confirmando sua irritação e aborrecimento, embora surpreso, nem sequer agradeceu a Gamaliel pelos largos anos de exemplar dedicação ao Conselho. Olhando para o secretário da reunião, apenas se limitou a dizer:

"— Fazei a assentada da renúncia do Conselheiro Gamaliel.

"Bateu com o martelo de madeira e acrescentou:

"— Está encerrada a reunião! — e retirou-se apressadamente, sem falar com qualquer conselheiro e sem sequer dirigir um olhar a Gamaliel.

"Após, o murmúrio foi geral, os conselheiros mais chegados a Gamaliel foram abraçá-lo, agradecendo a enorme contribuição que ele havia doado ao Conselho e a Israel, ao longo dos cinquenta anos de atividade. Nicodemos, José de Arimateia e Hiran ben Elias estavam altamente emocionados e disseram ao amigo que a sua falta deixaria uma lacuna impreenchível; que eles também ficaram propensos a tomar a mesma atitude. Gamaliel agradeceu a todos e disse que pretendia se ausentar de Jerusalém por uns tempos."

— Esta, meus filhos — aduziu o pai de Mateus —, foi a narrativa das anotações que o rabino Eleazar fez, e quando deu por encerrada a reunião em que nos relatou toda essa extraordinária história que acabo de repetir a vós, a noite já ia alta, e após uma prece em que pedimos o auxílio e proteção de Yahweh, inclusive para o correto entendimento de tudo aquilo de que tomamos conhecimento, feita por minha pessoa, a pedido do rabino, nos abraçamos e nos despedimos.

Então, galguei a rua na direção da nossa casa. Confesso-vos que, pelo trajeto, não conseguia afastar da mente toda aquela bela narrativa. Iniciava a compreender, ao menos por um pouco, por qual motivo o ex-rabino Saul de Tarshish havia abandonado nossa crença judaica, e inclusive havia trocado o seu nome para Paulo de Tarso. Também vinha refletindo sobre a presença do Carpinteiro de Nazareth em nosso povo. A leitura de poucos ensinamentos do que ele pregara e que estavam anotados na narrativa feita pelo rabino Eleazar já não me saíam da cabeça, de modo que cheguei em casa muito pensativo. Parecia que alguma coisa dentro da minha alma me impulsionava a procurar saber mais e mais; conhecer mais sobre esse, ainda, para minha pessoa, enigmático Yeshua.

Rabban ben Josepho fez uma pausa necessária. Já estava há muito tempo narrando toda essa trajetória de almas. Bebeu um gole de água e percebeu que seus filhos estavam com expressão de surpresa e muito reflexivos. Sem esperar que os filhos lhe perguntassem algo e o interrompessem, continuou:

— A partir daquela noite, e daqueles fatos narrados pelo rabino, eu e meus companheiros, na companhia deste, de maneira secreta, para não sermos percebidos pelos demais companheiros da Sinagoga, passamos a nos reunir para ler e debater os ensinamentos de Yeshua de Nazareth. Isso se tornou possível porque o rabino havia recebido de presente do publicano Leibel ben Isac, quatro anotações sobre a trajetória de Yeshua, que passou a ser chamado por seus seguidores como "o Cristo", seus ensinamentos como "Cristianismo" e seus adeptos como "cristãos". Trata-se de anotações assinadas por três judeus: Mateus Levi, Marcos e João, sendo que dois deles, Mateus e João, eram apóstolos d'Ele, e por um grego de nome Lucas. Os três primeiros conheceram e estiveram com Yeshua antes de sua morte, e o último o conheceu apenas por relatos de seus parentes, apóstolos e seguidores.

"Para que não houvesse dúvidas quanto à origem de Yeshua, estudamos em primeiro plano a sua descendência, que trago aqui anotada por Mateus Levi."

Ao dizer isso, Rabban ben Josepho levantou-se, foi até um móvel e pegou um rolo de pergaminho, abriu-o e iniciou a ler:

— Abraão gerou Isaque; Isaque gerou Jacó; Jacó gerou Judá e seus irmãos. Judá gerou, de Tamar, Perez e Zera; Perez gerou Esrom; Esrom gerou Arão. Arão gerou Aminadabe, este gerou Nassom; Nassom gerou Salmom; este gerou, de Raabe, Boaz; este de Rute gerou Obede; Obede gerou Jessé; Jessé gerou o Rei Davi; Davi gerou Salomão, da que fora mulher de Urias; Salomão gerou Roboão; este gerou Abias; Abias gerou Asa. Asa gerou Josafá; Este gerou Jorão; Jorão gerou Uzias; Uzias gerou Jotão; este gerou Acaz; Acaz gerou Ezequias; Ezequias gerou Manassés, este gerou Amom; Amom gerou Josias; Josias gerou Jeconias e seus irmãos, no tempo do exílio na Babilônia. Depois do exílio, Jeconias gerou Salatiel; este gerou Zorobabel. Zorobabel gerou Abiúde; este gerou Eliaquim, que gerou Azor. Azor gerou Sadoque; este gerou Aquim; Aquim gerou Eliúde; este gerou Eleazar, que gerou Matã; Matã gerou Jacó; Jacó gerou José, marido de Maria, da qual nasceu Yeshua, que se chama O Cristo, de sorte que de todas as gerações, desde Abraão até Davi, são catorze; de Davi até o exílio do povo na Babilônia, são catorze, e do exílio da Babilônia até Yeshua, são catorze.

"Dessa maneira, resta claro que Yeshua de Nazareth nasceu de uma linhagem de líderes religiosos e de profetas da nossa nação. Logo, não podia ser levado na conta de um visionário ou louco, como foi tido, injustamente. Depois, impressionou-nos o primeiro ensinamento anotado por Mateus Levi, quando Ele disse:

> Não penseis eu vim revogar a lei ou os profetas; não vim para revogar, sim para cumprir, porque em verdade vos digo, até que o Céu e a Terra passem, nem um j ou um til jamais passará da lei, até que tudo se cumpra.
>
> Aquele, pois, que violar um destes mandamentos, posto que dos menores, e assim ensinar aos homens, será considerado mínimo no Reino dos Céus; aquele, porém, que os observar e ensinar, este será considerado grande no Reino dos Céus. Porque vos digo que, se a vossa justiça não exceder em muito a dos escribas e fariseus, jamais entrareis no Reino dos Céus.

"Além dessa perspectiva nova trazida pelo Carpinteiro sobre a forma de se conquistar o Reino dos Céus, também abalou as nossas estruturas outro ensinamento em que Ele disse:

> Ouvistes que foi dito: Amarás o teu próximo e odiarás o teu inimigo. Eu porém vos digo: amai os vossos inimigos e orai pelos que vos perseguem, para que vos torneis filhos do vosso Pai Celeste, porque Ele faz nascer o seu sol sobre maus e bons e vir chuva sobre justos e injustos. Porque se amardes os que vos amam, que recompensa tendes? Não fazem os publicanos também o mesmo? E se saudardes somente os vossos irmãos, que fazeis demais? Não fazem os gentios também o mesmo? Portanto, sede vós perfeitos como perfeito é o vosso Pai Celeste.

"No momento, estamos, meus filhos, continuando a ler, analisar e discutir os demais ensinamentos, porém já nos convencemos, e isso falo de forma sigilosa, pois a quase totalidade de nossos irmãos de raça assim não entendem, e até se recusam a fazê-lo, de que Yeshua de Nazareth é mesmo o Messias que havia de vir no seio de nosso povo, e que já veio."

Finalmente, após alguns momentos em silêncio, Rabban ben Josepho havia terminado as suas observações. O clima era de expectativa, alegria e paz. Mateus ben Josepho se adiantou e com a voz embargada falou:

— Meu bom e amado pai, minhas irmãs, não conseguirei exprimir em palavras o sentimento que invade minha alma neste instante. Além desses maravilhosos ensinamentos, dou especial destaque ao trecho em que vós, papai, lestes a respeito do Conselheiro Hiran ben Elias e, ao ler, não vos apercebestes que confere com a interpretação do meu sonho, pelo jovem Shebir ben Isaque, ante a narrativa por ele feita, diretamente, de que esse conselheiro teria sido uma vida minha anterior. Não, não digo isso por vaidade ou orgulho, e sim porque, se assim for, eu me sinto feliz e encontro em tudo o que tem acontecido comigo ultimamente e que tenho ouvido a razão clara da minha sensibilidade e emoção, quando pronuncio o nome de Yeshua de Nazareth.

O clima na casa da família judia era de alta emotividade. Após tantas emoções e mais algumas confidências, Rabban ben Josepho, convidando os filhos ao repouso, disse:

— Repousemos, agora, dado o adiantado da noite. Amanhã conversaremos mais. Antes, porém, permito-me orar por todos nós ao Criador.

Oh! Yahweh, Divino Pai Celeste, estamos reunidos em família, também pelos laços do Espírito.

Somente em ti, nossa alma espera silenciosa. Tu és o nosso refúgio, porque de ti vem a nossa esperança e nossa alma tem sede de ti, eis que ergueste tua voz poderosa e nos disseste: "Eis aí Meu Filho. Ouvi-o, praticai-o e o segui".

Abençoa-nos e nos concede tua paz.

Após a oração, todos se encaminharam ao sono reparador. Mateus ben Josepho, cansado da viagem e caminhada extensa, rapidamente adormeceu.

XVII

ROMA – PRENÚNCIOS DA QUEDA – A MORTE DO IMPERADOR COMODUS – ASCENSÃO DO IMPERADOR LUCIUS SEPTIMIUS SEVERUS

O Imperador Comodus continuava a não levar a sério seu papel de comandante máximo de Roma. A guerra na Germânia, iniciada por seu pai, continuava a se estender. Apesar das dificuldades do Império, o General Marcus Nonius Macrinus, que combatera ao lado do Imperador Marco Aurélio e que era adorado pelas tropas romanas, vinha conseguindo boa vantagem sobre os germanos, eis que tinha uma larga experiência em batalhas e era um grande estrategista e ao mesmo tempo também um grande estadista. O General Marcus tinha exercido a governança da Ásia e fora nomeado procônsul da Acaia por Marco Aurélio, entre os anos 170 e 171 d.C.

Comodus recebera notícias das excelentes ações desenvolvidas pelo General Marcus. Aquilo o incomodava muito. Sabia da grande amizade que seu pai tinha com o General Marcus. Então resolveu ir para a frente de batalha e, ao lá chegar, utilizando sua autoridade de imperador, resolveu assumir o comando das legiões, e, contrariando as decisões do General Marcus, teve uma fragorosa derrota em uma investida na frente de batalha. Percebendo que a capitulação naquela frente era iminente, resolveu assinar um tratado de paz com os germanos, contrariando inclusive o pensamento do General Marcus. A derrota de Roma ocorrera, fruto da prepotência, incompetência e insensatez de Comodus. O General Marcus pretendia reagrupar as legiões e estabelecer novos planos para a continuidade da batalha, porém não teve a permissão do imperador, que era enciumado da sua liderança. A realidade é que o tratado de paz representava uma verdadeira derrota para Roma. O General Marcus Nonius recusou-se a assinar o tratado de paz e retirou-se com as tropas que lhe eram leais para a Brescia.

A derrota na Germânia fez com que Comodus perdesse o apoio do senado, que fez alianças com adversários de Comodus. Queriam depô-lo e nomear em seu lugar a sua irmã Lucila, que se dizia, ela própria, ser a verdadeira herdeira de Marcus Aurélio.

Comodus, ao retornar a Roma, conseguiu conter os conspiradores e mandou matar suas lideranças, agravando a situação. A partir disso, começou a ter violentas crises de legitimidade e para conter-se apelava para a tática de ofertar pão e circo ao povo, visando, desse modo, a conseguir apoio popular. Organizou vários espetáculos de combates de gladiadores no Coliseu romano e buscou ele mesmo participar dos jogos, exibindo-se e vencendo vários gladiadores na arena romana, sob ovação popular. Em outra ocasião, compareceu no senado vestido com roupas de gladiador, o que desagradou os senadores.

Semanas após os jogos que ele havia realizado, descobriu-se que, no combate com os gladiadores, Comodus determinava que entregassem espadas cegas àqueles que combateriam com ele, para que ele saísse vencedor nas lutas, o que o fez perder o apoio dos gladiadores libertos e do povo. O pensamento corrente no Senado era de que o imperador estava ficando demente e que a situação não podia continuar daquela maneira. Haveria que se colocar um basta nas loucuras de Comodus. Roma prosseguia assim o seu desiderato. O Império, que já iniciara sua decadência com a atuação do Imperador Tito Flávio Sabino Domiciano, em razão de seu caráter vil e de sua tirania, muito embora tenha experimentado a retomada de um tempo de glória, quando da atuação do Imperador Antonino Pio, e igualmente de Marco Aurélio, agora, em razão de uma condução agitada e inapropriada do Imperador Comodus, via retornar no seu seio os dias difíceis da intolerância.

Muito embora fosse condescendente com os seguidores de Yeshua e não incentivasse de modo algum a perseguição aos cristãos, a realidade é que Comodus tornara a sobrevivência do Império um risco, em face da sua conduta enlouquecida, sem os contornos da lucidez e da razão. Comodus havia se apaixonado por Márcia Aurélia Ceoma Demétria, que havia se tornado sua concubina. Ela era ex-esposa de Marcos Ulmidio Quadratus, senador romano, sobrinho do Imperador Marco Aurélio, que acabou por se envolver em uma trama malsucedida para assassinar Comodus, e este, ao descobrir a trama na qual estava envolvida inclusive sua irmã Lucilla, mandou executá-lo.

No ano 190 d.C., um dos ex-mordomos do Imperador Marco Aurélio, de nome Cleander, havia sido promovido por Comodus ao posto de Comandante da Guarda Pretoriana, a guarda imperial de elite, sediada em Roma, e passou a ser um dos conselheiros mais importantes do imperador. Nesse ano, Roma ressentiu-se de uma fome generalizada. Os produtos armazenados, os víveres se escoaram, e o povo, então, culpou o comandante pretoriano e em razão disto um grande tumulto ocorreu na cidade. Cleander enviou tropas para conter os manifestantes, mas isso tornou o tumulto quase uma rebelião. Márcia reportou os acontecimentos a Comodus, que ficou muito perturbado. Se acovardou ante a população e subitamente mandou que Cleander fosse preso e executado, assim como o filho dele, que estava sob os cuidados do próprio imperador.

Com o passar do tempo, o comportamento de Comodus ia tornando-se cada vez mais difícil e errático. Certa feita, anunciou a Márcia que, no dia da posse dos novos cônsules do Império que ele tinha nomeado, pretendia iniciar o cortejo comemorativo, não do Palácio Imperial, mas do quartel dos gladiadores, acompanhado por eles.

Márcia disse ao imperador que seu plano era desarrozoado e indigno de um imperador, e implorou-lhe, advertindo-o que aquela atitude traria desgraça ao Império, eis que seria uma verdadeira afronta ao Senado e aos senadores, e que tal atitude colocaria a vida do imperador e dos gladiadores em risco. Márcia não conseguiu persuadir Comodus a desistir do intento. Comodus convocou o então prefeito pretoriano, Laeto, e igualmente seu então mordomo, Ecleto, ordenando que eles fizessem os arranjos para que ele passasse a noite no quartel dos gladiadores, dizendo-lhes que deixaria os sacrifícios festivos de lá e se apresentaria aos romanos, sob armas.

Seus auxiliares também lhe imploraram que nada fizesse de indigno na posição de imperador. A reação de seus servidores deixou Comodus profundamente magoado. Então, em face do seu espírito perturbado, resolveu agir de forma drástica. Fez uma lista das pessoas que mandaria executar, iniciando por Márcia Eleutéria, Laeto, Ecleto e vários senadores, e ainda todos os auxiliares que tinham servido a seu pai, Marco Aurélio. Planejou confiscar os bens de todos eles e os distribuir à guarda pretoriana. Fez a anotação de seus maléficos planos e aguardou, contudo não tomara suficiente cuidado em velar bem essas anotações, as quais foram encontradas por sua concubina, Márcia. Diante da descoberta, Márcia, Laeto e Ecleto se uniram para evitar que o nefando plano do imperador fosse levado a efeito. Ajustaram um plano para eliminar sua vida.

No último dia do ano de 192 d.C., à noite, Márcia administrou veneno em um pouco de carne que foi servida ao imperador, entretanto, o uso imoderado de vinho por parte de Comodus o impediu de sucumbir de uma vez, eis que vomitou parte do veneno. Suspeitando da verdade, fez várias ameaças, porém o plano para sua eliminação estava todo arranjado, eis que haviam combinado que, se o veneno falhasse, um atleta de nome Narciso, que foi regiamente pago, iria estrangular o imperador enquanto este se banhava, o que acabou por fazer, e Comodus foi morto dessa maneira vil.

Ainda antes do assassinato de Comodus, Márcia Eleutéria, embora levando uma vida cristã pouco ortodoxa, não esquecera as suas origens. Ela vivia numa condição em que os princípios cristãos certamente a incriminariam como uma criatura pecaminosa, contudo, em face de sua ligação com o imperador, foi importante para influenciá-lo de forma favorável aos cristãos.

Naquela época, o epískopo geral dos cristãos era Victor, o qual foi convocado por Márcia, certo dia, ao Palácio Imperial. Lá chegando e sendo conduzido por um serviçal do palácio até Márcia, o Epískopo Victor teve com ela um diálogo que foi interessante quanto aos destinos do Núcleo Cristão de Roma, eis que, após o saudar, escutou dela o seguinte:

— Nobre Epískopo Victor, te chamei aqui porque tive notícias, por mensageiros que vieram até o imperador, de que foram presos vários cristãos na Sardenha e que foram condenados à morte. Acaso poderias dizer-me quem são?

— Nobre Senhora Márcia Eleutéria — respondeu Victor —, há vários servidores do Cristo que lá foram presos, e posso nominá-los: os irmãos Arcádio e Nicondro, Jason, Orestes, e as irmãs Clea e Gemina. De maneira propositada, o epískopo omitiu a prisão de um cristão de nome Calisto, em razão de seu comportamento, que era contrário a um fiel servidor do Cristo, pois houvera cometido vários atos contrários ao que a mensagem de Yeshua recomendava.

— Nobre epískopo — disse então Márcia —, falarei com o imperador e pedirei a libertação desses irmãos.

O epískopo agradeceu-lhe em nome de Yeshua e retirou-se.

Márcia Eleutéria, então, levou os nomes indicados pelo epískopo ao imperador e, utilizando-se dos seus encantos, conseguiu que ele desse ordem para ser entregue ao governador do território da Sardenha, determinando a libertação dos presos cristãos listados por Márcia. Esta chamou um servidor que havia empregado no palácio, que era seu pai de criação e era cristão, chamado Jacinto, que já era avançado em idade, e disse para ele navegar para a Sardenha e entregar a carta ao governador, para que os cristãos relacionados fossem colocados em liberdade.

Após receber o decreto de soltura assinado pelo imperador, o governador romano providenciou a libertação dos cristãos indicados. O cristão Calisto, vendo que seu nome não constava do rol dos cristãos que seriam colocados em liberdade, ajoelhou-se ante Jacinto e o governador romano, e chorando suplicou que ele também pudesse ser libertado. Jacinto, constrangido com a súplica, solicitou ao governador que concedesse sua libertação, alegando que Márcia Eleutéria lhe dera permissão para pedir a libertação de outro cristão que entendesse possível, e que o governador ficasse tranquilo porque assumiria a decisão da soltura.

Persuadido, o governador libertou Calisto. Na realidade, Jacinto era o elo entre o Epískopo Victor e Márcia Eleutéria, eis que na condição de diákono do epískopo geral e pai de criação de Márcia, auxiliava e comunicava sempre a Márcia as prisões dos cristãos que lhe chegavam aos ouvidos.

O cristão Calisto não era bem-visto, por sua condição de jovem escravo que fora liberto por um nobre romano de nome Carpóforo, que era um cristão muito rico. Carpóforo havia encarregado Calisto de captar depósitos do público, no Aventino, em Roma. Com esse depósito se faziam empréstimos que beneficiavam o depositante e Carpóforo. Calisto, entretanto, indevidamente, usava parte dos recursos em seu proveito pessoal. A banca de arrecadação de Carpóforo acabou por falir. Calisto então fugiu de Roma, porém, Carpóforo foi atrás dele. Calisto se jogou nas águas, tentando escapar, mas foi capturado. Os depositantes da banca de Carpóforo, entretanto, pediram que ele fosse libertado, na esperança de que Calisto pudesse de alguma forma pagar-lhes com trabalho parte dos prejuízos que causara. Calisto, então liberto, tentou a recuperação dos créditos que consumira. Como tinha judeus que lhe deviam, causou inclusive tumulto nas sinagogas, tentando constranger seus devedores. Novo fracasso. A comunidade judaica, enfurecida, levou o caso ao Prefeito Romano Fusciano, que prendeu Calisto e o enviou como preso para trabalhos forçados nas minas da Sardenha. Ao conseguir comover Jacinto, na realidade, Calisto escapou da morte certa. O Epískopo Victor, temendo as consequências da volta de Calisto a Roma, manteve-o distante da cidade.

Após a morte de Comodus, visando a evitar que fossem descobertos, Laeto, Ecleto e Márcia Eleutéria agiram rapidamente e pediram a um dos mais respeitados generais de Roma, Publius Helvius Pertinax, que já havia governado várias províncias, que assumisse o trono do Império. O escolhido foi aceito pelo Senado, pelo povo, pelos oficiais e legionários romanos e pelas províncias. Era o novo imperador de Roma. Entretanto, embora apoiado no começo pela guarda pretoriana, perdeu o apoio dela, que logo passou a vê-lo com desconfiança, pois Pertinax não lhes oferecia qualquer aumento de soldo ou donativos.

Pertinax deu início a um ousado programa de reformas e reestruturação do Império, e tentou restabelecer a hierarquia e a disciplina no exército e na própria guarda pretoriana, que se revoltou. A realidade é que, após a morte de Comodus, a instabilidade no Império, que já se iniciara, ainda mais aumentou. Publius Helvius Pertinax governou somente oitenta e seis dias, de trinta e um de dezembro de 192 d.C. a vinte e oito de março de 193 d.C.

Apesar de ser um varão romano de baixa origem na linhagem romana, era severo e virtuoso, tendo chegado ao posto de general. Tentou, no brevíssimo período em que governou Roma, relembrar e restaurar os princípios e práticas do Imperador Marco Aurélio, que haviam sido totalmente desrespeitados e desvirtuados por seu filho Comodus. Exerceu com autoridade e rigor os seus poderes imperiais, utilizando-se de sua experiência e virtudes de administrador, extensamente comprovadas, quando exercera as funções de general e prefeito pretoriano. Buscou restaurar a autoridade e a ordem. Tentou de todas as formas reorganizar a economia do Império, que fora severamente dilapidada pelos desvarios e excessos praticados por Comodus, e também disciplinar todo o exército romano.

A guarda pretoriana, que o tinha proclamado imperador com a aquiescência do Senado, estava cada vez mais descontente, em razão de que não receberam nenhum donativo do imperador. Apenas o tolerou por pouco tempo, pois ele havia mandado pagar a metade do que havia prometido na sua campanha para assumir o cetro de Roma. No dia vinte e oito de março de 193 d.C., insatisfeitos, trezentos guardas pretorianos invadiram o Palácio Imperial. Pertinax não fugiu do encontro e foi atender os revoltosos. Argumentou com eles, fazendo-os verem as dificuldades econômicas herdadas, e, quando estava próximo de convencê-los, um deles, desequilibrado, sacou sua espada e avançou sobre o imperador, ferindo-o, gritando:

— Aqui está a espada que os soldados te enviaram.

Os demais, que haviam se acalmado, diante da presença do imponente imperador, também avançaram sobre ele e o feriram sucessivas vezes com suas espadas, até matá-lo.

Morto Pertinax, os pretorianos anunciaram que o trono do Império seria vendido a quem pagasse o maior preço. Triste destino de um Império tão poderoso que avançara sobre as mais distantes regiões; que havia enaltecido a glória de Caio Júlio César; que havia resplendido sob a liderança segura de Caio Júlio César Otaviano; que restabeleceu sua glória nas mãos de Tiberius Cláudio; que viveu a justiça social sob a batuta de Tito Flavio Sabino Vespasiano Augustus; que reviveu sob a sabedoria de Antonino Pio e Marco Aurélio, agora reduzido a uma mercadoria de negócios.

Marcus Didius Severus Julianus, senador e procônsul da África, homem muito rico, advertido dos acontecimentos, seguiu até o acampamento dos pretorianos, na companhia de seu genro. Ao lá chegar, as portas estavam trancadas. Impedido de entrar, postou-se diante do portão e lançou um alto valor pelo Império. Dentro das dependências do quartel pretoriano, Sulpiciano estava fazendo uma reunião com o objetivo de se sagrar imperador. Começou o leilão, com ofertas sendo feitas e comunicadas àqueles que pretendiam arrematar o Império. Os pretorianos corriam até o portão e gritavam para Marcus Didius Severus:

— Sulpiciano ofereceu tanto. Quanto ofereces a mais que ele?

De posse da resposta de Marcus Didius, corriam até Sulpiciano. Este começou a usar cartazes onde escrevia, para alertar os pretorianos, que seria perigoso escolherem alguém ligado a Pertinax, pois ele utilizaria seus poderes para vingar o assassinato do seu genro, e que se ele fosse escolhido, continuaria a usar a política de Comodus, que significava clara mensagem de apoio aos pretorianos.

Sulpiciano já havia oferecido 20.000 sestércios a cada soldado da guarda pretoriana. Temeroso que com essa oferta Sulpiciano ganhasse o trono, Marcus Didius Julianus aumentou a sua oferta, oferecendo 25.000 sestércios para cada guarda pretoriano, e sua oferta então foi a vencedora. Didius Severus Julianus arrematou o trono do Império. Os guardas abriram os portões e imediatamente o declararam novo imperador romano. Com a aprovação do Senado, Didius Julianus foi levado para tomar posse no Palácio. Lá chegando, a primeira visão que atingiu seus olhos foi o tronco decepado do corpo de Pertinax, para o qual olhou com absoluta indiferença.

Passada a confusão inicial da venda do Império, e uma vez esclarecida a população sobre a forma pela qual se dera a escolha do novo imperador, os romanos não aceitaram pacificamente a desonra imposta a Roma. A partir dali, em qualquer cerimônia ou ocasião em que Didius Julianus aparecia em público, era saudado com imprecações e palavrões e gritos de "ladrão e parricida", inclusive a população muitas vezes tentava obstruir sua passagem do Palácio ao Capitólio Romano. Atirava-lhe pedras, enraivecida, e afrontava o imperador. Didius Julianus fazia sinais com as mãos de oferta de dinheiro aos que o atacavam nas ruas, o que mais enfurecia a população.

Consciente da impotência do ressentimento e do dinheiro do novo imperador, a turba gritava pelas legiões romanas que estavam estacionadas nas fronteiras do Império, para que voltassem a Roma e restaurassem a majestade violada do Império Romano. Didius Julianus então passou da euforia para o estado de angústia. Ocupando o trono mais poderoso do mundo, ele se achava só, sem um amigo ou até mesmo quem o apoiasse. Os próprios pretorianos, ambiciosos, passaram a se sentir envergonhados com um imperador que sua avareza e corrupção levaram a aceitar. Não havia um cidadão em Roma que não considerasse sua elevação ao trono com horror, como um verdadeiro insulto ao nome de Roma.

A revolta que eclodiu contra o novo Imperador Didius Julianus não ficou restrita aos limites da cidade de Roma. O descontentamento chegou às fronteiras do Império. As tropas romanas que se encontravam na Britânia, na Síria, na Hispânia e na Panônia tomaram conhecimento dos graves acontecimentos. Os generais Pescennus Niger, que comandava as legiões no território da Síria, Lucius Septimius Severus, que comandava as legiões na Panônia, e o General Clodius Albinus, que comandava na Britânia, recusaram-se a aceitar Didius Julianus como imperador e não reconheceram sua autoridade.

Embora Didius Julianus temesse o General Niger, por estar ele e sua tropa mais próximos de Roma, deslocou seu temor para o General

Septimius Severus, isso pela rapidez com que as tropas por ele comandadas sempre se deslocavam, então declarou, por ato oficial, que Septimius Severus era inimigo público de Roma e enviou delegados para tentarem persuadir a tropa do general a abandonar seu chefe e por ato oficial destituiu Septimius Severus do comando da legião da Panônia, nomeando outro general para substituí-lo, além do que despachou um centurião para assassiná-lo.

Isso de nada adiantou. O General Severus avançou em um tempo recorde, desde a Panônia até Roma. Durante a marcha, ele e sua tropa quase não se permitiam momentos de repouso e alimentação. O general marchava a pé, com o fardamento completo, à frente de suas tropas, ganhando mais ainda a admiração de seus soldados, porque se comportava como um soldado comum. A cada mensageiro que chegava, o pavor de Julianus aumentava. Ele foi informado de que o General Severus já havia passado pelos Alpes e que as cidades romanas o recebiam com entusiasmo e apoio, de que a cidade de Ravena tinha se rendido sem resistências e de que a frota romana do Mar Adriático já estava nas mãos de Severus. Severus encontrava-se já a 250 milhas de Roma. Sua vitória já estava assegurada, mas o desespero dos guardas pretorianos podia tê-la tornado sangrenta. Entretanto, Severus tinha a ambição de chegar ao trono sem usar a espada.

Didius Julianus tentou negociar com Severus e ofereceu-lhe uma parte do Império, porém Severus ignorou a proposta e, em vez de negociar, distribuiu seus oficiais e parte de sua tropa em vários pontos da cidade, e enviou comunicado à guarda pretoriana, assegurando que, se não lhe entregassem Didius Julianus, um príncipe sem valor, e também os assassinos de Pertinax, ele a todos prenderia e mataria. Porém, se os entregassem, seria condescendente com eles.

Os pretorianos, não vendo melhor saída, ante a numerosa legião de Septimius Severus, uma legião muito bem treinada, aceitaram as condições impostas pelo general, prenderam a maior parte dos assassinos de Pertinax e comunicaram ao senado que não mais aceitariam ordens nem defenderiam Didius Julianus.

O Senado imediatamente se apressou a depor Didius Julianus e a reconhecer o General Septimius Severus como legítimo imperador de Roma. Decretou honras divinas a Pertinax e pronunciou uma sentença de condenação à morte para Didius Julianus, que se isolou no Palácio com um dos prefeitos, Genialis, e com seu genro Repentinus, porém o palácio foi invadido pelos soldados de Severus, e Didius Julianus foi assassinado. Antes de morrer, suas últimas palavras foram:

— Mas que mal eu fiz? Quem eu matei?

O General Lucius Septimius Severus era um soldado romano que tinha origem africana. Nascera em Leptis Magna, antiga cidade situada na costa do Mar Mediterrâneo, a leste de Trípoli, no Norte da África. Havia chegado à cidade de Roma no ano 160 d.C. Iniciara-se na carreira militar após seu alistamento no exército romano. Dedicado, astuto, hábil com as palavras e com espírito de liderança, rapidamente galgou o posto de oficial romano. Tornou-se pretor, após, nomeado como Comandante de Legião Romana na Síria e após foi nomeado Governador da Gália Lugdunense. Casou-se inicialmente com Paccia Marciana, que acabou por morrer, sem ter filhos. Após ser governador, casou-se novamente, desta feita com Julia Domina, com quem teve os filhos Caracalla e Geta. Após, ainda, exerceu os cargos de Governador da Sicília, Cônsul e Governador da Panônia.

Antes de ir para Roma, Severus fez uma aliança com o poderoso comandante da Britânia, Clódio Albino, reconhecendo-o como César. Depois de eliminar Didius Juliano, e em seguida derrotar o Governador da Síria, Percenio Niger, em 193 d.C., Severus quebrou a aliança que havia feito com General Clódio Albino. O senado ficou ao lado de Severus e declarou Albino como inimigo público. Clódio Albino tinha estacionado sua legião próximo a Lugdunum, onde se autoproclamou Augustus e planejou combater Severus, o que levou à queda da aliança anteriormente feita. Albino uniu-se à legião comandada pelo General Lucius Novius Rufus, que era Governador da Hispânia Tarraconensis, e resolveram atacar as tropas romanas que guarneciam a Germânia e que estavam sob o comando do General Virius Lupus, mas não lograram êxito, eis que as tropas de Virius Lupus resistiram e apoiaram Severus, que deslocou suas legiões da Itálica e da Germânia e lutaram com Albino em Tinurtim, que ficava próxima a Lugdunum, contendo o avanço de Albino, que recuou suas tropas em direção a Lugdunum.

Em fevereiro de 197 d.C., Severus novamente atacou as tropas de Clódio Albino a noroeste de Lugdunum. O exército de Albino foi derrotado na batalha sangrenta de Lugdunum, onde pereceram trezentos mil romanos. O General Albino, ante a derrota, suicidou-se em uma casa perto do Ródamo. Sua corte foi dissolvida e as legiões vitoriosas puniram aqueles que em Lugdunum tinham apoiado Albino, com confisco de bens, banimento e execução. A seguir, o Senado coroou definitivamente Septimius Severus como novo imperador dos romanos.

No início de seu reinado, Severus agia com condescendência em relação aos cristãos. Havia, vez ou outra, em regiões isoladas do Império, algumas explosões de ódio contra estes, ainda na maioria das vezes provocadas pelos judeus subjugados a Roma, contudo não existia uma perseguição organizada e sistemática. O imperador mostrava-se condescendente e clemente com os cristãos, e estava propenso a auxiliar as crenças dos povos subjugados a Roma. Inclusive, houve um fato digno de registro, eis que o imperador foi acometido de grave enfermidade e, após receber o tratamento e cuidados de um cristão e ter se curado, agradecido, tornou-se benfeitor dos cristãos em geral. Parecia mesmo que se anunciava para o Cristianismo uma fase de expressivo desenvolvimento, que não seria perturbado. Inclusive, muitos cristãos passaram a ocupar posição influente na Corte Imperial.

Entretanto, na Corte Imperial, em razão de imposições políticas já anteriormente estabelecidas no governo de Roma, notadamente a influência de alguns senadores que não admitiam o crescimento do Cristianismo, começou a surgir um movimento que se resumia no seguinte: as autoridades romanas não eram autorizadas a procurar os cristãos para os processar, prender e executar, mas se uma pessoa era identificada como cristão, por alguém, eles podiam tomar medidas que se traduziam numa escolha que era dada ao cristão: ele deveria amaldiçoar e negar o Cristo Yeshua e fazer uma oferenda aos deuses romanos, ou então, se houvesse recusa, seria executado.

Ao tomar posse, o Imperador Severus procedeu a uma grande modificação nas ações de Roma. Nomeou novos cônsules e removeu uns para outras localidades, visando a renovar a direção das províncias. Nomeou como cônsul romano em Lugdunum o General Lúcio Fábio Cilo, seu amigo pessoal, que lutara a seu lado contra as forças do General Perscênio Niger.

XVIII

VIAGEM DA CARAVANA DE MATEUS BEN JOSEPHO COM DESTINO A LUGDUNUM

– REENCONTROS

Após a reunião familiar daquela noite, que fora muito importante, Mateus ben Josepho, além de ter tido a confirmação do sonho que tivera e da interpretação do jovem cristão Shebir ben Isaque, ficara maravilhado com tudo o que ouvira de seu pai, principalmente quando este se referira a Hiran ben Elias como um dos sacerdotes juízes do Sinédrio ao tempo de Yeshua de Nazareth, conforme a narrativa feita pelo Rabino Eleazar a seu pai e a um grupo de amigos deles, quando lhes falou sobre o primeiro julgamento de Saul de Tarshish pelas autoridades do Sinédrio. Seus pensamentos entravam em verdadeira ebulição, principalmente com relação ao passado e à confissão que o Rabino Eleazar havia feito a seu pai e que, por conseguinte, seu pai, sua mãe e suas irmãs também lhe fizeram, de que não mais nutriam dúvidas quanto a Yeshua de Nazareth ser de fato o Messias prometido por Yahweh a toda Israel.

Mateus já havia lido as profecias do Profeta Isaías. Buscou relê-las, e uma em especial, ante os últimos acontecimentos, chamou-lhe a atenção, quando releu a profecia sobre o nascimento e o reino do Príncipe da Paz, que assim vaticinava:

> Mas para a terra que estava aflita, não continuará a obscuridade. Yahweh, nos primeiros tempos, tornou desprezível a terra do Zebulom e a terra de Naftali; mas nos últimos,

> tornará glorioso o caminho do mar, além do Jordão e da Galileia dos gentios.
>
> O povo que andava em trevas viu grande luz, e aos que viviam na região da sombra da morte, resplandeceu-lhes a luz.
>
> Porque um menino nos nasceu, um Filho se nos deu; e o governo está sobre os seus ombros e seu nome será: Maravilhoso Conselheiro de Yahweh e Príncipe da Paz.

A análise que fazia sobre tudo o que lhe ocorrera nos últimos meses de viagem lhe trazia uma quantidade de respostas que o fazia modificar seus conceitos mais íntimos sobre tudo o que aprendera outrora e o colocava sob o desejo firme de buscar conhecer os ensinamentos de Yeshua de Nazareth a todo custo. Parecia mesmo que precisava recuperar o tempo perdido entre sua outra vida, narrada por Shebir, como Hiran ben Elias, e a atual. Conversou com o pai para tentar conseguir uma cópia dos ensinamentos de Yeshua de Nazareth. Ansiava por ler na íntegra e conhecer melhor o pensamento do Galileu.

Certo dia, uma de suas irmãs foi chamá-lo, eis que repousava após a refeição do meio-dia, dizendo-lhe que o Rabino Eleazar estava na casa, conversava com seu pai, e ambos reclamavam a presença dele. Mateus ben Josepho agradeceu à irmã, ajeitou-se melhor na túnica e dirigiu-se para a sala de visitas de sua residência. Lá chegando, foi efusivamente saudado pelo Rabino:

— Olá, bom irmão Mateus, quanto tempo? Folgo em ver-te com saúde e disposição.

Após os abraços de praxe, com o ósculo no rosto, costume da tradição judia, Mateus correspondeu à saudação, dizendo:

— Olá, bom e nobre Rabino. É sempre uma alegria renovada ver-te e poder conversar com o senhor.

Acomodados, o Rabino Eleazar então lhe falou:

— Irmão Mateus, como bem sabes, por teu pai, e em tua casa posso falar à vontade, sou um novo adepto dos ensinamentos do crucificado Yeshua de Nazareth, e tenho pena de nosso povo, que o conduziu à morte sem saber que estava imolando o Cordeiro Divino. A realidade, irmão Mateus, é que em razão do teu trabalho, que sei exigir viagens constantes, tenho a necessidade de buscar comunicar-me com uma irmã, cujo nome é Dânia ben Nehmah, e que já faz muitos anos foi-se de Jerusalém e que a alguns anos atrás me comunicou por carta que se casou com um cidadão grego de nome Glaucius; informou-me estar morando na Gália Lugdunense, na cidade de Lugdunum, no Ocidente, e que lá tornaram-se agricultores. Ela, na carta, pediu que se fosse possível eu fosse para lá, para radicar-me por lá. Embora, dada a distância, parece ser mesmo uma loucura, mas como lá, segundo ela me informou, há uma sinagoga de nosso povo, eu penso em ir para lá e trabalhar nela. Como eu vivo sozinho, nossos pais já se foram para o paraíso, assim penso, e ela é a irmã que está viva, pois tínhamos um irmão somente, que também morreu, tomei a decisão de mudar-me para lá para aproveitar os últimos anos que já se vão chegando para conviver um pouco com ela. Em razão disso, vim aqui te propor uma expedição até lá, para o que te pagarei regiamente, bastando combinarmos o valor que cobrarias.

Mateus ben Josepho, entre surpreso e interessado, disse:

— Nobre Rabino, nunca viajei a lugar tão distante. Confesso que a proposta é tentadora, porém, preciso de algum tempo para pensar. Tenho que conversar com Elias ben Shebabe e com Shebir ben Isaque e mais alguns irmãos da caravana, e somente depois te darei a resposta sobre a possibilidade da viagem e o valor. E para quando pretenderia esta viagem?

— O quanto antes — respondeu o Rabino Eleazar. — Nada me prende em demasia a Jerusalém. Já conversei com o rabino chefe de nossa Sinagoga Central, que é o Sumo Sacerdote Barzilai. Ele compreendeu minha necessidade e me autorizou a viajar quando quiser, recomendando-me por carta aos irmãos da Sinagoga de Lugdunum.

— Está bem — retrucou Mateus. — O mais breve possível te responderei.

Após isso e os abraços de praxe, o rabino se retirou, protestando pela espera da resposta.

Mateus ben Josepho conversou com Elias e com Shebir. Ajustou com eles o melhor planejamento para a viagem, uma vez que pela primeira vez iriam tão longe. Teceram planos de levar para o Ocidente vários produtos que eram fabricados em Jerusalém e que também poderiam ser adquiridos nas cidades do Oriente, pelo caminho, ao mesmo tempo que também comerciariam nas cidades portuárias por onde deveriam passar. A viagem de início margearia a costa do litoral no Mar Mediterrâneo e após do Mar Egeu, a partir daí seria feita pelos territórios. Quanto à marcha com os animais, desta feita, além de camelos, levariam também cavalos, caso fossem necessários deslocamentos ou incursões rápidas. Em razão da distância, era uma viagem por demais desafiadora. Tudo poderia acontecer, desde salteadores até doenças, acidentes com os animais, cansaço e outro qualquer acidente de percurso. Calcularam que levariam de um a dois anos talvez, entre a ida e a volta. Seria também uma ótima oportunidade de, embora sendo uma viagem comercial, transformá-la numa espécie de peregrinação, eis que teriam muito tempo para conversar e debater sobre os assuntos mais momentosos e que giravam em torno do Cristianismo e de Yeshua de Nazareth.

O Rabino Eleazar já estava com mais de sessenta anos. Mateus temia por sua saúde, em razão dos esforços que despenderiam nessa viagem. Após ajustados os planos, que demoraram trinta dias, Mateus deu a resposta positiva ao Rabino e foi surpreendido por seu pai, Rabban ben Josepho, que manifestou o desejo de acompanhar o filho e o amigo rabino na viagem. Mateus ficou por demais apreensivo e tentou demovê-lo, a todo custo, dessa ideia, eis que já contava com sessenta e seis anos de idade e caminhada tão longa exigiria uma resistência que, Mateus sabia, seria limite para o seu pai. Argumentou que a mãe e as irmãs ficariam sem cuidados, ao que seu pai disse que havia ajustado com seu irmão Abnon ben Josepho, que tinha uma loja de cereais em Jerusalém, e que enviuvara, e ele lhe dissera que cuidaria da cunhada para que nada lhe faltasse e das sobrinhas como se fossem suas filhas, até porque já trabalhavam na loja do tio. De nada valeram os esforços empreendidos por Mateus. Seu pai resistiu.

Então, numa manhã fria do mês de fevereiro do ano 199 d.C., a caravana de Mateus ben Josepho, que já era conhecida na cidade, composta de oitenta membros, cruzava o portal da cidade baixa de Jerusalém, rumo ao Ocidente, o que fazia pela vez primeira. No planejamento efetuado por Mateus, na companhia de Elias e Shebir, foi levada em conta a necessidade de se levar, como sempre faziam, quando em viagem, um médico e um ajudante de medicina, para atender às necessidades da caravana.

No que haviam combinado, antes da marcha, o roteiro da viagem obedeceria à necessidade de comerciar trocas pelo caminho, a fim de ser vantajosa. Resolveram que, saindo de Jerusalém, fariam a viagem margeando a costa, passando por Cesareia e Tiro. De lá para a Síria, até Antioquia da Síria. De lá a Tarso, no território da Cilícia. Depois Icônio. Avançariam pelo deserto até Nicomédia, na Bitínia. De lá, pelo istmo que ligava à Trácia. Após, fariam pequena travessia em balsas, entre o Mar Negro e o Mar Egeu, e chegariam a Bizâncio. Após, Apolônia; depois, Odessa; caminhariam pelas margens do Rio Danúbio e atravessariam extenso território sem civilizações, passando pela Dalmácia até chegar à Panônia Inferior, em Áquines. A partir deste ponto, iriam para a Panônia Superior e mais para o Sul até Aquileia, já no território da Gália. De Aquileia iriam até Milão, e após, em linha quase reta, deveriam chegar a Lugdunum.

A viagem seria toda feita por territórios dominados pelos romanos. Por certo, ao longo da marcha, cruzariam com várias tropas do Império.

As distâncias maiores, sem civilizações, pelos mapas já traçados por outras caravanas, que podiam ser encontrados na sinagoga de Jerusalém, e que foram pesquisados por Mateus, Elias e Shebir, davam conta de que seriam mais evidentes nos trechos de Odessa até o território da Dalmácia e deste até a Panônia.

A caravana ia a passos regulares, deslocando-se pela imensa planície que ligava Jerusalém a Tiro. O primeiro ponto de parada seria naquela bela cidade portuária, onde já poderiam iniciar as trocas de mercadorias. Levavam de Jerusalém diversos artesanatos em couro, cereais e mantas de carneiro. Caminhavam de dia, sem forçar muito a natureza dos animais e sem fazer exigências demasiadas. Mateus, habilmente, e ante os cuidados necessários, colocou seu pai, Rabban ben Josepho, e o Rabino Eleazar como hóspedes diretos de sua tenda, para melhor servi-los e cuidar deles. Além disso, seria providencial para conversar com eles sobre os assuntos que por ora muito lhe interessavam, e que se traduziam na melhor compreensão que pretendia ter quanto a ser mesmo Yeshua de Nazareth o Messias esperado por Israel e sobre os ensinamentos que este trouxe para a Terra.

A viagem até Tiro ocorreu tranquila. Como sempre faziam, acampavam próximo às cidades, para que não houvesse dispersão nos interesses dos membros da caravana. Levantadas as tendas, caía a noite.

Naquele dia, nas cercanias de Tiro, a caravana já estava instalada. O luar era extraordinário, parecia mesmo que a Lua queria beijar a Terra, tão próxima se apresentava. Após todos os caravaneiros cearem e buscarem as suas tendas, Mateus convidou Elias e Shebir para irem até a sua tenda, para conversarem juntos na companhia de seu pai e do Rabino Eleazar.

Acomodaram-se na tenda, sob a luz de lamparinas a óleo de oliveira, em número de quatro, dispostas uma em cada canto. Mateus ben Josepho irradiava felicidade. Já se acostumara às longas viagens, de modo que, quando estava viajando, sentia-se realizado, e naquela ocasião mais feliz ainda, porque seu pai estava acompanhando-o, e também se sentia feliz pela presença do Rabino Eleazar, a quem desde a sua adolescência aprendera a admirar e respeitar.

Após um chá de endívia servido pelos ajudantes, e que servia para fortalecer o organismo, Mateus, acomodado em grandes almofadas, como os demais, falou:

— Meu amado pai, Rabino Eleazar e meus caros amigos Elias e Shebir, quero dizer-vos que estou muito feliz por esta viagem. Aceitei o desafio feito pelo irmão Eleazar para viajar esta distância, até então para mim inimaginável. Entendo que essa decisão tenha sido um ato de coragem para todos nós. Confesso que temo um pouco pela dureza da viagem e pela possibilidade de termos, inclusive, baixas humanas até chegarmos ao nosso destino. Contudo, peço e continuarei pedindo a Yahweh que nos ajude e nos cubra de bênçãos e proteção.

"A par disto, gostaria de já, nesta noite, a despeito de termos incontáveis noites pela frente, iniciarmos nossas conversações sobre o Criador e Sua Criação, possibilitando-nos a troca de experiências, de conhecimentos e de vivências em relação ao nosso destino na Terra.

"Como todos vós sabeis, os meus amigos que viajamos juntos, e meu pai, e vós, Rabino — disse olhando para Eleazar —, sou amante da Lei de Israel, contudo, nunca me coloquei na condição de sabedor de tudo e procurei afastar de mim o fanatismo, que entendo radicaliza o conhecimento e não admite outras verdades, consciente de que na Terra, sob o comando augusto do Criador, deve viger a grande lei de solidariedade entre os Espíritos do Senhor, não se prestando, a quem quer que seja, considerar-se superior a outrem. Em razão disso, na última viagem, e de várias revelações que me foram trazidas pelo amigo Shebir e também em razão das conversas que papai relatou ter tido convosco, Rabino Eleazar — ao dizer isso, olhou para o Rabino e sorriu o sorriso franco da certeza de ato honrado por parte de seu pai —, gostaria de vos perguntar, para tirar minhas últimas cismas, talvez, por que o nosso povo não aceitou Yeshua de Nazareth, não acreditou em suas palavras, acabou por acusá-lo de embusteiro e o condenou à morte?"

O Rabino Eleazar respirou fundo. Agora, em plena viagem, poderia ser muito franco, poderia abrir o coração, pois estava ao lado e ao abrigo de pessoas de bom coração, amigos que muito o respeitavam. Então iniciou a dizer:

— Meu nobre irmão Mateus e demais irmãos, a história do nosso povo é repleta de orientações e advertências do Senhor de nossas vidas. Quando Moshe trouxe-nos as tábuas da lei e os mandamentos divinos ao povo, ele também disse:

> Estes são os mandamentos, a lei e os juízos que nos mandou Yahweh, para que apreendamos a cumpri-los na Terra da promissão que acabais de possuir.

> Para que temas ao Senhor teu Deus e guardes todos os estatutos e a sua lei que eu te ordeno, tu e teu filho, e o filho do teu filho, todos os dias de vossas vidas, e que vossos dias sejam prolongados.
>
> Ouça, pois, ó Israel, e atenta em os cumprir para que bem te suceda, e muito te multiplique na Terra que mana leite e mel, como te disse o Senhor, Deus dos teus pais.
>
> Ouve, Israel! o Senhor, nosso Deus e único Senhor. Amarás, pois, o Senhor, teu Deus de todo o teu coração, de toda tua alma e de toda a tua força.

"Assim, num preceito recomendado por Yahweh, em vez de procurar honrar o Senhor e cumprir os mandamentos, antes dedicou ao Criador apenas temor, frieza e dureza de coração. Além disso, a nação vestiu-se de orgulho e pompa, na pretensão de ser a única nação e o único povo que fora escolhido por Yahweh para comandar a Terra. Diante disso, passou a desprezar os outros povos, a considerá-los como simples servidores de suas necessidades. Provocou guerras de arrasamento e morte. A conquista de Canaã pelos israelitas, considerada a Terra Prometida, que se estendia desde o rio do Egito ao rio Eufrates, demonstra que, após a primeira ocupação pacífica, houve o extermínio de todas as nações que residiam em Canaã. Dez nações nela habitavam: os queneus, os quenezeus, os cadmoneus, os heteus, os ferezeus, os refrains, os amorreus, os cananeus, os girgaseus e os jebuseus. Apesar de serem dez os povos inicialmente mencionados no Gênesis de Moshe, os judeus teriam recebido, segundo as tradições, instruções divinas para dizimar os sete mais poderosos, para dar a entender que não foi pela força dos homens de Israel, mas por ação divina que a terra foi conquistada.

"Além desses povos, os cananeus são usados também para descrever as demais nações que ali viviam. Na primeira batalha de Israel com os cananeus, os israelitas perdem. Quando invadem a sua terra, os cananeus vão em direção a Israel para pelejar e vencem, eliminando a primeira geração de Israel, que não deveria entrar em Canaã. Quando, porém, Israel se tornou mais forte, sujeitou os cananeus a trabalhos forçados e não os expulsou de todo.

"Além desses dez povos, muitas outras menores nações foram completamente exterminadas pelos israelitas durante a longa e sangrenta ocupação de Canaã, e as que não foram exterminadas foram escravizadas. Nações como os filisteus, os gesuritas, os gersitas e os amalequitas foram completamente eliminadas.

"A atitude de Israel perante todos os povos que residiam em Canaã era a mesma: todos deveriam ser exterminados, homens, mulheres, crianças, inclusive os animais, esta seria para eles a mensagem do próprio Deus:

> Destrói totalmente tudo o que tiver, e não lhe perdoes; porém, matarás desde o homem até a mulher; desde os meninos, até aos de peito; desde os bois até às ovelhas, e desde os camelos até aos jumentos (1 Sm. 15:3).
>
> Assim fez Davi em muitas ocasiões: E Davi não deixava com vida nem homem nem mulher, dizendo: Para que porventura não nos denunciem, dizendo: Assim Davi o fazia. E este era o seu costume por todos os dias que habitou na terra dos filisteus (1 Sm. 27:11).

"Por isso, meus irmãos, como medida de justa aplicação da Lei de Yahweh, em razão dos graves crimes cometidos contra as outras nações, nosso povo viveu submetido às grandes dominações no Egito e na Babilônia, o que fez em meio à dor e ao sofrimento, que foram instrumentos divinos para a expiação e lapidação. Em meio a esses períodos de escravização, o Senhor da vida, através dos profetas de nosso povo, alertou-os para a chegada iminente do Libertador, do Messiah. Lembro que, a propósito, nosso profeta Isaías, que entendo foi o mais profícuo, anunciou a presença, na Terra, do Servo do Senhor, quando disse:

> Eis aqui o meu servo, a quem sustento; o meu escolhido, em quem a minha alma se compraz; pus sobre Ele o Meu Espírito e Ele promulgará o direito para os gentios. Não chamará, nem gritará, nem fará ouvir a sua voz na praça. Não desanimará, nem se quebrará até que ponha na Terra o direito; e as terras do mar guardarão a sua doutrina.

> Eu, o Senhor, te chamei em justiça, tomar-te-ei pela mão e te guardarei e te farei mediador da aliança com o povo e luz para os gentios. Para abrires os olhos aos cegos, para tirares da prisão da alma, o cativo, os que jazem em trevas.
>
> Eis que as primeiras predições já se cumpriram, e novas coisas eu vos anuncio; e antes que sucedam, eu vo-los farei ouvir.

"Desse modo, o Enviado de Yahweh deveria chegar não com aparato e pompa, mas sim de maneira simples e suave para demonstrar que o Deus de Israel ama todas as nações, porque todos são Sua Criação. Esse pensamento correto não serviu para os judeus, que traziam o coração empedernido e sentimentos sem a profundidade necessária, eis que, além de terem dizimado várias nações, agravaram ainda mais as suas dívidas com o Criador, com o malfadado julgamento e morte de Yeshua de Nazareth. A partir de tudo isso, nunca mais a nação acertou o seu rumo. Sucederam-se as tolices, veio a condenação de Saul de Tarshish, sua prisão, a prisão de muitos seguidores de Yeshua, para os quais o Sinédrio concorreu direta e indiretamente. É fora de dúvidas que, após a crucificação do Messias, Israel nunca mais foi a mesma, e penso que talvez não será, no futuro, por cumular ofensas gravíssimas à Lei de Yahweh, principalmente com a morte de quem vinha libertar a nação e, por conseguinte, o povo de milênios de equívocos.

"Essas ofensas, por certo, diante da Lei Divina, necessitarão ser objeto de resgate, através de dores soezes e talvez até inimagináveis. A queda do Templo de Jerusalém no ano 70 d.C. já deu mostras de que a Lei que antecede o efeito e que é emanada de Yahweh já iniciou a se abater sobre o povo. Não satisfeita ainda a expiação pela dor, veio a escravidão a Roma, de longos anos, e após as insurreições judaicas, todas, como bem sabemos, esmagadas pela espada e pelo fogo da águia voraz, artífice de arrasamento de nossos irmãos, cujo orgulho jamais aceitou a submissão. Isso tudo, meus amigos, cumulou à nossa nação prantos e ranger de dentes. Ainda assim, nosso orgulho não se curvou e continua poderoso, a ponto de não aceitar que houve a chegada do Libertador, na pessoa de Yeshua de Nazareth, antes preferindo colocá-lo na condição de um louco, temerário, quando não de um espírito insolente que teve o despautério de dizer que era o filho de Yahweh, enviado para a libertação de nossa gente. Além de não ter havido a aceitação, que aliás, confesso-lhes, deveria haver, e ante tudo isso, um questionamento se tem me apresentado na mente e o formulo para vós: o que somos hoje? Respondo que sem sombra de dúvidas, somos um povo até certo ponto sem pátria, preso da dominação continuada. Até o nome de nossa cidade sagrada foi mudado, e do Templo de nossos antepassados o que resta é somente parte de uma parede de pedras frias, onde já iniciamos a lamentar o passado. Nossas tradições aos poucos vão se esvaindo com o tempo, e, apesar de tudo isso, ainda continuamos negando-nos a enxergar a verdade.

"Amigos, quem analisar com cuidado e afinco, e sem o espírito do fanatismo, como ultimamente tenho tido a oportunidade de fazer, despertará para a consciência de que a presença do Carpinteiro de Belém, na Terra, representa sim o cumprimento das profecias alusivas à anunciação da vinda do Messias prometido por Yahweh.

"Não tenho mais dúvida alguma de que Ele é o Libertador, o Ungido pela Divindade e que, conforme os estudos que tenho feito sobre seus ensinamentos, veio para libertar, por primeiro, nosso povo, eis que chegou no seu seio, e, por conseguinte, libertar a Terra do jugo e mando dos poderosos, seja do poder político, seja do poder religioso, entronizando de maneira soberba a certeza de que Yahweh é Amor, é Justo, é Bom e não quer a morte moral do pecador.

"De que instrumentos Ele se utilizou para desempenhar Sua extraordinária tarefa; para destruir as crenças pagãs e mudar o coração do homem? Essa é a primeira pergunta que me fiz, ao iniciar, embora de maneira velada, os estudos sobre seus ensinamentos e suas obras.

"Na busca de resposta, li nas anotações que recebi de presente, feitas por um de seus apóstolos, chamado Mateus Levi, que certa feita Ele disse: *'Não penseis que vim trazer a paz à Terra; não vim trazer a paz, mas a espada'.*

"Confesso que esse ensinamento muito me intrigou, pois, ao conhecer o restante da Sua obra, que reputo maravilhosa, fiquei a pensar o que efetivamente Ele quis dizer ao assim falar ao povo, quando esteve na Terra. Ora, o que é a paz? Como a compreendemos? Ela é exterior ou interior? A paz somente tem sentido quando os povos não estão em guerra uns contra os outros?

"Efetivamente, irmãos, a guerra e os combates são inimigos da paz. Mas há muitos povos e muitas criaturas que não estão em guerra, contudo não possuem paz. Desse modo, toda e qualquer contrariedade que sentimos em nossas almas concorre para não nos permitir a paz interior, eis que temos um descompasso espiritual, uma intranquilidade moral, um desacerto que nos afeta a mente e o coração, colocando-nos em predisposição de revidar qualquer palavra ofensiva ou o menor gesto de desrespeito, e em muitas ocasiões manifestamos repulsa ao que entendemos como agressores ou instrumentos de nossa intranquilidade. Foi a esses males, a essas deformações de nosso caráter que Yeshua veio trazer o instrumento de corte necessário às nossas iniquidades, aos nossos desequilíbrios, cujo corte se fará pela espada do conhecimento, da face verdadeira de Yahweh, que é todo Amor e Justiça.

"Para esse entendimento e vida, precisamos, pois, desembainhar a espada, que é feita pelos fios do aço inquebrantável do bem e da caridade, afiada pelas lutas tiranas que já travamos e precisamos continuar travando contra o velho guerreiro que somos, e, após usar essa espada, lavá-la com as lágrimas do nosso arrependimento e da restauração das situações negativas a que porventura tenhamos dado causa.

"Assim é que entendo, irmãos, no que pretendo mais ainda sedimentar em minha alma, para sentir o poderio do amor que Yeshua dedicou à Humanidade e, ao assim sentir, ter a oportunidade e me aproximar d'Ele, tal qual um dia o Rabino Saulo de Tarso teve, e de alguma forma candidatar-me a servi-lo."

O Rabino Eleazar calou-se. A vibração espiritual naquela tenda, em meio ao descampado onde a caravana tinha erguido os instrumentos de pouso, era simplesmente maravilhosa. O jovem Shebir, ante a capacidade que possuía de ver o lado da verdadeira vida, registrou psiquicamente a presença do Governador da Cidade da Fé, Acádio, de Estêvão e de Paulo de Tarso, e curiosamente de um espírito vestido a modo dos juízes do Sinédrio, que pelo pensamento lhe disse o nome: Irmão Shebir, eu sou teu irmão, Gamaliel ben Rabban.

Mateus ben Josepho exultava de alegria ante toda a fala do Rabino. O mesmo se dava com seu pai e com o caravaneiro Elias. Antes que Mateus falasse alguma coisa, o jovem Shebir pediu a palavra e disse:

"Nosso irmão rabino trouxe-nos belíssima interpretação sobre um dos ensinamentos de Yeshua, no que se refere à paz.

Ao prosseguir, a voz de Shebir foi modificando-se completamente, tornando-se muito mais grave, e prosseguiu:

"Gostaríamos de aduzir algumas considerações sobre o tema que os irmãos estão a conversar. Diante da proposta do Messias, há que se destacar em primeiro plano que é preciso que nos conservemos em paz para podermos pacificar os outros, pois o homem bom e pacífico faz com que tudo se converta em bem à sua volta. Quem está em paz não desconfia de ninguém, bem sabe desculpar e aceita as eventuais desculpas que lhe pedirem, pois viver com pessoas ásperas, mal-educadas ou mesmo perversas, que nos contrariam, e buscar entendê-las, relevando as ofensas, será sempre louvável e agradável ao Senhor. Há os que têm paz consigo e também com os outros, como há os que não tem paz, portanto não a podem legar aos demais.

"Toda a nossa paz consistirá sempre no exercício da humildade e da resignação ante as adversidades, pois quem melhor souber viver na Terra, sem revolta ante a dor ou o sofrimento, pela compreensão que atrai resignação, conquistará a paz. O que assim vive será vencedor de si mesmo, senhor do seu mundo interior e também exterior, amigo de Yeshua e candidato a herdeiro do Reino dos Céus.

"Na Terra, apesar da inigualável presença e esforço do Mestre de Nazareth, a quem devemos sim considerar como o Príncipe da Paz, mesmo dentre aqueles que já aceitam ou começam a aceitar o Seu caráter angelical, há muitos que se apresentam como apreciadores dos Seus ensinamentos, mas são poucos os que querem carregar sua cruz sem reclamar. Há muitos sequiosos de consolação, mas poucos de esforço em face da tribulação; muitos que querem se apresentar à mesa com Yeshua, mas poucos praticam a abstinência ao mal; muitos O seguem até partir o pão, porém são ainda poucos os que se candidatam a beber do cálice de Sua paixão. Muitos veneram seus feitos, mas bem poucos compreendem o real valor do seu sacrifício até a ignomínia da cruz. Muitos dizem o amar, enquanto não encontram adversidades. Aqueles, porém, que verdadeiramente amam Yeshua, tanto o louvam nas tribulações e nas angústias como na consolação, e principalmente no trabalho em prol do seu próximo".

Shebir calou-se. A maravilhosa energia que se fazia presente parecia ainda mais sutilizar-se ali naquela tenda, sob a imensidão do deserto e a luz do luar. Mateus, seu pai, o Rabino Eleazar e Elias estavam como que imantados, presas da estupefação, em razão do fenômeno que constatavam ter ocorrido com o jovem Shebir e das palavras por ele pronunciadas.

O Rabino resolveu quebrar o silêncio e perguntou a Shebir:

— Meu jovem amigo, fostes tu mesmo que nos falaste estas coisas?

Shebir, olhando para o Rabino, com os olhos da tranquilidade, respondeu:

— Não, não acho que tenha sido eu. Essa situação me tem ocorrido ultimamente, e meu pai assevera que são outras almas que falam por meu intermédio. Eu só sei que não me lembro de nada do que vos falei. Para mim, quem falou foram os Espíritos do Senhor.

O restante da noite foi reservado aos comentários sobre o que fora dito. Rabban ben Josepho e o Rabino Eleazar, conjuntamente com Mateus e também Elias, teceram várias considerações sobre o ocorrido e sobre o que ouviram, e todas elas revestidas da alegria. Ficaram um bom tempo analisando a presteza e clareza incrível dos ensinamentos de Yeshua, retratados na fala do jovem Shebir.

Como a noite se fazia alta, Mateus pediu a Shebir que orasse por todos. A seguir, retiraram-se para o repouso, preparando-se para o outro dia, em que comerciariam e também retornariam à marcha.

XIX

O DIÁLOGO DE IRINEU COM SEUS DIÁKONOS EM LUGDUNUM

Enquanto a caravana de Mateus ben Josepho marchava pelo deserto, o Epískopo Irineu, em Lugdunum, fazia uma reunião com seus diákonos auxiliares: Ápio, Nicholas, Odélio e Absalom, buscando nos registros da memória os fatos, as ocorrências que no seu entendimento viajaram pelo tempo a ofertar preocupação com a unidade de entendimento dos princípios básicos e imortais da Doutrina do Nazareno.

Naquela tarde morna, já chegando os primeiros ventos que prenunciavam as aragens anunciadoras do inverno, Irineu disse a seus diákonos:

— Irmãos, vós já tivestes acesso à obra que escrevi para a defesa dos postulados de nosso Mestre Yeshua. Contudo, gostaria de lembrar-vos o que objetivei com ela, que tornei público no ano 185 d.C. Considerei, como título, que julgo apropriado, com o objetivo de união e unificação dos Núcleos Cristãos, denominá-lo *Contra as Heresias*. Já de muito, tenho considerado a doutrina do gnosticismo prejudicial ao desenvolvimento das ideias cristãs, que entendo, devem ser o ponto principal a ser cuidado por nossos Núcleos.

"A esse respeito, gostaria de relembrar que não devemos de modo algum desprezar o valor da tradição dos primeiros cristãos, desde os apóstolos escolhidos pelo Mestre, como também passando pela maravilhosa tarefa de Paulo de Tarso; pelo estoicismo e grandeza do enorme esforço praticado por Inácio de Antioquia, e pela prudência e firmeza do meu amigo Policarpo de Esmirna. Na realidade, todos eles tinham a fé inquebrantável em Yahweh e em Yeshua, sentimento que lhes era regra de conduta em suas vidas. Quando lembro deles, também lembro do salmo vinte e seis da Lei Antiga, que nos diz: *'A quem posso eu temer, sendo o Senhor minha luz e minha salvação?'*.

"Com a mais absoluta certeza, a fé não deve ser objeto de comércio ou de troca, e sim deve ser a força abstrata do cristão, a lhe incutir vigor espiritual, esperança e paz. De certo modo, combati que o foco das decisões que visassem a preservar o Cristianismo das interferências indesejadas fosse unicamente o Núcleo Cristão de Roma, no que fui voto vencido, e na ocasião segui os conselhos e exemplos dos mais velhos, eis que acompanhei a discussão travada a esse propósito em Roma, quando lá estive na companhia de nossos irmãos Policarpo, Justino Mártir e Pápias, e com o nosso irmão nomeado como epískopo geral, Aniceto. Com isso segui a maioria. Porém, há um ponto em que é necessário e urgente se obter a concordância de todos os Núcleos Cristãos, ou seja, a premente necessidade de se continuar a combater as doutrinas estranhas que têm surgido em nosso meio, desde a fundação do Núcleo Cristão de Jerusalém, infelizmente.

"Em razão desses fatos, não podemos perder de vistas a necessidade de sempre ensinar e relembrar que nos Núcleos Cristãos sérios deve estar a presença da verdadeira doutrina do Mestre, eis que desse modo também assim neles estará o Espírito de Yahweh, e onde está o Espírito de Yahweh, está também a verdadeira crença renovada por Yeshua. Por este prisma, é preciso abandonar os símbolos de barro e o ânimo inútil dos que se adornam como donos da verdade.

"Preocupa-me a quantidade de escritos, que entendo totalmente distantes da real doutrina cristã e que já estão espalhados no seio dos nossos Núcleos há muito tempo. Veja-se que já tivemos notícias das pretensas revelações de *Escritos Gnósticos*; de um chamado *Testamento dos Doze Patriarcas de Israel*; do chamado *Martírio e Ascensão do Profeta Isaías*; dos *Oráculos Sibilinos*; das *Escrituras dos Nazarenos, dos egípcios, dos hebreus, dos ebionitas;* a chamada *Epístola dos Apóstolos*, de Tiago; os

Comentários sobre a Infância de Yeshua, por Tom; os *Atos de Pedro*; os *Atos de Paulo*; os *Atos de André*, escritos esses que até aviltam o nome de apóstolos e discípulos verdadeiros de Yeshua; que espalham dúvidas; que inventam medidas de autoridade, semeiam desunião, e em meio a tantos escritos, eis que há outros que malversam a doutrina do Mestre. O que se vê é que alguns Núcleos adotam um ou outro, sem analisá-los com cuidado, acuidade e propriedade, e os adotam como se fossem os mandamentos definitivos da Doutrina do Cristo, o que tem se traduzido em verdadeiras heresias.

"É preciso e urgente combater toda essa loucura e não se permitir que desvios façam morada no coração do verdadeiro Cristianismo. Se essas situações prosseguirem, o que será absolutamente devastador, com certeza será lançado um grande véu sobre os verdadeiros ensinamentos de nosso Messias Amado, velando-os e dificultando sobremaneira a missão do próprio Cristo Yeshua. A realidade é que, em meio a tantas novidades e escritos que adulteram o Cristianismo, cada Núcleo Cristão que não se dedicar a analisar e estudar com afinco as anotações de nossos irmãos, que podemos chamar de evangelistas, fizeram sobre os ensinamentos e a trajetória do Mestre Nazareno, será sim uma porta aberta às falsas doutrinas cristãs, que já têm surgido no horizonte, isso já por vários e vários anos."

Irineu calou-se, sendo então questionado pelo epískopo auxiliar Ápio:

— Encerraste tua fala nominando os que escreveram sobre Yeshua como evangelistas. Indago o que isso significa. Ainda, irmão Irineu, como ficam, no seu entendimento, os escritos de Mateus, Marcos, Lucas e João, diante dessas novas incursões que pretendem inserir fatos e situações que com certeza nunca tiveram a ação de Yeshua de Nazareth? E as cerimônias e rituais que muito têm se colocado no Cristianismo, também por vários anos, isso já não está desfigurando e comprometendo a doutrina do Mestre?

Irineu respirou fundo e iniciou a responder:

— Meu irmão Ápio, tuas indagações são inteligentes. Primeiro te digo que o ato de divulgar a mensagem de Yeshua significa instruir as criaturas, o que podemos classificar também como ato de evangelizar as criaturas. Este termo, que tenho estudado sob a influência da língua grega, vem da palavra *euangelion*, que foi originalmente usada para descrever as "boas-novas" da vitória militar trazida por um mensageiro a seu comandante, na Grécia. Assim como o Mestre anunciou que trazia Boas-novas, por essa razão mais do que lógica, penso que podemos denominar cada escrito dos irmãos que nominaste como um Evangelho, e daí classificar seu autor, por exemplo: O Evangelho de Yeshua segundo Mateus, depois, segundo Marcos, segundo Lucas e segundo João, por exemplo. Acho que isso, inclusive, será um ato de justiça a eles, que se dedicaram com afinco em anotar a vida e a obra do Messias da maneira mais realista possível.

"Quanto às incursões que pretendem inserir fatos e situações que com certeza nunca tiveram a ação de Yeshua de Nazareth, essas são atitudes infelizes e despropositadas que refletem, infelizmente, o que tem ocorrido já após o retorno de Yeshua às moradas celestes e também desde a gigantesca tarefa de Paulo de Tarso, que, a propósito das interferências negativas, sob inspiração divina, recebeu diretamente do Mestre as orientações que hoje são chamadas de Cartas, para todos os Núcleos Cristãos, inclusive como prevenção para o futuro. O apóstolo de Tarso escreveu, inclusive, cartas aos hebreus e aos romanos.

"Quanto aos rituais, que também, infelizmente, tem se inserido em alguns Núcleos Cristãos, lembro que por volta do ano 150 d.C. surgiram os primeiros símbolos, como o *batismo necessário*, a interpretação da chamada *Santíssima Trindade*, a profissão de fé *no Pai, no Filho e no Espírito Santo* e foram criadas as chamadas *homilias*, como a de Melitão, sobre a Páscoa. Dessa forma, irmão Ápio, vejo que não conseguiremos modificar este estado de coisas, a não ser pelo caminho da tolerância, porém, também o da advertência severa e rígida, porque não se pode ser conivente com o erro. A propósito, lembro-me de que em 177 d.C. o Núcleo Cristão de Roma encetou viva perseguição aos que se guiavam pelos escritos do cristão Montano, escritos estes que contrariavam vários preceitos e ensinamentos do Mestre, e embora entendendo a necessidade de preservação da Mensagem, na minha visão, foi um erro, pois não conseguiremos união sob perseguições, daí porque enviei ao epískopo geral, à época o irmão Eleutério, carta pedindo tolerância para com os montanistas da Ásia Menor, e que se pudesse levar até eles um trabalho missionário de esclarecimento.

"Recordo-me de que nessa carta mencionei as vivas lembranças que carrego do Epískopo Policarpo de Esmirna, que foi discípulo de Inácio de Antioquia. Embora muito jovem, eu já tinha estado em Roma no ano 170 d.C., participando das tratativas de união dos cristãos do Oriente e do Ocidente, deixando claro, inclusive, que naquela ocasião houve um ajustamento de tolerâncias de parte a parte, visando a uma única coisa: a preservação dos verdadeiros ensinamentos de Yeshua, sem transformar o Cristianismo em fonte de perseguição àqueles que de alguma forma perfilavam em suas fileiras. Com isso não quis dizer que devíamos tolerar os desvios doutrinários, e sim que tolerássemos as pessoas e que lhes levássemos uma orientação de acordo com os verdadeiros ensinamentos de Yeshua, dando-lhes a chance de conversar, contudo, sem ser conivente com o erro.

"Depois, ante esse quadro de preocupação, escrevi uma refutação ao que entendo ser falsamente chamado de Gnose e escrevi outra sobre os cuidados que devemos ter com a pregação apostólica, pois sempre considerei, e assim continuo a pensar, que a Gnose se traduz numa contradição ao Cristianismo; uma negação do conteúdo principal dos ensinamentos de Yeshua e que segue as ideias do grego Ptolomeu, criando sistemas obtusos e incompreensíveis, longe da simplicidade da doutrina de Yeshua.

"A consequência desse sistema é o abandono completo do ensinamento de Yeshua acerca do nosso Pai Divino e de seu relacionamento com a Humanidade. Não consigo aceitar, nesse ponto, as inserções de que os cristãos devem abandonar os escritos primitivos anotados pelos apóstolos e amigos do Mestre. Para minha pessoa, o sistema de fé derivado dos apóstolos e dos discípulos de Yeshua é a regra da verdade. Assim, Yahweh é o único Criador de tudo e de todos, se relaciona através de sua criação, e suas leis são imutáveis, contudo, permitem àquele que contraria a lei oportunidades de reflexões e refazimento, pois o arrependimento e a reparação são atos que estão presentes na Lei de Amor. Yahweh, portanto, é a Plenitude, é Ilimitado no seu poder, é Único, é Supremo na Bondade. Finalmente, entendo que o que torna Yahweh diferente de cada criatura é sua simplicidade eterna e não gerada, o que assegura um relacionamento direto e íntimo com todos os seus filhos.

"Não posso conceber as ideias que se tem espalhado nos Núcleos Cristãos, principalmente oriundas do Núcleo Cristão de Roma, de que há uma Trindade que seria Deus (Yahweh) Pai, o Filho (Yeshua) e o Espírito Santo. Claro que o Verbo Divino significa Yahweh e o Filho é Yeshua, contudo, o que podemos definir como o Espírito de Yahweh é a Criação, o espírito humano.

"Embora estes meus entendimentos, não fiquei imune, como não ficaram todos os cristãos que lutam pelas verdades do Mestre. Há muitas falsas premissas que espalharam como se fossem de minha criação, como a de que a ressurreição da carne é possível. Confesso-vos que nunca defendi tal premissa. Ao contrário, Yeshua retornou da morte em Espírito e foi em Espírito que conviveu ainda mais quarenta dias com os seus apóstolos, o que sempre apregoei.

"Finalizo a resposta reafirmando que somente aceito como autênticos e fiéis aos ensinamentos de Yeshua os quatro escritos feitos pelos apóstolos e discípulos do Mestre: Mateus, Marcos, Lucas e João, além das Cartas de Paulo de Tarso, de Inácio de Antioquia, de Policarpo de Esmirna e as advertências retratadas pelo Apóstolo João, no seu Apocalipse.

"A glória de Yahweh e sua Criação é logicamente a criatura, e a glória da criatura consistirá em um dia poder ver e estar com Yahweh, eis que a manifestação de Yahweh, que é feita por meio de sua Criação, permite a vida de todos os seres vivos na Terra e sua destinação para o próprio Criador."

Irineu calou-se. Os diákonos estavam todos pensativos e reflexivos sobre tudo o que ouviram do epískopo de Lugdunum.

Ápio, interrompendo o silêncio, perguntou-lhe:

— Nobre irmão Irineu, de fato, o que nos colocas traduz uma preocupação que podemos compreender não ser nova na trajetória do

Cristianismo, que aliás é um conjunto de ensinamentos muito novo na Terra. Essa preocupação, pelo que nos é dado estudar nas Cartas de Paulo de Tarso, de Inácio de Antioquia e de Policarpo de Esmirna, já surgiu nos primórdios da divulgação da trajetória e ensinamentos do Mestre Yeshua, eis que desde a fundação da Casa do Caminho, em Jerusalém, o primeiro Núcleo Cristão, lá, mesmo nas suas atividades, as influências judaizantes sempre foram muito fortes. E depois, as mais diversas correntes de pensamento espalhadas dentro dos Núcleos cristãos, através dos anos, pretenderam interpretar os ensinamentos do Mestre ao jugo de interesses pessoais, sob o pálio de visões apartadas do vero ensinamento, como bem nos esclareces. Digo tudo isso para te indagar, caro mestre e epískopo, se por acaso já cogitaste em tua visão de como será o progresso do Cristianismo na Terra.

Irineu suspirou fundo, olhou com a ternura de pai na direção de seus diákonos, em especial de Ápio, que era quem o substituía nas pregações do Núcleo, e Absalom, passou a mão sobre os cabelos e respondeu:

— Amado irmão Ápio, teu questionamento está coberto pela verdade, além de ser profundo. De fato, a história do avanço dos ensinamentos trazidos pelo Mestre de Nazareth teve inúmeros percalços, todos eles frutos do interesse pessoal de projeção, de supremacia do poder, da vaidade, da mesquinhez, do orgulho e da inveja, catapultados pelo egoísmo avassalador.

"Muitos pretenderam e continuam pretendendo, com esse comportamento, considerar-se como vasos escolhidos, sem o serem. Pretendem adornar-se da Nova Fé e ditar regras e normas que caminham ao largo da justiça e da bondade, atributos próprios de Yahweh, de cujos atributos o Mestre Yeshua foi o lídimo portador e representante do Pai Celestial na Terra.

"Desse modo, como meio de conseguirem destaque, não por suas posições fiéis à verdade, nem pela leveza do coração, o que ainda não possuem, muitas dessas criaturas vestiram, desde os primeiros momentos do Cristianismo na Terra, e penso que muitas também vestirão, no futuro, as máscaras dos falsos profetas, e sob disfarces declamam orações mecânicas e vazias de sentimento, pretextando conhecimentos e se autodesignando como representantes do Cristianismo e trabalhadores da Seara do Mestre, sem o serem.

"Nesse prisma, iludem-se, em primeiro lugar, e após buscam iludir as outras criaturas, criando um universo pessoal que representa, para eles, ser fruto de sua dedicação, que entendem correta, desde que nesse percurso não se sintam ofendidos pela verdade que sempre lhes fustigará a alma, porque não a conseguem enxergar, tal a desconformidade de suas visões. Agem, em qualquer circunstância, como senhores do que pensam e entendem ser a verdade. Para esse tipo de criatura, se tudo está bem e após alguma coisa vai mal, vestem-se, logo, com túnica de acusadores e ao mesmo tempo com a toga rota dos falsos Juízes. Apontam o dedo, falam às escondidas, criticam dissimuladamente, arrumam culpados, espalham maledicências, procuram destruir o conceito das criaturas, mesmo que sejam aquelas com as quais tenham convivido e até buscado trabalhar nos mesmos projetos e ideais.

"Sem ter a coragem de olhar o seu interior, fustigadas pela consciência, que não as deixa à vontade, continuam a vasculhar o exterior e principalmente o comportamento do seu próximo, pretendendo ser vestais da razão. Nem sequer imaginam o que as pode esperar quando o senhor da festa adentrar o recinto e lhes pedir contas de suas vestimentas, buscando ver a túnica nupcial, como bem esclareceu o amado Yeshua.

"Essas criaturas, infelizmente, porque somos todos irmãos, são as que colocam suas mãos em um pedaço do gigantesco véu, vão puxando e adensando sobre o verdadeiro ensinamento cristão, que jamais poderão esconder no todo, mas que, ao assim agir, provocam e continuarão a provocar graves atrasos, pelos quais terão que responder, pois é da Lei.

"Quem de fato serve ou busca servir ao Mestre Yeshua não será acusador pela mentira e jamais produzirá a maledicência, a injúria e a calúnia, pois essas três ações, amplamente negativas e ofensivas, lhes representará o mausoléu da desgraça, no qual aprisionarão suas almas, sob o látego da dor, provocada sob a ardência das labaredas provocadas pelas suas próprias consciências.

"Esses, queridos irmãos, são os falsos profetas classificados pelo Mestre. Já existiram, existem e existirão no futuro. Vivem e viverão, ao assim agir, como presas da angústia e da insatisfação pessoal, sorvendo o conteúdo deletério de suas maledicências, que destroem sonhos e matam ilusões sadias, comportando-se como criminosos da verdade.

"Irmãos, não penseis que este quadro se deu somente no início da mensagem cristã, ou porventura somente se verifica nestes tempos em que vivemos. Não. Estas situações, principalmente o uso da falsidade no meio cristão, infelizmente seguirá seu curso no futuro da Humanidade, porque trabalhar para Yeshua exige luta, esforço, lágrimas, coragem, estoicismo, paciência e resignação, principalmente em razão das graves ofensas que marcam com feridas a alma do justo, que busca servir ao Cristo sem esperar retribuição alguma.

"A propósito, basta olhar para trás e ver quantos irmãos, nobres trabalhadores do Cristo, sucumbiram nas arenas dos suplícios e nos escárnios de línguas ferinas, onde a maldade feriu de morte a dignidade humana e espiritual."

Irineu suspirou profundamente, sorriu e, com gesto com as mãos, deu a entender que encerrara a sua alocução.

Os diákonos estavam perplexos ante tudo o que ouviram. Sorriram para Irineu e desta feita foi Nicholas que falou:

— Nobre irmão Irineu, é muito bom ouvir a voz da experiência de um fiel servidor do Mestre. Haveremos sempre de lembrar deste diálogo, para que não nos surpreendamos traindo a confiança daqueles para os quais nos elegemos como amigos.

A noite já ia alta na hospedaria do Núcleo de Lugdunum, onde viviam Irineu e os diákonos, e para o recolhimento, Irineu ajeitou-se e deu início a uma prece:

Amado Senhor de nossas vidas, quando consideramos tua dignidade e nossa vileza, sentimo-nos tomados de pavor e confusão, porque se não nos chegarmos a ti pelas necessárias obras no bem, indignamente incorreremos em ofensas.

Auxilia-nos a cultivar o permanente exame de nossas consciências, para que, sobre o passo de todas as nossas forças, possamos purificá-las, seja pela dor, seja pelo remorso, para que não nos vejamos impedidos de chegar até ti.

Estamos dispostos a confessar nossos erros e chorar com nosso arrependimento para que firmemente emendemos nossas vidas para nos transformarmos em fiéis servidores da tua vinha. Oferecemos com inteira resignação e sem reserva alguma, nossas oferendas no altar do teu coração, como perpétuo esforço em honra a teu nome, entregando-te com todo fervor a nossa alma, para que possamos alcançar a graça definitiva do teu incomensurável Amor.

Abençoa-nos hoje e sempre, oh, Yahweh!

A seguir, Irineu e seus diákonos buscaram o refazimento pelo repouso noturno.

XX

A CHEGADA DA CARAVANA MILITAR ROMANA COMANDADA POR JULIUS ATILIUS GALESUS A LUGDUNUM

Descia a noite quando a caravana militar chefiada pelo Centurião Julius chegou a Lugdunum. Seguiram para a Intendência romana, eis que o Decurião Gregorius lá estava esperando e pedira ao oficial general que governava toda a Gália, estabelecido ali em Lugdunum, Marco Didius Juliano Severo, que estava no comando da *Legio I Minervia,* unidade militar romana ali instalada naquela época e que era composta de oito mil soldados, cuja tarefa era, primeiro, a de estabelecer vigilância na fronteira leste da península da Gália com a Hispânia e na fronteira oeste, com a Germânia. O General determinara ao Centurião Antonius Faustus Solepio que fizesse a recepção e acomodasse a tropa que em breve chegaria.

O Centurião Antonius comandou todas as providências para as acomodações da tropa que estava prestes a chegar e o fez com muita satisfação, pois tinha uma grande amizade com o Centurião Julius. Suas famílias eram conhecidas e os dois tinham ingressado no exército de Roma juntos, servindo primeiro no porto de Óstia. Depois haviam sido destacados para combater sob o comando do General Maximus Lipidius, sob o Império de Marco Aurélio, quando combateram juntos na Hispânia.

De temperamento forte e decidido, o Centurião Antonius não era homem de meias-palavras. Fazia da supremacia romana o seu ideal. Não discutia ordens superiores, apenas as cumpria, mesmo que a seu ver as ordens fossem impróprias ou absurdas. Apesar disso, era um soldado que possuía humanidade. Sempre tratou os adversários ou inimigos de Roma com absoluto respeito e complacência. Avisado pelo soldado ordenança que a tropa visitante havia chegado, apressou-se a ir saudar o amigo Julius, que já fazia muito tempo que não via. Após breve descanso, todos haviam sido convocados para a refeição noturna, no local das refeições, na Intendência. Estavam todos os soldados que haviam chegado sentados, quando o Centurião Antonius irrompeu no local e dirigiu-se rapidamente até onde estava o Centurião Julius, e ao vê-lo, sorriu largamente, exclamando:

— Ave, César! Ave, nobre Centurião Julius! Que alegria rever-te!

Ao dizer isso, sorriu e abraçou Julius, que retribuiu o sorriso e abraço, dizendo:

— Ave, César! Ave, nobre Antonius! Eu que declaro alegria e saudade do amigo.

O Centurião Antonius acenou para todos os demais soldados que haviam chegado com Julius e a seguir sentou-se ao lado do amigo para cear com ele.

As confidências foram muitas. As trocas de informações também. As conversas giraram sobre reforçar a ação de defesa romana nas fronteiras gálicas; sobre as insurreições que continuavam da parte dos germanos e na fronte com o Danúbio, com os dácios e a breve chegada da *IX Legio Hispana,* a mais conhecida e poderosa das legiões romanas formadas para defender o Império e assegurar a vida do soberano, que fora fundada por Caio Júlio César, e atravessar todos os anos seguintes em plenas campanhas de defesa de Roma.

Após décadas de paz e prosperidade, o império está uma vez mais em perigo. As hordas bárbaras concentram agora toda a sua atenção sobre um único desejo, avançar para o coração do império.

A certa altura da conversa, o Centurião Antonius perguntou a Julius:

— Nobre Julius, esperávamos tua chegada para uns vinte dias atrás. O que mesmo atrasou tanto a marcha?

Julius não percebeu a intenção na pergunta do amigo e respondeu:

— Nobre Antonius, um pouco foram as chuvas, porém, tive também um acidente, quando meu cavalo empinou na percepção de um réptil, levantou as patas e derrubou-me da montaria, sendo que bati a cabeça e perdi os sentidos. Fui auxiliado pelo médico do nosso comando, de modo que levei mais de três dias para recuperar-me.

Ao falar sobre aquelas coisas, o Centurião Julius ganhava tempo para falar sobre a presença estranha à tropa. Pensava em como introduzir o assunto, pois sabia que alguns dos soldados haviam de falar sobre a presença do jovem Arquisius, que para eles era estranho, então disse ao centurião anfitrião:

— Ah! Soubeste, não é, nobre Antonius, que o Senador Apolônio Arquisius foi morto por Roma?

— Soube sim, amigo Julius — respondeu o Centurião Antonius —, o que muito me entristeceu, pois o tinha na conta de um grande homem e tenho certeza de que Roma fica menor sem ele.

— Pois é — atalhou Julius —, eu também o admirava pela sua presteza, gentileza, bondade e correção. Ocorreu, nobre Antonius, que seu sobrinho Arquisius, viajando para a Gália, hospedou-se conosco na caravana, o que também atrasou-nos um pouco a marcha.

O Centurião Antonius nada falou. Apenas franziu a testa. Conversaram animadamente sobre outros assuntos, até que tarde da noite retiraram-se para os seus aposentos. Julius estava excessivamente cansado e também em alta expectativa quanto à conversa com Gregorius, para saber sobre a jovem Aléxia.

Acomodado para o repouso, Julius, deitado, passava em revista todos os últimos acontecimentos que se passaram. A imagem de Aléxia povoava suas lembranças. Parecia mesmo ver sua imagem refletida ali onde repousava. Seu pensamento voou na direção da jovem levando com ele as vibrações amorosas do seu coração. Refletia que não se arrependera de confessar-lhe o seu amor, muito embora cogitava consigo mesmo que Aléxia parecia não corresponder-lhe às expectativas, porém, aquilo não importava, uma vez que carregava dentro de si um sentimento necessário de proteção à jovem. Parecia-lhe mesmo que tinha por tarefa pessoal protegê-la para que nada de ruim lhe ocorresse. Lembrou também do auxílio e, a bem dizer, de sua cura, de que Aléxia foi a causadora. Aquela lembrança o comoveu às lágrimas.

Em meio aos devaneios, acabou por adormecer. Tão logo o sono profundo chegou, Julius ouviu chamar seu nome:

— Centurião Julius, estás ouvindo? Vem, viemos buscar-te.

Julius abriu os olhos e teve um tremendo choque, pois se viu em pé, fora de seu corpo físico, que dormia. Teve o que nunca tivera na vida, mesmo em batalhas: teve medo. Ia retornar a seu corpo quando ouviu a voz de Aléxia:

— Nobre Julius, não temas, isso é normal, vem! Breve terás conhecimento de que nada há de errado. Vem. Estarás com amigos que gostam de ti!

Ao ouvir aquela voz que ficara incrustada em seu Espírito, então recuou de retornar ao corpo físico. Olhou na direção da voz e antes viu um jovem, muito belo, que lhe sorria, e a seu lado Aléxia, mais linda do que nunca, que também lhe sorria e fazia gestos suaves com as mãos, a chamá-lo.

Magnetizado pelo encanto de Aléxia, resolveu experimentar caminhar na direção dela e do jovem, e ao fazê-lo percebeu que caminhava tão levemente que não sentia o peso das pernas e do corpo. Parou na metade do trajeto e olhou para trás. Seu corpo físico continuava ressonando, mas ele estava ali, vivo. Percebendo tudo o que ocorria no ambiente, pôs-se aflito. Como? Como aquilo podia acontecer? Ele, afinal, tinha dois corpos? Estava sonhando? Só podia ser um sonho, sem dúvidas.

Percebendo as reticências de Julius, Aléxia, sob o olhar compreensivo e de autorização de Estêvão, foi na direção do centurião e estendeu-lhe a mão. Julius correspondeu ao gesto. Então Aléxia auxiliou-o a ir na direção de Estêvão e o apresentou:

— Julius, este é nosso amigo Estêvão, que me acompanha na tarefa de buscá-lo para levá-lo a um encontro no que chamamos *mundo espiritual* e, se quiseres, outro mundo.

Estêvão, percebendo a aflição de Julius, sorriu novamente e disse:

— Nobre Centurião Julius, não temas nada, somos teus amigos. O que te ocorre neste instante é perfeitamente normal. Todos nós, Julius, temos o corpo físico, carnal, e o corpo espiritual, que é o principal corpo. Durante um período de anos, através do corpo espiritual, vivemos ligados ao corpo físico, até que um dia esse corpo físico perecerá. Quando isso ocorrer, pelo fenômeno da morte, retornaremos ao mundo espiritual somente com o corpo espiritual. Ocorre também, Julius, que, quando ligados ao corpo físico, ao dormir, os laços físicos relaxam-se, permitindo à alma, ou ao Espírito, sair do corpo físico, ficando ligado a ele, mas podendo incursionar por vários lugares.

Julius ouvira tudo com muita atenção. Um turbilhão de indagações pairava em sua mente, mas a presença de Aléxia o tranquilizou.

— Aléxia te segurará pela mão — continuou Estêvão —, e iremos para uma cidade espiritual. Tenha calma e confiança.

Aléxia segurou na mão de Julius, então Estêvão disse:

— Fechemos os olhos. Iremos para Nova Roma.

Julius, ainda receoso, obedeceu. Fechou os olhos, sentiu que levantava do chão. Aléxia ia falando-lhe aos ouvidos para ter calma e confiança. Em breve tempo, chegaram no portal de entrada da cidade de Nova Roma.

Ao lá chegarem, Julius ficou simplesmente deslumbrado com o que via: o formato da cidade, as construções, as torres em uma espécie de mármore azul, os jardins floridos. Percebeu que as pessoas que transitavam pelas alamedas ladeadas por pequenas árvores com flores belíssimas se trajavam à moda romana. Tudo lhe impressionava os sentidos e por tudo ficou maravilhado.

Após caminharem por algumas ruas, chegaram a um prédio que tinha um grande átrio e uma larga porta de entrada, com a águia romana em madeira incrustada no alto. Logo foram recebidos pela jovem Belinda, que se apresentou dizendo:

— Olá, Centurião Julius, sê bem-vindo. Aqui estamos para te servir.

— Onde estou, de fato? — questionou Julius, surpreso. — O que está ocorrendo?

Tão logo fizera as perguntas, ouviu passos à sua vanguarda e automaticamente olhou na direção de um corredor que dava acesso ao átrio. Seus olhos ficaram paralisados e sua expressão foi de extremo espanto, eis que caminhava em sua direção o Senador Apolônio Aureus Arquisius, sorrindo para ele. Percebeu que o senador estava bem remoçado, ao que ele sorriu e disse:

— Olá, querido amigo Julius. Manifesto saudade do amigo e sou agradecido ao Deus dos Deuses por estares aqui conosco. Estás em uma cidade que chamamos de espiritual, na qual muitos romanos habitam e para a qual são trazidos os cidadãos e cidadãs romanos que pereceram pela sanha dos poderosos da Roma terrena. Esta cidade é administrada por um general romano. A breve tempo, poderás conversar com ele. Por enquanto, o que te é permitido é teres a consciência de todos estes fatos, que com certeza te ajudarão futuramente.

Ante a continuada expressão de espanto de Julius, Apolônio continuou:

— Como já podes perceber, o que perece é o corpo físico, porém o Espírito, que comanda o corpo, ou, se quiseres, podes chamar de alma, este não morre e continua a viver além da morte física, porque é imortal, mas isto e outras revelações te serão dadas na sequência, quando retornares para esta cidade.

Julius tudo ouvia com interesse. Não se conteve e disse:

— Nobre Senador Apolônio, és tu mesmo! Que maravilha meus olhos veem! As pessoas na realidade não morrem mesmo? Parece que estamos numa Roma muito melhorada. Pergunto a ti: quem é o imperador que governa esta cidade?

Apolônio sorriu e respondeu:

— Nobre Julius, aqui não temos imperadores. Todos somos iguais e servidores de Yeshua. Foste trazido até aqui para que tenhas a certeza de que Yeshua não abandona seus filhos e de que todos somos irmãos, independente de raça, cor, credo e povo, e para que saibas que a morte física não é o fim, e sim o começo da libertação de tua alma ou Espírito.

Julius fez menção de continuar a falar, mas foi interrompido pelo senador, que lhe disse:

— Nossa conversa, por enquanto, será esta que tivemos, de modo que o nobre centurião será levado de retorno à Terra e guardará consigo as lembranças deste encontro, as quais, no momento oportuno de sua vida, muito o auxiliarão.

Julius desejava ficar ali, para melhor incursionar na cidade, porém, como era um soldado obediente, então, de maneira resignada, agradeceu o reencontro, abraçou o senador e a seguir se despediram.

Após, Estevão e Aléxia levaram o centurião de volta ao corpo físico.

XXI

O JULGAMENTO DO CENTURIÃO JULIUS ATILIUS GALESUS POR ROMA

Após vários dias de sua chegada a Lugdunum, na herdade de seu pai, a jovem Aléxia acordou. Estava frio. Resolveu ficar mais um pouco deitada. Uma réstia de sol penetrava no quarto por uma fenda na cortina trazendo um pouco de claridade natural. O silêncio na herdade que seu pai deixara involuntariamente, somente era quebrado pela algaravia dos pássaros. Vários cantavam, entoando canções maravilhosas. A Natureza sorria prestando homenagens ao Criador. De quando em quando, o trinado dos pássaros era abafado por um ou outro som de animais ao longe.

Aléxia recostou-se sobre almofadas, na guarda da cama, e ficou a rememorar o sonho que tivera. Sonhara com seu pai, o Senador Apolônio. Como era crente na possibilidade de o Espírito desdobrar-se do corpo, alimentava a certeza de que havia estado com ele e que ele estava bem. Aquele pensamento lhe infundiu alegria e ela experimentou viva sensação de reconforto e paz. Ao mesmo tempo, enchia-se de coragem para a continuidade da existência. Repassou todos os últimos acontecimentos de sua vida. Veio-lhe a lembrança de seus pais da carne. Sentiu imensa saudade deles, como também, é claro, do pai adotivo, com quem sonhara. A saudade apertou-lhe o jovem coração. Após todos os acontecimentos, agora estava ali, muito distante de Roma. Cogitou que talvez jamais voltasse à capital do Império e previu que doravante toda a sua vida deveria ser vivida em Lugdunum.

Em meio às cogitações íntimas, a lembrança a levou até o judeu Elias, por quem se enamorara, em Roma, e com quem houvera trocado juras de amor profundo. Onde será que ele está? Estará vivo ainda? Tivera que se evadir de Roma às pressas. Será que ele haveria de ter entendido? Será que sua amiga Adora, servidora do senador, teria podido encontrá-lo e tê-lo colocado a par da situação? Yahweh permitiria um dia que se reencontrassem?

Ainda com o pensamento no que se passara, surpreendeu-se lembrando do Centurião Julius, a alma boa que lhe apareceu quando mais precisava de ajuda. Lembrou-se do tratamento amável e carinhoso que ele lhe dispensara e da confissão de amor que ele lhe fizera, e sentiu, pela vez primeira, em seu coração, que a lembrança de Julius lhe trazia a vontade de revê-lo. Percebeu-se em confusão ao lembrar daquelas duas almas. Procurou afastar esse pensamento. Estava tão entretida nas lembranças que não se apercebera do tempo. Logo, duas batidas na porta de seu quarto se fizeram e a seguir o chamado:

— Bom dia, jovem Aléxia. Estás acordada? A refeição matutina está servida. Estamos aguardando-te — disse a senhora Dânia, do outro lado da porta.

Aléxia levantou-se, enrolou-se em uma túnica e, aproximando-se da porta, respondeu:

— Sim, sim, boa Dânia. Vou me arrumar e logo estarei com vocês.

Os dias se passaram na herdade de Aléxia. O marido de Dânia, Glaucius, munido do contrato que havia feito com a assinatura de Aléxia, já havia feito o registro legal de cinquenta por cento da propriedade da herdade para o casal. O jovem casal Noel e Diana já residia na antiga casa de Dânia e Glaucius. Tanto Glaucius como Aléxia, alguns meses após, deram dez por cento da área para o jovem casal.

Passaram-se mais seis meses do retorno de Aléxia. Nesse tempo, Aléxia se dedicou a aprender com Dânia várias prendas domésticas, e ao mesmo tempo mais se dedicava a ler e estudar os escritos de Mateus Levi sobre Yeshua de Nazareth. Em razão do interesse de Dânia e Glaucius, bem como de Noel e Diana, quase todas as noites lia e comentava para eles as passagens da vida e os ensinamentos de Yeshua de Nazareth retirados do pergaminho anotado pelo Apóstolo Mateus.

Em Lugdunum, a administração do Cônsul Triário Materno era feita sob o tacão da força. Embora fosse general do exército de Roma, era um hábil político e tinha o coração muito duro. Jamais perdoava quem o ofendesse ou desagradasse, fossem soldados romanos, fossem pessoas da sociedade, fossem principalmente os cristãos, dos quais, por seus antecessores, ali em Lugdunum, muitos haviam sido sacrificados no Circo Romano, manchando o chão de Lugdunum com o sangue de inúmeros mártires.

Após esses seis meses, ocorreu que o Centurião Julius e sua tropa já se haviam incorporado à *Legio Romana* ali estacionada, onde servia com eficiência, inclusive comandando incursões até a fronteira para debelar pequena rebelião.

Certo dia, Julius recebeu, por um soldado ordenança, uma convocação feita pelo Centurião Antonius Faustus Solepio, seu amigo, para que se apresentasse ao comando geral da intendência. Para lá se dirigiu e foi amavelmente recebido pelo Centurião Antonius, que após os cumprimentos e abraços, disse a Julius:

— Meu amigo, sabes da estima que tenho por ti e que nossa amizade supera as mesquinharias humanas, contudo, é em razão dessas mesquinharias que preciso alertar-te que o cônsul recebeu uma acusação formal contra ti, proposta pelo Decurião Artemius, a qual leio para ti:

— Salve, Roma! Salve, César! Nobre Cônsul Triário Materno. Sob a fé de minha função no exército romano, científico-te de que há aproximadamente sete meses, quando me deslocava de Roma para esta cidade ao encalço da jovem filha do ex-Senador Apolônio Aureus Arquisius, de nome Aléxia, em visita à tropa que estava em deslocamento para esta cidade, comandada pelo Centurião Julius Atilius Galesus, obtive dele a informação de não ter visto a referida jovem. Após, ainda no acampamento do centurião, ouvi relato de que o Centurião Julius tinha ofertado guarida a um sobrinho do ex-senador Aureus Arquisius. Na época, entendi como fato irrelevante. Após a chegada a Lugdunum e nestes meses conversando com vá-

rios soldados e oficiais, obtive a informação de que o ex-senador nunca teve sobrinho, e sim uma filha adotiva, o que por certo leva a crer que o referido sobrinho hospedado na tropa pelo Centurião Julius deve ter sido a jovem filha do ex-senador, de nome Aléxia Aureus Arquisius, e que devia estar disfarçada. Anotado isto, peço a vossa autoridade determinar a apuração do fato, indicando para a oitiva, por primeiro, do Decurião Gregorius, que serviu como oficial intermediário do Centurião Julius, na ocasião, e depois deste, o próprio centurião ora objeto desta denúncia, e que seja decretada a aplicação das leis romanas, com a pena de expulsão do exército de Roma, se confirmada a acusação que ora remeto, sob minha assinatura, de falsidade, abuso da função e contrariedade aos interesses de Roma.

Antonius, após ler a acusação, fez propositada pausa e aguardou.

O Centurião Julius, ao ter ouvido a acusação, surpreendeu-se em paz. Passou os olhos por toda a sala do amigo Antonius, alisou os cabelos e, olhando firmemente para o amigo, falou:

— Nobre amigo Antonius, contrariamente até mesmo ao que poderia esperar de mim, em termos de reação, quero te dizer que, embora me sinta atingido pela acusação, no que se refere à organização e normas de nosso exército, as quais de certa forma descumpri, não me ponho em aflição com a acusação, porque não me arrependo da minha atitude, que foi exatamente como descrita na acusação. De fato, dei guarida e cobertura à jovem filha do Senador Apolônio, que estava disfarçada como o jovem Áureo Arquisius, nome inventado para encobrir a real identidade da jovem. Dessa maneira, recebo esta acusação sem revolta ou indignação e candidato-me a respondê-la, sem receio. Indago-te, quando terei que assim proceder?

— Na realidade — respondeu o Centurião Antonius —, além da nota acusatória que li, já está marcado o teu julgamento para daqui a vinte dias e será na sala do Tribunal do consulado. O Cônsul Triário pede que te apresentes para que ofertes tua defesa. Também o Decurião Gregorius deverá se apresentar como testemunha de acusação, assim indicado pelo denunciante. Te adianto que já me inscrevi como testemunha de defesa do amigo, a quem conheço e sei do seu coração generoso.

Ouvir aquilo do amigo Antonius fez muito bem ao coração de Julius, que levantou de onde se achava sentado e abraçou o amigo, sem nada falar, e a seguir, fazendo o sinal de costume, despediu-se, dizendo:

— Ave, César! Ave, Roma!

Os dias passaram céleres. Por várias vezes o Centurião Julius cruzou com o denunciante nos corredores da Intendência, como no salão das refeições. Em todas as ocasiões, fez questão de cumprimentar o acusador com educação e gentileza, e, todas as vezes que assim fazia, percebia o desconcerto de Artemius.

Enfim, chegou o dia do julgamento. A sala do Tribunal romano em Lugdunum estava lotada, na maior parte, de soldados leais e amigos de Julius. Lá também estava o acusador. Aberta a sessão de julgamento, o auxiliar do Tribunal, Decurião Medinus, leu a acusação:

— Presente neste Tribunal de Justiça Romano, sob a direção do Nobre Cônsul Triário Materno, está o Centurião Julius Atilius Galesus, centurião, oficial do exército romano, acusado de ter acobertado, na tropa que comandava, em deslocamento de Roma até Lugdunum, uma civil de nome Aléxia Aureus Arquisius, cujo pai, o ex-senador de Roma, foi preso, condenado à morte e executado pelo Império, tendo havido determinação de prisão dela por parte do Imperador Comodus. Foi determinada sua busca por todo o Império. Segundo a acusação, o centurião cometeu o delito de mentir ao Império e acobertar uma criminosa. Se for considerado culpado, será apenado com a expulsão do exército romano e será preso, levado às correntes para Roma, onde ficará recolhido nos calabouços por vinte anos. Seus bens e direitos serão confiscados por Roma.

Fez-se breve silêncio.

O semblante do Cônsul Triário era duro, frio e impassível. Olhou para todos e disse:

— Iniciemos o julgamento. Determino que façam entrar a testemunha indicada pela acusação, o Decurião Gregorius.

O decurião adentrou à sala do Tribunal conduzido pelo soldado ordenança, com porte ereto a cabeça erguida. Olhou para todos e por último para o acusado, Julius, que percebeu, em seu olhar, paz e segurança. Sentou-se no lugar indicado e aguardou.

O Cônsul Triário então disse:

— Nobre Decurião Gregorius, creio que já sabes qual a acusação contra o Centurião Julius e que foste indicado como testemunha de acusação.

Gregorius meneou a cabeça que sim.

— Então — disse o cônsul —, vou direto ao ponto. Poderias dizer-nos se a acusação feita contra o Centurião Julius é verdadeira?

Gregorius olhou primeiro para o Centurião Julius e após para os demais. Então falou:

— Nobre cônsul de Roma, Triário Materno. Por primeiro, quero registrar que deponho na condição de convocado pela acusação, contudo nada tenho do que acusar o nobre Centurião Julius, que para minha pessoa sempre foi e é um oficial romano exemplar, um lutador por Roma, um homem correto, probo e justo. Obediente aos seus superiores e não conivente com o erro. Convivo com o nobre centurião há muitos anos. Já estivemos juntos em vários combates. Enquanto muitos se evadiram e se acovardaram nas frentes de lutas, o Centurião Julius foi exemplo da dedicação e amor por nossa nação.

"Vejo na atitude do centurião, na acusação que aqui foi lida, uma atitude de humanidade, e não consigo localizar nenhuma contrariedade às leis de Roma. Lembro-me de quando o Decurião Artemius chegou, naquele dia, ao nosso acampamento. Embora tivesse dito o que estava fazendo com sua pequena tropa, não me lembro dele possuir em mãos qualquer mandado de prisão da jovem Aléxia, com a chancela de Roma. Conheço um pouco das nossas leis, e sei que sem a presença de um mandado de prisão oficial contra a jovem, ela não estava descoberta por nossas leis, como cidadã romana que é, logo, o que posso testemunhar é o caráter humanitário e o coração bondoso de que o Centurião Julius é portador, de vez que, ao dar à jovem cobertura e segurança, ele não contrariou lei nenhuma.

Gregorius calou-se e esperou.

O ambiente da sala era de surpresa. A alegada ausência de mandado de prisão da jovem Aléxia causou um verdadeiro impacto no julgamento. O Cônsul Triário, acostumado às jogadas políticas, e como bom conhecedor da legislação romana, embora surpreso, tentou contornar o ocorrido, pressionando a testemunha, dizendo:

— Decurião Gregorius, tenho anotado nos anexos da acusação, que, a pedido do Centurião Julius, auxiliaste a jovem a se evadir desta cidade. Isso de fato ocorreu?

O Decurião Gregorius, ao invés de demonstrar algum constrangimento, com firmeza respondeu:

— Nobre cônsul de Roma, não creio que isso seja importante e não consta que eu esteja sendo acusado de algum crime, razão pela qual não há necessidade de responder a vossa indagação, conforme nossa lei.

O cônsul acusou o golpe e, contendo a irritação, dispensou a testemunha:

— Decurião Gregorius, retira-te deste Tribunal.

A sala estava atenta a todos os fatos do julgamento. A seguir, o cônsul disse:

— Nobres membros deste Tribunal, avoco a presença da testemunha de defesa, o centurião Antonius Faustus Solepio.

O centurião dirigiu-se à frente do cônsul, sentou-se no lugar indicado e esperou.

Triário Materno foi direto e perguntou:

— Centurião Antonius, o que tens a nos dizer sobre a acusação que foi lida neste Tribunal contra o Centurião Julius Atilius Galesus?

Antonius então respondeu:

— Nobre cônsul de Roma, sobre a acusação, nada de relevante, contudo, sobre o acusado, muitas coisas. Começo dizendo que o Centurião Julius é daqueles oficiais que sempre orgulharam Roma. Foi ferido em combate por várias vezes, duas delas esteve entre a vida e a morte. Embora ainda seja jovem, abdicou de seus sonhos de uma vida de fartura e riqueza, eis que seus pais são profícuos proprietários de terras no Império, para se dedicar às campanhas militares em favor de Roma. Embora nós romanos saibamos também da importância daqueles oficiais e soldados que têm funções meramente administrativas no exército romano — ao dizer isso, lançou o olhar na direção do Decurião Artemius —, a verdade é que Roma é o que é em razão daqueles que, como o Centurião Julius, vão para a frente das batalhas, para o combate corpo a corpo, com a coragem daqueles que tornaram Roma imponente e vitoriosa. Ele sempre foi justo com seus comandados, admirado por eles, que entendem que essa denúncia contra seu líder é totalmente despropositada. Para eles, Julius é um homem bom e leal a eles e a Roma. Encerro minha manifestação para dizer que Roma, a depender do que for decidido nesta sala, se engrandecerá ou se apequenará ainda mais.

Antonius silenciou.

O Cônsul Triário, embora impassível para o exterior, no seu interior estava descontente. Admirava Julius e ao mesmo tempo o temia. Após a fala da testemunha de defesa, o cônsul nada mais quis perguntar ao Centurião Antonius, então disse:

— Estás dispensado, centurião. Agora, pelo decreto de nossas leis, a palavra final será dada ao acusado. Podeis usar a palavra, Centurião Julius.

Julius levantou-se calmamente e sentiu um vigor lhe tomar a alma, uma sensação de serenidade lhe invadir o íntimo. Então, dirigindo-se um pouco à frente, cumprimentou a Autoridade Romana

— Ave, César! Ave, Roma! Nobre cônsul de Roma, Triário Materno, peço-vos permissão para falar em pé.

O cônsul assentiu com gesto afirmativo.

Julius se deslocou um pouco mais até o centro da sala e, olhando para todos, começou a falar:

— Nobres membros deste Tribunal, nobre cônsul, sou grato pela oportunidade de manifestar-me sobre a acusação que recebi. Um dia, meu pai, que sempre foi para mim um modelo a seguir, pois foi um Oficial Romano portador de enorme respeito e admiração e que após se tornou um comerciante brilhante, quando eu era ainda um adolescente, com apenas quinze anos, falou-me:

"— Filho, estás aproximando-te da juventude responsável. Já cogitas o que pretendes no futuro? Temos muitas posses e na família almejo que possas te interessar pelos nossos negócios. Penso enviar-te para estudar em Alexandria. O que achas?"

— Olhei para meu pai, a quem muito amava — eis que faz cinco anos de sua partida para os Campos Elíseos —, e percebi seu firme desejo e as esperanças que ele depositava em mim. Então respondi que concordava. Em breve tempo já estava em Alexandria. Estudei na já famosa escola de lá, porém, quando passava em frente ao quartel da Intendência de Roma, da cidade, o barulho das tropas e os tinidos das espadas nos escudos me encantaram. A contragosto de meu pai, alistei-me no exército de Roma.

"Os anos se foram passando, e cada vez mais eu me fascinava com a enorme tarefa do exército, de manter o ideário de Roma, embora em várias ocasiões percebia que lutava para imperadores que não eram justos e que malversavam os objetivos de Roma. Tive a oportunidade de combater ao lado de um grande general do Imperador Marco Aurélio, Maximus Lépido. Certa vez, na Hispânia, em uma trégua do combate, numa noite fria, participei de uma reunião em seu acampamento. Naquela noite, o general nos disse que gostaria de falar aos oficiais e soldados ali convocados sobre lealdade. Então aguardamos, e ele prontamente iniciou a falar, e, do que me lembro muito bem, ouso repetir neste Tribunal Romano:

"— Nobres soldados de Roma, porventura cogitais a que preço temos expandido as fronteiras do Império? Sabeis aquilatar o quadro de dores que nossas armas espalharam e continuam espalhando? Já refletistes sobre a lealdade à nação e aos ideais romanos? Meus amigos, a história de Roma registra a presença de imperadores que receberam elogios em razão da grandeza e do progresso, que, inclusive, levaram a todos os povos conquistados. Entretanto, muitos deles se revestiram da vestimenta da vergonha que brotou de suas sórdidas maldades e desmedido orgulho, ambição e vaidade. Alguns imperadores, antes de serem líderes, foram, na verdade, déspotas. A despeito de tudo isso, será sempre preciso lembrar que não lutamos por homens, e sim por um ideal. Os homens passam, o ideal permanece, e permanece sustentado no sentimento que engrandece a criatura, que é o da lealdade.

"Muitas vezes convivemos com aqueles que nos aplaudem, nos idolatram até, desde que sirvamos aos seus interesses de poder. Enquanto isso ocorre, somos alvo de elogios e encômios; bafejam-nos com o riso da falsa amizade e aplaudem-nos com as mãos que estão sempre dispostas a erguer o punhal que sangrará nossa confiança neles, que, mais dia menos dia, se esfacelará. A criatura leal não inveja, não sucumbe às tentações da torpeza, não acusa sem provas, não dispara maledicências nem deseja que o mal atinja o seu próximo. Antes, doa-se em favor daqueles que se projetam à sua frente. Lealdade, amigos, é ato próprio de grandeza que enleva a alma e que voa nas asas da gratidão. A criatura leal, se vê defeitos em outrem, cala-se e aguarda a melhor oportunidade para servir de conselheiro e/ou dispor-se a servir como companheiro."

— Diante dessas lembranças maravilhosas e disso tudo o mais que está reservando neste Tribunal, quero vos dizer que sempre fui e sou leal a Roma, e Roma não é o imperador, e sim um povo operoso e bom. Confesso que dei sim guarida à jovem Aléxia Aureus Arquisius, e disto não me arrependo, mesmo porque até hoje ninguém me apresentou o mandado de prisão expedido pelo Império contra a sua pessoa. Logo, ela é, e continua a ser, uma cidadã romana livre, e nessa condição, Roma tem até o dever de protegê-la, como faz a todos os seus filhos. Foi o que fiz. Nada mais tenho para falar.

Julius calou-se, sentou-se e aguardou.

Fez-se pesado silêncio na sala. Todos estavam emocionados ante o pronunciamento do centurião, menos o seu acusador, o Decurião Artemius e o cônsul, o General Triário Materno, que estava pensativo. O direito, em Roma, sempre foi levado muito a sério. Era mesmo uma bandeira do povo que não admitia que seus governantes decidissem as questões, fossem quais fossem, ao jugo dos interesses pessoais. Embora a civilização romana tivesse, até ali, sofrido, e muito, sob a ação de alguns imperadores tiranos, déspotas e desequilibrados, não era menos verdade que o povo não sossegou enquanto não os derrubou do poder. Ciente disso tudo, o cônsul via-se, naquele julgamento, numa situação desconfortável, uma vez que, embora não gostasse nem um pouco de Julius, não poderia deixar de analisar com paciência e verdade aquele processo.

Ao longo da denúncia aberta contra o Centurião Julius, o cônsul romano não havia se dado conta de que não havia no processo o registro ou a presença de um mandado de prisão regularmente emitido pelo Império contra a jovem Aléxia Aureus Arquisius. Isso era de fato um enorme problema, eis que não havendo esse mandado, logicamente não havia um processo regularmente instalado por Roma contra ela. O que havia era apenas uma ordem pessoal do imperador nos seguintes termos: "Determino às autoridades romanas, em localizando a jovem filha do ex-senador Apolônio Arquisius, seja ela trazida até a presença do imperador." Ora, nem sequer havia, na ordem imperial, a palavra prisão. Refeito da inusitada situação, o Cônsul Triário começou a julgar o processo:

— Ave, Roma! Ave, César! Dou início ao julgamento da denúncia ofertada contra o oficial romano Julius Atilius Galesus, que deu origem a este processo aberto pelo Estado Romano contra o já referido oficial.

"Ao ler o libelo que contém a denúncia e, portanto, a acusação, em face das obrigações legais dispostas em nossa legislação, entendo estar presente a dificuldade de interpretar a ordem emitida diretamente pelo Nobre Imperador Romano, César Comodus. Sem penetrar em questionamentos quanto aos fundamentos deste tipo de ordem direta, necessário dizer, neste Tribunal, que, exercendo o cargo de cônsul romano, não devo esquecer das determinações de nossas leis e muito menos da inspiração dos grandes imperadores de nossa nação. Registro, por imperativo de minha consciência, a saudade do legado deixado pelo grande Caio Julius César Otaviano; do progressista Tibério Claudius Augustus, e do erudito e idealizador Marco Aurélio, imperadores que, a meu ver, honraram Roma e desfilaram suas astúcias, sabedoria e senso de justiça nos rincões mais distantes alcançados por nossa Nação. Procuraram, a par das conquistas, distribuir, mesmo aos povos conquistados, os ventos do progresso. Deixaram um legado inapagável, principalmente o ensinamento de que quem governa um povo ou vários povos deve, mesmo ante as conquistas políticas, ser um instrumento de valorização da alma romana, contudo, fazendo-o com a justiça mais equilibrada possível, sempre lutando pela construção de uma Roma digna de seus patrícios.

"Eu sempre me alistei ao lado dos grandes Generais, cônsules e procônsules de Roma, que agiram com respeito aos conquistados e desprezaram a intolerância que divide e separa. Buscaram ser gentis e leais, para que Roma sempre fosse, apesar de soberana, justa. Deixando de lado as questões pueris, que se traduzem em conquistas de mais poder e posses efêmeras, cogito que, no futuro, talvez muito distante, haverá de ser lembrada, na Terra, a presença de uma Roma que tenha abraçado todos os patrícios, e mesmo os povos conquistados, sob o pálio da mesma fraternidade. Nesse passo, para fazer crescer esses ideais, será preciso incutir no povo, por ações claras, que as virtudes da justiça e da fraternidade são os instrumentos pelos quais Roma deve sempre agir.

"Voltando ao processo ora em julgamento, percebo que há, no mesmo, vícios de forma, que reputo como insanáveis, a exemplo da acusação feita sem que fosse acompanhada de um indício de prova quanto à existência de um mandado de prisão contra a jovem Aléxia Aureus Arquisius. No processo, está ausente tal mandado, o que deixa antever que não há acusação penal contra ela, e se isso não há, não há crime que lhe possa ser imputado, estando ausente, pois, formação de processo penal que possa vir a destituí-la dos seus direitos como cidadã romana. Senhores, nossas leis têm buscado ser o reflexo da sociedade romana, e igualmente, nesse aspecto, ser também agente de progresso, que se afirme através da aplicação da vera justiça, sob o estigma da aplicação do mais absoluto direito, onde seja garantido ao acusado o devido processo legal e, portanto, o exercício dele poder contradizer, o exercício da livre defesa.

"É verdade que em nossos tribunais espalhados pelo imenso território romano, fincados nas mais distantes regiões do império, sobrevoadas permanentemente pela águia que tudo vê, nem sempre o direito é aplicado na medida exata de suas normas. Embora isso ocorra, não devemos perder a esperança de que nossa sociedade seja, o quanto antes, e no futuro, justa e fraterna. Nesse ponto, nem sempre o leme de nossa grande nação esteve nas mãos de imperadores sábios e justos.

"Sou, de fato, neste Tribunal, o representante de Roma e, na qualidade de cônsul romano, detenho poderes para acusar e absolver a quem quer que seja. Sei que muitos não simpatizam comigo; que me acham frio e calculista e me têm na conta de quem se prevalece da função para amealhar riqueza e inimizades. Não, não vou perder tempo em buscar desmenti-los ou combatê-los. Há covardia, inúmeras vezes, em ir para o confronto, e heroísmo em recuar, calar, compreender e seguir adiante. Além de ser uma autoridade romana, antes de tudo eu sou um romano que tem compromissos com a nação, com sua legislação e com sua gente. Efetivamente não simpatizo com o oficial romano Julius, e ele disso sabe, porém, não posso nem devo deixar de reconhecer nele a figura de um excelente oficial do exército de Roma. Quanto à acusação de que é alvo, que se traduz no descumprimento da ordem do imperador para que a filha do Senador Apolônio Aureus Arquisius fosse presa e conduzida a Roma, de acordo com as anotações e meandros que envolvem a acusação, portanto, o processo, noto a ausência de decreto imperial de prisão, o que contraria a disposição processual de nosso direito.

"Não discuto que tipo de ordem partiu do imperador. Discuto se ela gerou expectativas de direitos. Ora, esta ausência da materialidade na acusação, eis que ausente o decreto de prisão da jovem Arquisius, demonstra claramente a inépcia da acusação de que é alvo o oficial Julius. Desse modo, sobrelevando os pontos-chave da acusação, em confronto com os fatos e documentos do processo, decido através do seguinte dispositivo:

"Tendo sido apreciadas todas as fases e meandros que compõem o processo de acusação do Estado Romano contra o oficial Centurião Julius Atilius Galesus, e não encontrando a comprovação da materialidade acusatória, decreto o réu inocente quanto à acusação de desobediência à ordem imperial de prisão da jovem Aléxia Arquisius, eis que ausente o mandado de prisão, e portanto, inocente quanto ao crime que lhe foi imputado, decretando a improcedência da Ação Penal. Comunique-se ao Império. Nada mais."

O Cônsul Triário olhou para o oficial Julius e disse:

— Nobre oficial, estás livre da acusação que te foi imputada. Podes retirar-te, contudo, alerto-te para que não prevariques contra Roma, pois se assim o fizeres, da mesma maneira que não localizei crime algum que tenhas praticado, se consumada tua ação, não contes com minha condescendência, eis que, do mesmo modo, serei imparcial.

A seguir, retirou-se do Tribunal.

XXII

A VISITA DE ALÉXIA AO NÚCLEO CRISTÃO DE LUGDUNUM

Na herdade dos Arquisius, Aléxia apresentou-se para o desjejum. Já fazia mais de sete meses desde as últimas decisões adotadas, que haviam oficializado a divisão das terras com o casal que agora a abrigava como filha.

Aléxia tinha instituído com o casal, e também com o casal de jovens que ali trabalhavam, um culto diário de leitura, comentários e orações, para o qual utilizava um pergaminho dos quatro conjuntos de ensinamentos de Yeshua, feitos por Mateus, Marcos, Lucas e João, e que tinha sido um presente de seu pai adotivo. Considerava serem o seu maior tesouro e os tinha trazido na mala quando se evadira de Roma. Sempre se reuniam após o jantar e passavam momentos em clima de aprendizado, alegria e deleite de suas almas. Ao mesmo tempo que ela lia, buscava discorrer seu entendimento sobre os ensinamentos do Cristo. Parecia mesmo que já os tinha gravados, de certa forma, na alma. Um desejo incontido de fazer algo ou alguma coisa que fosse maior e mais efetiva colaboração para que esses ensinamentos pudessem ser alcançados por outras pessoas lhe tomava as cogitações íntimas.

Com esse pensamento, brotava-lhe o desejo de, já tendo se passado mais de seis meses de seu retorno, ir até a cidade com o objetivo de procurar o Núcleo Cristão que sabia lá existir pelas narrativas de Glaucius, com a pretensão de engajar-se na tarefa de divulgação dos sublimes ensinamentos de Yeshua. Após alguns dias em que esse desejo se tornara mais forte, ainda pela manhã, no repasto em família, ouviu o amigo Glaucius dizer:

— Nobre senhora Aléxia, após todo este tempo em que retornaste e que se constituiu para nós em imensa alegria, precisamos ir até a cidade para adquirir algumas provisões e materiais para as plantações, com o objetivo de fixarmos uma cerca em nossos domínios. Portanto, gostaria de convidar-te para que junto com Dânia nos acompanhes na viagem que iremos fazer a cavalo, levando duas parelhas para trazer os mantimentos. Então, indago: gostarias de ir conosco?

Aléxia, lembrando-se de sua vontade, disse:

— Nobre Glaucius, quanto tempo demoraremos na cidade?

— Eu creio que três ou quatro dias — respondeu ele.

Aléxia então falou:

— Sim, gostaria sim, e lá pretendo visitar o Núcleo Cristão.

No dia seguinte, aviados os preparativos para a viagem, logo cedo partiram os três rumo a Lugdunum. A viagem, embora lenta, era prazerosa. Aquela região da Gália Lugdunense era mesmo um atrativo à vista, com trechos de planícies tomadas pelo verde da vegetação que se alternavam com pequenos montes. A quantidade de flores naturais, nas campinas, era enorme; carvalhos frondosos em grande quantidade recebiam o assento de inúmeros pássaros de colorido variado. A viagem deslumbrava pela paisagem que contrastava com a presença do astro-rei. O céu era tomado de um azul por inteiro.

Pelo caminho, iam conversando. A certa altura, Dânia indagou a Aléxia:

— Nobre senhora, diante de tudo o que está a nos ensinar sobre a presença de Yeshua de Nazareth, dizei-nos qual a diferença vital entre os ensinamentos d'Ele e os outros ensinamentos que há na Terra? Acaso os demais povos ainda não se encontraram em termos de crença?

Surpreendida pela pergunta, Aléxia refletiu um tempo e depois respondeu:

— Nobre Dânia, não se trata de dizer se os demais povos, os romanos, os gregos ou de outras nacionalidades, e nem dos judeus, que creem somente em Yahweh, estão no caminho certo ou errado. Entendo que se trata de saber como Aquele que nós chamamos de Pai efetivamente é, e como Ele administra a sua Humanidade! Se temos como servi-lo e como isso deve se dar! Se temos que obedecer às suas leis e de que forma devemos fazê-lo. Enfim, responder de maneira lógica a esses questionamentos.

"Para nós, os que somos cristãos, Yahweh não é um Deus cruel, carrasco, desumano e vingativo. Ao contrário, o Deus que Yeshua nos revelou é um Deus virtude, amor, compaixão, atencioso, justo, bom e leal, que quer que vivamos em paz e com esperanças de progresso individual e coletivo, surpreendendo-nos com o hino da vida eterna. Por isso Yeshua disse que tudo o que Ele trazia para a Terra, fazia-o por ordem de Yahweh, e tudo o que Ele revelava, assim procedia por determinação do Seu e Nosso Pai."

Os conceitos expedidos por Aléxia durante toda a viagem, além de deslumbrar o casal, ainda produziam um excelente clima espiritual em torno da pequena caravana, que era seguida pelos Espíritos do Senhor, à guisa de proteção. Ao entardecer, chegaram à cidade. Lá, por orientação de Glaucius, seguiram para uma estalagem que tinha por nome Pousada do Luar. A estalagem era de propriedade de um casal de gregos, Asdras e Celena, a quem Glaucius já conhecia, pois, vez ou outra, quando vinha para a cidade em busca de mantimentos, ali se hospedava. Era agradável. Compunha-se de ampla sala de entrada, onde havia bom espaço e móveis para refeições, e possuía dez dependências para repouso, tudo no mais perfeito asseio. Após instalados, conversaram com o estalajadeiro Asdras sobre o Núcleo Cristão de Lugdunum. Este disse que sabia de sua existência e onde era localizado, manifestando por último que o chefe do Núcleo se chamava Irineu e que tinha vindo da cidade de Esmirna. Informou ainda que todos os dias, ao cair da tarde, o Núcleo abria as portas para receber as pessoas interessadas que lá iam.

Glaucius disse a ele que desejariam visitar o Núcleo.

Iniciava a noite quando Aléxia, Glaucius e Dânia chegaram ao Núcleo Cristão de Lugdunum. Era uma casa com dois pisos, que ocupava uma boa parte de um terreno grande. Tinha uma porta grande na entrada, que dava para um corredor bem pequeno e que desembocava num salão onde havia inúmeros bancos sem encosto. Demonstrava caber ali por volta de duzentas e cinquenta pessoas. À frente dos bancos, uma mesa um tanto comprida, guarnecida por quatro cadeiras de madeira bruta, com encostos. Sobre ela um vaso de barro, com flores frescas. Na parede dos fundos, onde estava a mesa, havia outra porta, que dava, por certo, para o interior da construção. Ao lado, atrás da mesa, havia dependurada uma inscrição entalhada na madeira, onde estava alinhada a inscrição: *"Feliz a alma que ouve em si a voz do Senhor e recebe de seus lábios palavras de consolação"*.

Quando entraram no salão, este já estava quase cheio. Procuraram um lugar mais ao fundo da sala e se sentaram. Tão logo assim o fizeram, a porta dos fundos foi aberta e adentraram o salão cinco pessoas, todas trajando túnicas cinzas. Duas delas eram mais idosas. O que demonstrava mais idade e altura maior que os demais tinha os cabelos cacheados caindo sobre os ombros, repartidos ao meio, com fios brancos já em profusão. Possuía dois grandes olhos acinzentados, o rosto bem afilado e o nariz perfeito. Era mesmo um homem bonito. Foram até a mesa e se sentaram. O outro, mais maduro, que era um pouco mais baixo, ficou em pé e, utilizando a palavra, saudou a todos:

— Boa noite, irmãos e irmãs. Em nome de Yeshua de Nazareth, nosso líder e pastor, saudamos vossas presenças. Sejam bem-vindos à nossa casa. Me chamo Ápio. Estão comigo os irmãos Absalom, Odélio, Nicholas, disse, apontando-os, e ao centro aquele que é o responsável por esta casa de orações, o irmão Irineu. Toda noite nós fazemos a leitura de um trecho dos ensinamentos de Yeshua de Nazareth e a seguir comentamos sobre o que foi lido.

Após, fez sinal àquele que denominara como Absalom. Este se levantou e pegou, dentre os quatro rolos de pergaminhos que estavam sobre a mesa, um aleatoriamente, abriu-o e após, parando em uma parte desenrolada, iniciou a ler:

Eu sou a videira verdadeira, e meu Pai é o agricultor. Todo ramo que estando em mim, não der fruto, Ele o corta; e tudo o que dá fruto Ele limpa, para que produza mais fruto ainda.

Vós estais limpos pela palavra que vos tenho falado. Permanecei em mim, e eu permanecerei em vós. Como não pode o ramo produzir fruto de si mesmo, se não permanecer na videira, assim, nem vós o podeis dar se não permanecerdes em mim. Eu sou a videira e vós os ramos. Quem permanecer em mim, e eu nele, esse dá muito fruto; porque sem mim nada podeis fazer. Se alguém não permanecer em mim, será lançado fora, à semelhança do ramo, e secará; e o apanham, lançam no fogo e queimam.

Se permanecerdes em mim, e as minhas palavras permanecerem em vós, pedireis o que quiserdes e vos será feito. Nisto é glorificado Meu Pai, em que deis muito fruto; e assim vos tornareis meus discípulos.

Como Meu Pai me amou, também Eu vos amei; permanecei no Meu Amor.

O Meu mandamento é este: que vos ameis uns aos outros, assim como Eu vos amei. Ninguém tem maior amor do que este: de dar alguém a própria vida em favor dos seus amigos. Vós sois meus amigos, se fazeis o que vos mando.

Já não vos chamo servos, porque o servo não sabe o que faz o seu senhor, mas tenho-vos chamado amigos, porque tudo quanto ouvi de Meu Pai vos tenho dado a conhecer. Não fostes vós que me escolhestes a mim; pelo contrário, Eu vos escolhi a vós outros e vos designei para que vades e deis frutos, e o vosso fruto permaneça, a fim de que tudo quando pedirdes ao Pai em meu nome, Ele vô-lo conceda. Isto vos mando, que vos ameis uns aos outros (Jo. 15:1 a 9 e 13 a 17).

Absalom calou-se. Então o irmão Ápio olhou para a assembleia presente, percebeu pelo olhar a presença da jovem e do casal, que lhe eram desconhecidos, sorriu para eles e disse:

— Nosso Irmão Irineu fará o comentário sobre o trecho que foi lido.

Irineu levantou-se, olhou para todos e começou a falar:

"Nobres senhores e senhoras, irmãos da crença cristã, nobres visitantes. Nossos corações demonstram alegria por vossa presença. Aqui estamos na condição de epískopo responsável por este Núcleo Cristão, com o objetivo de levar às criaturas que por aqui passam e outros que cruzarem nossos caminhos a palavra amorosa e instrutiva daquele que é para nós a luz do mundo, Yeshua de Nazareth.

"Na lição da noite, que nos foi lida, retirada das anotações do Apóstolo João, sobre a trajetória do Mestre da Galileia antiga, há profundos ensinamentos, os quais caminham na direção do despertamento de nossas consciências, no que se relaciona ao Criador de todos nós, e dos objetivos que todos temos, que é a busca da felicidade.

"Ao estabelecer a comparação de nossas vidas com as dificuldades diárias que todos enfrentamos, precisamos ter a consciência desperta a fim de compreendermos que aqueles de nós que buscarmos entregar nossa existência em favor da prática do amor apregoado por Yeshua; que aceitarmos a verdade que exala dos seus ensinamentos; que procurarmos viver as máximas do seu Evangelho, como Ele deu exemplo, por certo poderemos ser comparados à videira limpa, em cujos galhos, sob a ação diária da tolerância, da compreensão, da indulgência, do perdão e da caridade, serão produzidos frutos sadios feitos com os ingredientes do amor incondicional que sacia a fome dos injustiçados, dos sofredores e dos angustiados, que de há muito têm procurado a Casa de nosso Pai Celestial, sem que tenham encontrado o endereço certo, presas que têm sido dos anunciadores da ilusão, dos falsos profetas, dos divulgadores de crenças cegas apartadas da verdade.

"Amados irmãos, o Mestre Yeshua nos pede cumplicidade para com Ele. Precisamos, pois, para que isso se concretize, cumprir o sublime mandato que Ele concedeu aos que muito se amarem em Seu nome, e, portanto, significando dizer, amarem a Yahweh e a seu próximo.

"Vivemos momentos decisivos para nossas existências na Terra, até porque o viver já é um ato decisivo de amor, manifestado por nosso Pai Celeste. A mensagem de Yeshua chegou para modificar as estruturas da crença, significando luz e consolo. Estabelecida sob a premissa do progresso das almas, desde sua criação e para volver na direção do Criador, ela veio trazer um tempo novo, para os que conseguem entender suas premissas, que se resumem, como já dito, no amor a Yahweh e ao próximo.

"É claro que amar exige crescimento quanto ao entendimento dos objetivos da criação. Cada momento em que tivermos oportunidade de melhor conhecer as leis de Yahweh e melhor aplicá-las em nossas vidas não deve ser desperdiçado, até para entender a origem dos nossos males, que dão causa aos nossos sofrimentos e, a partir daí, estabelecer propósitos de retificação de nossas condutas que porventura venham a contrariar suas soberanas leis. Por essas verdades, será preciso entender que, em sendo Yahweh o amor por excelência, ninguém, absolutamente ninguém, deverá se entregar ao desânimo, ao desatino e vergar-se ao sofrimento sem nutrir esperanças e certeza de que Ele jamais desamparará qualquer de seus filhos, mesmo aqueles que ainda são renitentes à prática do bem.

"Sem dúvida, todos na Terra sofremos, porém, somos filhos de Yahweh, submetidos às suas leis, que tutelam nossos espíritos. Em razão disso, como ainda apresentamos defecções em nossa alma, haverá sim a necessidade da dor que corrige; da dor que amansa a rebeldia; da dor que vergasta o espírito; da dor que promove, em cada um, a vontade e a necessidade de mudança dos atos que contrariam as leis de Yahweh, para atos que demonstrem o fiel cumprimento de suas leis. Por amor a Yahweh, aceitemos tudo de boa vontade: trabalho, sofrimento, doença, injúrias, afrontas, desprezo, agressões, zombaria e calúnias, e lutemos para progredirmos em virtudes, na busca das consolações espirituais. Lembremos, sempre, o que nos ensinou o maravilhoso Apóstolo dos Gentios, Paulo de Tarso, na carta que escreveu aos Romanos: *'Não tem proporção os sofrimentos desta vida com a glória futura nos Céus'*.

"Em razão disso, não nos deixemos quebrantar, nem desanimemos nas tribulações. Em tudo o que nos suceder, confiemos em Yahweh, confiemos em Yeshua, e tudo o mais nos será dado por acréscimo de suas misericórdias."

Irineu encerrou seu comentário e sentou-se.

O clima espiritual no Núcleo Cristão era excelente. Todos estavam tocados pelas palavras do epískopo. Aléxia havia, enquanto ouvia o comentário, deixado rolar algumas lágrimas, o que foi percebido pelo casal amigo. Após o comentário de Irineu, o diákono Ápio agradeceu a presença de todos e disse que se alguma pessoa desejasse falar com o Epískopo Irineu, ele atenderia a todos. Logo se formou uma pequena fila. Aléxia convidou o casal amigo a ir para a fila, pois desejava falar com o epískopo. Então ficaram em último lugar, aguardando os atendimentos. Enquanto Irineu atendia a todos pacientemente, Aléxia ia comentando com os amigos sobre a fala do epískopo, que muito a sensibilizara.

Após alguns momentos, Aléxia acercou-se da mesa onde estava sentado o epískopo. Irineu, ao olhar para ela, sorriu e inesperadamente levantou-se para cumprimentá-la. Aléxia ficou um pouco ruborizada, pois não esperava aquela atitude de Irineu, porém o epískopo, estendendo sua mão, tomou a mão de Aléxia e beijou o seu dorso. Aléxia estava desconcertada. O casal amigo olhava a cena com viva curiosidade. Então Irineu disse:

— Olá, nobre irmã Aléxia! Sê bem-vinda! Os Espíritos do Senhor me anunciaram tua chegada. Esta casa de orações sente-se feliz por tua presença.

A seguir, Irineu cumprimentou também o casal que acompanhava Aléxia.

A jovem, além de desconcertada com a atitude gentil e carinhosa de Irineu, não sabia o que dizer, apenas conseguiu indagar:

— Oh, nobre epískopo, não sei o que vos dizer! Vós não me conheceis, e como me chamastes pelo nome? O que dizeis sobre os Espíritos do Senhor vos anunciarem minha presença? Eu sou uma pobre criatura, agora deserdada pela vida, logo, concedeis-me um grau de importância que não tenho. Acaso poderias me esclarecer melhor toda essa recepção?

Não somente Aléxia e o casal amigo estavam surpresos, como também estavam surpresos os epískopos auxiliares.

Irineu voltou a sorrir, dizendo:

— Nobre Aléxia, para o Senhor da Vida e para nosso Mestre Yeshua de Nazareth, nada na Terra é impossível, de modo que vejo a presença, neste recinto, de vários Espíritos, e um deles, que se apresenta com o nome de Acádio, que já me é conhecido, pediu para saudá-la em nome de Yeshua, dizendo-me, na acústica da alma, que és muito querida pelo Mestre. Ao dizer isso, pediu também que te convide a participar de nosso Núcleo Cristão, para que em breve possas auxiliar-nos na divulgação da Doutrina do Messias. Desse modo, já estás convidada a frequentar nossa casa e a estudar conosco.

Irineu calou-se e aguardou.

Ainda surpresa com tudo o que ocorrera, Aléxia refletiu por alguns instantes. A seguir, disse:

— Nobre epískopo, confesso-vos que estou profundamente tocada com vossa recepção. Agradeço sobremaneira o que me falastes. Eu também tenho o dom de, de vez em quando, ver as almas de outras moradas da Casa de nosso Pai, como ensinou-nos Yeshua, de modo que vossa narrativa para mim não precisa de confirmação. Senti-me otimamente bem ao adentrar este Núcleo do Cristo, e as palavras que soaram de vossa interpretação foram-me um bálsamo do qual eu estava precisando, ante a conturbação, em minha vida, nos últimos tempos. Agradeço o convite que me fazeis com tanta gentileza e comprometo-me a no mínimo uma vez na semana aqui estar para o aprimoramento do meu aprendizado. Contudo, para isso, tenho que perguntar se o Núcleo poderá ceder-me pouso, eis que resido em herdade a uma boa distância da cidade.

— Sim, nobre irmã — disse Irineu —, desde já ficará franqueado o pouso de que necessitas e auxiliaremos no que for necessário. Basta ajustarmos o dia, e se quiseres trazer o casal amigo que te acompanha, a eles também franquearemos pouso.

Após várias outras conversações, os trabalhos se encerraram. Todos se despediram. A partir desse dia, Aléxia passou a ser uma nova frequentadora do Núcleo Cristão de Lugdunum.

XXIII

A CONTINUIDADE DA VIAGEM DA CARAVANA DE MATEUS BEN JOSEPHO A LUGDUNUM

A caravana do judeu Mateus já havia transposto a cidade de Tiro e adentrara o território da Síria, no rumo da cidade de Antioquia da Síria. Tinham, há alguns dias, passado pela fenda do Jordão, uma grande fissura na superfície da Terra, que vai do norte do Mar da Galileia ao longo do Vale do Jordão e Mar Morto até a costa do Mar Vermelho. Ao Norte, a fenda do Jordão corre entre as cadeias de montanhas da Síria e do Antilíbano. Ao longo da história antiga, os impérios das grandes culturas de rios, do Egito e da Mesopotâmia, buscaram controlar o acesso à Síria e à Palestina por motivos econômicos, militares e políticos. Os gregos e após os romanos perceberam sua importância estratégica e as ocuparam com seus exércitos. Naquele tempo, era domínio de Roma.

Caminhavam admirando a paisagem extremamente bela. Haviam deixado para trás o Vale de Jezreel, ou Vale do Armagedom. A planície costeira do Sul de Israel e da Síria já tinha sido o lar de um dos mais ferrenhos inimigos de Israel, os filisteus, os quais se concentravam em cinco grandes cidades. Começando nos dias dos juízes e até a ascensão de Davi ao trono, os filisteus lutaram, de forma constante, com os israelitas nas terras altas centrais. Mais à frente divisaram as Colinas Sírias, na parte Sul dos Montes Tauro, territorialmente limitada a leste pela Mesopotâmia e pelo Deserto da Arábia Setentrional, e a oeste pelo Mar Mediterrâneo. Os hebreus conquistaram parte da região amorita localizada em Basã em meio ao reinado de Ogue. As Colinas Sírias foram um foco da disputa de poder travada pelos reis arameus, localizados próximos ao território de Damasco. Naquele tempo, os itureanos dominavam a área das colinas.

Haviam caminhado já por quinze dias, parando à noite para repouso e refazimento nas encostas das Colinas. Amanhecia o décimo sexto dia desde que haviam saído de Tiro, e Mateus ben Josepho estava taciturno. Levantara sentindo uma tristeza inesperada. A lembrança de Ana lhe aparecia mais fortemente naquele dia. Seu pai lhe percebera o semblante carregado e a nesga de tristeza no olhar do filho. Ao cair da noite, a caravana acampou ainda sob a região das colinas, numa planície próxima a uma pequena montanha. Após as acomodações e o repasto noturno, como sempre faziam, o rabino Eleazar, o pai de Mateus, o jovem Shebir e o amigo Elias se reuniram na tenda do chefe caravaneiro. Percebendo a tristeza no semblante de Mateus, após uma prece a Yahweh feita pelo rabino Eleazar, o jovem Shebir disse:

— Amigos, novamente sinto aquela influência que vós já conheceis. Trata-se de uma energia que parece me vai tomando a consciência... — e não terminou a frase. Suas feições modificaram-se, seus olhos semicerraram-se, então, com perfeita modificação na voz, iniciou a dizer:

Amados irmãos em Yahweh, saúdo-vos em nome de nosso Pai Celestial e em nome de nosso Amado Mestre Yeshua. Captamos a tristeza que se abateu sobre nosso irmão Mateus. Lemos seus pensamentos e sentimos a saudade que ele manifesta na direção do Espírito da jovem Ana ben Isaque.

Penetrando nos seus pensamentos conflituosos, vemos que ele não consegue compreender o motivo do afastamento daquela que povoou e povoa os seus sonhos de amor conjugal. Aqui comparecemos para trazer alento ao nosso irmão e sermos portadores de algumas palavras de esclarecimento e incentivo.

Irmão Mateus, nestes momentos em que a saudade e a melancolia parecem correr para abraçar-te, será mesmo preciso te munires de resistência e te utilizares da coragem da fé. No concerto da criação, as almas criadas pelo Pai Celestial trazem com elas os dons necessários ao seu progresso espiritual, ainda em estado, poderemos dizer, primário. À medida que vai seguindo adiante, ela se relacionará com as outras almas, simpatizando com umas, e se não fizer boa escolha nos seus pensamentos, não simpatizando com outras. Nesse fanal que se estabelece por várias existências, significa dizer que todos já vivemos na Terra em outras vidas, outros corpos, e não vos assusteis por isso, porque é uma lei de Yahweh, e ora estais nestes corpos, carregando em vossas almas todas as impressões, os erros e as conquistas no bem que porventura tenhais feito ou acumulando nas existências físicas que já se foram.

Nessas idas e vindas às moradas celestes, também já nos relacionamos com almas pelas quais estabelecemos apreço, simpatia e gosto profundos, que caminham na direção do surgimento do que entendemos por Amor, que é o sublime sentimento da Criação que une as almas, significando dizer que há Espíritos com os quais nos sintonizamos em grau de profunda empatia amorosa e que, uma vez aumentada essa sintonia, oferece condições ao surgimento das fibras poderosas do amor. Não deveis cogitar nestas palavras a existência de atração física, porque ela, em si, não significa amor.

O amor, nobre Mateus e nobres amigos, é um ato vibracional da alma, que possui várias fácies; é o ato que mais sensibiliza a própria alma. É aquele que podemos classificar como Amor Renúncia. Esta espécie vibracional do Amor não admite aprisionamentos e traz com ela a necessidade de experimentação dos sentimentos, da compreensão, da tolerância, da indulgência e, acima de tudo, a vontade de tudo fazer para que a outra alma encontre o caminho da felicidade, mesmo que para isso haja a necessidade de se renunciar, ao menos temporariamente, à presença constante do amor sentido.

Quem ama de verdade, Mateus, por certo não exigirá da outra alma com a qual se sintoniza nesse grau que ela seja perfeita, até porque a perfeição não existe no estágio de nossas almas na Terra. Antes, procura compreender mesmo os conflitos e posturas da alma da qual se enamora, sem exigir qualquer espécie de retribuição. Quem ama de verdade cuida da outra alma; manifesta esses cuidados na palavra atenciosa, no gesto carinhoso de um abraço, de um olhar compreensivo, de palavras gentis. Há aqueles que num relacionamento entre duas almas sentem falta dessas ações gentis, atenciosas, contudo, nem por isso devem se desesperar, sentir-se traídos em seus sentimentos, até porque nenhum espírito é obrigado a se relacionar com o outro. Num casamento de almas, não há grau de imposição.

Sentes, Mateus, a partida e o abandono a que te impuseste, e não recuas da lembrança da irmã que povoou e povoa teus sonhos de homem. Inquietas-te porque o amor que nutres por ela faz somente aumentar e pensas que jamais poderás reencontrá-la. A saudade, neste caso, Mateus, não será suprimida facilmente, entretanto, após a chuva torrencial, nas trovoadas da alma, além do horizonte, sempre surgirá o sol de um novo dia, e se for de teu destino não vê-la mais, poderás, quem sabe, encontrar noutra alma o preenchimento de teus anseios de amor, porque Yahweh sempre concede o remédio para todas as nossas dores.

Não te deixes tomar pela melancolia, meu amigo. Lembra-te de que não há amor maior do que doar-se ao Pai Celestial e ao irmão, seja quem for, sem exigir retribuição de espécie alguma. Se as lágrimas forem tuas companheiras, procura desobstruir as represas de tua alma, para que elas venham para fora de uma vez por todas, e se ficares só, lembra-te de que haverá sempre alguém que procurará teus préstimos, seja para o auxílio, seja para a vivência do amor verdadeiro, porque Yahweh concederá aos justos, sempre, o alentado socorro, por almas que fará cruzar o teu caminho. Alevanta, pois, o espírito combalido e segue em frente, aconteça o que acontecer. Recolhe-te sempre na oração, serve a quem precisa, no mínimo, com a ação de tua compreensão.

Agradece-te e se despede sob as alegrias do amor de Yeshua, abraçando--te, teu amigo Estêvão.

O jovem Shebir foi retomando as feições normais e abriu os olhos. Mateus ben Josepho chorava, os demais tinham lágrimas nas retinas. O rabino Eleazar continuava muito impressionado com tudo o que o jovem Shebir falara e com os fatos que ocorreram com ele, e mais ainda com o nome de quem parecia ter falado pela boca do jovem.

Após a manifestação de Shebir, o rabino Eleazar, sensibilizado, disse:

— Irmãos, o que acabamos de presenciar e ouvir nos remete à necessidade de reflexões. Jamais suspeitei dessa possibilidade que agora vejo ser uma realidade, a de que os chamados mortos continuam a viver e que aqueles que se foram, foram para moradas do Pai Celestial, que eu não saberia explicar, mas, lendo as anotações sobre o que Yeshua de Nazareth ensinou, lembro-me de que Ele se referiu que na Casa do Pai há muitas moradas, ideia que a princípio combati e rejeitei, mas à qual me curvo neste instante, ante o que estamos vivenciando. De fato, eu nunca consegui encontrar uma explicação que me soasse lógica para um assunto que está anotado no livro do Deuteronômio, quando o Profeta Moshe proibiu a evocação dos mortos. Confesso que essa orientação para mim sempre se apresentou como confusa.

"A confusão se traduziu na enorme dúvida que carreguei, pois em minha mente ressoava uma indagação: por que o profeta proibira tal evocação se os mortos não mais vivem?

"Além do mais, nossos anciãos sempre nos ensinaram que, até o dia do Juízo Final, todos os que morreram e que morrerão só despertarão nesse dia, que chegará num futuro incerto. Ora, se é assim que nossa nação vive e interpreta, por certo que não haveria motivo justo nem razões quaisquer para que se proibisse evocar os mortos, até porque não nos escutarão.

"Já outra vez o irmão Shebir, e agora novamente, nesta tenda, produziu essas manifestações que são de outras almas, designadas como mortos. Tais fatos desmontam em mim a dúvida e a incerteza, pois sou levado a crer, por provas concretas, que os que denominamos como mortos continuam vivendo após a falência do corpo carnal. Esse raciocínio, que considero agora como lógico, destrói por completo a crença de nossa gente sobre a vida e a morte, porque é mais do que óbvio que não há necessidade de se proibir a evocação de quem está morto, e se o profeta assim proibiu, é porque é possível a comunicação dos mortos, que na realidade continuam a viver fora do corpo físico, como os que estão vivos no corpo físico na Terra.

"Ademais, se o profeta proibiu tal evocação, é porque ela é um fato, portanto, verdadeiro e possível. Haveria uma razão para tal proibição? Penso que sim, pois a imagem de nosso povo, relativa ao culto do bezerro de ouro, deixa claro que se faziam as evocações para o suprimento de interesses pessoais egoísticos, para adivinhações que lhes trouxesse respostas que viessem no sentido de tornar as pessoas ricas e poderosas, logo, não faziam evocações para coisas úteis, senão para o atendimento de seus interesses pessoais, o que veste com sentido ter havido tal proibição."

Mateus, seu pai e Elias, como também Shebir, ouviram a manifestação do rabino com vivo interesse e foram levados a crer que ele havia modificado totalmente o seu pensamento, e que agora já passava a ser contado como um futuro cristão. Elias e Mateus eram os que se mostravam mais impactados com as palavras proferidas por Shebir, que entendiam vir direto de Yahweh e de Yeshua de Nazareth. Ficaram pensativos e reflexivos. Como a noite ia alta, por solicitação de Mateus, Elias fez uma prece, e após todos foram para o repouso, pois pela alva a caravana seguiria marcha.

Após mais um mês de marcha, a caravana de Mateus tinha vencido quase todo o território da Síria e num entardecer acampou próximo à cidade de Antioquia da Síria. Naquele dia, a montagem das tendas foi difícil, pois ocorreu uma chuva torrencial. Após se secarem, acomodados nas tendas, com a parada da chuva, foi providenciada a ceia noturna. Na ocasião, o velho judeu, pai de Mateus, não se alimentou, eis que foi alvo de uma indisposição física e também se apresentou febril, não tendo vontade para nada. Deitou-se na tenda e a indisposição foi agravando-se. Mateus estava para além de preocupado. Estava aflito. Recordava que pedira ao pai que abandonasse a ideia de viajar com a caravana, contudo, não conseguira demovê-lo da ideia. Agora temia pela vida de seu pai.

Mateus deixou um serviçal da caravana cuidando de seu pai e foi ao refeitório para cear com os componentes da caravana. Após cear e conversar com vários deles, não conseguia esconder sua preocupação com seu pai. Enquanto conversava, logo foi interrompido pelo serviçal que ficara em sua tenda cuidando de seu pai. Este disse que o rabino Eleazar mandava chamá-lo, pois ardia em febre e delirava. Mateus, muito preocupado, convocou o jovem Shebir e rumaram para a tenda. Lá chegando, Mateus assustou-se muito com o agravamento da saúde de seu pai e pediu ao jovem Shebir se ele poderia evocar as almas que falavam por ele, no atendimento ao doente. Shebir respondeu:

— Nobre senhor Mateus, não saberia te dizer se posso conseguir o que me pedes, porém, reunamo-nos em volta de teu pai para orarmos.

Ao dizer isso, foi interrompido por Elias, que chegara à tenda demonstrando preocupação. Foi logo se integrando a todos, para atender ao pedido de Shebir.

Após todos estarem em volta do velho Raban, Shebir orou:

Yahweh, Senhor e Criador de nossas vidas, de Vós vêm todas as coisas, e por todas elas, pois, deveis ser honrado e louvado. Vós sabeis o que é conveniente a cada um dos vossos filhos, e não nos cabe indagar os motivos, somente Vós podeis avaliar o merecimento de cada um.

Em meio às dificuldades e às dores físicas de nosso irmão, não devemos conceber desgostos, nem tristezas, nem desalentos. Lembramos, também, neste momento, de Vosso Filho Yeshua, que nos falou: 'Vinde a mim, vós que vos achais aflitos e sobrecarregados, que Eu vos aliviarei'.

Pai Amado, nesta hora de provação para vosso servo, pela vossa incomparável misericórdia, concedei-lhe o auxílio necessário à sua recuperação física, porém, seja sempre feita a vossa augusta vontade.

Shebir calou-se, levantou os braços, impôs as mãos sobre a cabeça do velho Raban e ficou um bom tempo de olhos fechados. Após esse tempo, retirou suas mãos e pediu que Mateus conferisse se a quentura do pai havia cedido. Mateus colocou o dorso da mão na testa de seu pai e arregalou os olhos, dizendo:

— Nossa, por Yahweh, a febre passou como que por encanto. — E após conferir, continuou: — Ele dorme agora calmamente.

Shebir então falou:

— Nobre senhor Mateus, os anjos do Senhor estiveram nesta tenda e socorreram teu pai, demonstrando que a presença deles não só é possível, como podem estar a se manifestar em todos os lugares, pois os Espíritos do Senhor são seus trabalhadores, que nos auxiliam nas nossas necessidades justas.

No dia seguinte, o pai de Mateus já se achava bem melhor, quase que totalmente restabelecido. Em razão disso, Mateus deu ordem para que a caravana levantasse acampamento. Antes do território da Silícia, na direção da cidade de Tarso, avançariam até a cidade de Icônio. Em ambas as cidades, os Núcleos Cristãos tinham se fortalecido bastante. Após, iriam por um território quase deserto, na sua totalidade. De lá rumariam para a província romana da Bitínia.

Avançaram durante mais de trinta dias e acamparam ao lado da cidade de Tarso, o que fizeram sob forte chuva, porque, embora raras naquela região, como estavam na estação de inverno, as chuvas eram mesmo previsíveis. Montaram o acampamento sob forte aguaceiro. Após essa providência, trataram de secar-se. Era nestes momentos que Mateus ben Josepho mais se preocupava com a saúde de seu pai, preocupação que estendeu ao rabino Eleazar, dada também à sua idade. Quando a noite iniciava a apresentar seu manto escuro cobrindo a Terra, a chuva cessou e, como que por encanto, o céu se limpou de nuvens e apresentou-se estrelado. Era noite de lua crescente e uma certa claridade se fazia presente. Mateus aguardou o chamado dos seus serviçais para que se apresentassem na tenda das refeições, que já estava preparada por Ofir e Onésio, os dois cozinheiros da caravana, sendo que seria servido assado de cordeiro com tempero de hortelã, legumes, e após chá de amora.

A ceia noturna foi feita sob clima de cordialidade e alegria. A vida nas caravanas era muito dura, contudo, os momentos de refeição e repouso eram os que os caravaneiros adoravam, momentos de conversações, risos, relato de casos ocorridos etc., o que se constituía em espécie de momentos que os prendiam àquela vida, que na realidade era quase nômade.

Antes da refeição, a pedido de Mateus, o Rabino Eleazar recitou o Salmo 29 do Rei David, em razão da superação das fortes tempestades que a caravana havia enfrentado, o que o Rabino prazerosamente fez, em voz alta, para todos:

Tributai ao Senhor, filhos de Yahweh, tributai ao Senhor glória e força. Tributai ao Senhor a glória devida ao Seu nome, adorai o Senhor na beleza da santidade. Ouvi a voz do Senhor sobre as águas; troveja, ó Deus da glória.

O Senhor está sobre muitas águas. A voz do Senhor é cheia de majestade. A voz do Senhor quebra os cedros; sim, o Senhor despedaça os cedros. Ele os faz saltar como um bezerro; o Líbano e o Sirion, como bois selvagens.

A voz do Senhor despede chamas do fogo. A voz do Senhor faz tremer o deserto de Cades. A voz do Senhor faz dar cria às corças e desnuda os bosques. E no seu templo, tudo diz: Glória! O Senhor preside os dilúvios; como rei, o Senhor presidirá para sempre. O Senhor dá força a seu povo. O Senhor abençoa com paz o seu povo.

A recitação do salmo era uma maneira providencial, sempre, de renovar o ânimo dos caravaneiros, que na sua quase totalidade eram judeus. Após cearem, Mateus, como sempre fazia, convidou o jovem Shebir e Elias para, na companhia de seu pai e do rabino, conversarem na sua tenda, o que sempre fazia. Reunidos na tenda, Mateus pediu aos serviçais que lhes servissem um pouco mais do chá de amora, que, além de delicioso, auxiliava na digestão e igualmente seria ótimo para combater as eventuais sequelas da umidade a que tinham se submetido nos últimos dias.

Iniciada a conversação, Mateus dirigiu-se a Shebir, dizendo:

— Meu jovem, nesta noite, em razão das conversações interessantíssimas que temos tido sobre o que chamais de Cristianismo, tenho uma pergunta para fazer. Tenho sonhado muito com várias pessoas que não consigo identificar e dentre elas somente uma das que me aparecem é familiar. Trata-se da jovem Ana ben Daniel. Talvez ela me apareça em sonhos porque sempre lembro dela com muito carinho e saudade. Nessas divagações de meus sonhos, se assim poderia me referir, quando acordo me vem sempre à mente uma pergunta: o que seria mesmo a felicidade? Movido por essas lembranças e sentimentos, ouso então te perguntar, na presença do nosso Rabino, sob o entendimento do Cristianismo, o que é felicidade e se ela existe, de fato, na Terra. Faço-te esta pergunta diante de tuas manifestações anteriores e sobretudo em razão do meu caso, por exemplo, pois sofro a dor e a angústia de uma separação, de uma união que nem sequer chegou a efetivar-se. A lembrança quase que permanente da pessoa que povoou os meus sonhos de juventude e ainda os povoa me causa certa aflição.

"Bem sei que já me explicaste a possibilidade da imortalidade a que estamos fadados, o que nosso povo já consente desde nossos remotos ancestrais, e que sob esse estigma já devo ter-me relacionado com a alma de Ana, em outras vidas. Entretanto, se Yahweh, como narraste, foi apresentado por Yeshua de Nazareth como um Pai de Amor, Bondade e Justiça, como já te referiste, haveria razão para o que ocorre comigo? Não seria mais justo Yahweh permitir que nos uníssemos às pessoas que amamos e dessa forma fôssemos felizes?

"Enfim, meu jovem, não tenho encontrado em minha crença tradicional respostas para esses questionamentos, o que aduzo, com muito respeito a meu pai e ao digno Rabino Eleazar, aqui presentes. Então, sob o que foi ensinado por quem chamais de Messias, que o Rabino já nos convenceu que se trata sim do Libertador do nosso povo, pergunto-te: o que Ele, em seus ensinamentos, disse a respeito disso tudo?"

Todos fixaram o olhar no jovem apaixonado por Yeshua. Shebir, olhando para Mateus, com olhar de entendimento e condescendência, passou as mãos pelos cabelos, olhou um pouco fixamente para o alto da tenda, como a pedir inspiração espiritual, e calmamente iniciou a responder:

— Nobre senhor Mateus, ouvi atentamente tuas impressões e indagações, as quais reputo como muito inteligentes, porém portadoras de dúvidas quanto aos objetivos de nossas existências terrenas. É certo que a história do nosso povo é rica de anunciações por parte dos profetas que desfilam em nossa Lei Antiga os meios e formas pelos quais se dá a relação do Criador com as criaturas, que somos nós.

"Nossa gente se autodetermina, ao longo dos anos, desde a anotação que nos remete a nosso patriarca Abraão, como o único povo ou nação escolhida por Yahweh para comandar a Terra. Isso, na realidade, formou uma casta de povo, por assim dizer seleta, que imaginava deter todo o conhecimento possível espalhado pela Terra, a partir da relação dos líderes, e mesmo da grande maioria dos profetas, com Yahweh, conforme narrado nas tradições. Em razão disso, grandes almas de nossa gente foram designadas como aquelas que conversavam diretamente com Yahweh, e nessas conversas sempre ditaram ensinamentos, orientações e advertências, que, segundo eles, eram emanadas de Yahweh. Notadamente, quase a totalidade dessas ações estão inseridas na Lei de Moshe, na Torá, principalmente no que conhecemos como o Decálogo Divino.

"Nessas orientações, sob o caráter geral, destaca-se, de maneira clara, seja da forma Divina, seja sob a interpretação humana, a ação permanente do Criador sobre todas as coisas que ocorrem na Terra, principalmente quanto ao que podemos chamar de regulamentos morais, que vestem todas as condições de relacionamentos entre todas as almas por Ele criadas, com o fim claro de progresso constante da Humanidade. Desse modo, senhores, nossos antepassados jamais divergiram em demasia quanto a esses pontos. As divergências que houveram e que se cumularam na história da nossa gente existiram em razão do processo e oportunidades de escolha que nossas almas sempre receberam do Criador, com o propósito de buscar compreendê-lo, entendê-lo, saber por que motivo nos criou e o que espera de nós no concerto da sua Criação.

"Nossos mestres e profetas muito se têm debruçado sobre isso. Têm logrado êxitos importantes, mas também têm logrado equívocos os mais variados, dentre eles o de acharem nossa raça superior às demais criaturas da Terra. O Deuteronômio, e muito mais o Levítico, de nosso Moshe, produziu a recepção e o desdobramento do Decálogo, em leis pródigas que devem ensinar os mistérios da criação, como assim nos referimos. Entretanto, muitos escribas, ao longo do tempo, adulteraram o sentido dessas obras do grande profeta do Sinai, o que produziu, ao longo do tempo, a presença de uma nação que se julga autossuficiente em matéria de fé, e poderosa a ponto de se considerar Israel como o único reino terreno de fato. Diante dessas situações, o que podemos entender como felicidade, de fato, apartou-se do convívio do nosso povo, pois a nação passou a julgar que a felicidade é ter e poder; mandar e ser obedecido; retribuir a ofensa com a ofensa e, mais grave, utilizar-se da vingança em face dos erros perpetrados por outrem contra si e contra a nação.

"Ora, nobres amigos, isso nunca foi felicidade e muito menos a felicidade a que se referiu Yeshua de Nazareth. Longe disso. A felicidade que Ele veio pregar não compactua com a necessidade imperativa de poder e de riquezas, que, como Ele bem disse, a traça e a ferrugem consomem. Com maestria divina, Ele sabia que era preciso corrigir os erros do passado de nossa gente, pois ela havia desvirtuado a Lei de Moshe, que tinha como padrão imperativo a Justiça. A atitude da nossa gente, diríamos nós, provocou em Yahweh a necessidade do envio de Seu Filho, o Messias, o Enviado, o Libertador, para que de fato Ele libertasse as almas no tocante aos desvios provocados, e através d'Ele chegasse para a Terra um novo código, que servisse de paradigma com a verdade declamada no Decálogo, a fim de despertar no coração do povo não somente a prática da Justiça, mas a prática dessa justiça com Amor, o que relaciona nossos atos à responsabilidade e ao dever não somente para com Yahweh, mas, e principalmente, com o próximo, com nosso irmão, a fim de entendermos que todos somos irmãos, eis que filhos do mesmo Criador.

"Yeshua de Nazareth veio até nós numa noite fria e silenciosa, em uma estrebaria, sem a pompa dos poderosos; sem os enigmas dos intérpretes confusos; sem o orgulho e a jactância dos falsos líderes, para dizer a todos nós que nosso Pai Celestial é Amor; que todos os seus filhos possuem o plantio do amor em si próprios e que devem crescer, florescer, dar frutos e distribuí-los em favor de todos.

"Para que isso fosse compreendido, ele falou de um reino diferente, não o de Israel, mas do reino de Yahweh, e esclareceu que esse reino não será encontrado fora das criaturas, e sim dentro delas, no recôndito de suas almas; que ao buscarmos esse reino, por práticas de amor e bondade para com os semelhantes, o que equivale a dizer também para conosco, haveremos de encontrar a felicidade, que é um sentimento-virtude completo que nos coloca em ligação direta com o Criador, nosso Pai Celestial.

"Após ter-nos ensinado tudo isso, o Mestre de Nazareth deixou fácil o entendimento ao legar para todos nós o maravilhoso hino de Esperança e Amor, que é justamente o Sermão da Montanha, por Ele declamado em favor de toda a Humanidade. Se conseguirdes penetrar um pouco que seja na essência desses extraordinários ensinamentos e vos dedicardes a vivê-los, não há nenhuma dúvida que encontrareis a felicidade já na Terra, felicidade que deve imperar em outras moradas celestes, pois Ele ensinou, como já vos disse há algum tempo, que há muitas moradas na Casa do Pai Celestial.

"Em razão do que exponho, por final, volto-me à tua indagação quanto à possibilidade de encontrares a felicidade ao lado daquela alma que nesta vida constituiu-se nas tuas esperanças de ternura e amor. O que posso te dizer é que esta resposta não nos pertence, e sim a Yahweh, que sabe muito bem o que já fizemos ou praticamos nas vidas que já se passaram, com relação aos nossos próximos, nessas vidas, e mesmo em nossa atual existência, sendo certo que a aplicação de Suas Leis Soberanas deverá, queiramos ou não, sancionar em nossas almas a ternura dos reencontros ou a necessidade de ajustamentos ou reajustamentos, pelas dores da separação.

"Seja por qualquer forma, o que precisamos, nobre senhor Mateus e amigos, é nunca duvidar da Sabedoria Divina, que conhece antecipadamente o que é melhor para cada um de seus filhos, a fim de que eles avancem na senda do progresso de suas almas. O que talvez hoje não compreendamos, amanhã nos será revelado. Ademais, não podemos esquecer que, embora as lutas, as dores, as separações momentâneas ou definitivas, nesta vida terrena, Yahweh colocou no fundo de nossas almas o sentimento-virtude da esperança, que, ouvida e sentida na nossa intimidade, impulsiona-nos sempre para frente, no rumo da verdadeira felicidade, razão pela qual jamais devemos cogitar de desistir do Amor e de amar a todas as criaturas.

"Encerro minha observação com o que disse o Sublime Rabi da Galileia: *'Os que ouvem as palavras de Yahweh e as praticam são felizes, porque a felicidade consiste em fazer ao vosso próximo o que gostaríeis que o vosso próximo vos fizesse'.*"

Shebir calou-se. Havia no ar um quê de ternura e extraordinária vibração amorosa. Mateus, seu pai, Elias e o Rabino Eleazar choravam. Eram lágrimas carregadas de energias que os renovavam por dentro.

Diversos comentários a seguir foram feitos, sendo que o Rabino Eleazar aparteou para dizer:

— Amados irmãos, na minha vida de aprendizado, principalmente da Torá, jamais tive a oportunidade de ouvir palavras e colocações feitas com simplicidade, contudo, tão carregadas de profundidade e clareza de sentimentos tão nobres.

"Nossos ensinamentos sempre foram herméticos, carregados de segredos ou mistérios que não fazem mais sentido, ao menos para a minha pessoa. Percebo que foram anos e anos, incontáveis até, que nos isolamos em uma casta sacerdotal que se apartou enormemente do sentimento de dever de irmandade e fraternidade, cultuando um Yahweh duro, cruel, vingativo e até incompreensível, o que levou a Nação, e ainda leva, a crer que nosso Elohim nos criou superiores às demais criaturas. Percebo, ainda, que me foi necessário tudo ter lido e analisado no que se refere à presença de Yeshua ben Josepho na Terra, seus ensinamentos, sua postura, sua vida exemplar e também, ouso dizer, sobre o que ocorreu com Saul de Tarshish, para entender a magia e a grandeza sequer suspeitada de Yahweh e de Seu Enviado, Yeshua.

"Esta viagem, amigos, traduz-se, portanto, numa linha divisória marcante para a minha vida. Encontrar nosso jovem Shebir e ouvir dele o que passo a crer: ensinamentos, valores, orientações tão claras, extremamente profundas, consoladoras e reveladoras, em que pese a sua juventude, com absoluta certeza abalou as estruturas da minha fé judia.

"Não, não sei o que será da minha vida, na conclusão desta viagem, mas pressinto que viajo rumo a um ignorado destino. Medo? Não, não tenho medo. O que sinto é um certo receio, pois vejo uma imensa porta se abrir à minha frente e após ela uma luz desconhecida, que clareia minha mente na direção de um novo futuro, de maneira que, nas asas da gratidão que manifesto ao irmão Mateus, por empreender a viagem que lhe solicitei, sinto que deixo para trás um destino que, é certo, serviu-me até aqui para ao menos me tornar um homem religioso e talvez razoavelmente cumpridor da lei, mas que ainda não me capacitou a entender o Criador, da forma que passei a iniciar a compreender, através das palavras e ensinamentos de Yeshua de Nazareth, ou seja, como

Pai Absoluto, Bom e Justo de todas as criaturas da Terra, e, o que ainda mais me entusiasma, Misericordioso.

"Sobretudo, estes instantes me fazem compreender que não precisamos ser velhos na idade do corpo para sermos sábios e prudentes. Para isso é preciso sermos bons e humildes."

O Rabino calou-se. Agora, as lágrimas vertiam-lhe pela face, ainda mais. Todos estavam emocionados. Retomando a fala, após enxugar os olhos com a barra da manga, continuou:

— Pressinto que meu destino, doravante, será outro, e estou feliz e disposto a seguir outra trajetória em minha vida. Agora, o que mais desejo é seguir a trajetória para o Cristo Yeshua. Não, também não sei se chegarei ao objetivo de meu desejo, nesta vida ou em outras, entretanto, tudo farei para assim conseguir.

O Rabino se calou. Então, aproveitando aquele clima de alta sensibilidade, e mesmo sem que Mateus solicitasse, Shebir iniciou a orar:

Amado Yahweh, permitiste-nos que nos aproximássemos do teu Messias, a nós enviado. Ele, repleto de teu desejo e de Pleno Amor, nos ensinou que de ti, Verbo Eterno, procedem todas as coisas, e todos devemos proclamar a Tua Grandeza Infinita.

Aprendemos, com Teu Filho Amado, que o espírito puro e singelo não se distrai em meio às suas ocupações, porque tudo faz em sua vida em honra a ti.

Dá-nos forças para que continuemos na estrada de nossas vidas, sem nos deixarmos arrastar pelo orgulho, pelo egoísmo, pela inveja, pela soberba e pelas más inclinações, para que travemos, de maneira permanente, o insistente combate contra nossas imperfeições, com o objetivo de melhor nos conhecermos e vencermos as imperfeições, para nos tornarmos cada dia mais fortes e fazermos sempre e constantemente progressos no bem.

Abençoa-nos hoje e sempre. Assim seja.

Após a prece de Shebir, envoltos em uma paz contagiante e em vibrações de harmonia, Mateus disse:

— Amados amigos, sentindo-me leve como uma folha de tamareira levada pelo vento, agradeço a todos pela maravilhosa noite e vos convido a nos retirarmos para o repouso. Desejo que possamos dormir sob o embalo de tudo o que aprendemos nesta noite. Refletiremos sobre tudo, com certeza. Amanhã seguiremos para a cidade, comerciaremos no porto até o meio-dia e após levantaremos acampamento para prosseguirmos nossa viagem. Aproveitaremos para renovar nossas provisões.

Todos se abraçaram e se retiraram para o justo pernoite.

Nas despedidas, ainda na tenda, sorrindo, mais ao fundo, estavam presentes o Governador Acádio, Paulo de Tarso, Estêvão e Simão bar Jonas, que tinham vindo acompanhar as conversações e inspirar o jovem Shebir.

XXIV

A INTEGRAÇÃO DE ALÉXIA AO NÚCLEO DE LUGDUNUM

– REUNIÃO NA CIDADE DA FÉ

Após o convite feito por Irineu a Aléxia, esta e os dois casais, Glaucius e Dânia, Noel e Diana, tornaram-se frequentadores assíduos do Núcleo Cristão de Lugdunum, que a cada dia recebia mais fiéis. Em pouco tempo, a jovem Aléxia se tornou uma eficiente ajudante do Núcleo. O Epískopo Irineu notou que Aléxia não era somente portadora de beleza física, mas tinha um coração bondoso e era simples, desataviada dos vícios da vaidade e da soberba. Servia ao Núcleo, onde fosse preciso, porém demonstrava especial predileção para fazer comentários sobre as leituras dos Evangelhos de Yeshua. Os dois casais se haviam convertido ao Cristianismo, não somente em razão do que viam e ouviam, mas principalmente em razão dos exemplos notáveis de bondade que recebiam de Aléxia, de maneira quase que constante.

Muitas foram as ocasiões em que o Epískopo Irincu surpreendeu Aléxia no atendimento aos mais necessitados de corpo e alma, atendimento que era feito com amor e desvelado carinho.

Ante as manifestações efusivas de Aléxia, certo dia o Epískopo Irineu lhe disse:

— Boa amiga Aléxia, vejo e sinto, pelo que fazes e pelo que dizes, que o amor de Yeshua penetrou fundo em teu coração. Tenho escutado teus comentários sobre alguns ensinamentos do Mestre, quando o fazes aos mais necessitados que vêm ao Núcleo buscar auxílio e confesso que me impressionou tua lucidez. Então gostaria de propor-te que pudesses tentar fazer um comentário sobre as lições amorosas do Cristo Yeshua nas reuniões públicas do Núcleo. O que achas da minha sugestão?

Aléxia rubesceu um pouco, ficou pensativa, olhou para cima, como a evocar o auxílio espiritual, então respondeu:

— Nobre Epískopo Irineu, tua sugestão é tentadora, porém te peço aguardares mais uns dois meses, eis que pretendo me preparar melhor para poder aceitar o convite que para mim representa um desafio.

— Então está combinado — respondeu Irineu —, dar-te-emos dois meses. Apenas sugiro que comentes a lição que te falar mais alto ao coração e não dispenses a inspiração dos Céus.

Irineu, ao passo das dificuldades naturais que ora e vez surgiam nos Núcleos Cristãos do Oriente, tinha uma especial preocupação com o crescimento de doutrinas estranhas, que continuavam a tentativa de buscar minar a pureza da doutrina cristã, legado que recebera do amigo Policarpo de Esmirna. Havia, pois, inimigos difíceis de combater, que se traduziam nas doutrinas hereges, muitas delas propostas por líderes dos próprios Núcleos Cristãos, despreparados.

As primeiras heresias enfrentadas pelo Cristianismo primitivo vieram com os judeus convertidos, problema que foi galhardamente enfrentado por Paulo de Tarso, principalmente no Núcleo Cristão da Galácia, eis que os chamados ebionitas eram originários de alguns judeus fariseus que haviam se bandeado para os Núcleos Cristãos após a queda e destruição do Templo de Jerusalém. Eram os que não reconheciam, à época, o apostolado de Paulo e exigiam que os cristãos se submetessem ao rito da circuncisão, no desejo de manterem o monoteísmo da Torá, eis que os ebionitas negavam a divindade do Cristo.

Agora, por aquele tempo, surgia outra deturpação doutrinária que ameaçava invadir os Núcleos Cristãos do Oriente, que se apresentava como a dos elqueseistas, que também se traduzia numa espécie de cristianismo judaico. Eles rejeitavam a divindade de Yeshua, porém o julgavam um Espírito Superior, um profeta a mais, daqueles desfilados na Torá. Também apregoavam a circuncisão e declinavam que o shabat deveria ser honrado. Apregoavam banhos mágicos ou de purificação. A magia e a astrologia deveriam ser praticadas nos Núcleos Cristãos. Aliás, Paulo de Tarso, nas cartas que fez ao Núcleos Cristãos dos colossenses e igualmente a Timóteo, há mais de um século, já alertava para essa corrente de pensamento contrário à simplicidade e pureza da Boa-nova.

Na sua última carta a Timóteo, Paulo expôs perante o obreiro mais jovem um alto ideal, apontando os deveres que sobre ele impendiam como ministro do Cristo:

> Procura apresentar-te a Deus aprovado, como obreiro que não tem de que se envergonhar, que maneja bem a palavra da verdade. Foge também dos desejos da mocidade; e segue a justiça, a fé, a caridade e a paz com os que, com um coração puro, invocam o Senhor. E rejeita as questões loucas e sem instrução, sabendo que produzem contendas. E ao servo do Senhor não convém contender, mas sim ser manso para com todos, apto para ensinar, sofredor, instruindo com mansidão os que resistem, a ver se porventura Deus lhes dará arrependimento para conhecerem a verdade.

O apóstolo advertia Timóteo contra os falsos mestres que se introduziriam na igreja:

> Sabe, porém, isto, que nos últimos dias sobrevirão tempos trabalhosos, porque haverá homens amantes de si mesmos, avarentos, presunçosos, soberbos, blasfemos, desobedientes a pais e mães ingratos, profanos... tendo aparência de piedade, mas negando a eficácia dela. Destes afasta-te. Mas, os homens maus e enganadores irão de mal para pior, enganando e sendo enganados. Tu, porém, permanece naquilo que aprendeste, e de que foste inteirado, sabendo de quem o tens aprendido.
>
> Deus proveu meios abundantes para o êxito na luta contra o mal que há no mundo. As palavras do Mestre são a armadura com que nos podemos equipar para a luta. Nossos lombos devem estar cingidos com a verdade. Nossa couraça deve ser de justiça. Na mão devemos ter o escudo da fé, e na cabeça o capacete da salvação; e com a espada do Espírito, que é a

> Palavra de Deus, devemos abrir caminho por entre as obstruções e embaraços do pecado.

Preocupado com essas questões de magna importância, Irineu pretendia se deslocar para Roma, para o diálogo indispensável com o epískopo geral dos Núcleos Cristãos, o irmão Victor. Ele já havia dado a público a sua obra que intitulou *"Contra as Heresias"*, e já tinha encaminhado-a para o Núcleo Cristão de Roma, o que fizera no ano 186 d.C. Correspondia-se com os Núcleos Cristãos do Oriente, observando os cuidados que sempre dispunha na defesa dos verdadeiros postulados cristãos, sempre lembrando dos ensinamentos e vivência daquele que fora seu mestre, o amigo Policarpo de Esmirna.

A verdade é que já há muitos anos, com o crescimento numérico na frequência aos Núcleos Cristãos, começou a existir um certo relaxamento dos responsáveis pela divulgação dos ensinamentos de Yeshua. Surgiam, aqui e acolá, casos de apostasia, a negação dos verdadeiros ensinamentos do Mestre de Nazareth, o que também se constituía num adversário terrível da Nova Fé.

Em meio a esse momento, novamente delicado para o Cristianismo; em meio a uma luta de cento e cinquenta e um anos após a desencarnação do Mestre Yeshua, para que seus maravilhosos ensinamentos não fossem adulterados nem velados pelo véu do esquecimento, no ano de 187 d.C., a realidade era que a situação da divulgação da mensagem do Cristo Yeshua enfrentava novamente enormes dificuldades.

Antecipando-se a tudo isso, as reuniões relativas às análises e à organização do trabalho de divulgação da vera mensagem cristã, na Cidade da Fé, eram intensas. O Governador Acádio convocara uma reunião naqueles meados do ano 187 d.C. e mandara convocar o Epískopo Irineu de Lugdunum, e ainda alguns cristãos que estavam encarnados, fossem líderes de Núcleos ou mesmo simpatizantes fiéis, para se analisar a tomada de novas ações para aquele momento não menos grave. Foi assim que, convocando Estêvão, Joel, Silas, Timóteo e Tito, deu-lhes uma lista de cristãos que deveriam ser convocados para a importante reunião que seria realizada sob os auspícios de Yeshua e que seria conduzida por ele, por Paulo de Tarso e pelos Apóstolos Pedro e João, segundo determinação do Mestre.

A caravana de trabalhadores do Cristo, liderada por Estêvão, num início de noite de julho do ano de 187 d.C., desceu à Terra, para através do desdobramento pelo sono físico, convocar os tarefeiros da divulgação da Boa-nova, designados pelo Governador Acádio, que se achavam encarnados: Irineu de Lugdunum; dois diákonos seus auxiliares, Ápio e Absalom; o então epískopo geral dos cristãos em Roma, Victor; Tito Flávio Clemente, epískopo de Alexandria; o jovem Quintus Septimius Tertulianus, epískopo de Cartago, e Anquilau, epískopo da Mesopotâmia.

Após reunirem todos, a caravana retornou à Cidade da Fé. Todos se encaminharam para o prédio da administração central. Lá foram recebidos por Eleodora, a auxiliar direta do Governador Acádio, juntamente com Pápias, que havia sido, na sua última encarnação, o epískopo cristão de Hierápolis, tendo também a companhia de Militão de Sardes.

Depois dos cumprimentos, foram encaminhados ao grande auditório, de vez que a reunião se desenvolveria naquele local. O auditório, no estilo dos anfiteatros gregos, era enorme, com lugares para seiscentos Espíritos. Na chegada, os visitantes notaram ele já estava quase lotado. Ali havia Espíritos das mais diferentes regiões da Terra, fato que foi comunicado por Estêvão.

Portanto, era uma reunião que comportava vários trabalhadores do Cristo, todos voltados para a divulgação da mensagem renovadora de Yeshua, que naturalmente influenciaria outras crenças, que aceitavam e criam na continuidade da vida após a morte, portanto, na reencarnação.

O auditório era dotado de cadeiras confortáveis e com encosto, em tom azul-escuro. O pé-direito do auditório era muito alto. À frente, havia um amplo tablado, onde também havia uma mesa comprida com cadeiras no mesmo tom, contudo, com encostos mais altos. Luzes invisíveis saíam pelos cantos do teto numa cor prata-azulada, e sobre a mesa pendia um enorme lustre com círculos sobrepostos na vertical, onde estavam pendurados grandes pingentes de pedra que curiosamente eram de cores variadas, mas que cada uma expandia luz própria, formando, sobre ela, luzes cambiantes de várias cores, dando ao ambiente uma visão belíssima.

Os visitantes foram acomodados por gentis Espíritos, mulheres e homens, nos seus lugares. Em pouco, o auditório estava todo lotado. Na mesa dos trabalhos da reunião, ao centro, estava sentado o Governador Acádio; à sua direita, os Apóstolos Pedro, João, Tiago Maior, Bartolomeu e o discípulo Lucas; à sua esquerda, Paulo de Tarso, Mateus Levi, Inácio de Antioquia e o discípulo João Marcos.

Música suave e belíssima inundava todo o ambiente, e de maneira contínua, o que era surpreendente, uma espécie de chuva finíssima a formar gotículas de prata era permanente em todo o ambiente. As gotículas, ao penetrarem os Espíritos presentes, infundia-lhes uma alegria constante e contagiante. Atrás da mesa havia uma parede em torno de uns cinquenta passos, que era uma enorme tela branca, inteira.

Embora o auditório lotado, o silêncio era total. Todos ouviam a maravilhosa música, cujos acordes pareciam misturar a lira com o alaúde, ao mesmo tempo, e que infundia euforia, serenidade e paz. A certo momento, o Governador Acádio levantou-se. Logo todos ficaram em pé automaticamente. Com um aceno, a música foi lentamente abaixando o volume até ficar em um fundo quase imperceptível. O governador saudou a todos:

— Amados irmãos de ideal cristão, saudamos a todos em nome do nosso Pai Celestial Yahweh e em nome do Governador Planetário, Yeshua, rogando que suas bênçãos nos acolham.

"Desnecessário apresentar-vos os integrantes desta mesa de trabalho, pois todos vós que aqui estais já os conheceis de outras situações, em geral. Então, peço a gentileza de nosso irmão Simão bar Jonas, que nos conduza em prece a Yeshua."

Todos continuavam em pé. O velho pescador de Cafarnaum, agora remoçado, iniciou a orar:

Divino Pai e Criador de todas as coisas; Divino Mestre Yeshua, Irmão, Amigo e Orientador de nossas vidas, manifestamos nossa alegria e in-

contida satisfação por podermos nos aproximar de vossa vinha, na condição de aprendiz disposto a servir.

Exatamente há cento e quarenta e nove anos — era um dia de início da estação quente em Israel —, estávamos, eu e meu irmão André, à margem do Mar da Galileia. Era de manhã. Naquele dia preparávamo-nos para a amarração das redes sobre a praia. Já as tínhamos jogado ao mar, quando uma criatura jovem, de extraordinária beleza, em torno de um metro e setenta e oito, ou oitenta, talvez, os cabelos dourados repartidos ao meio; a barba média, os olhos grandes e castanhos, e um sorriso que ainda não tínhamos visto de mais belo, estava em pé, a uns cinco ou oito passos de distância, observando-nos. Sorria. Olhamos para o visitante e, continuando a sorrir, Ele nos indagou, como se não soubesse o que fazíamos: Homens, o que fazeis? Respondi de plano: Ora, Raboni — assim o chamei pela sua túnica, pois nos dava impressão de um pregador da Torá —, porventura não vês? Estamos afincando a rede, para que logo mais nossa pescaria seja farta.

Continuando a sorrir, Ele nos disse: Sim, Eu o sei, contudo vos perguntei para que falásseis de vosso ofício. Eu estou aqui neste instante para convidar-vos para que mudeis de ofício, e lhes trago uma proposta, em nome de Yahweh.

Fez breve silêncio. Então lhe perguntei:

Que proposta queres nos fazer, Senhor? Quem nos garante que vieste de Yahweh, pois não sabemos de onde vens?

Ainda sorrindo, respondeu-nos: Venho até vós em missão especial destinada pelo Pai Celestial, com o objetivo de convidar-vos a deixarem seus materiais de pesca, a pesca de peixes, e também convidar-vos a me seguirem, para que Eu possa transformar-vos em pescadores de almas para Yahweh!

A resposta fora intrigante, da forma como Ele falou-nos. Sentimos um encanto indescritível em sua voz, que penetrava profundamente nossa alma, e uma força interior desconhecida até então nos impôs um mudo comando para que o seguíssemos, além do que, uma voz em nosso interior me dizia: "Esse é o Meu Filho Amado, o Messias, que vós esperáveis e que a Terra tem necessidade de ouvir, segui-o sem temor qualquer".

Antes mesmo que André falasse algo eu respondi por nós dois: Sim, sim; aceitamos vosso convite. Porém avisaremos nossas famílias. Então nos respondeu: "Sim, perfeito, ficarei convosco por alguns dias".

Lá se foram os anos, que foram sobrepondo-se, em que a excelência do Seu Amor nos instruiu para servirmos ao Pai e ao próximo, sem buscar retribuição.

Após as intensas lutas travadas, para que seus ensinamentos se afirmassem na Terra, nós, os que aqui estamos neste momento, o saudamos e através d'Ele a Yahweh, para dizer-lhe que nossa vontade perene de continuar seguindo-o continua sendo o móvel constante de nossas ações.

Mestre, continuamos a repetir nosso pedido para que Vós e Yahweh continueis a nos abençoar sempre, a fim de permanecermos alistados em vosso exército de bondade. Paz para todos nós.

Após a prece do apóstolo, o governador solicitou a todos que estavam sentados à mesa virassem suas cadeiras para a parede onde havia uma grande tela branca. Novamente, mediante um seu aceno, as luzes do ambiente foram enfraquecendo e a tela começou a iluminar-se, expandindo uma luz prateada, safirina. A seguir foi-se delineando uma paisagem de indizível beleza. Formou-se um campo vasto que parecia ser uma espécie de gramado mesclado de verde e amarelo; também safirina. Luzes cambiantes modificavam-se, girando lentamente, alterando as tonalidades que variavam entre o branco, o azul, o amarelo, o verde-claro e o lilás, formando uma espécie de iluminação como se fosse um arco-íris. Todos olhavam para o centro da tela e puderam ver, em pé, levitando naquela relva, a figura majestosa de Yeshua. Sua imagem era a mesma que os apóstolos conheceram, como Simão bar Jonas descrevera na prece. Trajava túnica alvíssima, com uma sobretúnica em azul-claro, feita de tecido brilhante, em diagonal. Porém, não sorria. Seu semblante era grave. A vibração espalhada naquele auditório era simplesmente jamais sentida. Um misto de atenção, euforia e paz tomava conta de todos.

Como se houvesse uma aparelhagem invisível, Ele iniciou a falar, e sua voz maviosa, firme e maravilhosa invadiu o ambiente.

Meus amados irmãos, saúdo-vos em nome de nosso Pai e manifesto gratidão a todos os que aqui estais, pelas lutas empenhadas em favor da implantação dos ensinamentos que d'Ele recebi e que tive a bendita oportunidade de revelar à Humanidade terrena.

Como vós já sabeis, pelo meu amado João, desde antes que existísseis, Eu já existia. Conheço-vos do início e acompanho vossas vidas através dos tempos. Falo-vos, neste instante, a amigos, que sei, cultuam minha imagem na saudade, porém, o que deveis cultuar e praticar são os ensinamentos que aí deixei, em nome de nosso Pai.

Revelei-vos o Amor de Yahweh e relembrei que suas leis são perfeitas e imutáveis, para que tivésseis melhor discernimento e pudésseis fazer a aquisição das condições necessárias para adentrar o Seu Reino.

Encontrei o eco desejado, no coração dos simples, dos oprimidos, dos sofredores e neles pude conseguir, com o auxílio de muitos, plantar a árvore do Evangelho, que, embora tendo autoria imputada ao meu Espírito, trata-se dos ensinamentos que vigem em todos os mundos criados por nosso Pai Celestial.

Recebi o opróbrio da injustiça, sabedor das possibilidades de sua ocorrência. Não nutria ilusões, pois não se pode modificar repentinamente a ferro e fogo as consciências dos espíritos terrenos, e revelei o Pai Amoroso, Bom e Justo. Retornei às moradas celestes e, sob o beneplácito d'Ele, sigo na coordenação das missões que Ele outorgou-me.

Revesti-me do nobre sentimento da compreensão, certo de que os que proporcionaram minha crucificação nada sabiam do que estavam efetivamente fazendo, e por ter conhecimento das deformidades d'alma de que ainda eram e são portadores, pedi a nosso Pai que os perdoasse.

Acompanho o esforço heroico daqueles que abriram seus corações e me agasalharam na intimidade de seus espíritos. Exerci a tarefa desejada por Yahweh, para proporcionar o início da era do amor na Terra. A tarefa continua e, para o seu cometimento, tenho contado convosco, que aqui estais, dos dois planos da existência, e outros mais, ora ausentes, mas que trabalham com o mesmo objetivo.

Sabeis, pelas lutas, que alguns que se apresentaram nas lides propostas, após acordados com trabalhos que deveriam desempenhar na divulgação de meus ensinamentos, com possibilidades de êxito, acabaram por falhar em suas tarefas, ofertando respostas que causaram e têm causado consequências danosas para a grande obra da Boa-nova. Não os condeno nem vós deveis fazê-lo, antes, recebei-os em vossas orações, como irmãos necessitados.

O momento da Terra é grave. Embora os esforços permanentes, ordenados por Yahweh, a nação que devia harmonizar as raças, organizar os povos, acabou por mais ainda desorganizar, produzindo frutos amargos, pela ação de líderes que se apartaram dos compromissos com a verdade. Além disso, fizeram e têm feito sucumbir, nas malfadadas perseguições à minha mensagem, leais servidores da Causa.

Surge a necessidade de organizar novo contingente de almas, dispostas a servir até as últimas consequências dos sacrifícios, para continuar ensinando as máximas que recebi de nosso Pai, pelo esforço, pela luta constante no bem, sem esmorecimentos, pela abnegação, pelo estoicismo, pela disposição fiel e permanente de servir a um só Senhor, Yahweh.

Esta reunião é de alento e estímulo. Não vos afadigueis. Não temais as perseguições e jamais recueis da verdade. O horizonte da verdade que revelei ainda está coberto pelas nuvens das borrascas do mal, que intenta expulsar nosso Pai Celestial do panteão da iluminação da alma humana. A noite da vitória do bem ainda não produziu o seu amanhecer. Entretanto, onde fordes chamados, servi com amor e abnegação, porque jamais se conseguirá vencer o bem.

Jamais estareis sozinhos. Os meus amados irmãos que me auxiliam estarão convosco. Segui e vivei a cruz de meu testemunho. Lembrai que já desci da cruz há muito tempo e vivo no meio de vós. Lutai pelo bem, vivei com alegria, porque os que servem a Yahweh triunfarão! Paz a todos, meus irmãos!

Após a mensagem de Yeshua, a imagem da tela foi lentamente se apagando. Ao mesmo tempo, a luz do auditório ia ficando cada vez mais forte. Durante todo o maravilhoso acontecimento, a vibração do ambiente era simplesmente impossível de ser descrita. Todos estavam sob o impacto das mais nobres e vivas emoções. As lágrimas vertidas por todos eram como cristais, carregadas de brilho, e, ao escorrerem pelas faces, penetravam em seus corpos espirituais, causando sensações benéficas contínuas.

Após alguns instantes de silêncio, o Governador Acádio retomou a palavra, dizendo:

— Amados irmãos da alma, tivemos o gáudio, a oportunidade e a alegria de podermos ver e ouvir nosso Inesquecível e Amado Mestre. Neste momento, que jamais esqueceremos, pois ficará registrado nas fibras mais sutis de nossos Espíritos, como sempre temos procurado fazer, precisamos refletir, e muito, sobretudo o quanto significam essas orientações e o que devemos fazer. É-nos um dever imperativo não somente continuarmos na divulgação de seus maravilhosos ensinamentos, mas, sobretudo, exemplificá-los.

"A história do Cristianismo na Terra, em todos esses anos que se passaram após a majestosa presença de Yeshua, no vale terreno, tem registrado a presença de extraordinários trabalhadores, que doaram o melhor de suas vidas por amor a Ele e a Yahweh, testemunhando dores e sofrimentos que lhes marcaram a alma. Desde os queridos apóstolos, muitos aqui presentes, e demais discípulos valorosos, a destacar a força e o vigor altamente expressivo de nosso Paulo de Tarso e a liderança de nosso Simão Pedro, a mensagem iluminada do Rabi da Galileia tem enfrentado adversários duros, cruéis e poderosos, que têm efetuado verdadeiro cerco espiritual nefando, pretendendo abolir da Terra a mensagem do Cordeiro Divino desde o seu nascedouro.

"Daqui de nossa Cidade da Fé temos, sob o comando inigualável de nosso Alcandorado Mestre, continuado a planejar sempre e buscar executar as tarefas que visam, ao serem colocadas em prática, a fortalecer o mais que possível a presença do Mestre na paisagem terrena e dos homens, para que ela seja conhecida por todos os povos do presente e do futuro.

"É certo que as resistências já enfrentadas por nosso Mestre, quando de sua estada na Terra, e por todos aqueles que após Ele testemunharam seu amor incondicional ao Cristo e a Yahweh, têm dobrado as forças. Almejaram e continuam a almejar a derrota do exército de amor erigido pelo Divino Cordeiro. Aninhados em agrupamentos de Espíritos judeus e romanos empedernidos no egoísmo e no orgulho, tanto nos corpos físicos quanto, e principalmente, quando fora dele, pelo processo da morte física, continuam não aceitando o Mestre e sua mensagem; ajuntam-se em moradas espirituais inferiores, visando ao combate permanente à Boa-nova, a todo custo, julgando-se senhores da verdade e donos do mundo. Nesse intento, inspiram mentes doentias de governantes imaturos e ainda dotados do desejo do mal; de pessoas fanatizadas por suas lideranças, mesmo religiosas, que se apartam da verdade, ações que são altamente nutridas pelo comportamento egoístico e orgulhoso.

"É claro, irmãos, que Yahweh, em razão do seu amor incomensurável, deseja o progresso espiritual de todos os seus filhos, contudo, respeita as escolhas que os Espíritos fazem, embora jamais se cansará de esperar que um dia sejamos filhos leais ao seu Amor, e que, através de nossas boas obras, consigamos dar a nossa contribuição indispensável no concerto da Criação. Entretanto, muitos destoam e escolhem o caminho do desequilíbrio, que gera as vibrações dissonantes da realidade para a qual fomos criados e com isso surgem as imperfeições que são a base dos sentimentos negativos do mal.

"Isso é o que vimos até aqui ocorrer em grande parte da Terra, entretanto, sabedor dessas verdades que emanam do seu e Nosso Pai, Yeshua, desde que retornou às Moradas Celestes, jamais ficou inerte ante o ataque dos injustos e sempre enviou, nesse período entre o seu retorno à Pátria Espiritual e os anos que se foram acumulando, numerosos trabalhadores do bem, que desceram à Terra com o objetivo de cuidar dos seus ensinamentos, mas principalmente do rebanho das hostes do bem, procurando aumentá-lo. Inúmeros foram, e são, os trabalhadores que lutaram e lutam contra as defecções que se tem buscado impingir na sua mensagem libertadora, criando sistemas complicados, invertendo vários ensinamentos, chegando, inclusive, nesse intento, a se classificarem como enviados do Cristo Yeshua, sem efetivamente o serem, numa tática nociva e perigosa de disseminar, em meio à mensagem cristã, definições próprias e abusivas sobre o que teria falado e feito o Mestre Galileu.

"Nessa linha de pensamento, provocam a criação de rituais para oração e mesmo adoração a Yahweh e ao Cristo, com aparatos exteriores; a manutenção da polêmica da necessidade da circuncisão, da necessidade do batismo, da guarda do shabat; a introdução de misticismos para que, na realidade, o Cristo continue crucificado e, em razão disso, apartado dos corações dos que sofrem, dos que procuram encontrar um bálsamo, um lenitivo para mitigar suas dores, produzindo, na realidade, o exercício de uma crença distante do próprio Yeshua.

"Pelos anos que se passaram após o retorno do Cordeiro às Paisagens Divinas, desfilaram, na Terra, as mais vis perseguições aos seguidores do Mestre, e a intolerância tem sido a marca contundente de seus adversários, e perfeito instrumento da cegueira. Nestes tempos, irmãos, novamente o Cristianismo se vê às voltas com os judeus que, ainda descrentes do Mestre, agora o atacam abertamente e aos cristãos, eis que, tornando-se economicamente importantes para Roma, continuam a insuflar o Império contra os fiéis seguidores do Mestre. Na continuidade de seus nefandos objetivos de combatê-lo neste tempo, estabeleceram projeto de influência direta ao atual imperador, para que ele deixe de lado a condescendência e passe a perseguir os seguidores do Mestre.

"Fostes aqui trazidos para que sejais colocados a par de tudo o que poderá ocorrer e para que, irmanados, continuemos a lutar pela vitória do bem em nome de Yeshua. Logo mais retornareis a vossos corpos físicos, aqueles que ainda vos achais nas lutas terrenas. Lembrareis de nossos diálogos e tereis a inspiração de que não estarão sozinhos nesta luta, para que tenhais mais vigor e coragem no enfrentamento das distorções que foram imiscuídas e que ainda pretendem imiscuir nos ensinamentos de Yeshua.

"De nossa parte, entre outras coisas, cabe-nos a tarefa, que deve ser permanente e incansável, de inspirar a melhor sugestão ao cristão, para que este nunca abandone seu posto de trabalho e o Mestre."

Após alguns instantes de silêncio, pediu a Paulo de Tarso que orasse pelo encerramento da reunião.

Paulo levantou, olhou calmamente para todo o auditório e para os amigos da mesa e iniciou a oração:

Mestre Amado Yeshua!

Tu que nos falaste: "Filho, não te deixes quebrantar pelas tarefas empreendidas por meu amor, nem desanimes nas tribulações, mas em tudo o que te suceder, te consolem e te fortifiquem as minhas palavras".

Quando sentirmos que o Céu nos inspira saudade de tuas bem-aventuranças, que possamos deixar o tabernáculo de nossos Espíritos para comtemplarmos a tua glória e recebermos inspirações de teu afeto.

Dá-nos a graça de tua bondade soberana, a clemência de tua visita, no templo da nossa alma. Dispõe de nós, na feitura do que é de teu agrado, no espalhamento de teu amor sobre a Terra.

Abençoa e santifica nossas almas para que prevaleça tua glória sobre as iniquidades dos homens. Protege e conserva teus servos entre os perigos e com a assistência de tua glória e graça. Guia-nos pelos caminhos da concórdia e da paz, para que triunfe tua mensagem de amor.

Após a prece de Paulo, o governador agradeceu a presença de todos e deu a reunião por encerrada. Todos os que ainda estavam sob o impacto do maravilhoso acontecimento foram conduzidos para suas moradas.

XXV

A VIAGEM DE IRINEU E DIÁKONOS A ROMA

– REUNIÃO COM O EPÍSKOPO GERAL VICTOR

– REFUTAÇÃO ÀS DOUTRINAS FALSAS NO SEIO DO CRISTIANISMO

No Núcleo Cristão de Lugdunum, o Epískopo Irineu prosseguiu na vanguarda do máximo zelo em relação aos Evangelhos, às Cartas de Paulo de Tarso e às Cartas de Inácio de Antioquia e de seu mestre Policarpo. A controvérsia sobre a celebração da Páscoa e quanto a dogmas que surgiam da parte daqueles que deveriam zelar pela Boa-nova gerava vários atritos dentro dos Núcleos Cristãos.

Em Roma, o Epískopo Geral Victor anunciou a ruptura do Núcleo de Roma e dos Núcleos Cristãos do Ocidente com as comunidades que não aceitavam celebrar a crucificação do Messias na mesma data da Pessach, a festa da libertação dos hebreus da escravidão do Egito, em 14 de nissan, no ano aproximado de 1.440 a.C. Os Núcleos Cristãos do Oriente não aceitavam o procedimento de Victor.

Agregada a isso, por esse tempo, surgira também a presença de um epískopo cristão de nome Teódoto de Bizâncio, que ensinava haver um só Deus e uma só Pessoa Divina, logo, questionava a divindade de Yeshua. O Epískopo Noeto, do Núcleo de Esmirna, para tristeza de Irineu, que havia na sua juventude caminhado com Policarpo, passou a pregar que quem padeceu na cruz foi o próprio Pai Celestial, criando o que ele chamou de patripassionismo. Ele aceitava, das escrituras, somente o Evangelho de João. O Epískopo Abércio, de Hierápolis, falava que, por ordem do Divino Pastor, foi enviado para Roma e que durante sua viagem foi inspirado no sentido de que se devia reverenciar o Christo e o Pai Celestial com vinho e pão. Outro epískopo, de nome Pectório, reverenciava o batismo pela água, como "fonte imortal das águas divinas".

No Núcleo Cristão de Cartago, por volta do ano 185 d.C. havia despontado um novo líder cristão de nome Tertullianus, que era filho de um centurião romano, com grandes conhecimentos jurídicos e de retórica. Conhecia bem o grego e, depois de exercer a jurisprudência em Roma, retornou a Cartago. Conhecia a língua romana e interpretou que Yahweh e Yeshua, o Pai e o Filho, eram da mesma substância, criando o dogma da Santíssima Trindade, contudo, já havia publicado várias obras, dentre as quais se destacava uma apologia que considerava as acusações políticas por Roma contra os cristãos como crimes de lesa majestade, negando os deuses imperiais. Ensinou também sobre as duas naturezas divinas numa só pessoa, Yeshua. Deu origem a uma criação no sentido de que Yeshua dera as chaves dos Núcleos Cristãos ao Apóstolo Simão bar Jonas. Ensinava que os Núcleos Cristãos tinham poderes de perdoar os pecados, embora uma única vez. Descrevia a necessidade da confissão pública; que se deveria ordenar cerimônia pública como um ato de comunhão; que se deveria distribuir aos cristãos vinho e pão, como o sangue e a carne do corpo de Yeshua; que esse pão deveria ser distribuído aos cristãos. Afirmava que somente os Núcleos Cristãos podiam legitimamente possuir a fé.

A despeito dessas criações, Tertullianus pregava a possibilidade de uma demonstração racional da existência de Yahweh e da imortalidade da alma, e negava o dogma que fora espalhado em alguns Núcleos Cristãos alusivo à virgindade de Maria de Nazareth. Embora Tertullianus fosse ainda muito jovem, Irineu encontrou lógica em várias dessas interpretações, que o auxiliariam nas suas manifestações contra as heresias praticadas contra o Evangelho de Yeshua.

Irineu, como havia planejado em conversas com seus diákonos, viajaria para Roma com a finalidade de entrevistar-se com o Epískopo Geral Victor, para poder, de alguma maneira, através do diálogo indispensável, pôr termo às agressões que os Núcleos Cristãos sempre, e há muito tempo, vinham sofrendo com todas essas criações absurdas, ao longo dos anos de marcha do Cristianismo. Programada a viagem, acompanhá-lo-iam os diákonos Ápio, Absalom e Nicholas. O diákono Odélio ficaria em Lugdunum, na direção do Núcleo.

Após dois meses de viagem, Irineu e seus diákonos auxiliares lograram atingir a cidade de Roma. Irineu já havia estado lá quando jovem. Maravilhara-se, à época, com a cidade, contudo Ápio, Absalom e Nicholas não a conheciam.

Ao começarem a descer a pé a estrada de acesso a Roma, pelo Monte Aventino, não houve como os diákonos conterem a enorme admiração. Pararam em uma curva descendente, sentaram-se ao lado da estrada e se extasiaram com a visão do esplendor da cidade. Depois de algum tempo, aprumaram-se e retomaram a caminhada.

Esbarravam pela estrada com cavaleiros do exército romano, que os olhavam divertidos, pensando serem quatro pessoas perdidas e sem saber para onde iam. Irineu explicou-lhes que o tráfego de soldados romanos ali era constante, porque as legiões do exército romano, pela lei romana, não podiam entrar na cidade, então ficavam acampadas próximo, na cidade portuária de Óstia. Após adentrarem a cidade, foram guiados por Irineu, com alguma dificuldade, dadas as várias mudanças, até o Núcleo Cristão de Roma, eis que ele conhecia o caminho. Ao chegarem, Irineu foi o primeiro a se surpreender, eis que no local havia novas construções que aumentavam em muito o Núcleo Cristão que ele conhecera, construções que lhe davam um aspecto de imponência.

Bateram à porta central. Após a terceira batida, a porta foi aberta e um jovem com uma túnica cinza olhou-os de maneira simpática e disse:

— Olá, sede bem-vindos. Como verificastes, o Núcleo está fechado. Hoje não tem atividade pública, mas me dizei, quem sois vós e o que pretendeis?

Irineu se adiantou e disse:

— Somos irmãos cristãos do Núcleo de Lugdunum, na Gália Lugdunense. Enviamos correspondência há dois meses, por mensageiro. Pretendemos entrevistarmo-nos com o Epískopo Geral Victor. Eu me chamo Irineu e sou o epískopo de lá, e estes nossos irmãos são Ápio, Absalom e Nicholas, diákonos auxiliares.

— Ah! Bem, podeis entrar — respondeu o servidor —, vamos até a recepção para averiguarmos o livro das entrevistas e confirmarmos o que me dizeis. Por favor, acompanhai-me.

Os visitantes seguiram o jovem. No caminho, Irineu ficou refletindo: recepção? Livro de entrevistas? Que coisa mais estranha! Como as coisas já se tinham modificado desde que ali estivera há vários anos, na companhia de Policarpo de Esmirna, Flávio Justino e Pápias, quando o epískopo geral de Roma era o irmão Aniceto. Na caminhada feita pelo corredor, o jovem disse chamar-se Cássio.

Chegaram a uma ampla sala redonda e divisaram uma mesa em forma de meia-lua, e três moças sentadas, tendo sobre a mesa um grande livro e outros materiais. Cássio se dirigiu a uma delas, que estava desocupada, dizendo:

— Irmã Adeline, podes por favor verificar se os nomes dos irmãos que acabam de chegar constam do pedido de entrevistas com o epískopo geral?

A jovem olhou-os com um sorriso largo e perguntou-lhes os nomes, que foram declinados. A seguir pegou o livro sobre a mesa, que tinha grande formato, abriu-o e buscou a verificação. Após ter folheado várias páginas, abriu uma, olhou-a e disse:

— Comunicado recebido de pedido de marcação de entrevista com o epískopo geral, por parte do epískopo de Lugdunum e dois diákonos auxiliares. Está aqui, sim, e também está anotado que o pedido foi deferido para três meses após, logo, a entrevista está marcada para o mês que vem.

Ante o olhar dos atendentes e de espanto de Irineu e seus diákonos, Cássio adiantou-se e disse:

— Caro irmão Irineu, é preciso que tudo seja organizado, senão vira um caos. O epískopo geral é um homem muito ocupado, pedem-lhe muitas entrevistas. Espero que nos compreendais.

Irineu então questionou:

— Sim, até entendo esse ponto, mas indago se não há possibilidade, tendo em vista que os assuntos que devemos tratar se relacionam com a mensagem do Mestre de Nazareth, portanto, assuntos de extrema relevância; se o epískopo não poderia antecipar a entrevista, já que chegamos quase um mês antes, de acordo com o deferimento nas anotações, sendo certo que não poderíamos prever o tempo de viagem.

— Oh, sim! — respondeu Cássio. — Entendo o pleito justo. Verei o que posso fazer e após vos comunicarei. A propósito, já vos hospedastes em alguma estalagem?

Irineu estranhou demais a pergunta. Então respondeu:

— Não entendi bem, até porque quando aqui estive com alguns irmãos, há muitos anos atrás, havia hospedagem para os trabalhadores de outros Núcleos Cristãos. Agora, não há mais?

— Sim, de fato havia — respondeu Cássio —, contudo, isso foi anos atrás. O Epískopo Geral Victor mandou modificar essa forma, para conter as despesas que sempre se avolumam.

Irineu, ao obter tal resposta, olhou para os três diákonos e após observou o luxo do local. Os móveis da recepção eram muito finos, as paredes traziam adornos que aparentavam não ser baratos e lustres caros pendiam do teto, além do que, o piso do local era todo em mármore branco. Após refletir um pouco, Irineu disse a Cássio:

— Meu jovem, não temos recursos para ficar em Roma por trinta dias hospedados em uma estalagem, para ficar esperando pelo atendimento. Trouxemos poucas moedas, o que nos garante por uns cinco ou seis dias, de modo que iremos até uma estalagem, a mais barata possível, e nos hospedaremos. Depois, deixaremos aqui o endereço e aguardaremos a resposta para quando poderemos ser recebidos pelo epískopo geral. Se ao cabo de cinco dias não formos procurados, iremos retornar. Não precisarão mais se preocupar conosco. Agradecemos as vossas gentilezas expendidas até aqui.

Sem esperar reação de Cássio, olhou para os diákonos auxiliares, e disse:

— Meus irmãos, vamos.

Cássio, vendo a resolução de Irineu, meio constrangido, disse que os acompanharia na busca de uma estalagem, e até conhecia algumas, o que poderia facilitar.

Irineu, com um gesto amável, impediu-o, aduzindo:

— Não te preocupes, irmão Cássio, já sabemos o caminho da saída e tenho um razoável conhecimento da cidade.

Sem esperar, os três voltaram pelo corredor por onde haviam entrado, até saírem porta afora. Uma vez do lado de fora, Irineu olhou para o céu e disse em voz audível aos amigos:

Oh, Mestre Yeshua! Tu, que nos ensinaste que de contínua paz gozam os humildes; que, porém, no coração do soberbo reinam a vaidade e a intranquilidade, e que se tens riquezas, não te glories dela, antes atende aos pobres e sofredores, porque Yahweh nos dá tudo o de que necessitamos, porém pode retirar dos que por amor à riqueza o desonram. Apieda-te destes que te colocam em segundo plano. Não os censuramos, antes oramos por eles, recomendando-os a tua bondade e infinita compreensão, para que não nos entristeçamos do que é feito da casa que erigiram em teu nome.

Tomadas as providências de hospedagem em estalagem simples, como estavam cansados, buscaram repousar logo a seguir. Na manhã seguinte, trataram de informar, no Núcleo Cristão, o endereço da estalagem. Como teriam tempo para aguardar, resolveram fazer um passeio para melhor conhecer a cidade. Quando foram ao Núcleo, a jovem Adeline, a pedido de Irineu, forneceu-lhes o endereço do *Cárcere Mamertino*, local onde Paulo de Tarso e Simão bar Jonas ficaram presos, que quando de sua estada anterior em Roma não pudera visitar. Adeline disse:

— Trata-se de um porão sem janelas, úmido, o teto muito baixo e fechado por grades de ferro negro, que, segundo as anotações, foi cavado pelo quarto rei de Roma, Anco Márcio, que governou de 641 a 616 a.C.

Após agradecer, para lá se dirigiram, e qual não foi a enorme surpresa que tiveram ao constatarem que havia pessoas do Núcleo Cristão de Roma cuidando e selecionando os visitantes para ingressarem no local, e, para fazê-lo, era preciso pagar a quantia de cinco sestércios por pessoa. Irineu e seus diákonos auxiliares, perplexos com a exigência, não conseguiram entender o objetivo daquela exigência, a não ser divisar nela o interesse material do Núcleo de Roma e do epískopo geral. Irineu então disse aos seus três companheiros:

— Meus amigos, vede que exigência absurda. Como se estão afastando dos ensinamentos de Nosso Amado Yeshua! Pelo que estamos vendo, a Boa-nova, para o Núcleo Geral de Roma, está virando um negócio, e a fé recebe a inspiração de preço. Sem dúvida, irmãos, muito depressa poderemos afugentar Yeshua e perder a sua graça, se nos inclinarmos às coisas exteriores. Se o afastarmos e o perdermos, aonde iremos e a quem buscaremos por amigo?

Ápio, aproveitando o que o epískopo dissera, falou:

— Sim, mestre Irineu. Quem não estiver desprendido das coisas humanas não poderá livremente atender às coisas divinas, e é o que estamos vendo.

Decepcionados com o que viram e ouviram, não quiseram visitar o local e foram a outros lugares. Admiraram-se da grandeza e imponência de Roma. Chegaram, ao cair da noite, à estalagem. Após leve refeição, recolheram-se cedo para o repouso.

Tão logo adormeceram, os quatro deixaram o corpo físico e foram recebidos por Estêvão, que os aguardava, pois viera chamá-los a fim de irem para um breve colóquio com o Cireneu de Tarso. Após alguns instantes, chegaram à Cidade da Fé, sendo conduzidos pela secretária do governador diretamente a uma sala de trabalho que era ocupada por Paulo. As saudações efusivas se fizeram. Além de Paulo, estavam presentes Lucas, Silas, Timóteo e Tito. Logo, Paulo disse:

— Irmão Irineu e demais irmãos, vou direto ao assunto que devemos tratar. Começo por dizer que o que vistes neste dia, de fato desagrada ao nosso coração e também de nosso Amado Yeshua, pois Ele nos ensinou e repetiu que bem-aventurada é a simplicidade, que nos permite ensejo em nos guiar pela estrada plana e segura da vivência dos mandamentos de Yahweh.

Muitos irmãos mergulham na afoiteza, precipitando atitudes impensadas. Alguns padecem graves e desequilibrantes tentações, e com isso se afastam da fé pura e forte. A razão humana ainda é fraca e pode se enganar, porém a verdadeira fé não pode ser enganada.

Ante o que vistes no dia de hoje, é certo que a fé no Núcleo Cristão de Roma, atualmente, para tristeza nossa, tem preço fixado, o que é muito grave e preocupante.

Apesar disto, aqui estais para que possamos recomendar-vos que não vos deixeis levar pela crítica. Apenas vos apresentai para dar as vossas contribuições na direção de alertar para essas práticas desataviadas de fundamentos. Antes, não vos impressioneis tanto a ponto de fazer fraquejar a vossa fé. Ofertai a Yeshua as vossas obras de amor, ainda que talvez parcas, mas reais e fortes, e sob o olhar da compreensão. Elas se constituirão em fortaleza para vossos Espíritos e em escudo inquebrantável, permitindo o êxito na divulgação dos ensinamentos, sem máculas, evitando as intrigas, para a vitória do bem.

Na Terra, ainda sereis confrontados com o comportamento de pessoas que se apresentarão como líderes cristãos, mas cujo comportamento os tem afastado dos reais objetivos do Evangelho do Cristo. Entretanto, não vos comporteis como julgadores duros, antes, agi com caridade, porém, sem abandonar jamais a defesa da verdade que emana dos ensinamentos do Mestre.

Que a paz engalane vossos corações!

Irineu e os diákonos acordaram. Como estavam pernoitando no mesmo aposento, puseram-se a lembrar os sonhos, que se completavam, a demonstrar que estiveram reunidos fora do corpo físico.

Haviam se passado três dias, entrando no quarto dia, quando, ainda de manhã bem cedo, foram procurados por Cássio, que vinha lhes comunicar que o epískopo geral consentira em atendê-los naquele dia, na parte da tarde, bastando para isso que comparecessem ao Núcleo Cristão.

Irineu agradeceu e confirmou que no meio da tarde iriam à entrevista marcada.

A tarde chegara. Irineu pediu a seus diákonos auxiliares que evitassem comentários ou impressões que pudessem chocar, e que todos orassem muito, para que tudo saísse a contento na entrevista.

Chegado o meio da tarde, os amigos de Lugdunum adentraram o Núcleo Cristão de Roma. Prontamente recebidos por Cássio, foram encaminhados para a visita. Após andarem por muitos corredores, chegaram a imponente porta com duas abas que trazia incrustada na madeira uma imagem de contornos de um peixe sobre um livro. Ante o olhar indagador de Irineu, Cássio falou:

— Vos impressionais com a imagem? Ela foi desenhada pelo anterior epískopo geral, Eleutério, para homenagear a passagem de Yeshua sobre a barca e a pesca feita pelos apóstolos; a fartura e o simbolismo do peixe, relacionando tudo isso aos cristãos, inclusive ao pescador Simão bar Jonas, o fundador do Núcleo Cristão.

Irineu e os diákonos se entreolharam sem nada dizer.

Duas pancadas na porta e ela foi aberta por dentro por outro jovem que, sorrindo, pediu que Irineu e seus auxiliares entrassem. Era uma sala ampla, mas ainda não era a sala do epískopo geral dos cristãos. O jovem disse:

— Irmãos, sou o auxiliar direto do Epískopo Geral Victor. Chamo-me Eli. Vinde.

Acenou com a mão, indicando uma sala contígua.

— Vamos até a sala das entrevistas e reuniões.

A seguir, todos transpuseram o ambiente na direção da referida sala. Tratava-se de uma sala maior, que tinha uma mesa comprida cercada de cadeiras ou bancos, com encosto alto, em número de doze, seis de cada lado, e, ao centro da mesa, uma cadeira com o encosto mais alto. Eli acomodou os visitantes e, pedindo licença, disse que ia chamar Victor, o epískopo geral.

Mais alguns instantes e Eli retornou, e com ele o epískopo geral. Victor era uma pessoa com estatura acima da média, a pele bem branca, os cabelos mesclados entre o preto e o branco. Era magro; possuía dois olhos grandes, entre o castanho e o cinza; as mãos bem afiladas e o rosto comprido. Traduzia um ar de esperteza, embora o semblante sério. Aproximou-se e foi na direção do mais velho do grupo, dizendo:

— Olá! Imagino que sejas o Epískopo Irineu de Lugdunum. Tenho lido teus escritos, que inclusive muito me impressionam, e entendo valorosos para todos nós.

Irineu, retribuindo o cumprimento, disse:

— Sim, sou eu, nobre epískopo geral, e estes que me acompanham são os diákonos auxiliares de Lugdunum, os irmãos Ápio, Absalom e Nicholas. Agradeço a vossa referência sobre meus escritos, que credito à gentileza e bondade de vossa parte.

Após os cumprimentos gerais, o epískopo geral não titubeou e indagou:

— Nobre Epískopo Irineu, poderias adiantar o assunto que iremos discutir nesta reunião que nos pediste já há algum tempo?

Irineu não se fez esperar:

— Nobre Epískopo Geral, antes gostaria de dizer que já estive aqui no Núcleo Cristão de Roma há muitos anos, na companhia dos epískopos Policarpo de Esmirna, Pápias de Hierápolis e Flávio Justino, de Filadélfia.

"Na ocasião eu contava então dezesseis para dezessete anos de idade. Lembro que foram discutidas e acertadas com o epískopo geral à época, o irmão Aniceto, várias diferenças de interpretação que haviam surgido em meio aos Núcleos Cristãos do Oriente e do Ocidente, e que se referiam aos ensinamentos de Yeshua. Lembro-me bem de que uma delas se referia à data em que se relembrava a morte do Mestre e sua ressurreição, e que o Núcleo Cristão de Roma teimava em comemorar ou relembrar na mesma data da Pessah dos judeus, diziam, para uniformizar-se as comemorações entre os Núcleos Cristãos do Oriente e do Ocidente.

"Após muitos anos, em que surgiram várias defecções internas entre os diversos Núcleos Cristãos, fruto da presença de visões distorcidas por interesses pessoais ou de grupos quanto aos reais ensinamentos de Yeshua, os problemas dessa ordem, nesses tempos, haviam recrudescido mais ainda, inclusive foi reativada a antiga confusão quanto ao que se referia como ressurreição do Messias, principalmente no Núcleo de Roma e nos do Ocidente.

"Estamos aqui, nobre epískopo geral, para estabelecermos diálogo que entendemos indispensável, com a finalidade de acertarmos uma unidade de pensamentos e ações para todos os Núcleos, razão pela qual vos solicitamos esta entrevista. Entendemos que seria justo desenvolvermos diálogo salutar entre os Núcleos Cristãos do Oriente com os do Ocidente, de vez que vós, na condição de epískopo geral, detendes as condições ideais para harmonizar todas as atividades doutrinárias cristãs."

Irineu calou-se e esperou.

O Epískopo Victor, que ouvia atentamente, ponderou:

— Irmão Irineu, a que diferenças efetivamente o irmão se refere? Poderias ser mais claro?

— Se por acaso não me fiz entender — respondeu Irineu —, peço desculpas. Para ser o mais objetivo possível, refiro-me aos pontos ou interpretações nos quais há divergências entre os Núcleos, e os nomino:

"*O valor da tradição, como regra que o Núcleo Cristão de Roma tem imposto à Nova Fé, mesmo que determinada tradição conflite com os verdadeiros ensinamentos de Yeshua; a questão da primazia das decisões para a comunidade cristã pelo Núcleo de Roma, sem que se ouças a posição dos demais Núcleos; a apologia dos mártires Pedro e Paulo, em Roma, com cobrança de valores para que se possa fazer visitação aos locais onde viveram e onde estiveram presos e foram mortos; as questões invocadas sobre o Espírito de Yahweh, de que o Cristo Yeshua é a encarnação de Yahweh; a questão sobre a chamada virgindade de Maria de Nazareth; a questão da doutrina que tem sido ensinada pelo Núcleo Cristão Central de Roma a respeito do que denominam como pecado original; sobre o costume de se batizar as crianças; a respeito do que foi chamado de consagração com pão e vinho, cultuando-os como corpo e sangue de Yeshua.*

"Gostaríamos, nobre epískopo geral, de discutir todos esses pontos que foram desenvolvidos aqui no Núcleo de Roma, que é seguido pelos Núcleos Cristãos do Ocidente, mas que são altamente conflitantes com os ensinamentos simples e objetivos da doutrina do Mestre de Nazareth, que, a nosso ver e entendimento, nada, absolutamente nada disso ensinou ou pregou, e que são rejeitados pelos Núcleos Cristãos do Oriente.

"Estas situações, que podemos chamar de criações novas, que estão sendo introjetadas nos Núcleos Cristãos, com todo respeito, nobre epískopo, a nosso ver, desfiguram por completo os objetivos dos ensinamentos do Mestre e assustam os fiéis, eis que produzem nas mentes a indução a postulados de uma crença que não existe.

"Por essas razões já conhecidas por vós é que apreciamos que o irmão convocasse o Conselho de Membros do Núcleo Central de Roma, para podermos juntos debater essas ocorrências, que entendo, são de interesse de toda a coletividade cristã, seja do Ocidente, seja do Oriente. Confesso-vos, irmão Victor, que todas são graves e que nos Núcleos Cristãos do Oriente têm causado espanto, pois os epískopos, os diákonos e os fiéis não encontram essas práticas retratadas nas anotações dos Apóstolos Mateus e João, nem dos discípulos Marcos e Lucas, ao menos nas anotações originais, as quais possuímos em nosso Núcleo Cristão de Lugdunum.

Concluídas suas observações, Irineu aguardou.

Enquanto ouvia as observações de Irineu, Victor não conseguia disfarçar o aborrecimento que lhe tomava o íntimo. Mesmo após o silêncio de Irineu, ficou um pouco pensativo. Deixava transparecer não ter gostado da fala de Irineu. Conhecia o trabalho e as obras do epískopo de Lugdunum, entretanto, entendia que seus escritos provocavam uma espécie de freio à expansão do Cristianismo e que seguir o que era recomendado pelas obras do epískopo de Lugdunum faria circunscrever o Cristianismo a mais uma crença, apenas, sem o devido crescimento. Refletia que poderia sim convocar o Conselho do Núcleo Central de Roma para debater os pontos levantados por Irineu, entretanto não sentia a mínima vontade de assim proceder.

Após alguns instantes, o Epískopo Victor meneou a cabeça levemente e pôs-se a falar:

— Nobre Epískopo Irineu e demais diákonos. Ouvi com atenção tuas ponderações e vejo com bons olhos a preocupação que expões, relativamente aos pontos suscitados. O irmão sugere que eu convoque o Conselho do Núcleo Central para permitir debate sobre estes assuntos, porém, desejo dizer-te que não faremos isso, e por que não? Respondo: A realidade é que passados quase cento e sessenta anos da presença de Yeshua na Terra, e, por conseguinte, dos seus ensinamentos terem sido adotados, o que se viu de progresso no Cristianismo foi muito pouco. Entendo que os que tinham e têm a obrigação de divulgar o Cristianismo para toda a Terra têm falhado nessa grandiosa tarefa, eis que muitos ficam apegados aos ensinamentos de Yeshua, no ângulo da letra, e esquecem que o novo crente quer ter liberdade de pensamento e não quer ser presa do que entendo se tratar de discussões estéreis. Convenhamos que as questões que levantas, irmão Irineu, longe de serem obstáculos, na realidade aproximam o crente da doutrina do Mestre, eis que, em nosso entendimento, despertam-lhe o interesse em se aproximar mais da nova crença. A esse propósito, comungo do pensamento de nosso principal diákono auxiliar do Núcleo Cristão de Roma, nosso irmão Hipólito, que ainda não conheceis. Ele entende que não devemos fechar ou isolar o Cristianismo entre quatro paredes, e sim o pregar na natureza humana, no dia a dia. Aliás, ele escreveu uma obra em que condenou a heresia que tem sido inserida nos nossos Núcleos Cristãos, principalmente que o Filho e o Espírito Santo sejam apenas uma modalidade de apresentação de uma mesma pessoa. Hipólito também não vê qualquer desdouro nas cerimônias exteriores, que permitem uma maior aproximação do crente com Yeshua.

"Diante disto, nobre irmão Irineu, posiciono-te que o Núcleo Cristão Central de Roma não pretende fazer nenhuma mudança nesses postulados citados por ti e muito menos com relação às comemorações da Páscoa."

Victor terminou sua fala e aguardou a reação de Irineu. Esta não se fez esperar:

— Nobre irmão Victor — exclamou Irineu —, antes de manifestar minha posição em razão do que falaste, quero dizer-te que em nossos Núcleos Cristãos do Oriente não reconhecemos nenhuma dessas criações que vosso Núcleo de Roma procura divulgar para os demais Núcleos Cristãos como práticas corretas e necessárias, as quais, insisto, não possuem registro nas anotações de nossos Mateus, Marcos, Lucas e João. Para nós, essas anotações que citei são as únicas fontes históricas fidedignas sobre Yeshua. Penso que devemos reconhecer a grandeza dessas fontes. Ademais, irmão Victor, a necessidade de se exigir um padrão ético e elevado que zele pelo conhecimento e práticas seguras dos ensinamentos do Mestre não significa que estejamos sendo prejudiciais ao necessário avanço do Cristianismo, e que com isso afastemos os crentes da verdadeira mensagem e ainda que lhe causemos tropeços ao progresso. O padrão ético, aliás, é o elemento fundamental da vitalidade do verdadeiro Cristianismo, que alimenta a capacidade de renovação dos seus postulados sem permitir-se deformidades.

"Desta maneira, se vós não consentis em discutir nossas ideias e os desencontros que já ocorrem há muito tempo e continuam a ocorrer, vemos que pouco ou quase nada poderemos fazer aqui em Roma para salvaguardar o verdadeiro sentido dos ensinamentos de Yeshua. Entretanto, como medida de necessidade, em razão de nossa irmandade cristã, ouso indagar-vos se haverá ainda, de alguma maneira, condição para debatermos essas questões que reputamos como graves, daqui a alguns dias. Se houver, aguardaremos para sermos convocados para esse fim."

O Epískopo Geral Victor, que tinha ouvido a réplica de Irineu, levantou-se, coçou a cabeça, num gesto automático, e falou:

— Irmão Irineu e demais irmãos, entendo vossas preocupações e a solicitação, porém, sem querer contrariar-vos, volto a dizer que, na minha visão, nada há para ser modificado em nossas ações de divulgação do Cristianismo, de modo que seguiremos nossa forma de ver as coisas e manteremos nossas convicções.

"Com o mais absoluto respeito, manifesto que se vós e outros dirigentes dos Núcleos Cristãos do Oriente entenderdes que nossa posição seja radical ou mesmo fanática, declaro que os Núcleos Cristãos do Ocidente não mais se alinharão com os do Oriente, deixando-vos inteiramente à vontade para continuarem alinhados conosco ou seguirem suas práticas."

Fez-se um silêncio marcante. A manifestação do Epískopo Geral Victor não deixava dúvidas que ali, naquele momento, de maneira simplória até, decretava-se uma espécie de rompimento dos Núcleos Cristãos do Ocidente com os do Oriente. Irineu percebeu que nada mais havia para ser dito. Apenas falou:

— Nobre irmão Victor, respeito vossa posição, contudo, vejo-a totalmente apartada do contexto dos verdadeiros ensinamentos de Yeshua, que certa feita nos recomendou:

> Ninguém há que depois de ter acendido uma candeia a cubra com um vaso ou a ponha debaixo da cama; põe-na sobre o candeeiro, a fim de que os que entrem vejam a luz, pois nada há secreto que não haja de ser descoberto, nem nada oculto que não haja de ser conhecido e de aparecer publicamente.

"Se vós desejais que haja rompimento entre os Núcleos Cristãos do Oriente e os do Ocidente em razão de vossa postura, que, com o mais absoluto respeito, entendo intransigente, posso afirmar-vos que o rompimento está então sacramentado. Não queremos impor divisão, mas seguiremos buscando interpretar com firmeza, em relação aos ensinamentos do Mestre Galileu, suas sábias palavras: '*Seja o teu falar: sim, sim, não, não*'. Agradecemos vossa franqueza. Retornaremos ao convívio de nossos Núcleos na Ásia Central, na Ásia Menor e na Anatólia, ainda crentes de que devemos continuar nossos esforços para sermos os veladores da verdade que emana da riqueza pura e simples dos ensinamentos do Messias Enviado, lutando pela unidade de nossos Núcleos. Também agradecemos vossa atenção e companhia."

A seguir, Irineu estendeu a mão na direção do Epískopo Victor, o mesmo fazendo seus diákonos, e se despediram.

Irineu e seus auxiliares regressariam a Lugdunum.

Ele sabia que as duras batalhas por amor ao Evangelho do Mestre continuariam.

XXVI

RETORNO DE IRINEU A LUGDUNUM

– INÍCIO DAS PERSEGUIÇÕES DO IMPERADOR SEPTIMIUS SEVERUS

Antes de partirem de retorno a Lugdunum, no dia seguinte à entrevista com o Epískopo Victor, logo pela manhã, Irineu e seus diákonos foram procurados, na estalagem, pelo epískopo auxiliar direto de Victor, o irmão Eli.

Recebido com alegria, enquanto faziam o desjejum matinal, na estalagem, Eli sentou-se com eles, aceitando o convite para beber um chá quente. Irineu, após os cumprimentos, disse:

— Irmão Eli, a que vens?

Este agradeceu a acolhida e respondeu:

— Irmão Irineu e demais irmãos, não estou aqui em missão oficial do epískopo geral, não. Ele até me confidenciou o resultado de vossa reunião, contudo, estou aqui por uma grave preocupação que gostaria de dividir com os irmãos e que se traduz no seguinte:

"Tenho vários amigos que têm trânsito na Corte Imperial, e já há alguns dias um amigo chamado Valerius Galus, que é servidor da administração do Senado romano, procurou-me para falar de um plano de que ele tomou conhecimento, que reputou como terrível, e que se consubstancia numa série de denúncias que se farão contra os cristãos em todas as regiões ou províncias sob o domínio de Roma, visando a prendê-los, obrigá-los a prestar sacrifícios a Apolo e condenar à morte os que se negarem a fazê-lo; que esse plano tem como fundamento a constatação de que Roma já possui, nos seus territórios, um número muito grande de cristãos, e que em razão disso o Império corre o risco de se desfigurar; que o plano recebeu a concordância do Imperador Septimius Severus, de modo que as matanças dos cristãos, que já ocorreram em várias épocas do Império, deverão ser retomadas.

"Resolvi vir colocar-vos a par desta notícia, para que vos prepareis na viagem e na vossa chegada em Lugdunum, a fim de evitardes alguma desagradável surpresa por parte de Roma."

Irineu ouviu, circunspecto, o relato de Eli. Seu semblante ficara grave. Após alguns instantes, disse:

— Irmão Eli, o que nos relatas é de fato muito grave. Confesso que apreciava o grande período de calmaria que ocorre por parte do Império em relação a nossa gente, e o que me falas nos coloca em sobressalto, tensos, e nos traz para perto a noite de aflições. Agradeço tua comunicação e guardarei o amigo no meu coração com muito carinho. É mesmo nestes momentos graves que deveríamos estar mais unidos, Oriente e Ocidente, porém não é o que ocorre, infelizmente. Partiremos preocupados, porém, confiamos no Mestre Yeshua, e se as perseguições forem retomadas, embora não desejemos dores, entendo que nada ocorrerá sem a permissão de Yahweh, que tudo coordena. Se posso recomendar ou sugerir-te alguma coisa, é que procures, com os demais irmãos, tudo fazer para que o epískopo geral modifique o entendimento e procure unir todos os Núcleos Cristãos que existem. Juntos seremos fortes, contudo, separados, frágeis e sujeitos a intempéries dessa natureza.

Eli prometeu lutar em favor da sugestão de Irineu. Terminado o desjejum, como Irineu e os diákonos auxiliares Ápio, Absalom e Nicholas já haviam se liberado da hospedagem, despediram-se com abraços.

Irineu e seus auxiliares iniciaram o caminho de volta a Lugdunum carregados de extremas preocupações.

Depois de dois meses de viagem, numa tarde morna, Irineu e os diákonos adentraram novamente a cidade e em breve tempo chegaram ao Núcleo.

XXVII

CONTINUIDADE DA VIAGEM DA CARAVANA DE MATEUS BEN JOSEPHO A LUGDUNUM

A caravana de Mateus ben Josepho continuou sua viagem durante mais sessenta dias. Após terem passado pela cidade de Tarso, na Silícia, também haviam deixado para trás a cidade de Icônio, onde, aliás, renovaram as provisões, porque, pela rota traçada, avançariam pelos territórios da Bitínia, até a cidade de Nicomédia.

Foi num entardecer um pouco frio que a caravana iniciou a jornada pelo território da Bitínia, já no começo de uma região extensamente deserta. Dali por diante, havia várias preocupações que se somariam aos riscos do deserto, inclusive a presença de nômades salteadores que por qualquer posse assaltavam as caravanas e até mesmo assassinavam seus membros. Isto era comum ocorrer com caravanas pequenas, porém, a caravana de Mateus contava com mais de noventa homens, o que era um obstáculo a esse tipo de tentativa, entretanto, a vigilância teria que ser redobrada.

Na primeira noite no deserto da Bitínia, província romana próxima ao Mar Negro, acamparam próximo a um pequeno oásis. Mateus sempre ordenava que a caravana armasse as tendas fazendo um círculo maior e um círculo menor, dentro do maior, de maneira que o primeiro círculo protegeria o círculo menor. Além disto, estabelecia quatro postos de vigilância em um quadrado que protegia os flancos do círculo maior, de maneira que de cada posto de sentinelas, em linha reta, se enxergavam os outros postos, tanto à direita quanto à esquerda.

Nas regiões desertas, fixava um grupo de três sentinelas por posto, fechando o perímetro total com doze sentinelas, que se revezavam em dois turnos. A vigilância se dava também em razão de animais perigosos que por vezes atacavam as caravanas para se alimentarem dos camelos ou dos cavalos. Quatro fogueiras eram sempre mantidas acesas. Cabia a Elias ben Hiran fazer a coordenação do primeiro turno de vigilância e após, ficava a cargo de Nehmias ben Selulamat, que era o administrador abaixo de Elias, na hierarquia, fazer a coordenação do segundo turno.

Estavam no quinto dia após penetrarem no deserto, quando enfrentaram fortíssima tempestade de areia. Mateus sempre preferia acampar perto de um oásis.

Mergulhados naquela fortíssima tempestade de areia, a ordem foi dada para se agruparem e acamparem ali mesmo.

Durante toda a tarde, os caravaneiros se protegeram deitados uns ao lado dos outros, fazendo dos camelos e dos cavalos uma espécie de escudo. Um pouco antes de anoitecer, felizmente, a tempestade de areia cessou. Os ventos a encaminharam deserto adentro. Como já escurecia, o recurso era acampar ali mesmo, a céu aberto, o que Mateus não gostava.

Feitos os círculos e levantadas as tendas, após os animais serem cuidados, foi providenciado o repasto noturno. A iluminação da caravana, com candeeiros de barro abastecidos e pavios de pano mergulhados em óleo de oliveiras, formava uma visão bucólica na imensidão do deserto. Depois disso e de conversas amenas, foi dada a ordem do repouso.

Estabelecida a guarda, a caravana foi silenciando aos poucos. Já se passara um bom tempo após instalado o primeiro turno da vigilância, quando um dos vigilantes do grupo de sentinelas que cobria a parte sul da caravana se deslocou até o grupo onde estava Elias e lhe disse, demonstrando nervosismo:

— Nobre chefe Elias, acabo de ouvir um tropel de cavalos que vem do Sul, com vários cavaleiros. Esse tropel está cada vez mais próximo.

Elias, entre surpreso e curioso, disse:

— Irmão, como sabes que são cavaleiros?

— Nobre chefe — disse o caravaneiro, que se chamava Haskel —, aprendi com meu pai a me concentrar e separar o barulho do dia do barulho da noite, seja dos homens, seja dos animais, e no caso dos animais, desenvolvi um sexto sentido, pois a quantidade e espaçamento das batidas das patas na terra podem deixar perceber, também, se os animais estão carregando peso normal ou sobrepeso, e pelo que ouvi — acrescentou Haskel — alguns animais carregam sobrepeso. Imagino que sejam soldados romanos, ou mesmo salteadores.

Elias então disse à sentinela:

— Corre e avisa todos os postos de vigilância. Como não sabemos o que seja, devemos reforçar nosso flanco Sul com mais homens e com nossas armas de proteção, espadas e lanças, e aguardar que cheguem.

As providências foram tomadas. Passado um tempo, o tropel se aproximou e ficou nítido. Como havia relativo luar naquela noite, já dava para ver, de quando em quando, uma espécie de nuvem branca que se desprendia do chão, pelas patas dos animais. Logo a seguir, os cavaleiros chegaram próximo à caravana.

Para alívio de Elias, as vestimentas demonstravam ser um destacamento militar romano. Eram em torno de cinquenta cavaleiros, que detiveram os animais, formando um quadrado. Fez-se silêncio, quando o oficial romano, que pelas vestimentas era um centurião, aproximou-se do local onde estavam as sentinelas e Elias, parou o cavalo e falou em voz alta:

— Salve, caravaneiros! Sou o Centurião Faustus Cícero Silvano, integrante da *Legio X Fratensis*, legião que cobre todo o território da Bitínia até próximo à Trácia, e que está estacionada em Lugdunum. Deslocamo-nos de lá, na direção de Tarso, para buscarmos a filha do cônsul e nosso comandante, o General Triário Materno, e a filha de um servidor do cônsul, que viajam juntas. Viajamos mais à noite, em razão do calor excessivo do dia. Já de longe divisamos as luzes da vossa caravana, então para cá nos dirigimos, eis que dois dos nossos soldados estão muito doentes e precisamos que repousem, ou deixá-los à morte no deserto ou entregá-los a alguma caravana.

A um sinal do centurião, outro cavaleiro foi até o interior da tropa, e junto com mais dois soldados, carregaram os doentes até o Centurião Faustus, que retomando a fala disse:

— Ei-los aqui. São os soldados Justinus e Fratus. Em nome de Roma, peço que os recebais e os auxilieis, o que nos permitirá acelerar nossa marcha no rumo de Tarso. Espero que concordeis em recebê-los e cuidá-los por vossa vontade, caso contrário, pela autoridade que Roma detém sobre estes territórios, eu vos ordenarei que o façam.

Os dois soldados caminhavam trôpegos e mal e mal se sustentavam. Emagrecidos, demonstravam estar febris. Elias deu ordens a dois caravaneiros para trazê-los para a caravana, no que foi prontamente atendido. Após, dirigiu-se ao centurião:

— Nobre Centurião Faustus, não precisareis impor nada. Atender com o socorro necessário a estes irmãos é nossa obrigação.

Elias percebeu o olhar de satisfação do centurião. A seguir, continuou:

— Ademais, a não ser que tenhais demasiada pressa, convido-vos a pernoitarem com nossa caravana e amanhã bem cedo, ou mesmo à noitinha, como preferirdes, podereis partir. O que achais da proposta?

O centurião sorriu e respondeu:

— Vejo que sois pessoas boas. Aceitamos sim o convite.

Tomadas as providências, Elias tratou de comunicar os fatos ao chefe Mateus ben Josepho, e para isto, convidou o centurião a acompanhá-lo à tenda do chefe da caravana, no que este prontamente aquiesceu.

Apresentado a Mateus, a simpatia entre os dois foi recíproca. Mateus disse a Elias que fizera muito bem e indagou ao centurião se a tropa havia se alimentado. Este respondeu que somente no meio do dia. Repetiu a Mateus que iam a Tarso receber no porto as duas jovens, a filha do cônsul e general romano que era seu comandante e a filha de um servidor do cônsul, e tinha a tarefa de levá-las até Lugdunum.

Mateus achou interessante a narrativa e disse:

— Ora, saímos de Tarso há mais ou menos sessenta dias. Nossa caravana caminha lentamente. Como vossa tropa está a cavalo, viaja mais rápido, então penso que quem sabe quando apanharem as jovens, talvez ainda possam, no retorno, alcançar nossa caravana. Também estamos indo para Lugdunum. Se nos alcançarem, poderemos fazer juntos o que restar da caminhada.

— Quem sabe? — disse o centurião. — Vai depender muito das condições do tempo, de modo que não podemos cogitar certeza nisto, não é?

Mateus ficou reflexivo e fez um gesto de concordância, com leve menear da cabeça. Encerrada a conversação, Mateus deu ordens para alimentarem a tropa romana.

Pela manhã, todos se encontraram no desjejum matinal. Conversaram animadamente sobre as condições das viagens, tendo Faustus dado a Mateus um panorama das eventuais dificuldades que a caravana iria enfrentar na extensa viagem restante a Lugdunum. Informou a Mateus, a Elias, ao jovem Shebir e ao rabino Eleazar, a quem o centurião fora apresentado, sobre a cidade de Lugdunum, suas características, sua população e costumes.

Após o desjejum, o Centurião Faustus confidenciou a Mateus:

— Nobre senhor, como perdemos muito tempo de viagem, dada a doença de nossos dois homens, conversei com a tropa e agora inverteremos nossa jornada. Avançaremos até Tarso de dia, repousando à noite. Precisamos chegar o mais breve possível, embora, se nos atrasarmos, as jovens ficarão hospedadas na intendência romana, em Tarso, a nossa espera. Essas são as ordens, de modo que a tropa já está de sobreaviso e partiremos imediatamente.

— Entendo o que ocorreu e também a pressa — disse Mateus. — Para nós, foi um prazer servir a Roma. Quanto a seus dois homens, eles já estão sendo socorridos pelo médico que temos na caravana. Espero que fiquem bem, e logo que estejam curados, arrumaremos as parelhas de animais que estão deixando conosco, para que eles possam seguir no rumo de Tarso, ou, se preferirem, poderão nos acompanhar no rumo de Lugdunum.

Num gesto de gratidão, o centurião tirou de um dos dedos de sua mão um anel com o símbolo da águia romana e o estendeu para Mateus, dizendo:

— Senhor Mateus, permite-me presentear-te com este anel, que é símbolo do reconhecimento de Roma por vossa presteza e atendimento.

Dito isto, o estendeu a Mateus, que o pegou e agradeceu.

A tropa romana estava toda alinhada para a partida. O Centurião Faustus agradeceu em voz alta a acolhida da caravana, dizendo:

— Salve, nobre senhor Mateus e nobre senhor Elias! Roma é grata pelo socorro que nos destes. Partimos, e quem sabe ainda vos alcancemos na volta. Salve, César! Salve, Roma!

Fazendo gesto com uma das mãos, deu o sinal de partida para a tropa. Os soldados saíram a galope, apressados.

Os dois soldados estavam mesmo muito doentes e foram submetidos a intensos cuidados pelo jovem Shebir e por Elias. Durante várias noites e também dias, se reuniam em torno dos mesmos, orando a Yeshua e a Yahweh e após lhes impunham as mãos e ministravam chás de endívia e de alecrim. Ao cabo de mais dez dias, os soldados começaram a apresentar leve quadro de melhora na saúde. Após mais vinte dias, Justinus e Fratus estavam restabelecidos e sinceramente agradecidos e comovidos pelo carinho do atendimento dos membros da caravana, notadamente de Shebir e Elias, como também em relação ao chefe caravaneiro Mateus. Sabiam que a febre que adquiriram no deserto era conhecida como uma doença grave e que quase nunca os doentes escapavam da morte, pois provocava febres altas e dores terríveis nos membros. Comovidos, pediram ao chefe caravaneiro que este lhes permitisse acompanhar a caravana até Lugdunum, no que ficariam agradecidos e no que obtiveram o consentimento de Mateus.

Passaram-se mais sessenta dias de marcha. Pelas previsões, estavam para terminar a caminhada pelo deserto da Bitínia, que era muito dura. Os soldados romanos que tinham vindo por aquele caminho disseram a Mateus que após mais uns vinte dias de marcha, talvez, deixariam o deserto.

As conversações na tenda de Mateus se davam todas as noites. Os diálogos travados entre Mateus, Shebir, Elias, o rabino Eleazar e o pai de Mateus sobre as tradições dos judeus em face da chamada Lei Antiga, em comparação com os ensinamentos de Yeshua, que eram sempre recitados pelo jovem Shebir, criavam quadros interessantes, a tal ponto que, numa noite, o rabino Eleazar dissera:

— Meus irmãos, entre nossas extensas conversas e entre os vários ensinamentos de Yeshua de Nazareth, ditos por nosso irmão Shebir, confesso que muito me impactou um ensinamento d'Ele, quando disse: *Vinde a mim todos os que sofreis e que estais oprimidos, e Eu vos aliviarei.*

"Ao ler e ouvir isto, fico a pensar que Alma é essa para fazer tão amoroso convite? Como posso recolher-me em sua morada, eu, que tantas vezes o ofendi com palavras? Moshe fabricou a arca de madeira incorruptível e revestida de ouro puríssimo para guardar nela as tábuas da Lei. Salomão, o mais sábio dos reis de Israel, levou sete anos para edificar o templo magnífico, em louvor a Yahweh e celebrou por oito dias a festa de sua dedicação, e eu, um homem simples e desataviado de poderes, como poderei receber Yeshua em minha casa?

Shebir, percebendo as reticências, lhe disse:

— Amigo Eleazar, Yeshua, certa feita, disse a seus apóstolos:

> Lembrai-vos do que disse o Profeta Ezequias: "Juro, pela minha vida, diz o Senhor, que não quero a morte do pecador, senão que se converta e viva". Então vos digo: "Meu Pai não quer a morte do pecador e sim que ele viva, e viva em abundância."

Desta feita, irmão rabino, não haverá oferenda mais meritória a Yeshua e a Yahweh, nem maior satisfação para eliminar os pecados, do que te ofereceres pura e inteiramente ao Pai e ao Filho, entregando-te ao próximo por amor a Yahweh e, se quiseres ser discípulo de Yeshua, amar ao Pai e a todos indistintamente. O restante te será dado por acréscimo da Misericórdia Divina.

Vinte e cinco dias de marcha se escoaram e a caravana venceu o difícil deserto da Bitínia. Num cair de tarde, chegaram a Nicomédia e acamparam no entorno da cidade. De lá caminhariam pelo istmo, já no litoral, que fazia a ligação com a província da Trácia. O plano, após a travessia com o mar baixo, em balsas, depois que vencessem o território da Trácia, era caminharem pela divisa entre a Mésia Superior e a Dácia. De lá iriam para a Panônia Inferior, depois à Panônia Superior; adentrariam a província da Nórica, depois a Récia e de lá já penetrariam na província da Gália Lugdunense, na direção de Lugdunum.

Na verdade, ainda lhes faltava quase metade do caminho. Estabelecido o acampamento e após cearem, todos se retiraram para o repouso. Naquela noite, dada a intensa movimentação da caravana, não houve a costumeira conversa noturna na tenda do chefe caravaneiro.

Mateus ben Josepho, sem saber interpretar o motivo, trazia o peito tolhido pela angústia. Refletia nos ensinamentos, nas conversações, o que sempre lhe fazia bem, porém, o sentimento de vazio e a imensa saudade da jovem Ana pareciam lhe consumir a tranquilidade. Ficou ensimesmado com aquilo. A muito custo, quando já era noite alta, conseguiu adormecer.

Mateus dormiu pouco e acordou ainda com o escuro. Já ouvia o barulho da caravana acordando, enquanto se vestia. Seu pai e o rabino Eleazar ainda dormiam. Saiu da tenda para caminhar um pouco, o que gostava de fazer. Na caminhada, reflexionava por qual motivo não conseguira dormir direito, e por que a imagem de Ana se lhe apresentava mais viva do que nunca. Pensou em narrar para Shebir suas lembranças e interrogações, porém achou melhor não fazê-lo. Era coisa sua, teria que controlar essa angústia e um dia precisava eliminar aquela saudade que o perseguia por muitos anos, pois já não mais tinha certeza se um dia ainda encontraria novamente o anjo dos seus sonhos, como a chamava pelo pensamento.

Após dois dias acampados, os caravaneiros tinham entrado em Nicomédia, haviam feito algum comércio e renovado as provisões. No terceiro dia, bem cedo, a caravana retomou seu rumo. Chegaram ao istmo em dois dias e após o pagamento aos balseiros, atravessaram e penetraram no território da Trácia para continuar a marcha por um extenso território quase sem civilização. Deveriam caminhar em torno de mais uns sessenta dias para vencer o território e chegar até a Mésia Superior.

Mais quarenta dias de marcha entre a fronteira desse território com o território da Dácia foram vencidos. A caravana se aproximava agora da Panônia Inferior. Mais alguns dias e chegaram a Aquines. Mateus deu ordens para ficarem acampados próximo à cidade por uns dez dias. A caravana precisava se refazer das longas marchas nos desertos e trechos com pouca civilização. Assim fizeram.

Na primeira noite que estavam acampados próximo a Aquines, Shebir, sentindo que os caravaneiros estavam todos cansados e dispersivos, falou com Elias para que ele intercedesse junto a Mateus para que a estadia naquela cidade fosse estendida para no mínimo quinze dias. Perguntou se nesse período ele poderia autorizar que ele reunisse todos os caravaneiros, à noite, para lhes falar sobre a vida e a obra de Yeshua de Nazareth. Seria a primeira vez que Shebir falaria a todos os membros da caravana. Indagado por Elias, Mateus prontamente aquiesceu com os pedidos de Shebir, a quem muito estimava e em quem tinha absoluta confiança. A partir da segunda noite, após o repasto, Elias reuniu todos os caravaneiros e disse que o jovem Shebir ia falar-lhes. Quase todos os membros da caravana sabiam que ele era cristão. Todos estavam sentados no chão, sobre mantas estendidas. Três fogueiras estrategicamente dispostas iluminavam as tendas e os caravaneiros. Shebir postou-se no meio deles e iniciou sua fala:

— Irmãos de jornada, vós sabeis que eu, bem como minha família, somos seguidores dos ensinamentos do judeu Yeshua ben Josepho, que viveu na região da Galileia e nas cidades da Palestina, principalmente em Jerusalém, onde acabou por ser injustamente preso e condenado à morte por crucificação, pelo Sinédrio, com o aval da autoridade romana. Por que digo ter sido injusta a sua prisão e a sua condenação? Ora, por mais que procurassem qualquer mancha moral; qualquer desequilíbrio; qualquer ofensa a quem quer que fosse, nada encontraram. Ao contrário, aqueles que o conheceram e puderam testemunhar as suas ações e ensinamentos, nunca mais foram as mesmas pessoas, pois saíram de seus próprios castelos do eu, onde mantinham as janelas e as portas fechadas e onde o rio da angústia e o mar da dor eram represados pela incompreensão, pelo o egoísmo e pelo orgulho, não deixando a criatura enxergar mais longe, e praticamente impedindo-a de cogitar sobre seu próprio futuro, eis que no estado de alma em que mergulharam, não conseguiram emergir para a tona, no mar da esperança.

"Como nosso povo aguardava há séculos, o Messias, o Libertador, Ele veio, sem alardes, sem luxo, sem riqueza, sem pompa, sem adornar-se de poderes terrestres, trazendo com Ele o sinal da Divindade e a grandeza do anjo, que demonstrava, pelo olhar lúcido, sereno, afetivo e carinhoso, porém enérgico, quando necessário. Suas expressões faciais produziam nas almas adoentadas que o olhavam com imploração, sensações de alívio, e quando Ele falava, uma paz imensa se espalhava no ar e energias curativas tocavam os presentes, levando àqueles a quem a misericórdia de Yahweh socorria, pelo merecimento, as curas de que necessitavam.

"Dentre tantos ensinamentos do inesquecível Mestre, particularmente o que mais me tocou profundamente a alma foi um, que o médico Lucas anotou, na forma seguinte:

> Então lhe ofereceu Levi um grande banquete em sua casa; e numerosos publicanos e outros estavam com Ele à mesa. Os fariseus e seus escribas murmuravam contra os discípulos de Yeshua, perguntando: Por que comeis e bebeis com publicanos e pecadores? Respondeu-lhes Yeshua: Os sãos não precisam de médico, e sim os doentes. Não vim chamar justos, e sim pecadores ao arrependimento."

Shebir falou ainda por mais um bom tempo, destacando principalmente o amor que o Mestre Yeshua deixou incrustado na Terra.

Enquanto ele falava, os caravaneiros estavam estáticos e atentos. Não tiravam os olhos do orador, e de quando em quando, com as costas das mãos, ou com a barra da túnica, enxugavam as lágrimas que vertiam ao natural.

Após Shebir encerrar sua fala com uma prece, vários caravaneiros foram conversar com ele, outros foram para suas tendas, mas havia no ar uma música da Natureza e um leve aroma de perfume tomou conta do local. Mateus, Elias, o pai do chefe da caravana e o rabino Eleazar estavam maravilhados com os ensinamentos trazidos por Shebir.

Agora, já na sua tenda, Mateus pediu a um serviçal da caravana que lhes servisse um chá. Enquanto isto, comentavam sobre o que ouviram e sobre a grandeza de Yeshua de Nazareth. Tão logo a mudança do dia se avizinhava, a caravana entrou em repouso.

Amanheceu. O dia se prenunciava ensolarado. Mateus, como era de hábito, acordou bem cedo. Cuidando para não acordar seu pai e o rabino, saiu da tenda para sua caminhada habitual em torno da caravana. Olhou para a linha do horizonte. O astro rei parecia ter se agigantado. Ouvia, aqui e ali, os bulícios dos caravaneiros acordando. Já tinha dado quase meia volta em torno da caravana, quando encontrou-se com o jovem Shebir, que fazia o mesmo, em sentido contrário. Surpreso, Mateus disse:

— Olá, Shebir, não sabia que também tinhas o hábito de caminhar cedo.

— Não, meu senhor — respondeu o jovem —, apenas o faço de vez em quando, e como acordei cedo, pus-me a caminhar em sentido contrário às tuas caminhadas, para te encontrar.

— Como assim? — retrucou Mateus — o que há de tão importante que não poderia ser conversado depois?

— Sim, meu chefe e amigo — respondeu Shebir —, até poderia, mas o que vou te falar precisa ser de forma discreta, pois somente interessa a ti.

— Então venha — Mateus acenou com a mão —, completemos a caminhada. Podes falar.

Shebir então continuou:

— Ocorreu, nobre chefe, que esta noite tive um sonho, que não pude interpretar direito. Apenas te via no meu sonho com a face angustiada e a teu lado vi uma jovem de significativa beleza, que estava chorando. Foi o que me lembro do sonho. Parece mesmo que as demais ocorrências do sonho me ficaram veladas de propósito. Então acordei, e com o amanhecer, imaginei que estivesses fazendo a vossa caminhada matutina em torno da caravana e então vim a teu encontro. Era o que eu tinha para te dizer em particular.

Mateus ouviu o relato do jovem e ficou pensativo. Suas feições se tornaram graves. Meditou um pouco e depois disse:

— Sim, meu jovem, o que relatas é interessante. Parece mesmo que as situações em nossa vida são interligadas e que nossos pensamentos ficam no ar e podem ser captados por outros irmãos. Confesso-te que nestes últimos dias a saudade que sinto da jovem Ana têm aumentado e a dor da saudade também. Em razão disto, fiquei nestes dias a pensar o que poderia causar esta lembrança mais aguda.

— Nobre senhor — interveio Shebir —, talvez eu consiga, na continuidade, lembrar mais detalhes do sonho. Além disso, pode ser que haja a ocorrência de algum fato, no futuro, que traga uma explicação melhor. Não queria deixar-te preocupado. Apenas julguei melhor te narrar o sonho.

— Fizeste bem, meu jovem — atalhou Mateus. — Vamos aguardar, vamos aguardar, quem sabe o que nos pode ocorrer, penso, é somente nosso Pai Celestial. A propósito, vamos até a tenda do desjejum, que já deve estar pronta a refeição matutina.

Os dias se passaram céleres. Chegara o momento da caravana levantar acampamento. Mateus reuniu todos e falou que na manhã seguinte iriam mais para o Sul, a fim de se dirigirem à cidade de Aquileia, na Panoia Inferior, e que dentro de uns dois ou três meses de caminhada, já adentrariam o território da Gália romana. Disse que estava contente porque numa viagem tão extensa e perigosa, até ali não tinham tido nenhuma baixa, fosse de homens, fosse dos animais que lhes serviam, pelo que rendia graças a Yahweh, acrescentando, para alegria de Shebir, e a Yeshua de Nazareth.

Na manhã seguinte, a caravana começou a marchar novamente.

XXVIII

REENCONTRO DE MATEUS BEN JOSEPHO COM O PASSADO

No passo da caravana, transcorreram trinta dias, quando, ao entardecer, enquanto preparavam as tendas para o repouso noturno, Elias e algumas das sentinelas já escaladas para a vigia observaram ao longe algo parecido com uma tempestade de areia. Ficaram preocupados, contudo, logo começaram a escutar o tropel de cavalos e perceberam a aproximação de cinco cavaleiros em galope rápido, que vinham na direção da Caravana.

Ficaram de prontidão e aguardaram. Os cavaleiros em breve chegaram até a caravana. Ao chegarem, dirigiram-se até onde estava Elias e se identificaram:

— Alto! Salve, César! Salve, Roma! Sou Quintus Vibrius e junto com os demais soldados que me acompanham somos batedores às ordens do Centurião Faustus Cícero Silvano, que vem logo atrás, com sua tropa. Caminhamos na frente para averiguar o terreno e eventuais perigos. Folgamos em reencontrar-vos. Comunicai ao vosso chefe caravaneiro que retornaremos à tropa e logo mais estaremos de volta. Pretendemos pouso entre vós.

Após dizer isso, sem esperar qualquer reação de Elias, deu um comando aos demais e retornaram a galope, por onde haviam vindo. Elias foi comunicar ao chefe Mateus o ocorrido, notificando que os cavaleiros em breve retornariam na companhia da tropa comandada pelo Centurião Faustus, que os tinha encontrado quando próximo a Tarso.

Mateus ouviu o comunicado, teve o interesse despertado e exclamou:

— Ora, ora! Não é que o centurião nos alcançou antes de chegarmos em nosso destino?! Será bom que tenhamos companhias novas para o resto de nossa viagem a Lugdunum. Isso se eles quiserem nos acompanhar.

"Elias, pede a Shebir e aos demais se destacarem para atendê-los na chegada. Pode ser que ao chegarem eu esteja repousando. Então, deixa homens de plantão para a recepção dos visitantes e alimento posto."

Elias disse que tomaria as providências e aguardariam.

Já era quase final da noite. Grande parte da caravana repousava, inclusive Mateus, quando a tropa romana aproximou-se da caravana. Mais um pouco de tempo, eis que chegaram. Foram recebidos por Elias e Shebir, que na companhia de mais dez caravaneiros providenciaram a recepção, alimentos e distribuição para o pouso. A tropa possuía suas tendas e provisões, e se instalaram rapidamente. O centurião trazia consigo duas jovens: a filha do general romano e Cônsul Triário Materno, e a filha de um serviçal do general. Após alimentados, como estavam todos muito cansados, foram para o repouso, não sem antes o Centurião Faustus agradecer a Elias pela recepção e pelo alimento.

O dia amanheceu com boas perspectivas de tempo, embora um pouco nublado. Amanheceu quente. A caravana acordava. Como sempre, Mateus já estava caminhando em torno da caravana. Ia pensativo e até curioso, pois uma das sentinelas matutinas, ao avistá-lo saindo da tenda, veio ao seu encontro e lhe disse:

— Nobre Senhor, comunico-vos que a tropa romana chegou. Neste instante ainda dormem. Trazem com eles duas jovens que foram buscar em Tarso.

Mateus agradeceu a comunicação e continuou a caminhar. Sem que buscasse entender o motivo, estava um pouco tenso, embora a curiosidade em razão do acontecido. Continuando a caminhada, pensava em encontrar o centurião e suas companhias logo mais, na tenda das refeições. Mergulhado em suas cogitações, não percebeu a chegada de Elias e Shebir, que vinham a seu encontro. Quando os viu, sorriu, dizendo:

— Olá, amigos! Já tão cedo acordados? Fui informado de que ficaram acordados até muito tarde para receber os convidados, e já estão de pé?

— Sim, nobre chefe — redarguiu Elias —, o barulho da caravana nos acordou e, como havíamos combinado, viemos te trazer notícias dos visitantes.

— Ah, sim! Podeis dá-las.

— Nobre chefe — disse Elias —, o Centurião Faustus Cícero Silvano se faz acompanhar de duas jovens, aliás muito bonitas. Uma se chama Venília Materno, e é filha do general romano Triário Materno, que é o cônsul romano atual de Lugdunum e comanda a *Legio Fratensis,* que está estacionada em Lugdunum. A outra é uma amiga da jovem, que é filha de um funcionário do consulado romano de Lugdunum e se chama Ana ben Daniel.

Ao ouvir o último nome, Mateus sentiu como se uma pancada lhe tivesse sido dada na cabeça. Suas vistas se turvaram, teve uma leve tontura e estava prestes a cair ao chão. Elias e Shebir, sem entender direito o que ocorreria, correram em socorro do chefe caravaneiro, abraçaram-no, embora um pouco atônitos, pois não sabiam o que fazer. Elias, num gesto instintivo, tirou uma sobretúnica que vestia e pôs-se a abanar Mateus. Fizeram-no sentar no chão, e Shebir começou a orar e impor as mãos sobre a cabeça do chefe. Alguns instantes mais e Mateus sentiu-se melhor, tossiu levemente várias vezes e, auxiliado pelos companheiros, levantou-se. Parecia que tinha visto algo que o apavorara e por isso se sentira mal. Os amigos ficaram em silêncio. Após, perguntaram se ele se sentia melhor. Indagaram se ele estava alimentando-se bem; se tinha sede e se queria que chamassem o médico da caravana.

Mateus respirou fundo e respondeu:

— Meus amigos, não é nada físico, acredito. Meu quase desmaio, penso, deu-se em razão da notícia que me destes. Digo-vos que não sei qual a trama do destino e que peça ele quer me pregar. Não sei também se não é uma ação providencial de Yahweh, eis que me custa acreditar, mas não posso fugir à verdade, pois a jovem Ana ben Daniel, a que vos referis, vem a ser a filha de Daniel ben Bonusch e, portanto, a jovem a quem entreguei os meus melhores sonhos da juventude e a quem nunca deixei de amar e que sempre comparece em meus devaneios e sonhos.

Elias e Shebir ficaram muito surpresos. Mateus continuou:

— É certo que sempre anelei um dia reencontrá-la. Sempre pedi isso a Yahweh, porém, jamais imaginei que a encontraria em minha caravana.

Mateus silenciou, procurando respirar mais profundamente, a fim de se recuperar por completo. Sentia o peito arfar e algumas lágrimas visitaram seus olhos.

Os amigos estavam ainda boquiabertos e foi Shebir quem falou:

— Nobre chefe Mateus, de fato, a inusitada ocorrência que nos narras somente é possível pelos desígnios de nosso Pai Celestial. Assim penso. E se isso está acontecendo é porque o cometimento tem sua permissão. Penso que o amigo deve se preparar para o reencontro que creio será igualmente inesperado para a jovem.

Shebir calou-se.

Elias então perguntou:

— Nobre chefe, o que queres que façamos? Queres porventura fazer a ceia matutina em vossa tenda na companhia das duas jovens?

Mateus refletiu por alguns instantes e respondeu:

— Apreciaria essa providência, porém não acho que isso seja o melhor a se fazer, dadas às circunstâncias. Peço que Shebir me acompanhe até a tenda, e tu, Elias, toma as providências para atendê-los nas suas necessidades. Por enquanto aguardemos. Não tenhas pressa em nada. Preciso pensar. Deixa que os visitantes acordem naturalmente.

Após se despedirem, Mateus, junto com Shebir, foi para sua tenda, enquanto Elias se apressava em ir tomar as providências requeridas por seu chefe.

Mateus fez o restante do trajeto até sua tenda sem nada falar. Shebir não ousou interromper o silêncio do seu senhor. O chefe caravaneiro estava apreensivo com tudo o que ocorrera. Sentia um misto de angústia e alegria. Caminhava cogitando: após terem se passado tantos anos, será que a sua amada o reconheceria? Será que estava ainda solteira, ou teria desposado outro homem? Como será que ela estava? A mente de Mateus ben Josepho fervilhava, e o coração parecia querer sair pela boca.

Chegados à tenda, Mateus cumprimentou seu pai e o rabino Eleazar, que haviam acordado e o estavam esperando, eis que já tinham se acostumado com as caminhadas matutinas de Mateus em torno da caravana. Saudaram Shebir ao chegar.

Mateus bebeu um pouco de água, o que o auxiliou a sentir-se melhor. Sem saber por que nada falou ao pai e ao rabino sobre o ocorrido, apenas disse a Shebir:

— Meu jovem, por favor, peço-te a gentileza de acompanhares meu pai e o amigo rabino à tenda de refeições. Eu ficarei por aqui. Hoje amanheci um pouco indisposto. Não é nada grave. Mais tarde vou até a tenda para alimentar-me um pouco.

Os presentes se entreolharam e nada falaram, apressando-se a saírem.

Só em sua tenda, Mateus sentiu uma repentina tristeza, e a melancolia o visitou. Parecia que na realidade tudo não passava de um sonho cuja realização era irreal. Sentindo o coração confrangido, pôs-se a orar: "Oh, Yahweh! Tu sabes o que ocorre neste instante com este teu servo. Dispõe e ordena tudo conforme o teu desejo, e, como disse nosso irmão Samuel: *"Ouvirei o que em mim disser o Senhor meu Deus"*. Conserva-te, pois, junto a mim, nestes momentos que entendo serem decisivos para minha caminhada. Que eu tenha forças de enfrentar o passado e, seja qual for o futuro, que tu estejas comigo, abençoando-me.

Após a prece, Mateus se acalmou um pouco e aguardou. Acontecesse o que viesse a acontecer, como sempre fazia, nos momentos de dificuldade, entregou tudo nas mãos de Yahweh e agora, de Yeshua.

Após a oração, absorto em devaneios, Mateus não se apercebeu que Shebir tinha entrado na tenda, o que teve ciência por leve tosse feita por ele. Shebir aguardava quieto. Mateus então disse:

— Olá, Shebir, fizeste o que pedi? Por que retornaste à tenda?

— Sim, meu senhor — respondeu Shebir —, vosso pai e o rabino estão fazendo o desjejum. Estou preocupado com o meu senhor. Sei o motivo do vosso desmaio, que ocorreu ante o choque da notícia do nome de uma das nossas visitantes, e vossa palidez me assusta. Comentei com Elias que viria até vós para, se quiserdes, orar e lhe impor as mãos, com o objetivo de renovar vossas energias, isso se quiserdes, é claro.

— Sim, meu jovem — respondeu Mateus —, apreciaria muito o teu socorro. Confesso que a notícia jamais era esperada.

Shebir pediu a Mateus que se sentasse, aproximou-se, impôs as duas mãos sobre sua cabeça e iniciou a orar:

Amado Pai Celestial, Sublime Criador e Amado Mestre Yeshua, pedimos a vós que permitais, nesta tenda, na imensidão do deserto, o comparecimento de vossos benfeitores, para que possa chegar até nosso irmão Mateus o socorro de que ele necessita, neste momento em que se reencontra com o passado. Conheceis as fraquezas de vosso servo e também as suas necessidades, por isso imploramos, concedei-lhe consolação e alívio para a sua alma. Vós sabeis o que ele mais necessita. Abençoai-o, para que ele esteja em paz.

Após alguns instantes, Mateus sentiu-se melhor. Sorriu levemente e agradeceu:

— Shebir, sou grato ao teu socorro. Sinto-me reconfortado. Acho que farei o desjejum aqui em minha tenda. Preciso me preparar para receber a filha do general e Ana, que, bem sabeis, continua sendo o amor da minha vida. Por favor, pede que me providenciem o desjejum e pergunta a Elias quando devo receber as visitantes.

— Sim, meu senhor — respondeu Shebir —, vou tomar as providências que me pedes. E solicitando licença, retirou-se.

Após o desjejum feito por Mateus, na sua tenda, Elias comunicou-lhe que o Centurião Faustus e as visitantes haviam terminado a refeição matutina e solicitavam uma entrevista com o chefe caravaneiro para logo mais. Mateus alisou os cabelos, que já mostravam a presença de uns poucos fios brancos, então respondeu:

— Sim, amigo Elias. Podes informar-lhes que estou à disposição para recebê-los. Procura entreter meu pai e o rabino por lá, e logo traz os visitantes. Peço que o faças junto com Shebir e que fiqueis à disposição para alguma outra eventualidade.

Elias foi cumprir o ordenado. Mateus, quando sozinho, buscou ajeitar-se melhor. Trocou a roupa por uma mais bonita; penteou os cabelos e a barba, e utilizou um perfume que tinha adquirido no porto de Trôade e que diziam ter vindo de Tessalônica. Sentou-se e orou a Yahweh pedindo forças para que não desfalecesse no reencontro, e aguardou.

Um pouco mais próximo à virada do meio-dia, Mateus escutou barulho de passos e viu Elias entrar em sua tenda.

— Nobre senhor — disse-lhe Elias —, peço permissão para que recebais o Centurião Faustus, a filha do General Triário Materno, cônsul romano da Gália Lugdunense, e a filha de seu serviçal.

A seguir afastou o cortinado da abertura da tenda, sinalizando para que os visitantes entrassem. Primeiro entrou o Centurião Faustus, após a filha do general, e a seguir, a jovem Ana ben Daniel. Ao entrarem na tenda, o centurião aproximou-se de Mateus para cumprimentá-lo. A filha do general apenas sorriu-lhe. Quanto a Ana ben Daniel, quando olhou para o chefe da caravana, sentiu as vistas se turvarem e as pernas fraquejarem, e quase desmaiou. Estava ali diante de Mateus ben Josepho, o homem que povoou e continuava a povoar-lhe os sonhos de juventude, contudo, sem saber de onde tirava forças, resistiu. Mateus percebeu as reticências de Ana. Ele também se controlava a muito custo.

— Salve, nosso chefe caravaneiro! Vos saúdo em nome de Roma e do Cônsul e General Triário Materno. Agradeço pela permissão de nos juntarmos a vossa caravana. Apresento-vos a filha de nosso general e cônsul, Liviana Materno, e a jovem Ana ben Daniel.

A filha do general adiantou-se um pouco e falou:

— Nobre senhor, sou-vos grata, em nome de meu pai, pelo gesto de fraternidade. Como vossa caravana vai para Lugdunum, por certo meu pai saberá recompensar-vos quando lá chegarmos.

Já a jovem Ana nada falou, apenas abaixou os olhos. Mateus respondeu, com a voz um pouco fraca:

— Nobre Centurião Faustus e nobres senhoras, sou eu quem agradece as vossas distintas companhias. A caravana está para vos servir.

Enquanto falava, percebeu que Ana olhava para ele de quando em quando, furtivamente. O centurião então retrucou:

— Nobre senhor Mateus, peço consentirdes que marchemos o restante da jornada com vossa caravana. Seremos gratos, eis que estaremos mais confortáveis para o término de nossa missão.

— Ora, nobre centurião — respondeu Mateus —, o consentimento está dado. Podereis sim acompanhar-nos. Ademais, teremos tempo de sobra para conversarmos em toda a viagem. Ficai à vontade.

Faustus agradeceu e pediu permissão para se retirarem, que foi concedida. Ana, que nada falara, olhou para Mateus com um olhar triste, e a seguir retiraram-se da tenda.

Mateus ficou pensativo. Seu coração estava apertado. Pareceu ler nos olhos de Ana um misto de surpresa e preocupação. Seu rosto expressava um quê de angústia. Ficou ensimesmado. Os pensamentos, um tanto desalinhados, chegavam de forma incômoda. Ana estava ainda mais bela. Será que ela tinha se casado? Será que o tinha esquecido? Por que abaixou os olhos e a cabeça? Por que seu olhar estava triste e não disse nada?

Enquanto refletia sobre o reencontro, não havia reparado que Elias havia retornado à tenda e aguardava momento propício para lhe falar. Tão logo percebeu, disse:

— Bom Elias, não reparei que estavas aí. Podes falar.

— Nobre senhor — respondeu Elias —, deixei os visitantes muito à vontade. Comuniquei a todos os membros da caravana que o destacamento militar romano nos acompanhará na viagem até Lugdunum. Eles têm suas próprias tendas e provisões. Tudo está certo.

— Sim, caro Elias — disse Mateus —, agradeço-te pelas providências. Antes que te vás, dize-me, notaste algo que talvez eu não tenha notado, em nossa reunião?

— Sim, nobre senhor — respondeu Elias —, pude perceber o enorme esforço que fizeste para te controlares e vi igualmente o enorme esforço da jovem Ana. Acho que o Centurião Faustus percebeu alguma coisa, mas não há como ele saber do que se trata.

— Bem — retrucou Mateus —, o destino bate em minha porta. Não sei o que sucederá em razão disso. Peço-te e a Shebir que mantenhais a caravana em ordem. Deixemos nas mãos de Yahweh os acontecimentos futuros. Acho melhor, para que não cause maiores temores à jovem Ana.

O resto do dia e a noite transcorreram de forma tranquila. À noite, na tenda de Mateus, a conversa girou em torno dos visitantes, e mais especificamente da visitante Ana. Mateus achou melhor informar a seu pai e ao rabino Eleazar o que ocorrera. Após aquele extenso dia, a caravana adormeceu. Mateus teve dificuldades em conciliar o sono, porém conseguiu repousar. Durante o sono, sonhou que estava numa ampla sala com vários bancos e havia neles muita gente que ele não conhecia. Em certo momento, ele reparou que uma pessoa estava falando. Firmou as vistas e reconheceu no orador o jovem Shebir. Prestou atenção no que ele falava:

Queridos irmãos em Yeshua, agradeço-vos a deferência em conceder-me a palavra. Compareço nesta reunião com o firme desejo de aprender o quanto mais sobre as relações que envolvem as almas criadas por Yahweh. Já aprendi que somos parte de uma grande família divina e que, uma vez criados pela Suprema Inteligência, Yahweh, somos fadados à felicidade, cujo sentimento impera no Reino de Yahweh, tendo Yeshua nos ensinado que esse reino está dentro de cada um de nós.

Aprendi também que, em razão do mau uso de nossa capacidade de pensar e agir, que nos foi dito chamar-se livre-arbítrio, na fase atual de nossas existências espirituais, temos semeado ervas daninhas, que se espalham em nosso coração, impedindo de cultivarmos nele, temporariamente, as sementes do amor; que mais dia, menos dia, haveremos de modificar nossa conduta para que semeemos nele as sementes do bem, que germinarão e farão brotar a árvore da fraternidade e após, gerarão os frutos da paz, que são virtudes necessárias para compor o quadro da felicidade para cada alma.

Tive ciência de que a vida não se compreende no corpo físico, e muito menos numa única existência. Que ela antecede ao corpo carnal e continua após o perecimento deste, na Pátria Celeste, onde teremos oportunidade de compreender muitas outras coisas, que enquanto na vida física ainda não conseguimos compreender.

Desta forma, os Espíritos, ou as almas que estão na Terra, têm ligações que antecedem à sua última existência e já conviveram antes com muitos outros Espíritos, com os quais poderão se relacionar novamente, na vida presente, no corpo, às vezes em clima de compromissos, juntos; doutras vezes em clima de auxílio, ou mesmo necessidade de renúncia, para que seja reposto o equilíbrio da lei divina que porventura a alma tenha quebrado ou ofendido em existência anterior.

Não nos espantemos com isto. A vida é ato de amor de nosso Criador, Yahweh, que estabeleceu as premissas para as conquistas do progresso para as almas por Ele criadas, eis que, na qualidade de Pai Celestial, objetiva que todos os seus filhos busquem o aprimoramento espiritual, para adquirirem as condições de, auxiliando-se, auxiliarem na evolução coletiva de todas as almas com as quais se relacionarem, auxiliando, assim, no progresso da Terra e dos mundos, através do progresso das almas que os habitam.

Todos os que aqui estão, nesta noite, como todas as demais almas, incluindo nós outros, temos esse compromisso sério e inadiável de servir ao bem; de servir à Criação. Nessa caminhada, o Espírito, às vezes, claudica, pelo mau uso do livre-arbítrio e ficamos presos ao passado que traz angústias, aflições etc. Preciso é que nos libertemos dessas amarras, para podermos, pelo esforço no caminho das mudanças para o bem, tecer os fios de construção de nosso futuro, que deverá ser feito sob absoluta obediência às leis divinas e sob a manifestação de nossa vontade de servir sem esperar retribuição, buscando sermos felizes.

Mateus acordou no corpo físico. Trazia, de maneira clara, em sua lembrança, as palavras do jovem Shebir, ouvidas no sonho. Como sempre fazia, levantou-se bem cedo. Fazia frio. Agasalhou-se e em silêncio saiu da tenda para sua caminhada diária matutina. Caminhava pensando em tudo o que ocorrera no dia anterior.

O dia estava lindo. O astro-rei, em tom alaranjado, despontava na linha do horizonte. Poucas nuvens se espalhavam pelo céu azul. Aquela região era fértil em pássaros, que desde as primeiras vagas da manhã punham-se a cantar, preparando um lindo concerto para a Natureza. De plumagens coloridas, eram o testemunho vivo da grandeza de Yahweh.

Absorto entre os pensamentos anteriores e a beleza da manhã, não havia percebido que era seguido. De repente, um leve ruído de galhos secos quebrados o fez voltar-se e, ao fazê-lo, ficou paralisado, sem ação ou reação, eis que a jovem Ana ben Daniel caminhava em sua direção. Estático como estava, ficou. Ana estacou o passo próximo dele, que a olhava fixamente. *Como estava bela!* Refletia Mateus, buscando forças para a voz não lhe faltar. Ana estava em silêncio. Buscando quebrar a mudez, Mateus disse:

— Olá, Ana ben Daniel! Acordaste muito cedo. Aceitas caminhar comigo um pouco? A manhã está esplêndida, não achas?

Ana respondeu com voz trêmula:

— Sim, Mateus, de fato está belíssima! Aceito, sim, se isso não te trouxer incômodo!

— Não, não me causará nenhum incômodo — disse Mateus —, ao contrário, somente aumentará a minha alegria por ter-te reencontrado após esses anos todos.

Mateus silenciou. Sentia uma quase incontida alegria por revê-la, e ao mesmo tempo refletia sobre os longos anos de distanciamento. Analisou rapidamente a situação e constatou que não tinha o direito de censurá-la e muito menos de perguntar o que sucedera nesses anos que se passaram. Tossiu secamente, demonstrando o nervosismo de que estava acometido. Ia falar mais, quando Ana o interrompeu, dizendo:

— Oh, Mateus! Preciso te falar, antes que tenhamos a companhia dos demais. Estamos sós. Então, gostaria que soubesses que não podes imaginar o quanto sofri e tenho sofrido nestes anos todos, ante a tua ausência. Foste, e continuas sendo, o que a vida me trouxe de melhor. No momento em que meus olhos cruzaram com os teus, sob teu olhar, senti-me completamente envolvida e confesso que passei a te amar a tal ponto que nem em várias vidas teria o tempo suficiente para amar-te como desejava e ainda deseja o meu coração.

Ana fez breve silêncio e continuou:

— As estrelas do céu têm sido as testemunhas mudas da minha devoção ao teu amor e também minhas companheiras, com as quais, em todos estes anos de distanciamento de ti, tenho falado sobre a devoção do meu coração a ti. É certo que o destino nos apartou. Por imposição de meu pai, tive que deixar-te e seguir a família. Ainda não consegui me perdoar, pois não tive coragem para enfrentar o meu genitor, do que em parte me penitencio todos os dias. Porém, quero que saibas que assim o fiz em razão da minha mãe estar sempre adoentada e naquela época ela precisava, como ainda precisa, de mim por perto. Então, não podia nem posso abandoná-la. Quisera, Mateus, ter estado contigo estes longos anos em que nos separamos, para poder, todos os dias, ter sussurrado nos teus ouvidos a melodia do meu amor, que me tem sustentado na tua ausência. Noto, em teu olhar, a sombra da tristeza, e te senti amargurado demais, por isto precisei te dizer tudo isso, para que soubesses que nunca deixei de te amar.

Ana calou-se e esperou a reação de Mateus.

Mateus estava com os olhos marejados. Queria disfarçar isso, porém era por demais evidente. Tomando coragem, embora o sofrimento que experimentara ao ouvir Ana dizer-lhe tudo o que ouvira, com voz fraca, falou:

— Ana, Ana! O destino foi cruel demais conosco. Sofri muito a tua partida e em todos estes anos tenho sofrido a tua ausência. Nas minhas andanças, em todos estes anos, se num deserto eu me perdesse, sem água ou sem alimento, se tu estivesses comigo, ainda assim estaria feliz, pois o amor que sinto por ti, que hoje sei, transcende esta vida, tem-me sustentado a marcha em todos estes anos, pois nunca deixei de pensar em ti. Teu amor tem sido o meu acalanto nos vales e nos desertos de minha existência. Nunca perdi a esperança de um dia encontrar-te.

Pedi isso sempre a Yahweh, e Ele atendeu-me o pedido. Gostaria de gritar em voz alta a minha felicidade por ver-te novamente, entretanto, alguma coisa em minha alma me contém, e eu não consigo saber ou decifrar o que possa ser.

Mateus também silenciou. Observou a seguir que Ana chorava profundamente. Não quis interrompê-la. Esperou. Ana buscou recompor-se e, olhando para Mateus com os olhos de súplica, falou:

— Oh! Mateus, meu eterno amor, por que a vida nos colocou desse modo; aproximou-nos e distanciou-nos? Sabes que teu amor, tal qual a intensidade do meu, nunca cessou, e isso me crucifica a alma, pois devo confessar-te duas coisas: a primeira é que me tornei cristã, à revelia do meu pai, que isso não aceita de modo algum; a segunda é que ele prometeu-me para desposar o filho do general e cônsul romano de Lugdunum, o que fez por interesse pessoal dele. Sem sequer se preocupar com o meu coração e ante a tua ausência de tantos anos, sequer conseguia imaginar te reencontrar um dia e também imaginei que já tinhas, quem sabe, arrumado uma esposa. Inicialmente a angústia se apossou de minha alma e depois se transformou em conformismo, até porque, se recusasse o que já aceitei, meu pai poderia ser preso e talvez até morto.

Ana calou-se. Continuava a chorar.

O que Ana dissera causou profundo baque em Mateus, eis que, ao reencontrar o amor de sua vida, embora estivesse até preparado para uma notícia como aquela, no fundo, em seu coração, havia se reacendido a chama da esperança. Agora, ante aquela narrativa, inteirava-se que de fato a situação era diferente da que esperava um dia em seu íntimo encontrar. Percebeu que reencontrava Ana para perdê-la novamente. Mateus não conseguiu disfarçar as lágrimas que brotaram na retina de seus olhos.

Ana, vendo o que ocorria, num ato instintivo, aproximou-se mais de Mateus e quis abraçá-lo, porém Mateus, não sabendo de onde tirou forças, segurou os braços de Ana, impedindo o abraço, que era por muitos e muitos anos desejado, e, entre lágrimas, falou:

— Não, minha amada e boa Ana, não posso me permitir esse abraço, que em incontáveis noites de minha saudade era o que eu mais desejava que acontecesse. Entretanto, Ana, o destino nos permitiu o reencontro de maneira diferente do que eu havia sonhado um dia acontecer. As circunstâncias demonstram que Yahweh permitiu este reencontro não para que pudéssemos dar vazão ao nosso amor, que é puro e sincero, mas para que, mais uma vez, pudéssemos demonstrar nosso sentimento de renúncia e para nos fazer compreender que, embora nosso amor, há outros compromissos na quadra de nossas existências que devem superar nossas vontades e que devem ser entendidos como prioridades que deveremos atender sob o peso de nossas dores, principalmente a dor da separação.

"Nosso reencontro, Ana, creio que termina aqui. Não posso nem devo nutrir em mim, nem permitir que nutras, esperanças de nos unirmos pelos laços do matrimônio. Vejo nisto, embora ainda me represente um enigma, uma necessidade de ajustes para nossas almas."

Mateus calou-se. Tinha conseguido interromper as lágrimas.

Ana também assim tinha conseguido e demonstrava estar um pouco assustada com o que ouvira de Mateus. Refletia no que ouvira. Interrompeu o silêncio e disse a Mateus:

— Compreendo o que me falaste. Penso que tudo está sob os desígnios de Yahweh. Apesar de tudo, quero que saibas, e não esqueças jamais, que tu continuarás sendo o primeiro, único e grande amor da minha vida.

Após dizer isso, com os olhos marejados pelas lágrimas, voltou-se e se retirou da presença de Mateus, a passos apressados.

Mateus teve um ímpeto de correr atrás dela, porém se conteve e, vendo-se sozinho, recomeçou a chorar. A dor aguda em seu peito, pelas lágrimas, como que transbordava para fora os muitos anos de lembranças, saudade e sublimes sentimentos. Respirou profundamente, olhou para o céu e, ainda sob a nuvem das lágrimas, balbuciou uma oração:

Oh, Yahweh! Inclino meu coração à vossa vontade, neste momento em que a dor mais uma vez visita minha alma. Sei que permitistes este reencontro para que eu soubesse que a nossa vontade não pode superar a vossa.

As lágrimas que derramo me fazem compreender que quem ama com o coração generoso deve considerar antes as necessidades do outro e, acima de todas as suas vontades, colocar as necessidades do ser amado em primeiro plano.

Sofro, vós bem sabeis, entretanto, como poderei eu suportar as dores que sinto se não me submeter à vossa misericórdia? Nestes momentos de provação, vos imploro, não aparteis de mim o vosso rosto; não me tireis o vosso consolo, para que não fique minha alma sem rumo. Ensinai-me a sempre fazer a vossa vontade, e que assim seja!

Após orar, Mateus sentiu-se um pouco confortado e continuou a caminhada no entorno da caravana. Depois, foi até a tenda das refeições para fazer o desjejum matutino. Ao lá chegar, encontrou seu pai e o rabino Eleazar junto com Elias e Shebir e sentou-se com eles. Entre olhares de curiosidade, eis que perceberam que Mateus havia chorado, mas nada falaram ou perguntaram. Em instantes, Mateus quebrou o breve silêncio e buscou conversar sobre a continuidade da viagem. Conforme sua determinação, após a refeição do meio-dia, a caravana levantou as tendas e todos se puseram em marcha. O objetivo, agora, com a companhia da pequena tropa romana e das duas jovens, era, dentro de uns quarenta ou cinquenta dias, adentrarem o território da Gália Lugdunense. Após deveriam chegar à Panônia Superior. Iriam até a cidade de Aquileia, onde buscariam comerciar também, para depois, em linha quase reta, rumarem na direção de Lugdunum.

Depois do reencontro com Ana, Mateus evitava o quanto podia encontrar-se com ela a sós. Embora sofresse muito com isso, e quando se cruzavam na caravana na companhia de outras pessoas, emprestava a Ana tratamento formal, o que lhe custava, quando se dirigia ao repouso, lágrimas noturnas. Ana sentia muito a atitude de Mateus. Procurava, a seu passo, evitá-lo, eis que o comportamento dele lhe doía muito ao coração.

Após varridos trinta e cinco dias, a caravana se aproximava de Aquileia. A presença da tropa romana lhes servia, na realidade, como um salvo-conduto nas regiões que transpunham, ante a presença de eventuais salteadores e mesmo cavaleiros que ora e vez cruzavam com a caravana. No cair da tarde de uma quarta-feira, aproximaram-se da cidade de Aquileia, quase na divisa entre a Itálica e o território da Gália Lugdunense, onde acamparam.

Nem bem tinham montado as tendas, quando Elias avistou ao longe um sinal de poeira sendo levantada. Apurou as vistas e percebeu que uma pequena tropa de soldados romanos se aproximava da caravana. Em breve chegaram. Eram vinte soldados romanos, sob o comando de um centurião que, estancando os cavalos, falou em voz alta e firme:

— Salve, Roma! Salve, César Septimius Severus! Sou o Centurião Quintus Brenus Valius. Estamos seguindo a trilha da tropa comandada pelo Centurião Faustus e, pelo que divisamos, ele e sua tropa devem estar acampados convosco, em razão do formato das tendas romanas já erguidas em meio a vossa caravana. Ordeno que me levem até ele.

Elias, por seu turno, saudou o centurião, respondendo:

— Sou o cuidador da caravana, Elias ben Shebabe, a vosso dispor. Peço que me acompanheis. Deixai vossos cavalos aos cuidados de nossos caravaneiros.

O centurião deu ordens para que os demais soldados ficassem à vontade e após seguiu Elias, que os conduziu até a tenda do oficial romano Faustus.

Lá chegando, adentraram. Faustus, ao ver os visitantes, sorriu e disse:

— Ora, ora, se não é o Centurião Quintus Brenus. Que enorme surpresa! Que fazeis por estas bandas?

A seguir, dirigiu-se ao visitante e o abraçou. O Centurião Quintus Brenus correspondeu ao abraço e falou:

— Nobre Faustus, folgo em encontrar-te antes de tua chegada a Lugdunum. Acelerei a marcha, eis que, por ordem do General Marcus Sila Silvestrius, que comanda a legião que está estacionada em Trôade, tenho a tarefa de avisar-te dos graves desdobramentos que se têm verificado em Roma e em algumas províncias romanas, principalmente em Lugdunum. As urdiduras da Corte Imperial, segundo o General Marcus, têm atingido ponto crítico, e o Imperador Septimius Severus, antes simpático aos cristãos, está adotando sensível mudança no seu comportamento. Sob as falsas notícias que lhe chegaram aos ouvidos, de que os cristãos estão organizando-se para insurgir-se contra Roma, determinou que seja feito um controle com registro dos nomes de todos os cristãos que estão sob o domínio de Roma, em todas as províncias. Determinou ainda que os cristãos que se negarem a participar do recenseamento deverão ser presos e seus bens confiscados e serem julgados como desertores de Roma. O imperador também baixou uma bula imperial, dando autonomia para as regiões, sob o comando de seus oficiais, aplicarem suas ordens com todo o rigor. Desse modo, nobre Centurião Faustus, alcançamos-te para nos integrarmos à vossa tropa, a fim de seguirmos juntos para Lugdunum e lá darmos cobertura às ações do Cônsul Triário Materno, nesse sentido. Adianto-te que há notícias de prisões de cristãos em várias cidades e províncias romanas. Parece mesmo que o imperador mudou radicalmente seu modo de analisar e aceitar os seguidores de quem dizem chamar-se Yeshua de Nazareth.

O Centurião Faustus franziu a testa e, percebendo a preocupação que tomou conta do semblante de Elias, que estava ouvindo a conversa, disse:

— Nobre senhor Elias, ouviste o relato do Centurião Quintus. Não vos aflijais por nada, pois vossa caravana está segura conosco.

Elias agradeceu e tratou de acomodar o centurião e a pequena tropa, concedendo espaço para a instalação de novas tendas. Determinou também que os novos soldados fossem integrados aos demais e pediu licença.

Feitas as acomodações, Elias dirigiu-se à tenda de Mateus. Lá chegando, foi recebido com a simpatia de sempre. Mateus ben Josepho aparentava estar bem-disposto, porém seus olhos estavam avermelhados e demonstravam olheiras, permitindo ver marcas das lágrimas pelos sulcos que sua fisionomia demonstrava.

Elias relatou ao chefe caravaneiro tudo o que tinha acontecido, que dava conta da mudança de comportamento do Imperador Septimius Severus, no que se referia à perseguição que estava recrudescendo na direção dos cristãos que viviam nas regiões dominadas por Roma. A seguir, cogitou: por que será que isso estava novamente acontecendo?

A notícia impactou também os outros membros da caravana. Apesar disso, o jovem Shebir era o que mais acalmava as preocupações, apesar de ser declaradamente cristão. Certa noite, enquanto conversavam na tenda de Mateus, na companhia de seu pai e do rabino Eleazar e Elias, Shebir, mais uma vez, de repente, teve as suas feições alteradas, cerrou os olhos e, com tom de voz diferente do habitual, começou a falar:

Amados irmãos, vos saúdo em nome d'Aquele que é a Luz do Mundo.

Quando Yeshua deixou a Casa de Yahweh movido pelo Amor Celestial, para vir à Terra ensinar a seus irmãos os dons da paciência e a suportar com resignação as dores necessárias ao processo de retificação da conduta de nossas almas, para que compreendêssemos a necessidade de amar a todas as criaturas, isto o fez pelo exemplo, inclusive ante a dor provocada pela ingratidão dos homens que o condenaram sem que ele tivesse qualquer erro ou dívida e o conduziram ao Calvário que terminou com o suplício na cruz.

Muito embora, nos momentos fatídicos de sua morte física, tenha pedido ao Pai Celestial que nos perdoasse, porque não sabíamos o que estávamos fazendo, o certo é que a Humanidade cumulou graves dívidas e compromissos com a Lei Divina, que terá que saldar.

Embora seja misericordioso, nosso Pai Celestial não modifica suas leis em nada, muito menos em razão de nossos arrependimentos e condutas, eis que, se assim fosse, não seria Ele a perfeição, porém é certo que concede a cada um de seus filhos a força, a coragem e o destemor para que possa enfrentar as dores que se originam na necessária correção de rumos espirituais, objetivando nos tornarmos criaturas de bem, dignos de penetrarmos no Seu Reino de Justiça e de Amor.

Estes são tempos de lutas para a edificação do bem em nossas vidas, que exigem esforços enormes e contínuos para que nos despojemos das imperfeições inúmeras de que somos portadores na Terra. Enquanto ainda não tivermos semeado todo o Amor possível, mas estivermos dedicando-nos à retificação de nossas condutas, sem dúvida as tempestades da alma se avizinharão, entretanto, será o momento em que deveremos buscar refúgio na prece e no trabalho no bem, com isso purificando nosso coração. Peçamos sempre a Yeshua que Ele nos auxilie na superação dos dias e momentos difíceis que porventura possam ainda fazer presença em nossas vidas.

Após uma pequena pausa, Shebir abriu os olhos, notando que todos os ouvintes choravam, em silêncio. Ao perceberem que Shebir parecia retornar suas feições ao normal, Mateus e os demais, especialmente o rabino Eleazar, entreteceram comentários, os quais foram unânimes no entendimento de que os cristãos seriam novamente alvos de severas perseguições pelo Império, cujas perseguições anteriores eram de seu conhecimento, pelos relatos dos antepassados. Shebir somou-se aos comentários, manifestando que temia que as impressões dos demais fossem mesmo verdadeiras.

A cidade de Aquileia foi colonizada no ano 181 a.C. Em ordem de importância, era a quarta cidade da península itálica e nona de todo o Império Romano. Sua localização era estratégica para a expansão territorial romana até o Danúbio, e para o controle militar e administrativo de uma vasta área. Entretanto, seu grande trunfo era o comércio. A cidade era ponto de chegada na Itálica pela rota do Âmbar, uma antiga rota de comércio que ligava o Mar do Norte e o Mar Báltico. Transformou-se em importante centro comercial do Império Romano, graças ao rio Natisone-Torre, que a atravessava.

A cidade era um grande empório, aonde chegavam mercadorias de todos os tipos, que partiam para os quatro cantos do império. Além disso, era conhecida pela produção de vidro, gemas e pedras preciosas, cerâmica e a transformação do âmbar em verdadeiras obras de arte. Ao seu porto chegavam navios que transportavam material de construção, como pedra e mármore, pedras preciosas e produtos alimentícios, como especiarias, azeite de oliva, vinho e farinha. Do Norte chegavam madeira e metal. Seus moradores eram de origens diversas. Entre romanos e gregos, existiam ainda sírios, egípcios, judeus e celtas. Com a vocação da cidade para o comércio, sua população enriqueceu e era muito comum que decorassem suas casas com ricos mosaicos. Ali, naquela bela cidade, os caravaneiros ficaram por alguns dias, fazendo trocas comerciais, e a tropa romana aproveitou para ir apresentar-se à intendência romana. Informaram de suas missões e fizeram a troca de animais cansados por outros descansados.

Novamente, numa manhã de muito sol, a caravana levantou acampamento. O destino final, penetrando pelo território da Gália Lugdunense, seria Lugdunum, para o que ainda deveriam levar em torno de uns quarenta a sessenta dias, dependendo da estação das chuvas.

XXIX

NOVAS PERSERGUIÇÕES DESENCADEADAS PELO IMPERADOR SEPTIMIUS SEVERUS

Embora de quando em quando ressurgisse a malícia persecutória dos judeus e romanos, a realidade é que a doutrina trazida por Yeshua resplandecia, fulgurante, no Oriente, na Ásia Menor, na Ásia Central e já em parte das províncias romanas da Espânia, da Britânia, da Itálica e da África. O Cristianismo resistia firme como uma rocha, e com êxito, aos ataques dos inimigos externos, bem como dos inimigos internos, os quais sempre existiam e visavam a colocar a doutrina do Nazareno a serviço de interesses pessoais.

O Cristianismo crescia em número de adeptos a olhos vistos e a tal ponto que, se os cristãos se retirassem em massa dos territórios dominados por Roma, o Império se ressentiria, pois ficaria grandemente desprovido. O avanço do movimento cristão cada vez alarmava mais os judeus tradicionais e também Roma, a ponto de, novamente preocupados com esse avanço, judeus e romanos buscarem reascender o velho hábito de culpar os cristãos pelas desgraças acidentais que sobrevinham no Império.

Ao prevalecer os preconceitos e a fúria dos ignorantes, o Senado romano, instigado por senadores venais, em razão do amoedamento dos judeus, iniciou a criar leis que visavam a regular de maneira imprópria a vida daqueles que se diziam cristãos e que como povo escravizado tinha que se submeter ao tacão da Águia Romana.

Diante da criação de legislação injusta e sob a permissividade das autoridades romanas, os cristãos passaram a ser perseguidos novamente. Os membros da Corte Imperial, remunerados a alto soldo pelos judeus conservadores, que não aceitavam a Divindade do Cristo, continuaram, como sempre fizeram, graças a seus contributos econômicos a Roma, a estabelecer planos que visavam a minar a resistência dos imperadores, para que se permitisse aos governadores ou cônsules das províncias romanas confiscarem os bens e eliminarem os cristãos que viessem a desobedecer ordens do Império e a seguir um carpinteiro reles, condenado e executado por Roma. Com o Imperador Septimius Severus não foi diferente. Foi nesse novo prelibar de dores que, numa tarde quente, em Roma, o Senador Crasso Vianius foi até o palácio Imperial para ter um diálogo com o imperador.

Conduzido à presença de Severus, o Senador Crasso saudou-o:

— Salve, César! Salve, nobre Imperador Severus! Agradeço-vos pelo atendimento a minha solicitação. Não pretendo tomar muito de seu tempo.

Fez breve pausa, ao que o imperador respondeu:

— Nobre Senador Crasso Vianius, dizei-me qual o motivo de vossa solicitação e visita.

O senador fez breve silêncio, porém a seguir respondeu:

— Negócios de Estado, nobre imperador. Vou direto ao assunto. Temos consciência que mandastes fazer um controle não somente dos moradores de Roma, mas sobre a extensão das terras do Império e dos cidadãos que habitam nessas regiões. Segundo relato que recebi da parte de Plácido Agatius, designado por Vossa Majestade, e que é um dos nossos brilhantes generais, os cristãos no Império crescem em número assustador e, a nosso ver, ameaçam o equilíbrio de Roma, eis que desobedecem à ordem de fazer oferendas ao imperador dos romanos, preferindo alardear que há um rei que veio para o seu povo, e que esse rei veio organizar o exército cristão para futuramente destituir Roma do poder e assumi-lo na integridade; que escravizarão os judeus e, por via de consequência, também a nós, os romanos. Desse modo, vim, em missão oficial do Senado, fazer-vos este relato e ao final indagar-vos qual será a posição do imperador ante essas notícias, para que sua posição seja levada ao Senado da República de Roma.

O senador calou-se.

O imperador ficou pensativo. Caminhou de um lado para o outro, cabisbaixo. No íntimo, o que mais desejava era que a convivência pacífica com os cristãos não sofresse reveses. Parecia pressentir algo que não sabia decifrar. Por outro lado, os poderes do Império não deviam ser negligenciados e, tendo a denúncia sido feita por um senador de Roma, que vinha em missão oficial, cabia ao imperador o dever de mandar apurar os fatos para decisão posterior. Após mais alguns instantes, Severus estacou o passo e, olhando firme na direção do senador, falou:

— Nobre senador, ante a denúncia que me trazes, mandarei instalar uma comissão de averiguação e, tão logo seja munido por esta do competente relatório, tomarei minha decisão sobre o que o Império fará neste caso.

O senador deu-se por satisfeito e pediu licença para se retirar, não sem antes pedir ao imperador que tão logo a sindicância imperial tivesse sido concluída, ela fosse encaminhada ao senado.

Naquela noite, ante o relato do senador, Severus não conseguia conciliar o sono. Tarde da noite chamou seu auxiliar particular, o Centurião Caius Veridius, e lhe disse:

— Nobre centurião, não consigo conciliar o sono. Peço que vás aos aposentos de Petrus Damasius, meu conselheiro pessoal, e lhe digas que venha se entrevistar comigo.

Veridius, mais do que depressa, saiu ao encalço do conselheiro. Dentro em breve, entrava nos aposentos do imperador, anunciando a chegada de Petrus Damasius. Este, ao ver o imperador, dobrou-se pelos joelhos, cumprimentando-o:

— Ave, César! Ave, nobre imperador dos romanos! Aqui estou para servir-vos.

A um sinal do imperador, o centurião retirou-se.

A seguir, Severus convidou o conselheiro a tomar assento em um banco e disse-lhe:

— Meu nobre conselheiro, ainda hoje fui procurado por um senador que, representando o Senado, fez dura denúncia contra os cristãos sob os domínios do Império. Disse que o objetivo deles, e isto há muito tempo, é de se organizarem e tomarem o poder de Roma e das demais províncias para estabelecer um reino cristão na Terra. Aliás, nas anotações antigas do Império, isto já existia, tanto que alguns antecessores meus sempre combateram os cristãos. Nobre Damasius, devo confessar que até nutro simpatia por eles, pelo jeito pacato e servil, mas não posso desprezar as denúncias feitas por cidadãos romanos, ainda mais um senador de Roma. Enfim, gostaria de ouvir-te a respeito.

Petrus Damasius era um romano da nobreza, da casta dos patrícios, e, embora fosse uma criatura que aparentava ser pacata, na realidade era possuidor de uma mente pródiga e ardilosa. Nas suas relações com os cidadãos submetidos a Roma, chegou certa feita a relacionar-se com uma jovem cristã de nome Belissa, que era filha de um seu servidor residencial. Acendeu no coração da jovem uma chama que ele não tinha a menor intenção de manter acesa. Ludibriou-a com promessas vãs de consórcio, invadiu a pureza da jovem e a engravidou. Descoberta a gravidez, exigiu que ela retirasse o filho que gestava, sob ameaça de demissão do pai da jovem. Como se tratava de servidores, bem dizer escravos, e temendo pela sorte da família, Belissa, certa noite, evadiu-se do lar e nunca mais apareceu, deixando sua família profundamente triste e desesperada, ao passo que Damasius ficou contente com o fato, porém, a partir dali, desenvolveu verdadeiro ódio contra os cristãos. Esse fato pessoal era desconhecido da corte e dos cidadãos de Roma, e o prestígio de Damasius, embora seu caráter volúvel, era o de um hábil negociador, tendo galgado vários postos na administração romana até a chegar ao cargo de conselheiro pessoal do imperador.

Diante dos fatos narrados pelo Imperador, Damasius, que já tinha sessenta e dois anos, fingindo prudência e despejando astúcia, respondeu ao imperador:

— Nobre Imperador Severus, o conselho que me pedes se reveste de gravidade, e penso que a situação merece severa análise, sob dois pontos. O primeiro é que os cristãos de fato se transformaram numa população importante para o Império e têm contribuído com a força de trabalho que auxilia sobremaneira a economia do reino. O segundo é que com o tempo eles têm se constituído quase que numa pequena nação, com Deus próprio e líderes que se podem equiparar a uma espécie de generais, e se por enquanto não têm as armas que o Império possui, têm armas mais fortes ainda, que são a argumentação e o convencimento, armas essas que utilizam habilmente para fazer, a cada dia, mais e mais seguidores, inclusive entre o próprio patriciado romano, havendo até algumas figuras na Corte, o que se dirá, então, quanto à plebe romana. Então, penso que é de se aferir entre a importância da força de trabalho deles, que auxilia a fortalecer a economia do Império, e o aumento e grandeza da força cristã, que julgo poderá vir, futuramente, a submeter o Império às suas crenças e, por que não dizer, decisões. Penso, por isso, que vós devereis agir para preservar o Império, embora os custos econômicos, porque de nada adianta termos uma economia forte e um comando estrangeiro.

Damasius calou-se e olhou para o imperador. Como sabia ler as expressões faciais das pessoas, percebeu que seu conselho, que caminhava na direção de perseguir os cristãos, atingira o alvo em cheio.

XXX

A CARAVANA DE MATEUS BEN JOSEPHO CHEGA A LUGDUNUM – NOVOS REENCONTROS

Após vencer mais quarenta e cinco dias, numa terça-feira do mês de março de 200 d.C., a caravana de Mateus ben Josepho, na companhia da tropa romana comandada pelo Centurião Faustus, ainda antes do entardecer, chegava às portas de Lugdunum. Àquele tempo, a cidade era um excelente centro comercial e o ponto de partida de diversas estradas romanas para a região da Gália e da Renânia. Era a capital da província romana lugdunense, margeada pelos rios Loire e Sena, sendo que a capital recebe as águas do Ródano e do Saône. Seu nome encontrava eco na tradição do povo da Gália. *Lugus* era o brilhante deus da luz, da feitiçaria e das artes, e um guerreiro adorado pelo povo. Nos meses de verão a cidade promovia lutas entre guerreiros jovens, simbolizando a força, em homenagem ao deus Lugus.

A intendência militar romana tinha sido edificada em vários quarteirões. No seu entorno foram escavadas valas que a circundavam, nas quais foi formado um lago que a protegia. O acesso ao quartel central era feito por uma ponte que podia ser elevada, impedindo as entradas indesejadas.

A Caravana movimentara-se em estabelecer acampamento próximo aos muros da cidade, o que fizeram com a aquiescência da autoridade romana, sob a interferência do Centurião Faustus.

Após diálogo amistoso e de reconhecimento de ambas as partes, Mateus ben Josepho despediu-se do centurião, agradecendo a prestimosa companhia da tropa romana.

No dia seguinte, instado pelo rabino Eleazar, Mateus, na companhia de seu pai, de Elias e do jovem Shebir, foi até a sede da intendência romana, onde estavam cadastrados todos os moradores da cidade e região, para pedir informações sobre a irmã do rabino Eleazar, que residia na cidade e que, segundo notícias que o rabino tinha, residia em uma herdade, no campo, indicando que seu nome era Dânia ben Nehmah.

Na pesquisa na intendência, não se logrou localizar o registro do nome da irmã do rabino e lhe foi recomendado, ante o nome de procedência judia, que procurassem na sinagoga local, para ver se obteriam êxito. O grupo para lá se dirigiu. Ao chegar, foram conduzidos ao rabino chefe de nome Leibel ben Mathias. Após as apresentações, o rabino buscou as anotações internas e disse que havia sim registro de Dânia ben Nehmah e seu marido, Glaucius Maur, dizendo que eles moravam a três léguas, na direção oeste. Para ir até a propriedade do casal, dever-se-ia tomar uma estrada que cruzava várias propriedades. A herdade de Dânia e seu marido se chamava Raio de Sol.

Com as anotações, o rabino Eleazar combinou com Mateus, Elias e Shebir para que estes o acompanhassem na visita à irmã, o que fariam já no começo da tarde daquele dia.

Após terem tomado a refeição do meio-dia, a cavalo, o grupo tomou o rumo oeste da cidade, embrenhando-se na estreita estrada, que era circundada por floresta média, de um verde que se destacava, pelo caminho. A vista era belíssima, composta de pequenas árvores com flores amarelas, que davam um contraste belíssimo ao refletirem os raios dourados do Sol. Fazia um pouco de frio, e os cavaleiros estavam agasalhados. Cavalgavam em marcha calma, conversando animadamente, principalmente sobre a beleza da região. O rabino falou aos demais sobre sua família e disse que Dânia era a única irmã que ele tinha; que não tivera irmãos e tomara a resolução de, ao encontrar-se com a irmã, ficar residindo em Lugdunum. Estava ansioso porque já não a via há cerca de vinte anos. Sabia que ela tinha casado com um cidadão grego.

Após cavalgarem em torno de três léguas, avistaram um grande portão em madeira, ladeado por mata fechada, com uma inscrição com o nome "Raio de Sol".

Shebir desceu da montaria, abriu o pesado portão, esperou todos passarem, depois o fechou e, cavalgando devagar, dirigiram-se à casa grande que avistaram de longe.

Ao perceber os cavaleiros, um jovem que auxiliava na herdade e que estava próximo a uma casa pequena, que ficava antes da propriedade maior, dirigiu-se aos cavaleiros, que estacaram os animais, dizendo:

— Olá, amigos! Sou Noel e sou servidor da herdade. O que procurais?

Ao interrogar o grupo, Noel notou, pelas vestimentas, que eram judeus. O rabino Eleazar foi quem respondeu:

— Olá, amigo! Somos judeus e estamos à procura de minha irmã, Dânia ben Nehmah. Sou rabino e fui informado, na Sinagoga da cidade, de que ela mora nesta herdade, estarei certo?

— Sim, estás certo — respondeu Noel —, a senhora Dânia e seu marido moram aqui nesta herdade.

Após responder, Noel coçou levemente a cabeça e complementou:

— Curioso... ela nunca falou sobre ter um irmão, mas podem descer das montarias e me acompanhar. Eu vos levo até lá.

Todos apearam, amarraram as rédeas dos animais e acompanharam o servidor.

A casa central era feita em madeira e tinha pavimento térreo e um pavimento superior. As janelas tinham molduras trabalhadas, e sobre o espaldar delas, vasos de flores em tonalidades de azul e amarelo. A porta de entrada era imponente, talhada em toda a sua extensão. Demonstrava ser uma casa muito bonita e confortável. Noel deu leve batida na porta e esperou. Logo ela se abriu e uma senhora beirando os quarenta e cinco anos, bonita, com traços finos, recebeu Noel, que lhe disse que um cavaleiro judeu, que estava um pouco distante, estava à procura dela.

Dânia levantou os olhos e caminhou na direção do grupo de cavaleiros, e a seguir, pelos traços que eram parecidos com os seus, reconheceu num deles o seu irmão, Eleazar. Deu um pequeno grito de contentamento:

— Por Yahweh! Será que estou sonhando? É mesmo meu irmão, Eleazar, que vejo? Não é possível! Não te esperava tão breve — e, esquecendo os demais, correu para o rabino e lhe deu demorado abraço.

Refeitos do reencontro, Eleazar apressou-se em apresentar os demais integrantes do grupo. Dânia então sinalizou, dizendo:

— Olá! Sede todos bem-vindos. Os amigos de meu irmão são nossos amigos. Vamos, entrai, é imensa a alegria em receber-vos. Meu marido, Glaucius, saiu com nossa patroa para cavalgar. Ela queria colher alguns frutos e flores, e logo estarão aqui.

O grupo entrou na casa, onde foram acomodados. As instalações eram confortáveis. Dânia disse que ficassem à vontade, pois faria um chá para servir a todos e pediu para seu irmão acompanhá-la, pois a saudade era imensa, logo os dois se retiraram para a cozinha da casa. Mateus, Shebir e Elias, sentados em confortáveis bancos, admiravam as acomodações quando, passados poucos momentos, a porta da casa se abriu, e Glaucius e Aléxia, que sorria em razão das conversações com ele, adentraram a sala.

Aléxia, ao ver o grupo de pessoas, pousou os olhos diretamente em Elias e teve um choque. Sentiu cambalearem suas pernas e somente não caiu porque segurou nos braços de Glaucius. Já Elias parecia ter tido uma visão. Estava estático. Empalideceu rapidamente e seus olhos pareciam querer saltar das órbitas. Como era possível aquilo? O que estava acontecendo? Era mesmo Aléxia Arquisius que ele via ali naquela herdade tão distante de Roma?

Os presentes perceberam todo o embaraço havido, porém nada falaram. O silêncio foi quebrado por Glaucius, que entre surpreso e ensimesmado, indagou:

— Olá! Quem sois? Quem vos recebeu?

Foi Mateus quem respondeu:

— Olá, senhor, somos judeus. Eu possuo uma caravana de negócios, que está acampada nas cercanias da cidade, e aqui vim trazendo o rabino Eleazar ben Nehmah, que nos contratou para que viajássemos ao encontro da irmã dele. A propósito, os dois estão conversando em outra dependência. Estes dois amigos fazem parte da minha caravana. Trata-se dos amigos Shebir e Elias.

Enquanto Mateus falava, Aléxia procurou sentar-se. Elias não tirava os olhos dela e pensava: "Oh, Yahweh! Tenho certeza de que este reencontro está sob tua vontade. Dai-me forças para suportá-lo. Não deixai que eu me traia no desejo de abraçá-la". Já Aléxia estava ruborizada e quieta. Abaixou os olhos e, por seu turno, também pensava: "Oh, Yeshua! Que enigma é o nosso destino! Por qual razão será que fui reencontrá-lo logo em minha casa?".

Enquanto a cena era colhida de um breve silêncio, Dânia e Eleazar retornavam do outro aposento e perceberam um clima estranho no ar. Dânia, quebrando aquele momento, disse:

— Senhores, apresento-vos meu marido, Glaucius, e minha amada e querida patroa, Aléxia Arquisius, que veio de Roma para morar aqui em Lugdunum já faz algum tempo.

Aléxia nada falou. Dânia percebeu que havia mesmo alguma coisa, porém, mudando o curso da conversa, continuou:

— Acomodai-vos todos. Vou servir o chá de amora que preparei.

Antes de ir buscar o chá, emendou:

— Pergunto se nossa Aléxia não gostaria de me acompanhar até a cozinha para ajudar-me a servir os amigos.

— Sim, sim — respondeu Aléxia. — Eu te acompanho — e, pedindo licença, retiraram-se.

Glaucius então passou a conversar com os demais e perguntou a Mateus:

— Nobre senhor, quanto tempo vossa caravana demorou para viajar de Jerusalém a Lugdunum? Ao que eu saiba, Jerusalém fica no

Oriente, muito longe desta cidade. Viajastes por terra e mar ou somente por terra?

Mateus, de forma solícita, informou que a viagem foi feita toda por territórios e que demoraram mais de um ano para vencer o trajeto.

Enquanto os homens conversavam na sala, Dânia, como já havia percebido um clima estranho no ar, perguntou a Aléxia:

— Nobre senhora, desculpa te perguntar, porém eu senti uma súbita transformação em teu semblante. Quando adentrei à sala, eu te percebi pálida. Por acaso não te sentes bem?

Aléxia não quis responder o que tinha efetivamente acontecido, apenas disse:

— Minha boa Dânia, não é nada. De fato, fui acometida de um leve mal-estar, mas já me sinto melhor.

Dânia não quis insistir, e juntas tomaram todas as providências no serviço, aviaram o que era necessário para servir a todos e a seguir adentraram a sala novamente. Quando lá chegaram, a conversação estava animada. Aléxia iniciou a servir o chá, e tratou de servi-lo inicialmente ao irmão de Dânia, o rabino Eleazar, evitando ter que ficar frente a frente com Elias. Cogitou, no íntimo, não entender por que assim agia. Talvez fosse um mecanismo de defesa ante o imprevisível.

Servido o chá, a conversação aumentou um pouco e, ante a curiosidade dos presentes, girou em torno da viagem da caravana e um pouco sobre a situação atual em Lugdunum, principalmente quanto a vários cristãos que já haviam sido mortos por Roma em tempos idos, portanto, sacrificados pelas autoridades romanas naquela cidade, e sobre as recentes notícias do recrudescimento das perseguições, agora com permissão do imperador. Durante a conversação, de quando em quando, Elias e Aléxia trocavam rápidos olhares, até que, a certa altura da conversa, Mateus disse:

— Gostaríamos de agradecer por nos receberem tão bem, e vejo que ter aceitado o desafio proposto por nosso rabino Eleazar foi mesmo muito valioso, não somente para viajar e comerciar, mas principalmente por ter tido a oportunidade de penetrar um pouco mais profundamente nos ensinamentos de Yeshua de Nazareth, tão renegado pelo Sinédrio judeu e também por Roma. Pudemos aprender, durante nossa viagem, através do amigo Shebir, que é cristão, e de nosso rabino, que também se rendeu aos novos ensinamentos, a certeza de que somente o amor pode tudo superar: as dores do abandono, da separação, da doença misteriosa, dos sofrimentos morais, porque todos estamos submetidos ao Amor Divino que emana de Yahweh.

"Conforme nos disse Shebir, nossa existência está marcada com encontros e reencontros com almas que conhecemos nesta e em outras vidas que já vivemos com novas formas. Quando menos esperamos, cruzamos nosso destino com o de outra alma que pode nos ter sido cara ao coração em outra existência."

Ao dizer isso, Mateus olhou para Elias e Aléxia, e sorriu. Elias, ante a manifestação de Mateus, ficou ensimesmado. Por que Mateus estava olhando para ele enquanto falava? Como é que ele parecia ter descoberto que Aléxia deveria ser a razão dos seus sonhos? Contudo, nada falou e aguardou a sequência dos acontecimentos. Ao olhar para Aléxia novamente, não pôde deixar de reparar que a dor e o sofrimento pareciam tê-la embelezado ainda mais, e pôde antever no seu olhar um quê de tristeza e melancolia.

A conversa se estendeu um pouco mais e culminou com a manifestação do rabino, que aproveitou para comunicar aos amigos que, a pedido de Dânia, já ficaria instalado na casa dela, e que, para este fim, ela já havia conversado com a senhora Aléxia, que consentira na acomodação. Disse ainda que pretendia comunicar a todos que tinha planos de visitar o Núcleo Cristão que havia em Lugdunum, conforme o relato da irmã, para dar início ao aprendizado mais apurado que almejava ter sobre os ensinamentos daquele que a sua comunidade judia denominava como "o crucificado".

Mateus falou ao rabino que se sentia gratificado por ele ter reencontrado sua irmã. Disse ainda que pretendia ficar com sua caravana, na cidade, em torno de uns quarenta ou sessenta dias, para que todos os seus membros repousassem da extenuante caminhada feita, acrescentando que voltariam agora à cidade, antes do anoitecer.

Aléxia, que até ali nada tinha falado, disse a Mateus:

— Senhor Mateus, receber vosso grupo e saber da sua finalidade foi uma alegria muito grande, e quero vos dizer que minha casa está à disposição de todos.

A seguir, o rabino providenciou que seus pertences que estavam na montaria fossem buscados. Enquanto isso Dânia foi providenciar o quarto para o novo hóspede, o que era de fácil solução, pois a casa era grande e possuía ainda mais três quartos de sobra.

Foi nesse momento das acomodações que Elias encheu-se de coragem, dirigiu-se a Aléxia e a convidou para caminharem um pouco pelas cercanias da propriedade. O Sol ainda se fazia presente, embora pálido, anunciando o crepúsculo. Aléxia assentiu e, tão logo se acharam a sós, Elias disse:

— Boa Aléxia, quero te dizer que a minha emoção é muito grande. Jamais imaginei que esta incursão me faria reencontrar-te. Depois das notícias da morte de teu pai, imaginei que continuarias em Roma. Agora, o que vejo é que estás nesta cidade tão distante e, ao revê-la, não há como não reparar que continuas bela, e, se me permites dizer, sendo a mulher dos meus sonhos, como te disse uma vez em Roma, que nunca te esqueci. A surpresa foi enorme e na realidade não consigo coordenar meus pensamentos de forma correta. Imaginei nunca mais reencontrar-te, mas agora que isso aconteceu, penso que é um presente de Yahweh e que não devo desperdiçar a oportunidade de te falar novamente do meu amor, pois nunca deixei de amar-te e sempre nutri de alguma forma esse amor como o único que teria nesta existência, tendo abdicado de interesses em outras mulheres.

Elias calou-se e aguardou a reação de Aléxia. Esta, por sua vez, ouvira em silêncio o que ele lhe dissera e, antes de falar alguma coisa, de uma maneira inesperada, percebeu que a imagem do Centurião Julius Atilius Galesus se emoldurou em sua mente, o que a intrigou momentaneamente. Retomou do repto e depois falou:

— Oh, bom Elias! De fato nosso breve relacionamento em Roma marcou-me de maneira clara e separar-me de ti naquela ocasião foi muito doloroso. Entretanto, a dor da perda de meu amado pai adotivo, de certa forma, superou a dor de nosso afastamento. De lá para cá, vivi os momentos delicados da fuga que tive que fazer de Roma para esta herdade, que foi comprada pelo Senador Apolônio. Foram muitos e muitos meses de tensa expectativa, até que consegui aqui chegar. Não sei e não posso dizer se nesta caminhada difícil, em razão da dor e da saudade de meu pai, e da apreensão, inclusive, pela vida, eu tenha trancado as portas do meu coração e tenha feito propostas de lutar somente pela minha sobrevivência. Confesso que também fiquei muito impactada quando te revi, e vejo que conservas os mesmos traços juvenis, agora acrescido da beleza da madureza, porém me sinto confusa e não posso afirmar que terei o propósito em reaproximar-me do que a vida de certa forma me separou. Agradeço teus elogios e a abertura de teu coração, contudo, penso que devemos deixar a natureza seguir o seu curso de maneira normal, e se for da vontade de Yahweh que um dia fiquemos juntos, isto acontecerá.

Elias ouviu em silêncio, e no íntimo não entendeu a reação de Aléxia. Creditou isso à surpresa do reencontro. Ia continuar a falar quando foram interrompidos por Mateus, que viera ao encalço deles dizendo:

— Olá! Espero não estar interrompendo vossas conversações. Ocorre que precisamos ir. Está para iniciar o crepúsculo e não gostaria de cavalgar à noite na direção da cidade.

Atendendo ao chamado, e na companhia de Mateus, retornaram a casa. Todos passaram então às despedidas. O Rabino Eleazar, chamando Mateus ao lado, retirou de um alforje que trazia consigo a quantia combinada com Mateus pela viagem e lhe pagou regiamente, dizendo, por final:

— Nobre amigo Mateus, foi uma honra para minha pessoa viajar em vossa Caravana e em vossa companhia e na companhia de vosso pai, do jovem Shebir e de Elias. Espero que antes de partirem de Lugdunum possamos conversar mais ainda e nos abraçar. Peço a Yahweh que vossos caminhos sejam percorridos sempre sob a proteção d'Ele e também, por certo, de Yeshua de Nazareth, a quem já aprendi a respeitar e inicio a amar.

Após os vários abraços, Aléxia confidenciou a todos que está frequentando o Núcleo Cristão local e que esperava rever os visitantes nas reuniões do Núcleo.

Ao se despedir de Elias, Aléxia sorriu e falou baixo:

— Elias, conversaremos no Núcleo Cristão, para que possamos arrematar nossos assuntos pendentes.

Elias sorriu para ela e respondeu:

— Sim, sim, está bem! Lá conversaremos mais.

A seguir, os visitantes se foram, no rumo da cidade, deixando a propriedade.

Pelo caminho, Elias vinha refletindo sobre todos os acontecimentos, principalmente o retorno de Aléxia a seu destino. Ao pensar daquela forma, orou baixinho pedindo a Yahweh e a Yeshua lhe pacificassem a alma e o coração, porque, embora a alegria do reencontro, sentia no peito uma angústia que não conseguia traduzir.

Naquela noite, após terem feito a ceia noturna, Mateus, seu pai, Shebir e Elias se reuniram na tenda do chefe caravaneiro para conversar sobre os últimos acontecimentos. Mateus foi logo dizendo que o rabino Eleazar foi de um comportamento impecável, saldando com ele o combinado pela viagem. Depois comentou sobre os parentes do rabino e sobre a beleza e a gentileza da romana Aléxia. Após breve pausa, Elias levantou-se da almofada em que estava sentado e, olhando firmemente para todos, disse:

— Nobres irmãos de jornada, tenho uma revelação a vos fazer. Lembrai-vos de que comentei, muitos meses atrás, que a alma que povoou meus sonhos tinha se evadido de Roma; que se foi sem que eu conseguisse falar com ela e nem sequer sabia do seu paradeiro, o que abalou profundamente a minha existência?

Os presentes abanaram a cabeça positivamente.

— Pois é, meus irmãos, acabo de reencontrá-la na herdade em que vivem a irmã do rabino Eleazar e seu marido. A herdade pertence a essa alma e foi adquirida por seu pai, o Senador Apolônio Arquisius.

Elias calou-se. Mateus, ante o relato, disse:

— Ora, ora, caro Elias, a jovem Aléxia Arquisius então é o teu amor secreto para nós? Vejam o que aconteceu nesta viagem! Eu reencontrei o amor de minha vida, a jovem Ana, que nos acompanhou com a tropa romana, e agora o amigo Elias também reencontrou o amor da sua vida. Penso que fatos como estes ocorreram pela vontade de Yahweh. Cabe-nos aguardar qual vai ser o desenrolar disto tudo. De minha parte, quero vos dizer que Ana está comprometida em casar-se com o filho do general e cônsul romano desta cidade. Desta forma, sei o desfecho da minha desdita. Contudo, quanto a ti, Elias, o futuro dirá as consequências do reencontro, por certo.

Após a notícia dada por Elias, mudando o foco da conversa, Mateus disse a Elias e a Shebir:

— Amigos, estou preocupado com meu pai. Vejo que ele chegou a Lugdunum com a saúde bem abalada e me tem reclamado de dores no peito e que seu coração tem batido aceleradamente. Conversei com nosso médico, e ele recomendou que nossa estadia por aqui seja maior do que os quarenta ou sessenta dias planejados, para que nesse tempo ele possa restabelecer-se por completo. Desse modo, procurarei as autoridades locais e pedirei permissão para comerciar vários produtos e adquirir outros até iniciarmos a viagem de volta.

XXXI

NOVO ENCONTRO DE ALÉXIA E ELIAS E NOVAS REVELAÇÕES

Já se tinha feito três dias após o reencontro com Aléxia. Elias foi, então, numa quarta-feira, à reunião no Núcleo Cristão de Lugdunum. Lá chegando, no início da noite, foi recebido pelo diákono Absalom, a quem se apresentou como membro da casta judia dos fariseus e disse:

— Minha família sempre frequentou o templo judeu em Jerusalém, e eu ando afastado em razão de conflitos pessoais. Nesta longa viagem que fizemos até Lugdunum, ouvi muitos relatos e ensinamentos que foram feitos por um jovem cristão de nome Shebir, integrante da caravana.

Acrescentando que o jovem deveria chegar mais tarde ali na reunião, em companhia do chefe caravaneiro, continuou:

— Os relatos sobre Yeshua de Nazareth encantaram-me, e aqui estou para aprender mais.

Absalom ouviu em silêncio e após disse:

— Sim, meu caro jovem, vieste ao lugar certo. Logo mais teremos nossa reunião e te apresentarei nosso Epískopo Irineu. Toma assento até que teus amigos cheguem.

Absalom retirou-se mais para os fundos da sala de reunião do Núcleo, que já recebia várias pessoas, que, pelos trajes, eram uma mescla de judeus, romanos e gentios.

Elias acomodou-se em um banco. A seguir, viu chegarem Mateus e o jovem Shebir, que o vendo, dirigiram-se até onde ele estava e se sentaram com ele. O público ia chegando e acomodando-se.

Dali a um tempo, Aléxia Arquisius, Dânia, Glaucius e o casal que trabalhava com eles chegaram e se acomodaram mais à frente. O templo já se achava lotado, quando, pela porta dos fundos, adentraram o Epískopo Irineu e os Diákonos Ápio, Odélio e Nicholas, os quais, juntamente com Absalom, tomaram assento em cadeiras da mesa dos trabalhos.

Elias não tirava os olhos de Aléxia, que, de quando em quando, olhava para trás e cruzava o olhar com o dele. Antes do início da atividade, os presentes foram surpreendidos pela entrada de três oficiais romanos vestidos com suas fardas, que se sentaram nas últimas fileiras de bancos. Tratava-se do Centurião Julius Atilius Galesus, do Centurião Antonius e do Decurião Servilius. Os presentes perceberam a chegada dos soldados romanos. Alguns ficaram curiosos, outros, preocupados.

Com a agitação provocada pela chegada dos oficiais romanos, Aléxia olhou para trás e seu olhar cruzou com o de Julius Galesus. Ligeiro tremor a assaltou e também um misto de surpresa e preocupação. Instintivamente elevou o pensamento a Yeshua e questionou mentalmente por qual motivo Yahweh permitia aquela ocorrência. Tinha se distanciado da atenção de dois homens que cruzaram seu caminho e deixaram marcas de suas presenças em seu coração, entretanto, agora o destino reunia os dois sob o mesmo teto, na Casa de Yeshua. Qual seria a razão daquele acontecimento? O que aconteceria dali por adiante?

Mergulhada naqueles pensamentos, nem percebeu que as atividades estavam iniciando-se. Buscou então prestar atenção. O Epískopo Irineu fez a saudação a todos os presentes:

— Senhores e senhoras, irmãos na nova fé cristã, vos saúdo em nome de Yeshua de Nazareth, nosso Sublime Messias. Sede bem-vindos a esta casa! Que Ele nos abençoe. Peço ao nosso irmão Nicholas proceder à leitura de um trecho dos ensinamentos de Nosso Mestre.

Nicholas, tomando de um dos rolos de pergaminhos sobre a mesa, desenrolou e, parando em uma parte, começou a ler em voz alta:

Posto que miríades de pessoas se aglomeraram a ponto de uns aos outros se atropelarem, passou Yeshua a dizer, antes de tudo aos seus discípulos:

Acautelai-vos do fermento dos fariseus, que é a hipocrisia. Nada há encoberto que não venha a ser revelado, e oculto que não venha a ser conhecido. Porque tudo o que dissestes às escuras será ouvido em plena luz; o que dissestes aos ouvidos no interior da casa será proclamado dos eirados.

Digo-vos, pois, amigos meus: não temais os que matam o corpo e depois disso nada mais podem fazer. Eu, porém, vos mostrarei a quem deveis temer. Temei aquele que, depois de matar, tem poder para lançar nas trevas exteriores. Sim, digo-vos, a esse deveis temer.

Não se vendem cinco pardais por dois asses? Entretanto, nenhum deles está em esquecimento diante de Yahweh. Até os cabelos de uma cabeça estão todos contados. Não temais! Bem mais valeis do que muitos pardais.

Quando vos levarem às sinagogas e perante os governadores e as autoridades, não vos preocupeis quanto ao modo por que respondereis nem quanto às coisas que tiverdes que falar, porque Yahweh vos ensinará naquela mesma hora as coisas que deveis fazer.

Após a leitura, Irineu disse:

— Amigos, os comentários da noite serão feitos por nosso irmão e diákono Ápio.

Este, a seguir, levantou-se e iniciou os comentários:

— Amados irmãos, chamo-vos de irmãos porque todos somos filhos de um único Senhor, que para nós é denominado Yahweh e que para outras pessoas ou outros povos tem nomes diferentes, mas é o mesmo e único Senhor, Criador de todas as coisas, e que, como Pai, nos deu a vida, e não somente isto, concedeu-nos os meios para que eduquemos nossa alma, com o conhecimento da Criação, e possamos ter a noção exata de nossa própria importância no contexto dela. Devemos extrair desses valorosos ensinamentos de Yeshua não somente orientações seguras, como também alertas severos para todos aqueles que, como nós, já conseguiram penetrar e entender um pouco essas verdades.

"Efetivamente, caros irmãos e irmãs, embora a maioria do povo ainda não conheça a mensagem da Boa-nova trazida por Yeshua de Nazareth, a realidade é que essa mensagem provoca em nossa mente e coração uma mudança radical de vida; uma completa revolução e renovação quanto ao nosso entendimento sobre o Criador, a Criatura, que somos nós, e o objetivo de nossas existências. Além disso, Yeshua alerta que aqueles que o seguirem nos propósitos e orientações que deixou devem lutar por se desprender dos maus pendores e submeter-se com resignação às dificuldades que ainda a vida nos apresenta, sejam quais forem, em prol da verdade e do bem comum, e isto fazendo por amor ao Pai e ao Filho. Diante dessa certeza, irmãos, podem os adversários do Cristo, em eventuais perseguições, nos tirar até a vida do corpo, mas não podem nos tirar as convicções nem a sabedoria, muito menos aviltar nosso reto pensamento e nossa decisão em seguir o Mestre com todas as forças de nossa alma, na direção da Casa de Yahweh.

"O Mestre nunca disse que haveriam facilidades, ao contrário, disse, certa feita, que quem desejasse segui-lo deveria tomar de sua própria cruz e segui-lo, ou seja, enfrentar todas as dificuldades da existência, consciente de que Ele é o Bom Pastor, e o Bom Pastor cuida das ovelhas do redil do Pai Celestial.

"Ante essas verdades imortais, e diante das situações em que a vida nos exigir o testemunho, devemos dá-lo com fé e confiança n'Ele, que garantiu, em outra ocasião, que serão bem-aventurados os aflitos, os quais Ele sempre consolará e aliviará. Diante disso, não deve importar muito quais sejam as dores, os sofrimentos, as desilusões, os desconfortos que se abatam sobre nós, pois quem encontrou o Cristo nada teme: nem a dor, nem a ingratidão, nem o desprezo, nem as ofensas, porque quem ama o Cristo Yeshua ama Yahweh, e por amá-los consagra sua própria existência Àquele que a concedeu. Tomemos tento em tudo isso e lutemos sempre pelo bem do próximo, porque, ao assim fazermos, estaremos agradando ao Pai e ao Filho. Muita paz aos irmãos."

Ápio sentou-se. O silêncio era grave no ambiente. Inclusive os oficiais romanos presentes estavam como que imóveis e pensativos. Terminada a reunião, vários ouvintes se dirigiram à frente para cumprimentar o Epískopo Irineu e o diákono Ápio. Aléxia, Dânia, Glaucius e o jovem casal continuaram sentados. O clima era de informalidade. Julius Galesus e os outros dois oficiais romanos dirigiram-se à frente, e Julius foi na direção de Aléxia para cumprimentá-la. Na chegada do centurião, Aléxia levantou-se. Havia ficado ruborizada. O centurião então disse:

— Olá, nobre Aléxia, contento-me muito em ver-te bem e vejo que tua beleza a cada dia se realça ainda mais.

Antes que Aléxia respondesse, Julius emendou:

— Apresento-te o Centurião Antonius, um velho amigo. Quanto ao Decurião Gregorius, tu já o conheces.

Antonius saudou Aléxia com um breve movimento de mãos, dizendo:

— Olá, nobre dama, já te conheço pelos relatos de Julius e vejo que as descrições que ele me fez sobre teus traços e tua beleza restam absolutamente confirmadas. Contudo, ele destacou-me que tua maior beleza está em teu bondoso coração.

Aléxia ruborizou-se ainda mais e a seguir respondeu:

— Nobre Centurião Antonius, o Centurião Julius é um homem atencioso e bondoso. Destacou-me, na realidade, o exterior, porém não viu meus eventuais defeitos, mas tenho que reconhecer que ele é um mestre de galanteios.

Todos riram, e ao rir, incontinente, Aléxia olhou para trás e viu que Elias a observava em clima de expectativa.

Houve um momento de ligeira tensão, que foi quebrado pelo Epískopo Irineu, o qual, após ter sido cumprimentado por várias pessoas, dirigiu-se ao grupo e disse em alta voz:

— Ora! Que alegria sinto ao ver a jovem Aléxia Arquisius e os demais amigos! — e olhou para os oficiais romanos.

Percebendo o olhar indagador de Irineu, Aléxia apressou-se a falar:

— Irmão Irineu, apresento-te ao Centurião Julius Atilius Galesus e seus amigos, o Centurião Antonius e o Decurião Gregorius. Julius e Gregorius me permitiram viajar com a tropa romana que comandavam e chegar a Lugdunum. Foram amigos que me auxiliaram muito e a quem sou devedora.

— Ah, muito bem! — disse Irineu. — Vejo que os nobres oficiais não só te auxiliaram, mas parece que se interessaram pela doutrina de Yeshua, ou estarei enganado?

Julius adiantou-se, dizendo:

— Sim, nobre senhor, interessei-me e estou interessado em conhecer os ensinamentos desse a quem chamais Yeshua, aliás, a nobre Aléxia deu-me uma rápida informação sobre o trabalho e a vida d'Ele, o que muito me impressionou. Daí a razão de estar aqui. Já meus amigos Antonius e Gregorius apenas me acompanham, a convite.

Enquanto Julius falava, Elias, Mateus e Shebir se aproximaram do grupo e, quebrando o clima da conversação, Elias, interrompendo o colóquio, disse:

— Com licença, nobres senhores, gostaríamos de cumprimentar o irmão que fez o comentário e também a nobre Aléxia.

A tensão novamente tomou conta do momento. O Centurião Julius, dirigindo-se a Elias, disse:

— Nobre senhor, já estou na cidade há vários meses e não me lembro de ter-vos conhecido. Vós sois morador?

— Não, não sou, nobre oficial — respondeu Elias. — Sou um trabalhador da caravana do senhor Mateus ben Josepho, que aqui está conosco — disse apontando para Mateus. — Nossa caravana está instalada nas cercanias da cidade e, como judeus ligados às tradições do nosso povo, viemos até este templo cristão porque, apesar das diferenças que existem entre os judeus e os cristãos, para minha pessoa, como Yeshua de Nazareth era judeu, tenho também me interessado pelos ensinamentos que Ele espalhou. Ademais, pelas vias do destino, após muito tempo, reencontrei a nobre Aléxia, a quem tive a oportunidade de conhecer em Roma, onde ela vivia. Conheci também seu pai, o Senador Apolônio.

Elias calou-se. Aléxia continuou ruborizada. Julius percebeu a reticência da jovem, mas nada falou. O Epískopo Irineu, percebendo a tensão no ar, interrompeu a conversa e falou:

— Ora, que alegria imensa ver que a Casa do Senhor é frequentada por cristãos, judeus e romanos. Com certeza Yeshua se alegra por ver que seus ensinamentos despertam esse interesse.

Fazendo visível esforço e com a voz um pouco débil, Aléxia disse:

— Oh, sim, senhores! Conheço o irmão Elias. Meu pai inclusive tinha muita simpatia por ele, contudo, com a prisão de meu pai, tudo mudou. Tive que sair de Roma e nem sequer me despedi do senhor Elias, mas vejo que, ao reencontrá-lo, ele continua com a mesma simpatia de antes.

Mais algum tempo de conversas, e em certo momento o Centurião Julius disse a Aléxia:

— Nobre senhora, pretendo visitar-te em tua herdade. Tenho importante comunicação para fazer a respeito de notícias que chegam de Roma. Pergunto se podes receber-me amanhã. Penso que estas notícias não devem ser demoradas. Indago se consentis nesta proposta.

Aléxia, querendo encerrar a conversa a fim de que aquele momento passasse, respondeu:

— Sim, nobre centurião, aguardar-vos-ei amanhã.

O centurião, fazendo uma deferência, disse:

— Agradeço tua bondade em nos receber.

A seguir, com os dois oficiais, despediram-se de todos e se foram.

Irineu conversava com Mateus, Shebir e Elias. Este se dirigiu a Aléxia e falou:

— Boa Aléxia, eu também preciso falar-te. Primeiramente peço perdão se fui de alguma forma descortês com o oficial romano e também peço permissão para ir até a tua herdade depois de amanhã. Poderei ir?

Aléxia, surpreendida pelos dois pedidos, também assentiu na visita de Elias. Dânia, Glaucius e o rabino Eleazar tudo ouviram sem nada falar. Elias, Mateus e Shebir então se dirigiram ao rabino, que agora conversava com o Epískopo Irineu. Após mais algum tempo, depois das despedidas, todos voltaram aos seus afazeres pessoais e às suas moradas. Aléxia e os demais iriam pernoitar nas dependências do Núcleo e bem cedo rumariam para Raio do Sol.

No dia seguinte, após o desjejum, foram para a herdade.

Após o meio-dia, dois cavaleiros romanos entraram na herdade de Aléxia: o Centurião Julius Galesus e o Decurião Gregorius. Recebidos na sala grande da casa por Aléxia, Dânia, Glaucius e o Rabino Eleazar, os visitantes foram acomodados. Após saudá-los, Aléxia indagou:

— Nobre Centurião Julius, o que tendes a falar pode ser falado na presença destes amigos?

— Sim, sim, boa Aléxia — respondeu Julius. — Pode e penso até que assim deve ser. Eventual outro assunto para falar contigo pessoalmente, pedirei que me concedas breve tempo quando formos nos despedir.

Aléxia assentiu com a cabeça. Todos acomodados, o centurião retomou a palavra:

— O motivo de nossa conversa é mesmo muito preocupante. As notícias que nos têm chegado à Intendência Romana, que têm vindo diretamente de Roma, das províncias da Hispânia, da Itálica, da Germânia e da África, dão conta de que o Imperador Septimius Severus, provocado pelo Senado romano, autorizou se estabelecer nas províncias o recadastramento de todos os cristãos e Núcleos de Ofício Cristão sob os domínios do Império, e determinou que todos os cristãos em idade adulta prestem homenagem religiosa aos deuses de Roma, sob pena de, não o fazendo, serem presos, seus bens confiscados e serem levados aos circos do Império. Ainda há três dias nosso cônsul recebeu a bula imperial com essa determinação. Já participei de reunião em que as ordens do Cônsul Triário Materno foram claras e duras, ou seja: todos os cristãos de Lugdunum e da província lugdunense devem ser recadastrados e submetidos a prestar culto aos deuses de Roma, e ainda colocará os Núcleos Cristãos sob proibição de reuniões públicas. Revelo-te que há, nas fileiras dos exércitos de Roma, muitos simpatizantes do Cristianismo, como eu e meu amigo Gregorius, porém tememos pela vida dos cristãos e, por conseguinte, pelas vossas.

A notícia causou grande impacto. Aléxia ficou em silêncio e, ao fazê-lo, sentiu um calafrio lhe percorrer a espinha. Sem querer, olhou para a entrada da sala e com os olhos da alma viu o Espírito do Senador Apolônio ladeado pelo Espírito de um general romano, o que a deixou curiosa. Retornou a vista na direção de Julius Atilius e falou:

— Nobre Centurião Julius, sinto que tua notícia é mesmo muito grave. Devo confessar que certa angústia me invade a alma. De fato, se as situações estiverem assim se concretizando, como nos informa, por certo os ventos carregados de incertezas trarão no seu bojo as nuvens negras da tempestade moral negativa que novamente vai se abater sobre Roma, e com ela trarão também os gemidos de quantos, por amor à verdade, a Yahweh e a Yeshua, serão marcadas pela dor dos testemunhos. A respeito disso, pergunto:

— Não há o que fazer? Uma delegação de cristãos não poderia ir diretamente ao imperador para esclarecer a verdade? Lugdunum, pelo que nos narrou o Epískopo Irineu, já verteu o sangue de muitos cristãos inocentes. Esta terra está manchada pela morte de muitos justos e será que Roma quer continuar a vil perseguição de outrora?

Aléxia silenciou.

Julius Galesus, enquanto Aléxia falava e gesticulava, mesmo naquele momento grave, parecia se ausentar do ambiente, embevecido que estava pela imagem, beleza, caráter e firmeza de Aléxia. Já havia por diversas vezes consultado seu coração, e uma incômoda certeza já eclodira a tempo: amava Aléxia com todas as forças de sua alma. Aléxia percebeu o olhar apaixonado de Julius, e aquilo a incomodou, porque mesmo tendo revisto Elias, sentia que a presença de Julius mexia muito mais com os seus sentimentos de mulher, e previu, mesmo que por instantes, que talvez ela fizesse Elias sofrer ainda mais do que já tinha sofrido com a anterior separação. Afastou aqueles pensamentos e ajustou com Julius da necessidade de se comunicar imediatamente ao epískopo cristão Irineu. Combinaram que o fariam juntos, na noite do dia posterior.

O resto da visita serviu para aproximar um pouco mais Julius de Aléxia. O final do dia chegou. O centurião e seu amigo Gregorius se despediram e retornaram à cidade.

Na noite do dia seguinte, encontraram-se no Núcleo Cristão, pois tinham o objetivo de conversar com Irineue e colocá-lo a par da gravidade da situação. Ao final das atividades, reuniram-se e o Centurião Julius fez o grave comunicado, desta feita, a Irineu, dizendo, inclusive, que temia pelo fechamento do Núcleo e até pela prisão dele próprio, Irineu. O epískopo de Lugdunum tudo ouviu em silêncio, e após disse aos presentes:

— Caros irmãos e amigos, de fato a notícia que o nobre centurião nos traz é gravíssima. Sempre anelei pregar os ensinamentos de Yeshua em clima de paz, mesmo nesta terra de tantos mártires cristãos, entretanto, como nossos líderes cristãos do passado já anunciavam, as forças do mal têm trabalhado intensamente para que a mensagem da Boa-nova se ressinta dos ataques por elas organizados, para que os ensinamentos de Jesus deixem de ser a bandeira do mundo novo. O mal que é desvelado no mundo não é de responsabilidade de Yahweh, porque Ele é a perfeição, mas sim fruto das escolhas e opções desordenadas do homem. Sendo todo homem livre nos seus atos, pelo uso que faz da vontade a que podemos chamar também de livre-arbítrio, será sempre igualmente responsável por eles, portanto colherá o que plantou, pois isso é da Lei.

"Ao Yeshua dar a seus apóstolos e discípulos poder e discernimento para que fizessem os homens caminharem pelo bem até Yahweh, por certo que isto somente acontecerá pela vontade própria de cada criatura humana, que necessita amar a Yahweh, a si e ao próximo como a si mesmo. Ante esta grave notícia, precisamos redobrar nossas orações e confiar no Pai Celestial. Ainda assim, se porventura estiver em nossos desígnios o sofrimento em honra e glória da sua mensagem, que nos foi trazida por Seu Filho Yeshua, então, que soframos com resignação.

XXXII

RECRUDESCÊNCIA TOTAL DA NOVA PERSEGUIÇÃO DE ROMA AOS CRISTÃOS

– A PRISÃO DE IRINEU DE LUGDUNUM

A partir do ano 200 d.C., os pregadores cristãos já haviam atingido distâncias extraordinárias, mesmo fora das fronteiras do Império Romano. Na Mesopotâmia, na Índia, em parte da África e parte da Ásia Central chegaram os pregadores da Boa-nova. Igualmente em toda a Germânia, Anatólia, Acaia, Itálica e Hispânia. Assim, os povos iam recebendo os maravilhosos ensinamentos do Evangelho de Yeshua. Eram plantadas as sementes que deveriam desabrochar no futuro.

Em Alexandria, um filósofo da escola estoica da Grécia, Panteno, que se convertera ao Cristianismo, havia já há muitos anos fundado uma escola para ensinar o pensamento do Cristo, onde novos cristãos surgiram: Orígenes, Atanásio e Cirilo.

A partir da nova decisão do Imperador Septimius Severus, tudo mudou completamente, e a situação da continuada divulgação da mensagem do Cristo em todo o Império Romano tomava outro rumo, eis que, além da obrigatoriedade de os cristãos terem que prestar sacrifícios a Roma, ao imperador e aos deuses romanos, exigência que fora reinstituída, somada às condutas negativas de alguns outros imperadores que o antecederam. Severus proibiu, por decreto, a conversão de romanos e de outros povos conquistados ao Cristianismo.

Novo e terrível período de perseguições mais acentuadas se havia instalado. Desse modo, no início do ano de 201 d.C., novas prisões e novos sacrifícios de cristãos se espalharam pelas províncias do Império. Na África, uma cristã e pregadora do Evangelho, Víbia Perpétua, que era uma patrícia romana, portanto da classe abastada, por ter-se declarada cristã, foi presa, humilhada e ridicularizada, violentada na sua intimidade, açoitada e passada a fio de espada pelo carrasco no Circo Romano. Seus companheiros de crença foram mortos pelas feras na arena. Potamina, jovem cristã, foi lançada com sua mãe em uma caldeira cheia de betume inflamado. Verdadeira caça aos cristãos foi estabelecida em toda a Anatólia, principalmente. Os cristãos passaram a ser considerados agora, com mais veemência, como estranhos e maléficos ao Império. A jovem cristã Cecília, pretendida por muitos aristocratas romanos, por nada traiu sua paixão pelo Cristo, por isso, após ter sido presa, foi colocada numa sauna para morrer, porém, não morrendo, foi decapitada. O jovem cristão Tarcísio, que levava pão e consolo aos doentes, foi preso e lapidado até a morte.

As cristãs de Alexandria: Marcela e sua filha Potamiena, que se destacavam no trabalho de caridade aos mais necessitados e falavam para eles da grandeza de Yeshua e de Sua Mensagem, também foram presas e executadas da mesma forma que Víbia Perpétua, contudo, o oficial romano Basílides, que recebeu ordens de Roma para presidir a suas execuções, acabou por converter-se ao Cristianismo, eis que Potamiena, ao ser executada, disse a Basílides:

Rezarei por ti ao meu Senhor, para que ele recompense o bem que nos fizeste, libertando-nos para a imortalidade com o Cristo.

Ante sua conversão, algum tempo depois ele foi preso e lhe foi concedida a chance de manter-se vivo, pois, como romano, deveria prestar juramento aos deuses de Roma e ao imperador. Entretanto, quando conduzido à morte na arena romana, ao ser inquirido pelos juízes de Roma se continuaria defendendo as ideias absurdas do Cristianismo ou se prestaria novamente homenagem aos deuses de Roma, olhou para um dos juízes, de nome Marcus Prantianus, e disse:

— Senhores juízes de Roma, embora vossa oferta, quero dizer que sim, sou um cidadão romano. Nasci em Roma e sempre vivi com Roma no meu coração. Honrei o uniforme de legionário e oficial do Império; sempre obedeci às ordens de meus superiores, contudo, às ordens justas. Entretanto, no momento em que recebo o tacão da imposição do Império, que pretende manietar o meu pensamento e a minha consciência, respondo que não jurarei aos ídolos de Roma, porque já faz algum tempo que não mais acredito neles, eis que avalizam a maldade como ação, a dor como reação e a desesperança trazendo o desespero a muitos, que se banham no rio da decepção ao ver uma nação tão poderosa semear tanta desgraça! Não fosse somente por isso, digo a vós que já sou sim cristão e me disponho a pagar com minha vida por esse ato libertário da minha consciência carregada por crimes a mando da tirania.

"Morrerei, é certo, mas já aprendi que a morte é a passagem para a verdadeira vida e que ao entrar nela me libertarei, enquanto vós ficareis aprisionados no casulo escuro em que se transformaram vossas consciências, turbadas pelo lamaçal dos equívocos, e não tereis paz, porque a paz é conquista interior!

"Peço a Yeshua de Nazareth, a quem entrego a minha vida, que, sob a tutela de sua bondade, possa interceder junto a Yahweh em favor deste simples soldado, mas que Ele se apiede da dureza dos vossos corações."

Com um ar soberano, altivo e sorrindo, o oficial e centurião de Roma Basílides, sob as ordens superiores, foi decapitado.

As perseguições progrediam, e Septimius Severus mandou prender Victor, o epískopo geral do Núcleo Cristão de Roma, e mandou colocá-lo a ferros nos calabouços do Coliseu.

Em meio a uma enxurrada de prisões, o Epískopo Irineu, sem temer e confiando nos desígnios do Mestre Yeshua, fez publicar, em meados do ano 201 d.C., uma epístola sinódica, em nome de todos os Núcleos Cristãos da Gália Lugdunense e da Ásia Menor, inclusive da Anatólia, na qual destacou a fundação, pelos Apóstolos Simão bar Jonas e Paulo de Tarso, do Núcleo Cristão de Roma, fazendo a seguinte referência:

— Mas visto que seria bastante longo listar, numa obra como esta, as sucessões de todos os Núcleos Cristãos, limitar-me-ei ao Núcleo fundado e constituído em Roma pelos dois gloriosíssimos trabalhadores do Cristo: o Apóstolo Simão bar Jonas e o valoroso discípulo Paulo de Tarso, e, indicando a sua tradição recebida dos apóstolos e a nova fé anunciada aos homens, que chegou até nós pela sucessão dos epískopos, refutaremos todos aqueles que de alguma forma, quer por enfatuação ou por vanglória, quer por cegueira ou doutrina errada, reúnem-se prescindindo de qualquer legitimidade e buscam semear doutrinas estranhas no seio da Mensagem lúcida e libertadora que nos foi legada pelo Cristo Yeshua. Com efeito, deve-se necessariamente estar de acordo com a tradição apostólica dos tempos do Mestre, por causa da sua autoridade promovente, isto é, porque todos os Núcleos e todos os fiéis de todos os lugares nela sempre conservaram, de maneira especial, as verdades que vieram de Yahweh.

Esse zelo de Irineu pelo vero Cristianismo acabou por destacá-lo ainda mais perante a comunidade cristã do Império, e o alarde das notícias de sua obra foi objeto de viva contrariedade por parte do Senado e do Imperador Severus, que determinou ao cônsul romano de Lugdunum a prisão imediata do Epískopo Irineu. O Centurião Julius Atilius Galesus, sob forte tensão, foi designado pelo cônsul romano de Lugdunum, juntamente com o Centurião Antonius, a proceder à prisão do epískopo de Lugdunum, ordens que foram cumpridas com muito pesar pelo Centurião Julius.

Antes do final do ano de 201 d.C., o imperador determinou que o epískopo geral de Núcleo de Roma, Victor, fosse executado na arena do Coliseu.

A seguir, foram presos os cristãos Plutarco e Serenus, Heron e Heráclides, todos convertidos ao Cristianismo, e que foram, naquele ano, decapitados a mando do imperador.

Outro cristão que se destacava em pregar o Cristianismo na região do Oriente, Alexandre de Jerusalém, também foi preso por ordem de Roma.

Após a prisão do epískopo Irineu, que com serenidade seguiu as ordens do Centurião Julius, dizendo-lhe que não se penitenciasse, porque estava cumprindo ordens de seu superior, o clima em Lugdunum entre os cristãos era de consternação. Aléxia, os diákonos do Núcleo e os amigos de Irineu estavam por demais abatidos. Tudo acontecera muito rápido.

A caravana de Mateus ainda permanecia em Lugdunum, e um infausto evento veio a acontecer, eis que o pai de Mateus, o velho Rabban ben Josepho, extremamente desgastado pela longa viagem e com a saúde há muito debilitada, acabou por falecer, quando estava dormindo, eis que pela manhã, ao ser chamado por Mateus, este percebeu que ele tinha entregue sua vida a Yahweh. Mateus ficou muito entristecido e abatido, pois amava seu pai, que para ele sempre foi um exemplo de retidão. Auxiliado por Elias, Shebir e os amigos do Núcleo Cristão, tomou as providências para o sepultamento ali em Lugdunum, cujas orações diante do túmulo foram feitas pelo ex-rabino Eleazar, que era amigo do velho Rabban ben Josepho.

Os dias se seguiram. Certa noite, reunidos no Núcleo Cristão de Lugdunum, os diákonos Ápio, Nicolas, Absalom e Odélio, juntamente com Aléxia e os dois casais que residiam em sua herdade e ainda o ex-rabino Eleazar, mais a presença de Mateus ben Josepho, do jovem Shebir e ainda de Elias, após a oração que foi feita pelo diákono Ápio, passaram a comentar os terríveis, estranhos e apressados acontecimentos, quando Shebir dirigiu-se a todos e pediu permissão para falar, antes dizendo que as orientações viriam das moradas celestes. Após o silêncio feito por todos, a feição de Shebir modificou-se e então ele começou a falar:

Amados irmãos, saúdo-vos em nome de nosso Mestre Alcandorado e de nosso Pai Celestial. Nestes momentos de dor e apreensão, divisamos a chegada do tempo de novos sacrifícios e de novos testemunhos. O Mestre nunca disse que trabalhar na Vinha do Senhor da Vida ofertaria recompensas e contemplações terrenas engolfadas pelo clima único e permanente das satisfações materiais, que são passageiras. Antes, o Mestre nos orientou que o homem não pode gozar de perfeita liberdade da alma enquanto não renunciar a si mesmo, porque todos os tiranos, os déspotas, os ricos egoístas, os cobiçosos, os que gostam de vaguear buscando sempre as delícias dos sentidos mundanos, estes jamais terão sossego enquanto suas almas não se voltarem para Yahweh, pois o que não vem do Criador perecerá.

O filho dileto do coração do Pai Celestial é aquele que não receia as dificuldades, antes as enfrenta como aprendizado; não desanima na caminhada, antes se esforça por encontrar o caminho que o leve à Casa do Pai, de forma segura, para o que precisa se desprender de muitos equívocos do comportamento, que ainda o maculam, principalmente dos vícios morais.

Para atingir as culminâncias das moradas celestes, a criatura deve tornar-se sábia no sentido de se instruir na vida espiritual, para colocar-se acima das inconstâncias da existência terrena, não se preocupando somente consigo e nem de que parte sopram os ventos da instabilidade, mas concentrando todo esforço da sua alma no devido e almejado fim, já decantado pelo Mestre Yeshua: Amar a Yahweh, e ao próximo como a si mesmo, através da prática continuada do bem.

Diante da sabedoria do Mestre Nazareno, desaparecem os sábios do mundo e os amantes da carne e do poder. Nos primeiros se enxerga muita vaidade e nos últimos, a morte; os que, porém, seguem o Mestre, desprezam o mundo, mortificam os prazeres mundanos e não temem a morte, estes são os verdadeiros sábios, porque trocam a vaidade pela verdade e a carne pelo espírito. Estes são os que se entregam ao fanal de servir, sem esperar retribuição, por amor a Yahweh, e tudo quanto acham de bom nas criaturas referem à glória do Criador.

Nestes momentos de apreensão e testemunhos, purificai, iluminai e vivificai vossas almas com todas as forças, para que vos preencha os transportes da alegria e, sob a superação do tempo, haverão de vir os momentos ditosos em que vos havereis de saciar com a presença e o amor de Yeshua. Perseverai no bem, sempre! Mesmo que para isso vos tomem o corpo, porque quem assim procede não se aprisiona no mal, será o santuário das glórias e encontrará refúgio no Senhor da Vida.

Lutai e confiai! Yeshua venceu o mal e a morte, e vós sereis os seus ilustres seguidores e também vencedores. Rogo para vós as bênçãos do Mestre Amado. Abraça-vos o vosso irmão Acádio.

O clima espiritual da sala era maravilhoso e os presentes se reanimaram. Após mais alguns breves comentários feitos por Aléxia, resolveram que continuariam unidos e de alguma forma intercederiam o quanto pudessem junto às autoridades romanas pela libertação do epískopo de Lugdunum.

XXXIII

ORIENTAÇÕES NA CIDADE DA FÉ

Embora a manifestação de coragem do Governador Acádio, quando da reunião no Núcleo de Lugdunum, a realidade é que a comunidade cristã continuava sobressaltada. Os mais antigos traziam a lembrança de narrativas e da presença de anteriores perseguições romanas, quando inúmeros cristãos haviam banhado com sangue a arena do circo romano das terras da Gália Lugdunense. O circo de horrores que já se tinha ali montado anteriormente assistira a fiéis servidores de Yeshua indo para o sacrifício, cantando hinos de amor a Yahweh, ofertando seus testemunhos, sem se apartar de suas *trajetórias para o Cristo.*

Após terem ouvido as orientações de Acádio, certa noite, novamente reunidos, os seguidores do Inesquecível Messias, dentre eles os diákonos do Núcleo, conversavam sobre a possibilidade de se conseguir um meio para libertar Irineu da injusta prisão. Embora tivessem orado e pedido inspiração, não conseguiram localizar uma forma de convencer o Governador e Cônsul Triário Materno a libertar o epískopo.

Após a reunião, foram para o repouso, ainda em aflição. As horas noturnas se faziam altas, quando um grupo de Espíritos dirigidos por Estêvão, dentre eles os trabalhadores da cidade espiritual Nova Roma, o General Lucinius Verus Aquilinus e seu auxiliar Gabinius Marcus Sulpicius, dirigiram-se às casas na busca dos trabalhadores do Núcleo, a fim de levá-los até a Cidade da Fé, onde receberiam orientações relativas àquele momento difícil da comunidade cristã de Lugdunum.

O Grupo, ao lá chegar, foi levado para o auditório central. Os epískopos Ápio, Absalom, Nicholas e Odélio, e Aléxia Arquisius, juntamente com o jovem Shebir, os quais já eram acostumados ao desdobramento do corpo, adentraram o recinto em oração. Perceberam que o local estava quase que totalmente lotado.

Eleodora, a auxiliar do governador, foi quem recebeu a equipe e foi encarregada de acomodar os visitantes. Shebir estava extasiado com o que via, igualmente Aléxia, embora esta já tivesse estado na Cidade da Fé e tivesse conversado com o Governador Acádio. Tanto Shebir como Aléxia tinham tido um impacto de curiosidade ao ver três Espíritos romanos trajados com a indumentária do exército de Roma ao lado de Estêvão. Após as orientações de Estêvão, que lhes captara o pensamento, compreenderam o motivo e inclusive tiveram o conhecimento de pormenores sobre a cidade espiritual de Nova Roma.

A reunião ia começar. Em uma mesa no elevado, em forma de meia-lua, destacava-se a presença do Governador Acádio e de Paulo de Tarso; dos Apóstolos Simão bar Jonas, João e Tiago Maior, além de Inácio de Antioquia. A luz ficou mais fraca e o Governador Acádio, saudando a todos, pediu a Inácio que os conduzisse em prece. O servidor do Cristo iniciou a orar:

Amado Yeshua, reunimo-nos novamente em teu nome, nestes momentos em que teus servidores ainda na carne recebem o opróbio, a injustiça e são aviltados em suas intimidades.

Bem sabemos, oh, Mestre!, que aqueles que escalaste e marcaste como teus fiéis servidores não haveriam de ter vida contemplativa, antes, suas vidas seriam eivadas pelas lutas redentoras e permanentes, e que eles devem doar o melhor de suas almas em prol da continuidade da divulgação dos teus maravilhosos ensinamentos, que se traduzem, bem sabemos, e disso temos encontrado incontáveis testemunhos, em luz para a Humanidade do presente e do futuro, enfim, para as almas que transitam na Terra.

Como ontem, na janela do tempo, estendeste tua mão amiga e protetora na direção dos primeiros heróis da divulgação da Boa-nova, permitimo-nos rogar-te estendas tua proteção em favor dos teus trabalhadores que estão lutando na Terra de hoje, e que, em várias partes do

Império orgulhoso e irascível, têm sofrido as injustiças por teu nome, e, bem assim, em favor do nosso amigo, o Epískopo Irineu, que tem lutado para que tu resplandeças sempre, acima de todas as injunções humanas. Embora estejamos certos da vida de dedicação à tua causa, disposta por nosso amado epískopo de Lugdunum, somente tu e nosso Pai Celestial é que sabeis qual o sacrifício esperado daqueles que se candidatam em vos servir sem temores e que se submetem, resignados, aos vossos desígnios.

Embora nossas preces sejam de intercessão a favor da libertação de nosso epískopo, temos consciência de que imperará sempre a tua vontade, porém, ousamos pedir que abençoes o amigo e todos aqueles que têm lutado pela continuidade da divulgação de tua mensagem de amor e luz. Rogando-te bênçãos para toda a comunidade cristã que luta, vigia e ora para que o teu Evangelho, que é o Evangelho do Pai Celestial, continue a ser conhecido além de todas as fronteiras possíveis.

Assim seja.

Após a prece de Inácio, o Governador Acádio levantou-se e iniciou a falar:

Amados irmãos em Cristo Yeshua! Há momentos em que todos nós precisamos reflexionar sobre as circunstâncias que nos acolhem a alma. Este é um momento muito grave na Terra, em que Espíritos que não toleram a presença do Messias e Libertador continuam a associar suas mentes a Espíritos que já não aceitavam a presença do Mestre na Terra, e que continuam dando vazão a influências espirituais negativas, procurando combatê-lo a todo custo, por essa razão buscam induzir ao erro aqueles que têm procurado enxergar a lúcida verdade de que Yeshua é o Filho designado pelo Senhor da Vida para trazer os ensinamentos do Pai Celestial a todos os demais filhos que Ele criou e colocou na Terra, objetivando o aprendizado para a descoberta do caminho que os levará de retorno à Casa do Pai.

Já se passaram, na Terra, quase dois séculos de lutas tenazes em prol do estabelecimento do que chamamos de 'O Evangelho do Messias'. Embora as perseguições, a vitória do bem e da querida mensagem do Mestre se tem feito, talvez não com a clareza e crescimento esperado, mas dentro do possível. Hoje se fala em Yeshua no Oriente, na Ásia, na África, na Anatólia toda, na Acaia, em todas as províncias romanas e além-mar.

Os ventos da cristandade continuam a soprar em todas as direções, em que pese o concerto maléfico dos Espíritos equivocados, que não sossegam e insuflam a insensatez dos poderosos e dos que se imiscuem dentro dos Núcleos Cristãos para abafar e distorcer o verdadeiro ensinamento do Messias. São irmãos cujas mentes espirituais estão em desalinho, por isso, buscando estabelecer estratégias de combate à luminosa Verdade que se expande, daí a recrudescência do egoísmo e do orgulho vãos, das prisões, dos açoites, das mortes que ainda são colecionadas nos circos da ignorância.

Trouxemo-vos aqui para vos dizer que não deveis temer aqueles que pretendem vos tirar os bens materiais e o corpo carnal, vestimenta passageira do Espírito imortal. Antes, agradecei por ser contados entre aqueles que amam o Cristo e o próximo, e sobretudo amam Yahweh. Perseverai em vossas preces e atos de benemerência e em vossos sacrifícios, mirando-vos no exemplo de heroísmo daqueles que jamais tergiversaram em nome do Filho e em nome do Pai.

Os Espíritos do Senhor se encontram a postos, seja onde for, para auxiliar e consolar, socorrer, servir e amar. Entregai vossas expectativas a Yeshua e tende confiança, e se para servir com afinco o Mestre vos pedir o sacrifício da vida física, entregai-lhe a dádiva do Senhor, como presente ao seu inefável e imensurável amor, e marcareis vossas almas com o sinal do triunfo do bem sobre o mal.

Muita paz a todos.

Após a fala do governador e após a prece final que foi proferida pelo Cireneu Paulo de Tarso, todos se abraçaram. Aléxia, Shebir e os diákonos de Lugdunum exultavam. Logo a seguir, Estêvão e os amigos romanos levaram os convidados de retorno ao corpo físico.

XXXIV

A CONTINUIDADE DA PERSEGUIÇÃO AOS CRISTÃO

– A DOCE MENSAGEM DE MARIA DE NAZARETH

Após terem acordado no corpo, Aléxia, Shebir e os diákonos Ápio, Absalom, Nicholas e Odélio, cada um a seu modo, conservavam vivas lembranças da reunião havida na Cidade da Fé, e se sentiam mais fortalecidos.

À noite, reunidos no Núcleo, por sugestão de Aléxia, os diákonos foram conversar com o chefe da guarda do governador provincial, que agora era o Centurião Julius Atilius Galesus, contudo, apesar do visível esforço do centurião, o cônsul e governador provincial nem sequer lhes permitiu discutir a prisão de Irineu.

As ocorrências com novas prisões de vários outros cristãos, no reinado de Septimius Severus, cada dia mais pareciam enfraquecer a comunidade do Cristo, a ponto dos cristãos se referirem ao imperador como um anticristo, um verdugo implacável.

Esses cometimentos, por certo, haveriam de ser sucedidos por novas reuniões convocadas na Cidade da Fé.

O Governador Acádio, com o auxílio direto de Simão bar Jonas, Paulo de Tarso e Inácio de Antioquia, agora contando também com o auxílio de Policarpo de Esmirna e dos demais convidados, reuniram-se novamente no grande auditório central. Havia no ar um clima de expectativa.

O Govenador, abrindo a reunião, após belíssima prece feita por Paulo de Tarso, a seu pedido, disse aos presentes que havia recebido de moradas celestes mais elevadas a informação de que Yeshua enviaria novas orientações a todos e que, para o gáudio dos presentes, essas orientações seriam trazidas por sua mãe, Maria de Nazareth.

O auditório estava repleto de almas devotadas ao Cristo. Música intraduzível e maravilhosamente encantadora se fazia ouvir. Todos, circunspectos, oravam, e as vibrações que expandiam das mentes dos Espíritos presentes criavam uma aura de energias sutis que se espalhavam pelo ambiente, formando em torno do auditório uma espécie de cortinado prata que envolvia todo o ambiente e causava sentimentos de alegria, euforia e paz em todos.

O Governador Acádio, quebrando o silêncio, disse em voz pausada:

— Amados irmãos, reunimo-nos neste recinto de paz, concórdia e fraternidade para ouvirmos a representante de Nosso Senhor e Mestre Yeshua, a Mãe das Mães. Estamos com os corações em festa. Nos abençoem Yahweh e Yeshua, e fiquemos concentrados em pensamentos de amor.

Dito isso, o governador silenciou.

As luzes, em tonalidade azul-lilás, foram diminuídas, ficando o ambiente em suave penumbra. A enorme tela na parede, atrás da mesa da direção da atividade, de cor branca, de repente foi iluminada em matiz prata com um fundo esverdeado suave, e todos os presentes puderam ver extensa campina, com relva rasteira em verde um pouco mais forte. Plantas em várias tonalidades, entre o lilás, o azul, o branco, o verde e amarelo suave, pequenas e médias, tinham em seus centros flores diversas com desenhos e formas nunca vistos. Algumas se assemelhavam a açucenas, a flores de amêndoa e aos lírios que existiam ao longo do vale do rio Jordão, contudo, extraordinariamente mais lindas e perfeitas; rosas brancas, amarelas, azuis e de suave vermelho, as rosas de Sharon. Aves pequenas e lindas, com plumagens de cores alegres e suaves podiam ser vistas riscando os ares, naquela tela gigante, em voos assimétricos e maviosos.

O conjunto de matizes da cena compunha um concerto organizado pela Divindade. Aves de tamanhos maiores voavam em formação e, ao baterem suas asas, emitiam notas musicais de uma sonoridade maravilhosa que se completava com a música do ambiente em perfeita harmonia. Os presentes tudo viam e ouviam sob o guante da mais viva emoção. Era um concerto no qual não se via o maestro, porque este era a própria Natureza, que vestia o local.

Todos estavam em estado de êxtase sadio e não tiravam os olhos da tela, quando começaram a ver, ao fundo, uma estrada em meio à relva e vários anjos, com vestimentas pérola-azuladas, fisionomias belíssimas, que caminhavam na direção dos presentes, ladeando a estrada. À medida que iam tornando-se mais visíveis, todos puderam ver que no meio deles vinha uma mulher de beleza simplesmente impressionante e simplesmente intraduzível, vestida com uma túnica branca que brilhava e emitia pequenos jatos de luz em seus contornos, trespassada por uma espécie de xale azul um pouco mais escuro, que cobria os ombros e que também brilhava às vistas.

Seus cabelos, de um castanho mais dourado, divididos ao meio, davam um contraste extraordinário com a conformação do rosto, tão perfeito como nunca se tinha visto. Sua face, mãos, cabelo, principalmente na altura do seu coração, tudo estava envolto em luz suave entre a cor prata e o azul-safirino, que se expandia criando um halo permanente que se irradiava em torno de todo o seu corpo.

Maria de Nazareth, junto com os anjos que a acompanhavam, veio caminhando vagarosamente pelo centro da estrada, que era revestida por uma espécie de tapete em verde-claro. Parecendo no embalo da maravilhosa música, veio chegando mais perto, até chegar bem próximo do centro da grande tela. Ninguém conseguia tirar os olhos do Anjo da Maternidade Sublime.

A um suave e delicado gesto seu, os acompanhantes se sentaram na relva, em seu derredor. Ela continuou em pé, olhou para todos e sorriu, um sorriso nunca antes visto de tão belo que enlevava a todos, e com voz maviosa, de sonoridade cândida, delicada e belíssima, começou a falar aos presentes, e ao falar, algo por demais interessante ocorria.

Sua fala era musicada, não como um canto, mas suas palavras pareciam conter acordes musicais suaves, então ela disse:

Meus filhos do coração!

A alegria do reencontro com muitos que aqui estão enternece-me a alma! Vejo, com saudade amorosa, permanente, os inesquecíveis Inácio, João, Simão, Tiago, André, Filipe, Bartolomeu, Paulo, Lucas e tantos outros com os quais convivi na Terra. A saudade, meus amados, traduz-se na dádiva manifestada do amor que nos uniu, nos une e continuará a nos unir pelos evos.

Carrego comigo as lembranças dos tempos das lutas e dos sacrifícios em que, por amor a Yahweh e a Meu Filho, Yeshua, através dos vossos esforços, impulsionastes vossas almas sempre para o bem e para o belo.

Este reencontro está marcado pelos laços inquebrantáveis do amor incondicional que dedicamos uns aos outros e na direção Yeshua. É certo, amados, que o servimos com destemor. Ouvimos sua voz e sentimos seu abraço terno e carinhoso, dádivas que Ele não reservou somente para aqueles que lhe eram mais próximos, porém para a Humanidade inteira. Por isso se fez o Cordeiro de Yahweh, consciente de sua imolação, para que em cada coração pudesse vibrar sua presença, seu exemplo e seu incomensurável amor.

A incompreensão dos homens coroou-lhe a fronte com espinhos, que não feriram somente sua cabeça, mas feriram de morte seus insanos julgadores, porque é da Lei Soberana de nosso Pai Celestial a colheita do que se planta.

As bofetadas da ignomínia e os açoites da vileza marcaram-lhe o corpo, contudo não lhe atingiram a alma, porque as almas nobres que se situam acima das coisas da Terra e estão ao lado de nosso Pai Yahweh não se deixam atingir pela ignorância daqueles que maceram o corpo mas não podem eliminar o Espírito. Esses são irmãos equivocados, que a misericórdia do Pai não abandonará jamais. Muitos foram os momentos decisivos, na Terra, para que os maravilhosos ensinamentos declamados por Meu Filho resistissem aos ataques dos que não admitiram a sua realeza e o trataram como um visionário. A todos Ele perdoou, e mais, por eles intercedeu e intercede junto a Nosso Pai Celestial.

As ondas de mortandade e de perseguições, e os horrores praticados contra os cristãos, sob o apanágio da insensatez de muitos, teimam em retornar e trazem o claro objetivo de macular e fazerem desaparecer da Terra os ensinamentos que nosso adorado Yeshua legou para toda Humanidade, entretanto vós sabeis que, embora as tempestades, Ele está no comando da nau da Terra e mais do que qualquer um sabe que as Soberanas Leis de Yahweh deverão se cumprir, e uma delas diz respeito à necessidade das expiações para todas as almas que um dia se equivocaram ou porventura se equivocarão no concerto do tempo.

Venho, a pedido do Meu Amado Filho, para infundir-vos ânimo e coragem, e trazer-vos alento a fim de que tenhais forças de resistência, para que, sejam quais forem as injunções e as lutas, persevereis na vivência da mensagem libertadora e no bem comum, sempre! Tornai-vos exemplos em auxiliar os necessitados da alma e do corpo, até que seja o dia da instalação definitiva, na Terra, do reino de amor e de justiça que vige em todas as moradas superiores do Senhor de Nossas Vidas.

Para o êxito da tarefa, Meu Filho reitera a vós que o Amor deve ser a referência primeira, pois o que pode calar o tinido dos escudos e das lanças, o crepitar da fogueira da morte e amansar as feras da covardia moral será somente o Amor! O Amor é o exercício perene que alimenta a vida; o hálito de Yahweh a derramar-se por toda parte; o suave perfume que emana do sentimento de paz. Não vos entregueis ao desânimo, nem cogiteis de recuos. Yahweh e Yeshua contam convosco, alistados no seu exército de amor, nos dois planos da existência, e sabem o que deveis enfrentar para que depois, vencedores, pelo cumprimento da tarefa, estando o vosso Espírito liberto das injunções da carne, possais singrar aos mundos celestes, para vos sentardes à direita do Pai Celestial.

Ao me despedir, deixo-vos meu terno amor de Mãe que vos ama em caráter de totalidade, rogando para vós todos as bênçãos do Pai Celestial e de Meu Amado Filho.

Paz a todos, filhos da alma!

O silêncio e o sentimento de felicidade eram abundantes. Aos poucos, a belíssima imagem da tela foi como que se apagando lentamente, e a Sublime Mãe de Yeshua, junto com os anjos que a acompanhavam, acenava para todos.

As lágrimas do amor eterno eram a companhia de todos os presentes, que se sentiam completamente fortalecidos para o enfrentamento das lutas que viessem no porvir.

A música suave continuava a se fazer. As luzes foram ficando mais fortes, e o governador, em pé, após mais alguns instantes de silêncio, retomou a fala, orientando a todos que ficassem vigilantes em seus postos de trabalho e que dedicassem o melhor de si no enfrentamento de todas as dificuldades que iam surgindo.

Após sentida prece feita pelo Apóstolo Simão bar Jonas, o governador deu a reunião por encerrada e todos retornaram a seus quefazeres.

XXXV

URDIDURAS NA SEDE DO IMPÉRIO – O DECRETO DE PRISÃO DA FILHA DO SENADOR APOLÔNIO

Em Roma, o antigo legionário Fauno Decimus, que havia sido promovido a centurião, procurou o Conselheiro Imperial Petrus Damasius e lhe disse que tinha um importante comunicado a fazer, que talvez interessasse ao imperador.

Instado a falar, o Centurião Fauno disse a Damasius que, após dois anos de investigação pessoal, descobriu que o antigo Senador Apolônio, além da propriedade que possuía em Roma, que fora confiscada pelo Império, possuía também uma propriedade na província da Gália Lugdunense, mais precisamente em Lugdunum.

Descobriu também que a filha adotiva do senador morto por Roma, Aléxia Aureus Arquisius, tinha fugido para lá quando da prisão e morte do senador. Disse que descobrira também que Aléxia Arquisius, que já era cristã em Roma, frequentava regularmente o Núcleo Cristão de Lugdunum, portanto, continuava a desafiar Roma e as ordens do imperador. Também disse a Damasius — em clamorosa mentira, o que fazia, por certo, por vingança pessoal, pois o Senador Apolônio lhe retirara Aléxia das mãos quando com outros soldados havia invadido a casa dos pais carnais de Aléxia — que a jovem fazia pregações no Núcleo Cristão de Lugdunum, que atacava Roma e insuflava os cristãos não só a não prestar sacrifícios aos deuses romanos, mas também a não pagar os impostos devidos ao Império. Que como centurião de Roma, pensava que tais delitos não deveriam ficar impunes, por isso os denunciava, e pedia por final a Damasius que relatasse ao imperador todas essas descobertas e ocorrências.

Damasius, que não tinha qualquer simpatia pelos cristãos, como era hábil com as palavras, levou os fatos narrados por Fauno ao imperador, agravando ainda mais o relato, dizendo ao imperador que, nas suas pregações, Aléxia Arquisius questionava como injusta a morte de seu pai adotivo, que esse fato tornava o Império criminoso e os imperadores que perseguiam os cristãos como ilegítimos.

O imperador ouviu a narrativa e acusou o golpe da maldade humana perpetrado por Damasius, eis que nos corredores da Corte Imperial sempre surgia essa cogitação quanto a sua legitimidade no trono. Severus ficou profundamente irritado. Em face daquela urdidura, então, incontinente, emitiu ordem de prisão contra Aléxia Aureus Arquisius, de próprio punho e com o selo imperial, e enviou uma guarda pretoriana a Lugdunum somente para entregar o mandado de prisão, com ordens expressas ao governador Triário Materno para que a prisão de Aléxia fosse feita a ferros e que ela fosse imediatamente julgada pelo crime de conspiração contra Roma.

Haviam se passado quase quatro meses da prisão de Irineu, quando o deslocamento da guarda pretoriana, que tinha sido feito pelo litoral, chegou a Lugdunum e as ordens do imperador foram entregues ao governador provincial.

No dia em que o mandado de prisão foi entregue, Aléxia, Shebir, os diákonos Ápio, Nicholas, Odélio e Absalom, na companhia de Elias ben Shebabe e Mateus ben Josepho, que haviam sido convidados por Aléxia, como tinham obtido permissão emitida pelo Centurião Julius, tinham ido visitar o Epískopo Irineu na prisão.

Elias, que nunca deixara de amar Aléxia, percebera uma certa frieza da jovem para consigo, entretanto respeitava a situação e refletia que os graves fatos ocorridos com ela tinham mexido com sua intimidade, daí buscava compreender a certa indiferença dela para com ele.

Entretanto, percebeu também que, nas ocasiões em que o Centurião Julius Atilius Galesus visitava o Núcleo Cristão, Aléxia parecia alterar o comportamento, pois olhava o centurião de um jeito que Elias percebeu ser diferente. A princípio, a morbidez do ciúme se instalou na mente e no coração de Elias, contudo, já agora convertido ao Cristianismo, orava diariamente e pedia a Yahweh e a Yeshua que o ajudassem a compreender o incompreendido e aceitar os fatos, pois se sujeitava a renunciar àquele amor, que não podia ser alimentado, em razão dos fatos, do tempo e da distância, mas que sempre prevalecesse a vontade do Pai Celestial.

Encaminhados pelo carcereiro, dirigiram-se por úmido corredor subterrâneo, na prisão construída na Intendência romana. Após sinalizar a cela em que estava Irineu, o carcereiro lhes avisou que tinham em torno de uma hora e que aguardaria um sinal, na entrada do corredor.

A visita a Irineu entre as grades da cela foi marcada por lágrimas que contrastavam com a alegria do reencontro e pela dor em ver o mestre de Lugdunum, já com setenta e um anos de idade, preso. Irineu estava fisicamente abatido, como deveria ser natural. Emagrecera bastante, porém seu semblante traduzia serenidade e paz. Foi ele que falou por primeiro:

— Oh! Meus queridos e bondosos amigos Ápio, Absalom, Odélio e Nicholas, minha nobre amiga Aléxia e demais irmãos e amigos, a alegria preenche minha alma por vossas presenças. Muito tenho orado a Yahweh e a Yeshua para que sejam debelados os ventos da discórdia e que as tarefas do Núcleo não sofram interrupção. Tenho-vos, meus amigos diákonos, sem desprezar os demais, como dádivas preciosas ao meu coração e me alimento com vossa coragem e resistência, pedindo que consigam superar as maldades praticadas por nossos irmãos romanos e judeus, que não aceitam a magnífica presença de Yeshua na Terra e que teimam, já há muito tempo, em querer anular sua doce e maravilhosa mensagem.

"É certo que para esse fim estabeleceram e continuam a estabelecer perseguição ao Cristo e a seus seguidores, entretanto, queridos irmãos, o homem não conseguirá jamais apagar o brilho das estrelas que estão no firmamento, pois que são obras do Pai Celestial, logo, esses irmãos equivocados não lograrão anular a Mensagem Sublime da Galileia, eis que ela vem direto de Yahweh, disso tende certeza. Ademais, Yeshua de Nazareth é uma estrela de brilho tão intenso que suas palavras, olhares e gestos, cobertos do mais puro carinho e amor para com toda a Humanidade, fez calar as potestades da Terra. Não vos esqueçais de que Yahweh é a plenitude de tudo o que existe. Ele está em tudo. É o Infinito, Eterno e Ilimitado, tanto no seu poder como na sua onipresença. Todas as leis da Natureza que conhecemos e as que ainda não conhecemos, mas que existem, estão sujeitas à sua vontade. Ele é a Imensurável Vida.

"Amigos e irmãos, deixo-vos como orientação que me é possível, caso eu não retorne ao trabalho em nosso Núcleo Cristão, o desejo que continueis a pregar as verdades do Evangelho de Yeshua; que jamais abandoneis os escritos de Mateus, Marcos, Lucas e João, como também as cartas de Paulo de Tarso, de Inácio de Antioquia e de Policarpo de Esmirna. Penso que essas sete escrituras são, a bem dizer, o núcleo da Iluminada Mensagem de Nosso Amado Mestre e que, somadas às advertências do Apocalipse do amado João, traduzem-se no norte seguro para não se permitir as introjeções indesejadas que já existem a mancheias nos Núcleos Cristãos, principalmente no Ocidente.

"Temo pelas modificações que já buscaram introduzir na mensagem simples de amor que foi declamada em Cafarnaum, em Betânia, em Betsaida, em Corinto, em Jope, em Dalmanuta, em Jerusalém e por muitos outros cantos do mundo. Temo pela malversação da Boa-nova no Ocidente, com reflexos graves no Oriente. Peço a Yahweh e a Yeshua que isso não venha a se tornar uma realidade. Muitos, dentro mesmo dos Núcleos, e por vários anos, têm se apresentado sob a pele de cordeiros, mas, como lobos disfarçados, agem e permitem que um véu imaginário se inicie a adensar sobre a doce mensagem dos Jardins da Galileia, cuja musicalidade foi espalhada sob o barulho das ondas do Mar de Genesaré, ocasião em que o mundo ouviu a sonoridade belíssima do Cantor da Alvorada Nova da Terra.

"Na solidão deste claustro, ponho-me a pensar sobre *a regra da verdade*, a fim de que ela prevaleça através da mensagem trazida pelo Sublime Cantor de Yahweh, possibilitando-nos alcançar o patamar de conhecer e viver essa regra. Para isso, devemos ter em mente, e nunca esquecer, a necessidade de redimir nossas faltas, sejam quais forem. Temos que amar incondicionalmente a todos, mesmo os que nos perseguem, ferem e caluniam. Somente assim penetraremos no Reino de Yahweh.

"Nosso Pai Celestial se relaciona com o mundo através de sua Criação, mas também o faz pela redenção, eis que o Pai que salva do erro é o mesmo Pai que permite o recomeço, conforme nos legou Moshe, porque não há senão um só Deus."

Irineu calou-se. Estava emocionado. Naquele instante divisor, ali na cela, registrou com os olhos da alma a presença do amigo Policarpo de Esmirna, de Inácio de Antioquia, na companhia de Estêvão, que vinham lhe trazer o bálsamo de suas presenças, como incentivo ao Epískopo de Lugdunum, renovando as energias de que ele necessitava para caminhar na estrada dos seus compromissos, até o fim.

Mais confortado com a visão, continuou:

— Desse modo, amados, confiemos em Yahweh e façamos o melhor que estiver ao nosso alcance, para que, quando chegar o momento decisivo do retorno à Casa do Pai, tenhamos tido as condições de ofertar-lhe nossos préstimos dedicados à Sua Vinha, pois servir no bem deve ser sempre o que há de nos importar.

O já velho discípulo de Lugdunum, um tanto alquebrado pelo tempo, com lágrimas nos olhos, calou-se. Todos os visitantes choravam. Na realidade, ali naquela cela e cômodos da prisão, um grupo de sete Espíritos coordenados por Acádio estavam presentes e, também ouvindo o servidor fiel de Lugdunum, oravam e vibravam na direção de Yeshua e de Yahweh. Estavam ali os Espíritos designados pelo Mestre, que eram, já há muito, os orientadores espirituais dos sete Núcleos Cristãos da Ásia Menor.

Aléxia, que tinha a capacidade de ver o mundo espiritual, também registrou a presença dos amigos espirituais e, adiantando-se a Ápio, falou:

— Querido irmão Irineu, ouvir os teus sábios conselhos para nós representa a dádiva do entendimento dos que amam e lutam por Yeshua. Devemos sempre ser fortes, estar sempre atentos ao bem e dispostos a servir, sem esperar retribuição alguma, para honrar o Mestre. Sentimos muito a prisão do irmão e amigo, e confessamo-nos um pouco desorientados.

"Temos orado a Yeshua por tua libertação. Agradeço, neste momento, em especial, a acolhida de pai que me emprestaste no Núcleo e a oportunidade de fazer alguns breves comentários sobre os ensinamentos do Cristo, mesmo eu sendo uma mulher. Talvez eu tenha sido a primeira a falar publicamente sobre os ensinamentos do Mestre.

"Ver-te nesta condição de prisioneiro muito nos machuca a alma e resta-nos orar e pedir a Yeshua pelo amigo e por todos nós. Queremos dizer-te que, enquanto o irmão está aqui preso, tomamos a decisão, junto com os nobres diákonos, de permanecer no Núcleo, auxiliando os irmãos Ápio, Absalom, Nicholas e Odélio, e de lá não pretendemos sair até que o irmão seja libertado."

Aléxia, após dizer isso, com lágrimas nos olhos, calou-se. Embalados pelo clima espiritual de sutis energias, os diákonos, o jovem Shebir ben Isaque, Mateus ben Josepho e Elias ben Shebabe também choravam, e foi o diákono Ápio, quebrando o encanto do momento, que falou:

— Amigo dos nossos corações, o que nos falaste inundou, como um rio caudaloso assolado pelas chuvas, a nossa alma e pensamentos. Ouvir-te falar desse modo e fazer advertências para que nos dediquemos com afinco a zelar pelos maravilhosos ensinamentos de Yeshua, ao mesmo tempo que nos entusiasma a continuar a divulgação de seu Evangelho de forma mais segura possível, entristece-nos, pois transparece-nos uma despedida, o que não desejamos. Faremos o que for possível para conseguir libertar-te desta prisão, e temos fé que conseguiremos.

Ao Ápio fazer uma pausa, o carcereiro interrompeu-os dizendo:

— Senhores, tendes apenas um pouco mais de tempo para as despedidas.

Todos se reuniram em frente à cela, e um a um, pelas grades, abraçaram o epískopo de Lugdunum. Os Espíritos do Senhor que acompanhavam a cena impuseram as mãos sobre todos, transmitindo energias de paz e refazimento.

A seguir, retiraram-se.

A noite encontrou os diákonos e os amigos do Cristo reunidos no Núcleo Cristão. Shebir, que se integrara completamente às atividades do Núcleo, apressava-se para todas as noites lá estar, para conversar com os diákonos e ouvir os textos evangélicos que eram lidos nos dias de trabalhos públicos e nos demais. Sabia que sua estada na cidade seria curta; que mais dia menos dia a caravana de Mateus ben Josepho haveria de retornar a Jerusalém. Como não era dia de atividade pública, todos estavam reunidos a portas fechadas. Absalom propôs a leitura de um trecho do Evangelho, e que, após a leitura, continuassem todos concentrados à espera de alguma manifestação das moradas celestes que viesse orientá-los naqueles momentos em que as perseguições do Império se avolumavam e em que o Mestre de Lugdunum se achava preso e apartado do Núcleo. Após prece feita pelo Epískopo Nicholas, Absalom, com a voz embargada, tomou de um dos rolos sobre a mesa, desenrolou-o, parou em certa parte e leu:

> E estando Ele sentado no Monte das Oliveiras, chegaram-se a Ele os seus discípulos em particular, dizendo: Declara-nos quando serão essas coisas, e que sinal haverá da tua vinda e do fim do mundo.
>
> Respondeu-lhes Jesus: Acautelai-vos, e que ninguém vos engane, porque muitos virão em meu nome, dizendo: Eu sou o Cristo; a muitos enganarão.
>
> E ouvireis falar de guerras e rumores de guerras; olhai e não vos perturbeis, porque forçoso é que assim aconteça, mas ainda não é o fim, porquanto se levantará nação contra nação e reino contra reino e haverá fome e terremotos em vários lugares.
>
> Mas todas essas coisas são o princípio das dores. Então sereis entregues à tortura, e vos matarão, e sereis odiados de todas as nações por causa do meu nome.
>
> Nesse tempo muitos hão de se escandalizar e trair uns aos outros, e mutuamente se odiarão.

> Igualmente hão de surgir muitos falsos profetas, e enganarão a muitos, e por se multiplicar a iniquidade, o amor de muitos esfriará, mas quem perseverar até o fim, esse será salvo (Mt., 34: 3-13).

— Anotação de nosso irmão Mateus — disse Absalom.

Após, fez-se breve silêncio. Não tardou para que o diákono Ápio, com o semblante e a voz alterados, iniciasse a falar:

Amados irmãos em Yeshua, pela bondade de nosso Excelso Mestre Yeshua, aqui comparecemos esta noite, em que vossos corações são tomados pelas aflições diante das perseguições que recrudescem e da violência que se espalha sobre os Núcleos de amor e de aprendizado cristão.

As lutas pela implantação da verdade e por conseguinte do bem na Terra já varam a noite dos tempos. Criado para crescer, evoluir, através da aquisição do conhecimento das leis de Yahweh, o homem tem, na Terra, caminhado muito pouco na direção da verdade. Nos povos que já viveram, no passado, a mística da crença em vários deuses trouxe-lhes considerável atraso, eis que se apegaram a ídolos de barro e cultuaram a vaidade, o egoísmo e o orgulho, trindade extremamente perigosa e muito difícil de se controlar ou vencer, eis que o homem que mergulha nessas viciações morais compromete-se perante a Lei Divina, e tomando dessas potências tem espalhado temor, terror e morte.

Entretanto, nas épocas mais difíceis da Humanidade terrena, o Senhor da Vida sempre providenciou o envio para a Terra de trabalhadores que sempre lhe foram fiéis, com o claro objetivo de fazer a Humanidade avançar no caminho do progresso moral. Entretanto, a história registra que quase todos eles foram vítimas da ingratidão, quando não de perseguições vis e cruéis, porém, mesmo sob o peso das dores da alma e inclusive do corpo, agigantaram-se e jamais se desviaram de seguir o Cristo Yeshua, na direção da Casa do Pai Celeste.

As dificuldades que sempre se apresentam na caminhada para a luz têm sido insufladas por Espíritos rebeldes às Leis Divinas, e assim agem por livre escolha de suas vontades. Em razão da deformação no entendimento dessas leis, o Cordeiro Divino foi crucificado e o sangue do Justo, que nada, absolutamente nada tinha para penitenciar, sulcou a Terra, porém, sua lição viva de amor, resistência, estoicismo, bondade, indulgência e perdão marcou para sempre o mundo e jamais será esquecida, porque construída sob o estigma da renúncia e do sacrifício pessoal em favor de toda a Humanidade.

Após seu retorno às Moradas Celestes, seus seguidores, que ficaram na Terra, ofertaram-Lhe fidelidade absoluta e tiveram todos, a seu passo, de ofertar os próprios testemunhos, para que seu Evangelho não perecesse. Doravante, como nos primeiros tempos de dedicação à Boa-nova, aproxima-se novamente a hora dos vossos testemunhos de amor e dedicação, de abnegação na luta, para que os homens ouçam os ecos dos ensinamentos de seu Evangelho e busquem viver retamente, de acordo com suas orientações e recomendações.

O Mestre, através da lição da noite, revelou-nos as exigências do compromisso daqueles que pretendem segui-lo, deixando claro que aqueles que assim decidirem terão que doar-se por completo ao bem, sem esperar recompensa nem retribuição, significando dizer que poderão ser presos, açoitados, agredidos de todas as formas, mas que, se permanecerem fiéis, conquistarão o galardão de Servidor da Nova Fé e rumarão para as moradas celestes, ao encontro dos trabalhadores da primeira hora que serviram e continuam servindo à Causa, com esforço e dedicação permanentes.

O Mestre Yeshua nos alertou que os momentos de testemunhos, doravante, serão cada vez mais numerosos e graves, e alerta também que o anticristo senta sobre a cabeça da águia e fá-la expor as garras da maldade, provocando sofrimento, mais lágrimas e dores soezes. Entretanto, deixa-nos uma mensagem de esperança e fé viva, aos que jamais abdicarem de servir a Yahweh e ao próximo, porque estes que assim agirem serão os vencedores, a quem o Pai Celestial coroará com a tiara do amor incondicional.

Acautelai-vos, vigiai, orai, mas não temais os testemunhos, porque eles virão e será preciso superá-los no rumo do fortalecimento da Mensagem Sublime do Galileu.

Rogando a Yahweh e a Yeshua por todos, abraça-vos vosso irmão e servidor, Acádio.

Após a mensagem do Governador da Cidade da Fé, todos choravam. Havia, é certo, preocupação com o momento e com a mensagem recebida, porém havia também o fortalecimento da coragem para aqueles que se predispunham a continuar servindo a Yeshua sem receios. Após sentida prece pronunciada por Aléxia, a pedido, a reunião foi encerrada e todos se retiraram para o repouso.

Amanhecera o dia, naquele vinte e oito de janeiro do ano 202 d.C., e Lugdunum enfrentava os rigores do inverno. Os montes que a circundavam tinham seus cumes cobertos pela neve, mas estava ensolarado. No quartel da Intendência e Consulado Romano, o governador tinha despachado seu soldado ordenança, com ordens para trazer à sua presença o Centurião Julius Atilius Galesus.

Conduzido até o governador, o centurião saudou-o:

— Ave, General e Cônsul Triário Materno! Salve, Roma! Disponho-me às vossas ordens.

O general e cônsul olhou-o e, com voz moderada e pausada, disse-lhe:

— Nobre centurião, convoquei-vos logo pela manhã, para vos dizer que ainda ontem recebi pequena tropa que veio da sede do Império e que me trouxe ordens do imperador, que se relacionam com os cristãos que vivem nas províncias submetidas aos domínios de Roma. As ordens são para exigir daqueles que não estão contribuindo que paguem o tributo a César, portanto, ao Império, e que declarem publicamente ser seguidores e tementes aos deuses do Panteão Romano. Nas ordens expressas do imperador, há ainda a determinação para que Roma feche os Núcleos Cristãos em atividade, notadamente para que o Núcleo Cristão de Lugdunum seja fechado.

O governador fez pequena pausa, como a estudar a reação do Centurião Julius. Nunca ficara convencido do julgamento que fora feito e da inocência do centurião. No íntimo, achava mesmo que, para favorecer um cristão, ele tinha cometido perjúrio contra Roma. Julius, porém, sentiu-se atingido pela notícia, pois seus pensamentos imediatamente voaram na direção de Aléxia, porém, disfarçou muito bem. Nada falou e esperou.

Com o olhar divertido, porque já havia sido informado que o centurião não somente tinha protegido a filha do senador morto por Roma, como tinha verdadeira paixão por ela, eis que as notícias nas províncias dominadas por Roma sempre chegavam na sede da administração romana das cidades onde elas estavam estabelecidas.

O governador continuou:

— Nobre Centurião Julius, as ordens do imperador não são somente para fechar o Núcleo Cristão. Tenho aqui, também, sob o selo imperial, ordem expressa do imperador para que Roma faça a imediata prisão da filha do ex-Senador Apolônio, Aléxia Aureus Arquisius.

O governador silenciou, olhou fixamente para o centurião e percebeu que este acusara o golpe.

Julius, de fato, sentiu as pernas fraquejarem e um leve tremor perpassar-lhe o corpo. Suas vistas se turvaram momentaneamente, entretanto, buscou a todo custo equilibrar-se e demonstrar serenidade. Orou mentalmente a Yeshua pedindo socorro e procurou manter-se o mais firme possível. Nada falou.

O governador percebeu o enorme esforço que o centurião fazia e, com o claro objetivo de perturbá-lo ainda mais, como a querer se vingar do malfadado julgamento que considerou o centurião inocente, acrescentou:

— Desta forma, determino que cumpras a ordem de prisão e, com alguns soldados, tragas a jovem Aléxia Arquisius presa, como determinado na ordem de prisão, a ferros.

O governador, parecendo ainda se divertir com a situação, arrematou:

— Tens até o final do dia de amanhã para cumprir as ordens que vos determino.

Julius Galesus estava petrificado. Não conseguia se mover. O governador, colocando em suas mãos as ordens do imperador, com um sorriso de hipocrisia, retirou-se da sala apressadamente.

A muito custo Julius se moveu e, acompanhando o soldado ordenança, também se retirou. Sua cabeça parecia ferver. Jamais imaginaria o que estava ocorrendo. O que fazer? Como poderia cumprir aquela malfadada ordem de prisão e trazer presa a ferros a sua amada, a mulher dócil e meiga que lhe despertara os mais íntimos e sagrados sentimentos? Que Deus era aquele dos cristãos, que permitia tamanha injustiça? E, afinal, Yeshua não era um Sublime Orientador? Onde Ele está que permite isto?

Com a mente em completo desalinho, resolveu procurar seu amigo, o Centurião Antonius, para conversar. Foi até a sala onde Antonius trabalhava, e este, ao vê-lo pálido e demonstrando aflição, assustou-se e indagou:

— Nobre Julius, o que está ocorrendo? Qual o motivo de tua aflição?

Julius sentou-se em um banco à frente da mesa onde se achava o Centurião Antonius e, com voz fraca, falou:

— Oh, meu amigo Antonius, aconteceu uma verdadeira desgraça para minha vida e de outros! Acabo de sair de uma entrevista com o governador e ele me entregou dois mandados imperiais para que se cumpram. O primeiro deles é para trazer presa, até o final do dia, a ferros, a jovem Aléxia Aureus Arquisius.

Ao ouvir o relato de Julius, Antonius sobressaltou-se ante a notícia e exclamou:

— Mas como isto se deu?

Julius depositou o mandado na mesa e respondeu:

— Como e por que o mandado de prisão foi despachado pelo imperador eu não sei, mas que por trás disto deve haver uma verdadeira trama, isto sim.

Antonius esperou um pouco e falou:

— Pretendes cumprir a ordem ou tens algum plano de frustrá-la?

— Não, não sei ainda o que vou fazer — respondeu Julius —, apenas sei que preciso do apoio do amigo. — E, como tinha feito enorme esforço na entrevista com o governador, começou a chorar, com lágrimas em profusão.

A aflição do Centurião Julius Atilius Galesus era imensa. Seus pensamentos se desencontravam. Um conflito enorme se lhe travava na alma: Obedecer às ordens do cônsul de Roma e prender Aléxia Aureus Arquisius ou dirigir-se furtivamente até ela, às escondidas, por si ou por alguém de confiança, avisando-a do ocorrido, recomendando-lhe que fuja de Lugdunum? De um lado, o seu caráter de soldado impoluto e fiel a Roma; de outro lado, um coração apaixonado, justamente pela mulher que Roma determinava fosse presa. Sua mente fervilhava.

O amigo Antonius aconselhou-o a executar as ordens do imperador e prender a jovem, para depois utilizar de seu prestígio junto ao Império e conseguir a soltura de Aléxia. Disse que, a seu ver, era o que devia Julius fazer. O centurião disse ao amigo que tomava a resolução de não cumprir a ordem de prisão naquele dia. Iria pensar melhor. Agradeceu ao Centurião Antonius tê-lo ouvido, a seguir o abraçou e saiu da Intendência.

Na rua, caminhando, arquitetou ir à noite a sós e às escondidas ao Núcleo Cristão, para avistar-se com Aléxia e colocá-la a par do ocorrido. Assim fez. Ao cair da noite, envolto em uma capa, bateu à porta do Núcleo Cristão. Naquele dia não havia reunião pública, mas sabia que Aléxia e seus amigos, com a prisão de Irineu, não tinham retornado à sua herdade e estavam hospedados no Núcleo.

Atendido pelo diákono Ápio, Julius teve acesso à sala principal, onde estavam Aléxia, Absalom, Odélio, Nicholas, Shebir, Mateus ben Josepho e Elias ben Shebabe. Após os cumprimentos, Aléxia percebeu que o centurião estava pálido e suava, esfregando as mãos, denotando nervosismo. Então ela disse:

— Olá, bom Centurião Julius, sê bem-vindo. Manifestamos alegria em receber-te, contudo, percebemos que estás um tanto aflito. Podes dizer o motivo desta inesperada visita?

Mesmo nervoso, Julius mais uma vez certificou-se da beleza e da firmeza de Aléxia. Respirou profundamente, olhou para todos, novamente para Aléxia, e disse:

— Nobre Aléxia e nobres amigos, venho numa visita extraoficial para notificar gravíssima decisão tomada pelo Imperador Septimius Severus, eis que um destacamento militar que veio de Roma trouxe, endereçadas ao cônsul, duas ordens: a primeira é para fechar as portas deste Núcleo Cristão; a segunda se trata de decreto Imperial para prender-te, nobre Aléxia.

Ao dizer isso, Julius tinha os olhos marejados.

Silêncio geral. O centurião, após falar, emudeceu. Os presentes também.

Nesse instante, Aléxia viu novamente, na sala o Governador Acádio, Estêvão, Lucius Verus Aquilinus, Gabinius Marcus Sulpício e seu pai adotivo, Apolônio Aureus Arquisius. Percebeu o semblante de gravidade dos visitantes espirituais. Respirou fundo e então falou:

— Nobre centurião, que notícia grave nos trazes. Indago por qual motivo serei tão importante assim para Roma, e não encontro resposta. Entretanto, acredito que isto não ocorre sem a permissão de Yahweh. Dize-nos: quando essas ordens deverão ser cumpridas por Roma?

Julius, já recuperado do inaudito esforço que fizera para dar a grave notícia, respondeu:

— Na realidade, nobre Aléxia, para desgraça de meu desiderato, o cônsul determinou-me cumprir as duas ordens o mais rápido possível, daí a razão de eu vir te visitar e sugerir-te, boa Aléxia, que fujas de Lugdunum. Tenho muitos amigos na tropa e fora dela, e conseguiria fazer com que fosses para bem longe daqui.

Fez-se breve silêncio. Aléxia o quebrou dizendo:

— Nobre centurião, agradeço tua consideração e preocupação comigo, mas não acho que essa seja uma boa sugestão. Eu já fugi de Roma e da sanha do Império uma vez. Não tenho nada a temer. Não, não fugirei. Agradeço-te a intenção. Se tiver que morrer por amor a Yeshua de Nazareth, eu morrerei. Penso, nobre centurião, que deves cumprir teu dever. Amanhã pela manhã já estarei esperando pela prisão.

Ao dizer isso, percebeu que os Espíritos amigos que ali estavam todos lhe sorriram, o que lhe incutiu ânimo redobrado.

Julius quis insistir em seu plano, mas foi coibido por Aléxia. Logo depois, com a alma em pedaços, pois amava muito Aléxia, agradeceu a atenção de todos, e em particular a da jovem, e se retirou.

Após a saída de Julius, a convite de Ápio, todos iniciaram a orar. Após uma prece sentida em que pediram auxílio e proteção a Yahweh e ao Mestre Yeshua, o jovem Shebir, modificando suas feições, iniciou a falar:

Amigos da alma, saudamos-vos em nome do Príncipe da Paz.

"Quem me segue não anda em trevas", disse-nos o Mestre Amado, e essas palavras nos exortam a seguir seus exemplos, se verdadeiramente desejarmos ser iluminados e livres de toda a cegueira do coração. Muitos, apesar de ouvirem seus ensinamentos, pouco fervor e empenho experimentam, porque ainda não conseguiram possuir a coragem necessária para renunciar ao mundo e servir a Yeshua.

Quem desejar, pois, compreender e viver toda a plenitude de suas palavras deve esforçar-se para conformar com Ele toda sua vida, pois, para alcançarmos o Reino dos Céus, necessitamos desprezar o mundo da falsidade e da vaidade. Nossos sentidos veem pouco e muitas vezes se enganam, por essa razão, quanto mais nos recolhermos em nós mesmos e nos tornarmos simples de coração, tanto mais entenderemos que sem esforço e sem luta não conseguiremos penetrar na Casa do Pai Celestial.

Se as provas do mundo nos visitam a alma, tomara que não recuemos ante o testemunho mais agradável a Yahweh e que nossa vida possa corresponder ao desejo do Pai, porque é verdadeiramente sábio aquele que faz a vontade de Yahweh e renuncia à própria vontade, logo, grande sabedoria é não agir com precipitação. Aconselhemo-nos com o varão sábio da consciência e submetamo-nos com humildade às leis do Pai Maior.

Insensato é quem põe a esperança nos homens ou nas criaturas. Não confieis em vós mesmos. Antes, ponde em Yahweh vossas esperanças. Fazei, de vossa parte, o que puderdes, e Yahweh ajudará vossa boa vontade, pois Ele está convosco. Lembremos sempre que nos cumpre renunciar a nossas vontades, por amor a seus desígnios. Em qualquer circunstância de vossa vida, confiai no Pai e no Filho.

Yeshua vos abençoe.

Abraços de vosso irmão Acádio.

Shebir calou-se. Após alguns instantes, todos foram retornando à vigília. Havia lágrimas de gratidão, embora a apreensão do momento.

O dia amanheceu alegre. O astro-rei inundava Lugdunum. O azul parecia prenunciar as vozes do céu e uma leve aragem fria que vinha das montanhas da Gália Central varria o território lugdunense. Na cozinha do Núcleo Cristão de Lugdunum, todos estavam preparando-se para o repasto matinal, feito com carinho por Dânia e Diana. Após sentida prece feita pelo diákono Nicholas, todos se puseram a se alimentar, e a conversação não poderia ser outra senão a visita noturna do Centurião Julius e as terríveis deliberações do imperador. Conversavam, quando chegaram para o repasto os amigos Shebir, Mateus ben Josepho e Elias, que tinham ido repousar na caravana, instalada na saída sul da cidade. Após vários posicionamentos sobre o grave assunto, Elias pediu a palavra e, com voz de indisfarçável preocupação, falou:

— Nobre e boa Aléxia, ontem não me pronunciei, porém gostaria de fazê-lo no sentido de que admirei tua postura e resolução. Eu mesmo não sei se teria a coragem necessária para deixar de lado a oportunidade de me evadir de Lugdunum, quando ameaçado de prisão por Roma. Diante disso, embora com o coração partido, e vós sabeis por qual motivo, desejo ofertar-te meu reconhecimento e apoio, pois temo por tua vida, que nos é muito preciosa.

Ao encerrar sua fala, Elias deixava transparecer nitidamente as lágrimas que brincavam em sua retina. Todos ficaram sensibilizados, e

Aléxia ainda mais, pois percebeu toda a pureza de sentimento daquela alma que o destino lhe enviara, para depois, de certa forma, dela a separar.

Na intendência romana, o Centurião Julius Galesus, naquele momento, era recebido pelo Cônsul Triário Materno, eis que, após muito insistir, conseguira a entrevista com ele. Conduzido até a mesa do cônsul, que se achava sentado, este levantou e cabeça e falou:

— Sim, nobre Centurião Julius, o que pretendes, já pela manhã? Podes falar.

Julius o saudou sob a convenção de Roma e a seguir disse:

— Nobre cônsul e general, ainda não cumpri vossas ordens, o que devo fazer logo mais, contudo, antes venho pedir-vos a possibilidade de uma concessão.

— E qual é a concessão que pretendes? — atalhou o cônsul.

— Peço-vos — respondeu Julius — que, ao decretar o fechamento do Núcleo Cristão, autorizeis ao menos que eles se reúnam a portas fechadas, internamente, e quanto à prisão da jovem Aléxia Aureus Arquisius, que ela possa ficar presa numa sala na Intendência, e não nos calabouços, que são frios e úmidos, afinal, é uma mulher.

O Cônsul Triário ouviu os pedidos, divertiu-se com as preocupações do centurião, até porque tinha o poder para determinar a morte de todos os prisioneiros cristãos no momento que assim desejasse, e tinha o poder, sob prévio processo de averiguação e julgamento, de prender o Centurião Julius a qualquer momento, sob acusação de desobediência às ordens de Roma. Ia responder negativamente quando foi interrompido por sua esposa, Lavínia, que, aflita, disse-lhe:

— Nobre cônsul e marido, peço que me desculpes a interrupção, porém preciso falar-te com urgência, em particular.

O cônsul, surpreso pela ocorrência, olhou para o centurião e disse:

— Nobre centurião, ordeno que te retires e aguardes na sala ao lado. Em breve mandarei chamar-te.

Julius assentiu e se retirou. Nem bem o centurião tinha saído e a esposa do cônsul falou:

— Nobre marido, nosso filho Celsius deve contrair núpcias daqui a sete dias com a jovem Ana, filha de teu tesoureiro, o judeu Dan ben Borusch, pois venho dizer-te que nosso filho está aflito, eis que desde que a jovem Ana retornou de Roma, está enferma e tem apresentado um grande desânimo, que a princípio imaginou-se ser cansaço da viagem, porém, faz dois dias que ela nem sequer se levanta do leito; não tem forças para nada, e nosso filho está desesperado e pediu-me para vir falar contigo, pois os médicos romanos da intendência não conseguem saber que doença ela tem, e dizem que ela corre risco de vida. Precisamos ver com rapidez o que se pode fazer, aliás, procurando saber o que fazer, ouvi da esposa do tesoureiro, mãe da jovem Ana, que no Núcleo Cristão da cidade têm-se produzido várias curas de enfermidades. Confesso, bom marido, que não vejo outra solução senão irmos até lá para ver o que se conseguiria. Penso que, sob a autoridade que possuis, poderíeis enviar o Centurião Antonius ou nosso Julius para lá investigar o que é possível fazer e nos trazer alguém que possa debelar de alguma maneira a doença da jovem. O que achas?

O cônsul imaginou tudo o que pudesse sua esposa vir lhe falar, contudo, jamais o que ouvia dela. Seu pensamento entrou em ebulição. Meditou por alguns instantes e a seguir falou para esposa:

— Boa e querida Lavínia, verei o que posso fazer. Logo mais te chamarei para te dizer qual a possível solução, está bem?

A esposa concordou com um aceno com a cabeça e retirou-se. O cônsul continuou pensativo. Como aquilo estava acontecendo? Ia determinar o completo fechamento do Núcleo Cristão e a morte rápida de seus membros, e agora a esposa lhe vinha dar a desagradável notícia, e ainda mais, pedir para alguém ir ao Núcleo Cristão para pedir ajuda! Será que os deuses de Roma estavam zangados com ele? Pensou um pouco mais e viu que tinha que atender à esposa. Tomou uma resolução e determinou ao soldado ordenança que reconduzisse o centurião à sua presença. Tão logo Julius entrou novamente na sala, o cônsul lhe disse:

— Nobre centurião, estive pensando no que me pediste e resolvi assentir com os dois pedidos. Cumpre teu dever, porém antes, traze-me informações sobre os boatos que correm na cidade, sobre curas de doenças que dizem existir nesse Núcleo, e se isso existir de fato, quem é o curador. Faze isto imediatamente e, tão logo tenhas a informação, procura-me. Podes sair. Ave, César! Ave, Roma!

O cônsul levantou-se e saiu da sala. Julius ficou sem reação. Temia pela decisão do governador, mas ele decidira favoravelmente a seus pedidos e ainda lhe pedia outra informação. O que será que a esposa dele havia relatado? Apressou-se e, reunindo mais dois legionários, tomou o rumo do Núcleo Cristão.

XXXVI

DECISÕES ADOTADAS NA CIDADE DA FÉ – PREPARAÇÕES NA CIDADE ESPIRITUAL DE NOVA ROMA

As decisões adotadas pelo Imperador Septimius Severus se tornaram novos tormentos para a comunidade cristã. A morte na arena do Coliseu, do epískopo geral de Roma, Victor, foi precedida do martírio de seus diákonos auxiliares. Com o Núcleo Cristão de Roma ressentido pela morte de seus líderes, as comunidades cristãs do Ocidente se dispersavam. Não havia mais um único centro de decisões da ação doutrinária do Cristianismo. Vários Núcleos criaram uma independência total. Proibidos pelo imperador de fazerem reuniões públicas e abertas em todas as províncias do Império, as conversações entre os líderes cristãos e os Núcleos, que foram iniciadas na segunda parte do século I d.C. por Inácio de Antioquia, quando da histórica primeira reunião dos representantes de todos os Núcleos Cristãos que à época existiam, o que foi feito em Antioquia da Síria, deixavam de existir.

Logicamente, o resultado dessa ação seria o isolamento e uma maior facilidade de penetração das intromissões de ações e novas mensagens no seio do Cristianismo, que nada tinham a ver com sua proposta simples, objetiva, clara e desataviada de pompas.

Acentuava-se o indesejado, ou seja, o véu que se iniciou, desde o retorno do Messias às Moradas Celestes, a ser lançado sobre a mensagem pura, simples e vestida de humildade das tardes-noites da Galileia Antiga, das manhãs ensolaradas que crestavam as areias brancas do Mar de Genesaré e que pareciam navegar pelo som dos ventos que acariciavam as águas azuis do Mar Egeu, recebia um impulso maior, eis que, sem a unidade dos Núcleos Cristãos, a densidade desse véu começou a aumentar, pela ação ambiciosa daqueles que outrora Paulo de Tarso já considerava como lobos vestidos com pele de ovelha.

Embora surgissem, aqui e ali, novos trabalhadores do Cristo, obedecendo ao planejamento do Pai Celestial, sob seus esforços, galhardia e dedicação, eles teriam agora que agir sob a ação própria e solitária, e teriam que fazer esforços inauditos para que os ideais do Cristo fossem preservados.

Na Cidade da Fé, essas situações já eram de plena ciência há muito. Sob a direção firme do Governador Acádio e orientação direta de Yeshua de Nazareth, foram ajustados os planejamentos para que se pudesse enfrentar os anos terríveis que se prenunciavam na Terra, onde deveria ocorrer uma verdadeira invasão mental de Espíritos inferiores, sobre os adeptos do Cristianismo, objetivando fazer com que, pela invigilância, pelo egoísmo, pelo orgulho e pela vaidade continuada de quantos, dizendo-se trabalhadores do Cristo, buscassem o fogo-fátuo do poder, objetivando apenas a projeção pessoal e tornando-se hábeis espalhadores de dissensões dentro dos próprios Núcleos Cristãos, de cujas dissensões já se tinha notícias, eis que, em claro desvio dos objetivos do Cristianismo, que é o de reformar a criatura para melhor, mostrando-lhe o caminho para o Reino de Yahweh, lançariam mão de induções mentais negativas para que houvesse o surgimento de discussões inúteis e estéreis entre os próprios cristãos, de acusações levianas, de perseguições, de prisões e morte daqueles que se arvorassem em defender, sob o guante de ingentes sacrifícios, a Iluminada Mensagem de Yeshua de Nazareth.

Em razão disso, o Governador Acádio convocou uma reunião a que compareceriam todos os trabalhadores encarnados do Cristo que estavam respondendo pelas lideranças dos Núcleos Cristãos, ligados à tarefa de divulgação dos evangelhos na Terra. Também compareceriam os administradores da cidade espiritual de Nova Roma, com o objetivo de receberem informações sobre futuros acontecimentos e dificuldades que se abateriam sobre os trabalhadores e seguidores do Cristo Yeshua, mesmo dentro do patriciado romano.

Sob a supervisão do governador e com o auxílio de todos os apóstolos do Cristo, liderados por Simão bar Jonas; dos discípulos Paulo de Tarso, Inácio de Antioquia, Policarpo de Esmirna, Timóteo, Tito, Silas, Barnabé e tantos outros, a reunião no grande auditório da Cidade da Fé se iniciava. Estavam também presentes os administradores espirituais de Nova Roma: Lucius Verus Aquilinus; o Centurião Gabinius Marcus Sulpicius e o Senador Apolônio Aureus Arquisius. Após belíssima prece conduzida pelo Apóstolo Simão bar Jonas, o governador iniciou sua fala:

Amados irmãos em Yeshua, todos vós fostes convocados porque o momento que vive a Terra é mesmo muito grave. A mensagem luminosa do Sublime Nazareno corre sério risco de ser apagada da sua face. A senhora do poder temporário, pela sanha desiquilibrada de imperadores egoístas e vãos, esqueceu os sublimes conselhos de seres superiores e mergulha completamente na noite densa do desequilíbrio e da insanidade, pretendendo eliminar, em parceria com os judeus, o canto maravilhoso das Bem-aventuranças e fazer recrudescer o egoísmo avassalador. Se as perseguições de Septimius Severus já são muito duras, pesa-me anunciar que ainda virá o assolador, que as fará ainda maiores, e que nossos irmãos nem sequer podem imaginar.

Os irmãos, por certo, perguntam a si mesmos: "Por quê? Por qual razão Yahweh e Yeshua permitem tal estado de coisas?". Ocorre, irmãos, que muitos de nós, que hoje somos cristãos, em épocas transatas nos comportamos como verdugos da fé e adoradores de Baal. Nesse desiderato, deixamos para trás rios de lágrimas e de sangue.

Ao iniciarmos, nas novas existências, o necessário exercício da compreensão do verdadeiro objetivo da vida, procuramos lutar contra a sensação primitiva do orgulho, do egoísmo e da vaidade, e nos predispusemos a nos prepararmos para ofertar o testemunho das expiações das faltas outrora cometidas, como também nos preparamos para as necessárias provas que adviriam, no concerto do tempo, despertando em nós a necessidade imperiosa de amar a Yahweh, a Yeshua e ao próximo, e dessa forma nos dedicarmos à vivência do sentimento de abnegação e de sacrifícios redentores.

Amanheceu o dia maravilhoso da libertação, para muitos que foram cantando pelas areias dos circos romanos, sob o impacto das patas das feras e das labaredas, para testemunhar a verdade e não se deixar apartar das seguras trajetórias para o Cristo, porque ninguém se liberta trazendo na alma o peso do remorso e os ecos negativos no pavilhão de sua consciência. É preciso limpá-la das nódoas pegajosas do orgulho e do egoísmo. Por essa razão, nestes tempos da continuidade das lutas, muitos chorarão e muitos sentirão o desespero, porém não despencarão no desfiladeiro da dor sem que Yeshua lhes providencie o lenitivo para seus sofrimentos. Vós, irmãos que aqui estais e que ainda vos achais nas lutas terrenas, tende bom ânimo e fé renovada, pois para que as feridas da alma sarem, é preciso que as impurezas sejam extirpadas, para que, como a lagarta que abandona o casulo, o homem possa voar qual borboleta fagueira na direção das Moradas da Casa do Pai, como anunciou Yeshua.

Renovai vossa atenção e esforços, em vossos campos de luta, trabalhadores do bem de nossa cidade e da cidade de Nova Roma. Estai empenhados e sempre preparados para receber o enorme contingente de almas que deverão retornar à pátria verdadeira da alma em tempos futuros, e que porventura merecerem chegar até vós.

Destaco, em nossa reunião, a presença do amigo e epískopo de Lugdunum, nosso irmão Irineu, para lhe dizer que as dores da alma prenunciam sempre os sinais da cura espiritual. Segui adiante e sem temor. O Cristo é o vencedor das iniquidades. Lembra-te de que, se porventura o Mestre te pedir a túnica, dá-lhe também a capa. Que tua força seja o exemplo para tua vitória no bem.

Muita paz a todos.

Terminada a fala do governador sob o impacto das mais sutis emoções, Simão bar Jonas fez a prece final da reunião. Após, todos se misturaram em abraços e conversações. O epískopo de Lugdunum, sob o pálio da emoção, abraçou seu grande amigo Policarpo, com o qual tinha convivido por um pouco na Terra. Nesse momento de alegria e felicidade, Policarpo chamou Inácio de Antioquia para conversar com Irineu. Inácio, após abraçar o epískopo de Lugdunum, disse-lhe:

— Amigo e irmão Irineu, temos acompanhado todos os anos de tua luta em combater as heresias que há vários anos teimam em ser disseminadas nos Núcleos Cristãos. Quanto possível, na companhia do amigo Policarpo, acompanhamos teu trabalho e procuramos inspirar-te, pelo pensamento, principalmente os teus escritos sobre as verdades do Evangelho de nosso Cristo Yeshua. As lutas, nobre irmão, pela disseminação da mensagem do Mestre, sem as modificações que visem a deformar a sublime mensagem e sem que se possa permitir nela inserções indevidas se iniciaram com nosso amado Paulo e prosseguiram, eis que Yeshua, no seu grandioso trabalho de trazer para a Terra as orientações do Pai Divinal, fez todo o possível pela edificação e salvação da Humanidade. Tudo o que dependia d'Ele, Ele fez com aplicação inigualável e introduziu na Terra o amor, em nome de nosso Pai Celestial. A presença do amor, da humildade, da fraternidade e da caridade, porém, não pôde evitar que Ele fosse julgado, desprezado, ofendido, tendo colocado tudo nas mãos de Yahweh. Lembro-me de que nosso João, com quem convivi na Terra, na condição de filho adotado, narrou-me que um dia, em que as ameaças do Sinédrio contra os seguidores do Cristo Yeshua se avolumavam, contrariados porque o Mestre havia dito que era o filho de Yahweh e por Ele diretamente enviado, tendo feito chegar essas ameaças ao Apóstolo Tiago, que frequentava de quando em quando a Sinagoga. Após o relato de Tiago sobre essas perseguições, o Mestre, entre os apóstolos, disse:

Meus amigos, as ameaças não devem ser obstáculos aos justos. Lembrai-vos do que há muito tempo disse o Profeta Isaías: Que tens a temer de um homem mortal que hoje vive e amanhã desaparece? Temei a Yahweh, e não temereis as ameaças dos homens. Que mal te pode fazer um homem com palavras e afrontas? Mais se prejudica a si mesmo do que a outrem, e seja quem for, não escapará das soberanas leis do Pai Celestial. Põe os olhos em Yahweh, e não contendas em palavras de queixas. Se agora pareces sucumbir e padecer a injúria e a calúnia não merecidas, não fiques contrariado nem diminuas a fé com impaciência, mas, antes, levanta os olhos aos Céus na direção de Yahweh. Ele te livrará das injúrias, se fizeres por onde merecer.

"Trago isso vivo em minha lembrança, nobre irmão Irineu, e sempre soube que, sejam quais forem as injustiças, há sempre dois lados da moeda. Um lado se traduz nas orientações, no aprendizado das leis de Yahweh, nas anotações das tarefas e provas pelas quais temos que passar em nossas vidas quando na Terra. Do outro lado estão escritos os testemunhos ofertados; as vitórias alcançadas no bem; as devoluções à lei, como também, se não houver aproveitamento sadio da existência, os equívocos, as derrocadas morais, as faltas cometidas diante da Lei de Yahweh. O valor da nossa moeda, então, é medido pela maior quantidade de registros. Se positivos, ela é valorosa; se negativo, seu valor é quase ínfimo. Alegramo-nos em ver, daqui de nossa cidade, vosso progresso e vosso sacrifício, e divisamos a certeza de que o irmão tem a ofertar ao Cristo moedas de alto valor espiritual."

Inácio calou-se. Policarpo, que observava e escutava atentamente Inácio, nada falou, apenas sorriu. Então Irineu, sensibilizado com a fala de Inácio, disse:

— Nobre irmão Inácio, vossos conceitos são claros e não deixam dúvidas quanto a vossa envergadura espiritual. Sempre conto convosco em minhas preces, desde a primeira vez que o irmão Policarpo elucidou-me sobre a grandeza de vossos atos na defesa do patrimônio extraordinário da Boa-nova. Vossas palavras sempre me serviram de apoio, estímulo e incentivo. Em razão disso, rogo a Yeshua que permita que continueis próximo a nós, quanto possível, e a nos intuir para o bem.

Estêvão chegou ao grupo e, após abraçar todos, disse que deveria voltar à Terra levando os irmãos visitantes.

XXXVII

PRECIPITAÇÃO DAS DORES: A PRISÃO DE ALÉXIA AUREUS ARQUISIUS E DO CENTURIÃO JULIUS ATILIUS GALESUS

O Centurião Julius, nutrindo uma ponta de esperança, foi até o Núcleo Cristão, eis que os diákonos e os amigos e trabalhadores do Núcleo estavam em vigília permanente de orações. Lá chegando, foi recebido por Ápio. Conduzido para o interior, após os cumprimentos, puseram-se a ouvi-lo. Julius narrou o ocorrido na entrevista com o cônsul, a intervenção da esposa deste e concluiu que ali estava para que pudessem ajudar a tentar curar a jovem Ana ben Borusch, que ia se casar com o filho do governador.

Mateus ben Josepho, que estava permanentemente com o grupo de amigos, ao ouvir o relato de Julius, sobressaltou-se, e uma nesga de tristeza se abateu sobre ele. Após alguns instantes, Ápio disse que poderiam ir até a residência da jovem, orar e ver o que talvez pudessem fazer para sua cura, se isso fosse da vontade de Yahweh.

Assim se deu. Conduzidos por Julius, os quatro diákonos, na companhia de Aléxia, Shebir, Elias e Mateus ben Josepho, dirigiram-se à residência da jovem Ana. Lá chegando, foram recebidos pela genitora, que os conduziu ao quarto onde a doente estava acamada. Ao adentrarem, Mateus levou um grande susto, pois a jovem que ele conhecia, amara e ainda amava, parecia outra pessoa, eis que estava por demais magra, o rosto um pouco envelhecido por algumas pequenas rugas e o semblante triste. Não sorria nem chorava; tinha uma fisionomia impassível e inerte; o abatimento era visível; os olhos estavam semicerrados.

Ápio aproximou-se do leito e pediu para todos o rodearem e orarem à sua maneira, em voz baixa. Então impôs as mãos sobre a cabeça da jovem. Logo que iniciada a ação, adentrou o ambiente, aflito, o filho do governador, Vinicius Materno, e ficou observando a cena.

Após um breve tempo impondo as mãos, todos estavam em silêncio, quando Ana abriu os olhos e lentamente correu as vistas por todos, detendo o olhar em Mateus ben Josepho. Ao fazê-lo, duas grossas lágrimas rolaram das faces do caravaneiro, que procurou disfarçar o quanto pôde. Com os olhos fixos em Mateus, a jovem Ana também deixou algumas lágrimas rolarem e, como um candeeiro que vai esvaindo-se, foi apagando-se lentamente, suspirou e entregou a vida nos braços da morte.

Os olhos de Ana conservavam-se abertos e fixados na direção do amor da sua vida, do qual fora obrigada a apartar-se por convenção familiar. Ao perceber que Ana morrera, Mateus sentiu uma dor lancinante em seu peito. Seus olhos represavam um rio de lágrimas. Buscando não emitir soluços para não ser surpreendido, saiu do ambiente bem discretamente. O noivo, percebendo que a morte abraçara sua futura esposa, desesperou-se, encolerizou-se e gritou, olhando para Ápio:

— Quem sois vós? O que fizestes a ela? Colocastes as mãos sobre ela para a matar? Chamarei os guardas para prender-vos! — e saiu em desabalada carreira, porta afora, também preso de angústia e dor, pois amava a jovem Ana, muito embora sempre percebera nela uma ponta de tristeza que não conseguia decifrar.

A mãe da jovem sentou-se na cama. Em lágrimas silenciosas, delicadamente, com as mãos, cerrou os olhos da filha e ficou ali um tempo, alisando sua testa e os cabelos. Ela sabia dos dramas que a filha tinha enfrentado até sua morte para atender às convenções da família, principalmente do pai. Conhecia Mateus ben Josepho, embora não se lhe tivesse dirigido, e sabia que a filha amava o caravaneiro judeu e nunca o esquecera.

Lembrava que a filha lhe tinha confidenciado o encontro com Mateus na viagem de retorno a Lugdunum; que tinham ficado hospedados e viajado com a Caravana; que a filha lhe contara do reencontro e da renúncia de Mateus ao amor dela, pelo bem dela e da família. Preocupava-se muito com a saúde da filha, que depois do encontro com Mateus começara a não mais se alimentar direito e a perder o interesse pelas coisas. Temia pela vida da filha e tudo fez para alegrá-la, contudo, não conseguiu êxito. Agora estava tudo acabado. A filha amada e companheira partia para a Casa de Yahweh, com certeza, pois era uma alma querida.

O pai da jovem não havia chegado do seu trabalho, então Mateus ben Josepho retornou aos aposentos, acercou-se do leito, com coragem colocou uma mão no ombro de Judith, a mãe de Ana, e falou baixinho:

— Senhora Judith, a dor que experimento, por certo, não é maior do que a tua. Crê que eu nada fiz para que isto acontecesse. Jamais imaginaria o quanto Ana estava adoentada. Espero que não cultives pensamentos ruins a meu respeito. O que fiz foi pensando na felicidade dela e da vossa família.

Judith, ainda em lágrimas, olhou para Mateus e disse:

— Senhor Mateus, eu bem sei de tudo o que se passou. Ana não tinha segredos comigo. Sempre abençoei a possibilidade de que vocês pudessem se unir pelos sagrados laços do matrimônio, e, ante a oposição de meu marido, Ana optou pela unidade da família, embora tenha sofrido por todo este tempo em que se apartara da vossa companhia. Não, não tens do que te desculpar. Às vezes, na vida, tomamos um barco para determinado destino e vem a forte correnteza e nos afasta do objetivo antes traçado. É preciso sempre enormes esforços para quc possamos compreender que a correnteza atende à vontade de Yahweh.

Após um breve silêncio em que Mateus olhou para o corpo inerte do amor de sua vida, num gesto espontâneo, abaixou-se, beijou a testa de Ana, após a testa de Judith, e a seguir disse para Absalom e os demais que estavam no ambiente:

— Irmãos, saiamos imediatamente, pois temo pela reação do noivo e do pai de Ana.

Foi o que fizeram. Julius, que a tudo assistira, como autoridade romana, por certo não permitiria qualquer ataque ou voz de prisão aos amigos. Aconselhou todos a retornarem ao Núcleo, e disse que Aléxia seguiria com ele, pois precisava falar com ela imediatamente.

Todos os visitantes saíram.

Ápio estava em silêncio. É certo que a jovem parecia mesmo muito doente, e somente um pensamento lhe passava pela cabeça: não havia como curar a jovem, porque ela havia chegado ao dia do termo de sua existência terrena. Buscou orar para pacificar sua apreensão.

Aléxia e o Centurião Julius, com o consentimento da jovem, foram caminhando devagar na direção do Núcleo Cristão. Estavam abalados com o fato ocorrido e nada falavam. Após algum tempo, Julius puxou a conversação:

— Boa Aléxia, meu coração está engolfado pelo sentimento de desespero. Além deste fato, que ocorreu às nossas vistas, preciso dizer-te que o motivo da ordem de prisão expedida contra ti ocorreu por urdiduras em Roma, por isso que recebi das mãos do governador provincial o decreto de prisão contra ti, assinado pelo próprio imperador. Parece que a ordem se relaciona ao fato de terem descoberto a propriedade que teu pai, o Senador Apolônio, tinha adquirido aqui em Lugdunum, e que fugiste de Roma para cá, e aqui te afiliaste ao Núcleo Cristão, e que, inclusive, usas a tribuna para atacar Roma e o imperador.

Julius Calou-se. Aléxia, não demonstrando surpresa, disse:

— Bom amigo Julius, de tudo o que me revelas a respeito dessas urdiduras, já tive conhecimento pelos meus sonhos. Sabia antecipadamente que tu tinhas a tarefa de levar-me presa. Peço que nada temas e que cumpras tua obrigação. Repito-te que não fugirei e não ofertarei qualquer resistência.

Enquanto falava, Aléxia olhava na direção da extensa alameda que estavam percorrendo, em direção ao Núcleo, de modo que, ao concluir, olhou para Julius e viu que ele chorava. Aguardou. Então Julius disse:

— Oh, Aléxia! Meu coração sangra. Não, não tenho vontade nenhuma de levar o amor da minha vida presa, e ainda a ferros. Preciso te dizer que em muitas e muitas ocasiões fiquei pensando sobre quais seriam os motivos de fazer com que nossas vidas se cruzassem. Confesso que não consegui ainda obter resposta, porém sinto em minha alma que parece que já a conhecia antes de ver-te pela primeira vez. Tudo em ti: teus gestos, tua maneira de falar, teu sorriso, teu olhar confiante, tudo sempre me foi familiar e fiquei pensando como isto podia se dar. Entretanto, deixei de lado essa impressão e busquei ouvir a voz do destino, e o destino, de maneira imprevisível e fatal, colocou-nos nessa grave situação. Não, não te prenderei. Ouso desafiar Roma, porque te amo com todas as forças do meu coração.

Ao dizer isso, num ato instintivo, puxou Aléxia próximo a si e deu-lhe um apaixonado beijo, ao que ela não ofertou resistência. O beijo se misturava às lágrimas, que agora não eram somente suas, porque Aléxia chorava também.

Ficaram um tempo abraçados. Aléxia vencia a indecisão que sua alma sempre colocara à frente do amor que às vezes queria esconder. Apesar do bom Elias, ela amava o Centurião Julius, disso não tinha mais dúvidas. Após alguns instantes, Aléxia, desvencilhando-se delicadamente do abraço de Julius, falou:

— Sim, Julius, eu também te amo, contudo, nossas revelações surpreendem nosso amor num momento crucial, e parece mesmo que Yahweh não permitirá nossa felicidade nesta vida. Penso, meu amor, que não deves desobedecer a Roma, deves cumprir teu dever e prender-me, ainda mais agora que o governador já deve saber do ocorrido com a jovem Ana e, insuflado por seu filho, haverá de prender todos, e todos sacrificar. Não temas, meu amado. Quem conhece Yeshua de Nazareth, de fato, nada teme. Peço que me dês um tempo para as despedidas dos amigos no Núcleo e a seguir podes levar-me até a prisão.

Enquanto Aléxia falava, Julius continuava a chorar, contudo, compondo-se, como se estivesse inerte, enxugou as lágrimas, pegou a mão de Aléxia, beijou-a e, continuando a segurá-la, reiniciaram a caminhar na direção do Núcleo, mudos. Os pensamentos eram carregados de tristeza e apreensão.

Enlevados, não haviam se apercebido do tempo que passara, eis que, ao chegarem ao Núcleo, encontraram, à entrada dele, Shebir, Mateus e Elias. Este último, ao ver os dois de mãos dadas, teve um forte impacto, contudo, nada falou. Então lhes relataram que os diákonos Absalom e Odélio tinham sido presos por uma tropa romana comandada pelo Centurião Antonius e levados para a prisão, na Intendência; que os irmãos Ápio e Nicholas não haviam sido presos porque tinham ido até a prisão para tentarem se avistar com o epískopo Irineu. Julius ficou apreensivo. Elias sentia profundo aperto no coração. Orava a Yeshua pedindo forças e entendimento, então, disfarçando sua dor, adiantou-se e disse:

— Nobre Centurião Julius, eles perguntaram por Aléxia e por ti. Informamos não saber vosso paradeiro.

Ante a consternação, Aléxia adiantou-se, pois tinha percebido que Elias os havia visto de mãos dadas e falou-lhe:

— Meu bom Elias, neste momento difícil para nossas vidas, preciso te dizer que tu continuas a ser merecedor dos meus melhores sentimentos, e como pudeste reparar na minha intimidade com o Centurião Julius, sei que teu coração deve estar ressentido comigo, entretanto peço, pelo carinho que sempre nos dedicamos, que não fiques magoado, pois somente Yahweh e nosso Alcandorado Messias sabem sobre o que nos foi destinado na vida presente. Foste, nos momentos importantes, a alma a quem me afeiçoei, contudo, penso que não estamos designados pelo Pai Celestial a nos unirmos pelos sagrados laços do matrimônio. Após os infaustos que sofri, com a prisão e morte de meu venerando pai adotivo, a dor e a necessidade me fizeram compreender que eu não estava destinada a consagrar-me à formação de uma família.

"Na viagem rumo a esta cidade, conheci o Centurião Julius e recebi dele as melhores atenções e cuidados possíveis. Senti por ele uma afeição que compreendi, de início, ser apenas amizade, porém o tempo desvelou ser Julius portador de predicados que me chamaram a atenção como mulher, ao que de início não dei muita importância. Somente quando ele sacrificou sua própria carreira militar, assumindo severo risco para dar-me guarida em sua caravana e protegeu-me, foi que despertei para uma realidade que não havia conseguido captar, ou seja, despertou em mim o sentimento íntimo que me move na direção do nobre centurião."

Enquanto Aléxia falava, todos estavam quietos. Julius se sentia encabulado demais. Retornando à conversação, Aléxia ainda disse:

— Apesar de tudo isso, penso que Yahweh não deve ter traçado trilha de felicidade conjugal para a minha existência, pois Julius acaba de me comunicar que o imperador dos romanos determinou minha prisão e ainda exigiu que o Centurião Julius a executasse.

Todos os que ali estavam, e principalmente Elias, ficaram ainda mais atônitos.

— Como assim? — falou, então, Elias. — Por que esse decreto de prisão sem fundamento? Em que, boa Aléxia, ameaças Roma? Ainda mais uma jovem praticamente indefesa! Isso é um verdadeiro absurdo!

Elias calou-se. Não conseguiu controlar-se e as lágrimas rolaram por sua face. Aléxia, altamente sensibilizada pela atitude carinhosa de Elias, falou-lhe:

— Sem dúvida, bom Elias, não ameaço ninguém, muito menos Roma. Nisso tudo está presente a maldade humana, mas também os desígnios de nosso Pai Yahweh. Irei com o Centurião Julius, neste instante. Peço que orem por mim. Sigo meu destino, e se o destino for a morte por Yeshua, de nada me arrependerei, pois já entreguei minha vida a Ele há muito tempo.

Consternados, Elias, Mateus ben Josepho e Shebir viram Julius, que nada falara em todo o tempo daquele diálogo, afastar-se junto com Aléxia. Foram caminhando para a Intendência romana.

Contrariamente às ordens do governador, Aléxia não foi presa a ferros. Lá chegando, o centurião determinou o recolhimento de Aléxia em uma sala-prisão, nas dependências anexas à Intendência, e, antes de se afastar, disse a dois soldados que ficassem vigiando a cela; que no caso de qualquer anomalia o chamassem. Disfarçou o quanto pôde e disse baixinho a Aléxia:

— Boa e amada Aléxia, tudo farei para que sejas libertada, nem que isso me custe a vida.

Como não podia, na frente dos soldados, manifestar intimidade com a prisioneira, olhou-a com profunda paixão e saiu pelo corredor, cruzando a porta.

Aléxia, vendo-se sozinha na cela, começou a orar e, ao fazê-lo, logo viu, com os olhos da alma, o Espírito do amado pai adotivo, Apolônio, que estava acompanhado de Estêvão e do General Lucinius Verus Aquilinus. O senador perguntou a Estêvão se Aléxia podia vê-lo e ouvi-lo, pois ela olhava na sua direção e sorria. Estêvão disse que sim, que ela os estava vendo e podia ouvi-los. O Senador Apolônio sorriu, aproximou-se mais um pouco e, olhando fixamente para Aléxia, com a ternura de pai, falou:

— Olá, minha filha! Quanta saudade! Como Yahweh é bom, pois nos permite o reencontro. Tenho acompanhado tua luta, através de informações registradas na cidade espiritual onde estou e que se denomina Nova Roma. Nessa cidade deslumbrante aos meus olhos, pude conhecer a Roma dos meus sonhos, onde a beleza está ligada à prática da justiça igualitária a todos e onde exala amor e fraternidade, predicados de há muito abandonados pela Roma Imperial da Terra. Nessa cidade, que é um oásis de paz, podemos estudar e conhecer as soberanas leis da Criação; o Único Senhor e Criador de tudo, Yahweh, como o chamam os judeus e os cristãos, e Seu Filho e Enviado, o Messias, o Cristo Yeshua. Conheci os principais fatos de sua vida, que foi um verdadeiro hino de amor; sua mensagem de libertação da criatura humana das amarras que a prendem ao cometimento dos erros e dos equívocos diante das Supremas Leis de Yahweh, mostrando a toda a Humanidade, sem exceção, o endereço e como chegar à Casa do Pai e Criador de todos nós.

“Não, não vi, em nossa cidade, registro de passagem dos imperadores romanos da Terra, em quantidade. Somente se registra a passagem de três deles, os imperadores Caio Julius César Otaviano, Tito Vespasiano Sabino Augustus, e Antonino Pio, que, segundo soube, após algumas dificuldades expurgadas em regiões de sofrimento e dor, foram recebidos em Nova Roma e estão em trabalho de preparação para voltar à Terra a fim de, na própria nação que governaram e em outras, auxiliar, no campo da governança, a sedimentação do Cristianismo e atuar na organização dos povos futuros.

"Manifesto minha felicidade pelos progressos espirituais que fizeste, fruto de teu coração bondoso e singular. Estou integrado aos estudos e preparação para ser um dos inúmeros trabalhadores que auxiliarão, na cidade espiritual de Nova Roma, enorme contingente de cidadãos e cidadãs da Roma Imperial, que nestes tempos e nos tempos do futuro, tendo-se convertido ao Cristianismo, ou portadores de atos de bondade e justiça, façam por merecer ingressar nela.

"Segundo orientação que nos foi trazida, aproxima-se da Terra um período de graves consequências, inclusive a continuidade da derrocada do Império, ainda poderoso, deverá trazer dores que se avolumarão, e a Águia altaneira ver-se-á, um dia, obrigada a cessar seu voo de ambição, orgulho, egoísmo e vaidade, e pousará aos pés de Yeshua de Nazareth.

"Nesta hora difícil de tua vida, em que és surpreendida pela prisão, quero te dizer que não alimentes tristeza nem sentimentos de represália. Antes, deves bendizer o Salvador do mundo, que também te marcou para que a glória do Pai Celeste seja revivida na glória do Filho. Não temas nada, muito menos o que te advier no futuro, porque és um Espírito amado por Ele.

"Pela misericórdia de Yahweh, continuarei sempre a teu lado, apoiando-te e amparando-te dentro das minhas ainda poucas possibilidades espirituais, contudo, outras almas amigas nos serão os anjos indispensáveis da caridade.

"Renovando meu preito de saudade, trago carinhoso abraço e beijos de teus pais do corpo.

"Que Yeshua nos abençoe!"

A cena era comovedora. Aléxia chorava não de tristeza pela prisão, mas de alegria por ver, ouvir e conversar com seu pai adotivo e dele receber tantas notícias e dádivas. O Senador Apolônio e os demais amigos foram tornando-se invisíveis e Aléxia pronunciou sentida prece a Yeshua:

Amado Yeshua, neste momento em que a dor da injustiça e da separação dos entes queridos me visita a alma, peço que vossa luz resplandeça sobre minha cabeça.

Rogo que nestes tempos de provação para vossa serva me auxilieis a me transformar em vossa discípula, devota e humilde, pois me entrego com tudo o que é meu a vossa correção, pois que é melhor ser castigado neste mundo do que no outro.

Disponde de mim, oh! Yeshua, segundo o beneplácito vosso e de nosso Pai Celestial e concedei-me, Senhor, a consciência clara da resignação, nutrindo a esperança de logo mais encontrar-vos.

Na Intendência romana, o governador e cônsul determinou que o Centurião Julius fosse conduzido à sua presença, intimando o centurião Antonius Faustus a conduzi-lo.

Dois soldados localizaram Julius e lhe disseram que ele precisava acompanhá-los até a sala do centurião Antonius. Lá chegando, Antonius apressou-se a dizer a Julius:

— Nobre amigo, estou muito preocupado com as ordens do cônsul, ao determinar-me que te localizasse e te levasse à presença dele. Estava extremamente irritado. Não sei ao certo o que aconteceu, mas presumo que algo grave possa te acontecer.

Julius ouviu o que o amigo lhe falava, então respondeu:

— Nobre amigo Antonius, fica tranquilo. Nada temo, e se porventura algum castigo vier da parte do cônsul ou do Império, estou preparado para recebê-lo. Vamos até o homem!

Na companhia dos dois soldados, que tinham ficado do lado de fora da porta, cruzaram os corredores, e Antonius bateu à porta da sala do cônsul. O atendente que abriu a porta, reconhecendo-os, franqueou o ingresso. Triário Materno estava sentado no seu posto de trabalho. Levantou a cabeça e, divisando os dois centuriões à sua frente, disse:

— Podeis sentar-vos.

Após se assentarem, Antonius falou:

— Nobre cônsul, cumprindo vossas ordens, eis que vos trago o Centurião Julius Atilius Galesus.

O cônsul e governador romano olhou friamente na direção de Julius e ficou um tempo observando-o, e, para surpresa de seus instintos, não viu apreensão nem nervosismo em seu semblante. Aquilo o incomodou. A seguir, com a voz demonstrando irritação, falou:

— Nobre Centurião Julius, surpreendeu-me sobremaneira receber as notícias que me trouxeram sobre tua pessoa. Fui informado de que, ao invés de agires com energia em triste episódio relacionado à morte da jovem que desposaria meu filho, tu foste condescendente com os cristãos, principalmente com aquele que, segundo me relataram, levantou as mãos sobre a cabeça da jovem e acabou por matá-la, já que ela estava muito fraca. Também me relataram que, ao invés de apurar o crime, tu te acumpliciaste com o grupo de cristãos que foi à casa da jovem falecida, e ainda mais, que saístes de lá na companhia da cidadã romana que se tornou cristã e que teve sua prisão decretada pelo imperador. Não satisfeito em ouvir tudo isso, tive que ouvir ainda que tu, ao caminhar na direção do Núcleo Cristão, ainda o fizeste de mãos dadas com aquela que deveria ser tua prisioneira. O que tens a me dizer sobre tudo isso? E onde está a jovem Aléxia Aureus Arquisius, que deveria estar presa até o final do dia de hoje?

O cônsul calou-se. O Centurião Antonius, então perplexo e curioso, apenas aguardava com interesse o desfecho da entrevista. Julius, sem perder a tranquilidade e a segurança, iniciou a responder dizendo:

— Nobre cônsul, em primeiro lugar respondo a vossa última indagação. A jovem Aléxia se encontra presa aqui na intendência, em sala no prédio principal, como asseguraste ser possível.

"Quanto às ocorrências na casa de vosso tesoureiro Dan ben Borusch, de fato acompanhei o que lá se desenrolou. Contudo, quando os cristãos foram conduzidos ao quarto onde a jovem Ana jazia sobre o leito, ela estava como que uma estátua: não falava, mal se movimentava e apenas mexia os olhos, presa de uma palidez severa. Seu estado físico era gravíssimo. O cristão que impôs as mãos sobre a altura da cabeça da doente nem sequer a tocou, logo, não pode ser acusado, levianamente, de ser um assassino, ao contrário, ao assim fazer, pediu que todos nós que ali estávamos, à nossa maneira e de conformidade com nossas crenças, orássemos pela jovem. Entretanto, nem sequer deu tempo, propriamente, porque a jovem morreu quase que instantaneamente.

"Quanto a não prender os cristãos que lá estavam, não vi um motivo sequer que justificasse tal atitude. Já quanto à caminhada com a jovem Aléxia, inclusive pegar nas mãos dela, embora o mandado de prisão, não consta em nossas leis, pelo que sei, proibição de um cidadão romano cortejar uma cidadã romana."

Julius calou-se. Antonius, a seu lado, admirou-se da coragem do amigo e temeu por ele.

A irritação do cônsul explodiu em cólera, eis que se levantou, deu um soco em sua mesa de trabalho e, quase gritando, falou:

— Como é? Ousas desafiar uma autoridade do Império? Ousas se utilizar de ironias? Que coragem é essa que me surpreende? Acaso não temes pela tua vida? Serves a Roma ou aos cristãos? Vamos, diga-me?

As veias do pescoço pareciam querer saltar para fora. Ainda como um animal bufando, esperou a reação de Julius, que não tardou.

— Nobre autoridade de Roma, apelo pelo equilíbrio que sempre demonstrastes em vossa administração, o que sempre admirei em vós. Não fugirei às minhas responsabilidades. Peço que vos senteis e busqueis acalmar-vos. Responderei às vossas últimas indagações.

Julius calou-se de propósito. As palavras do centurião produziram um choque no cônsul, ainda mais que, sem que os presentes pudessem ver, estavam ali na sala os Espíritos do General Lucinius Verus Aquilinus, do Centurião Gabinius Marcus Sulpicius e do Senador Apolônio Aureus Arquisius, na companhia de Estêvão, que impunham, de longe, as mãos na direção dos três romanos ali presentes e oravam a Yeshua para que aquela reunião tivesse um desfecho equilibrado, ao menos.

O cônsul sentou-se um pouco mais calmo e fez sinal com as mãos para que Julius continuasse. Julius levantou-se e, com uma calma que impressionava, continuou:

— Nobre governador e cônsul, e nobre Centurião Antonius, eis--me aqui, desnudo ante vós, para reportar-me ao comandante desta província sobre o que penso, neste instante em que sou acusado de descumprimento do meu dever de soldado leal a Roma.

"Permiti-me lembrar que, nascido em família romana rica e poderosa, meu amado pai incentivou-me desde cedo a preparar-me para a continuidade de seus negócios e também que eu entrasse no ramo da política romana, pretendendo que um dia pudesse chegar a ser um senador de Roma.

"No princípio, anelei atender aos anseios dele, mas algo ou alguma coisa me atraía para as armas, de modo que o tinido das lanças, das espadas e dos escudos sempre me encantaram, e a contragosto de meu pai alistei-me no exército de Roma, sob o Império de Marco Aurélio, e servi com galhardia à Águia Dourada, sob o comando de grandes generais, dentre eles um general de inolvidável lembrança: Maximus Marcus Vipidius, que me ensinou os valores do grande combatente, como o de ser justo e humano com os vencidos.

"Andei sobre o lombo de cavalos, ou mesmo a pé, pelas províncias geladas; pisei no charco das lamas, das valas cobertas de corpos estraçalhados em combates; lutei pelo ideal de uma Roma poderosa e vi nos seus inimigos a ameaça ao surgimento de uma grande nação que pudesse aninhar sob as asas da poderosa Águia todos os povos e fornecer a eles a honra de uma vida justa e sem percalços, distribuindo riqueza e promovendo a paz entre os homens.

"Por muito tempo, hoje vejo com clareza, iludi-me nesses vaticínios, imaginando um tempo de felicidade que nunca chegou. Doei a Roma o melhor da minha juventude e o que pude, e hoje, quando me aproximo dos meus trinta e cinco anos, quedo-me e rendo-me à desilusão.

"Não, não estou referindo-me a vós, nobre governador, estou referindo-me à certeza de que nutro em meus pensamentos de que a queda final de Roma se aproxima, pois, quando os governantes se afastam da justiça e mergulham na corrupção do poder e conquistas de riquezas que não são justas, eis que construídas sobre a enganação do povo, pisando em direitos e assassinando sonhos, com certeza semeiam os ventos e as tempestades que logo mais despencarão sobre suas cabeças, trazendo com elas o raio da dor e da morte.

"É certo que vós tendes a autoridade de julgar-me e até de decretar minha sentença de morte, mas o que é a morte para quem os sonhos de uma nação livre e justa já morreu? Nada! Absolutamente nada! Submeto-me a vosso juízo e na presença de outra autoridade de Roma, o amigo e Centurião Antonius, com base no direito de confissão, dispenso que instaleis comissão julgadora para analisar minha conduta. Declaro-me culpado de não cumprir ordens que entendo arbitrárias e submeto-me a vossa decisão. Em vossas mãos coloco o destino do meu corpo, porque minha alma jamais podereis alcançar."

Julius calou-se. O silêncio que logo se fez era aterrador.

O cônsul sentiu como se uma pancada forte houvesse atingido sua cabeça. Receou, entretanto, inseguro, ante a coragem de Julius e a própria covardia. Como tinha que dar resposta dura a sua esposa e a seu filho, após recuperar-se um pouco, determinou que o Centurião Antonius chamasse o secretário do consulado. A este, ao entrar, ordenou que anotasse o que ele falaria. Com leve tremor que lhe percorria o corpo, começou a ditar:

— Em minha sala de trabalho, no consulado romano de Lugdunum e na presença do Centurião Antonius Faustus Solepius, foi-me trazido o Centurião Julius Atilius Galesus, que confessou ter desobedecido às ordens deste consulado e de Roma; que, segundo provas colhidas, tornou-se cristão; que dispensou a instalação de comissão julgadora, declarando-se culpado do crime de desobediência ao Império. Tendo o centurião afirmado sua culpa ante a autoridade que me é concedida pelo Império, decreto sua prisão e, em razão do alto cargo que ocupa no exército de Roma, o que reveste o crime de maior gravidade, condeno--o à pena de morte. Anotado no livro de assentadas, decreto que se dê notícia ao Imperador Septimius Severus e ao Comandante Geral dos Exércitos de Roma, o General Virio Lupo.

Enquanto o cônsul ditava, Antonius estava aflito, contudo, nada podia fazer pelo amigo. Julius estava calmo, seguro e, paradoxalmente, sentia-se feliz. Consultou sua consciência: se não agira daquela forma porque queria morrer ao lado de Aléxia, pois sabia, no íntimo, que ela também morreria, mas não, sentia que não planejara nem pretendia isso. O que dissera fora fruto da frustação dos seus sonhos de oficial romano, misturado com a desilusão. Sim, sua consciência estava em paz.

É certo que após tudo o que falara chegou a imaginar que o cônsul o absolveria do que entendia ser uma rebeldia às suas ordens, o que, diga-se, nunca houve; porém, ao agir daquela maneira, a autoridade romana somente fazia confirmar a pequenez moral de que eram portadores os homens que naquele tempo governavam Roma e as províncias. Lamentava, no íntimo, a certeza de que Roma sucumbiria, a seu tempo, e não esboçou reação alguma.

Após ditar a sentença de morte do centurião, o cônsul chamou os soldados e determinou que prendessem Julius no calabouço da intendência e para lá levassem também a jovem Aléxia, que estava presa em sala nas dependências superiores. Depois, em extremada angústia, retirou-se da sala.

No Núcleo Cristão de Lugdunum, com a prisão do Epískopo Irineu, dos dois diákonos e de Aléxia e Julius, a consternação dos frequentadores era enorme. Na realidade, o Núcleo ficara quase que à deriva. O diákono Ápio, que era bem mais velho do que Nicholas, assumiu a direção do Núcleo.

Dois meses se passaram. Nesse período, os amigos visitaram Irineu e Aléxia na prisão. Quando da última visita, o Epískopo Irineu teve um diálogo especial com o diákono Ápio, pois falou a este:

— Nobre e bom Ápio, veja o que o destino reserva para Yeshua, aqui nesta cidade de mártires, eis que eu e meus queridos diákonos Absalom e Odélio nos achamos presos sob o tacão de Roma e não podemos auxiliar o irmão a cuidar de nosso amado Núcleo. Peço que tenhas muita força e coragem para continuar a tarefa, lutando contra eventuais interferências nocivas ao andamento da divulgação da doutrina do nosso Amado Yeshua. Não que lhe seja exigido viajar em pregação, porém, poderás dedicar-te a manter o Núcleo Cristão de Lugdunum forte e vibrante, e isto já será agradável ao Mestre.

"Sinto que não mais retornaremos ao convívio de nosso Núcleo nesta vida corporal. Ouso pedir-te que zeles com carinho pela verdade espalhada pelo Mestre Galileu, de quem já sois digno representante. Abomina os símbolos, que em nada representam a herança e o legado de Yeshua. Rejeita com veemência tudo o que pretenderem na direção de desprezar os sublimes escritos de Mateus, João Marcos, Lucas e João. Desconfia dos falsos profetas. Tem cuidado com a doutrina monarquista de Teódoto, de Montano e de Marcion. Aprecata-te em face do que diz o irmão Noeto, que infelizmente distorce o legado do Núcleo de Esmirna, por certo preocupando o grande Inácio nas moradas celestes. Dize a nossos irmãos do Núcleo que é preciso combater com firmeza o Gnosticismo. Agora, gostaria de fazer um convite especial ao jovem Shebir ben Isaque, que te acompanha.

Ao dizer isso, olhou para Shebir e continuou:

— Eu sei, bom jovem, que tens família em Jerusalém e que aguardas teu retorno. Porém, também sei de tuas qualidades como cristão e dos teus dons do Espírito, razões pela qual, neste instante, podendo ver com os olhos da alma a presença de Paulo de Tarso, de Inácio de Antioquia e do amigo Policarpo, transmito-te um especial pedido que o Cireneu de Tarso te faz, para que fiques em Lugdunum a auxiliar os irmãos Ápio e Nicholas, recomendando ao irmão Ápio que te ordene diákono e que te dediques, sem esmorecimento, à tarefa de divulgação da Iluminada Mensagem de Yeshua.

Irineu calou-se.

Ápio estava emocionado, e o mesmo se dava com o jovem Shebir. Ápio então disse:

— Nobre Epískopo Irineu, penso que não vos deveis entregar ao desânimo. Reivindicamos ao cônsul, por cidadãos romanos influentes, a vossa liberdade e dos demais. Ele ainda não despachou a petição, contudo, se for da vontade de Yahweh que o irmão vá ao encontro de Yeshua, gostaria que soubésseis que aceito vosso honroso convite e vossas determinações. Ficai tranquilo. Na vossa ausência, junto aos demais trabalhadores, tudo farei para que a Mensagem de Yeshua não seja objeto de adulteração em nosso Núcleo.

A seguir, Shebir disse:

— Bom amigo e nobre Epískopo Irineu, confesso-me surpreso com vosso honroso convite. Não fiz planos de permanecer em Lugdunum, contudo, ao me falardes que o convite não é somente vosso e sim de Paulo de Tarso, não tenho como recursar. Amo Yeshua e ficarei sim em Lugdunum, agradecido.

Após o diálogo, Irineu os cumprimentou pelas grades da cela e eles prometeram voltar com boas novidades.

A seguir, foram às celas dos diákonos Absalom e Odélio, e de Aléxia. As conversas foram feitas em clima de consternação, contudo, recomendando a Yeshua que os abençoasse.

Aléxia recebeu pelo próprio Elias a informação de que o Centurião Julius fora preso e julgado culpado de desobediência a Roma e de ser cristão, e que fora condenado à morte. Ao ouvir a notícia, as lágrimas brotaram instantaneamente dos olhos de Aléxia.

Após mais algumas considerações, os amigos se despediram e voltaram para o Núcleo Cristão.

XXXVIII

OS MARTÍRIOS DE IRINEU DE LUGDUNUM, DE ALÉXIA AUREUS ARQUISIUS E DO CENTURIÃO JULIUS ATILIUS GALESUS

Iniciava-se o ano de 202 d.C. O Imperador Septimius Severus perseguia os cristãos sem piedade, e o fazia por imposições políticas. O Cristianismo continuava sendo considerado ilegal. O imperador acirrou os ânimos contra os cristãos, que eram inicialmente chamados de *catecúmenos*, aqueles que em vários Núcleos Cristãos, já fruto das intromissões indesejadas na Doutrina de Yeshua de Nazareth, eram preparados para receber o chamado batismo; contra aqueles que eram denominados *neófitos*, os recém-batizados, e contra os *catequistas*, que eram os cristãos que preparavam estes, em clara criação de denominações apartadas de qualquer necessidade, pois os Evangelhos a nada disso se referiam. Contudo, para o imperador, o objetivo era impedir que alguém se tornasse cristão.

Em Lugdunum, em ato publicado pelo Cônsul Triário Materno, foi marcada para o mês de junho a execução dos prisioneiros Irineu de Lugdunum, Aléxia Aureus Arquisius e do Centurião Julius Atilius Galesus. De nada adiantaram os esforços da comunidade cristã, através da influência de alguns cidadãos romanos. A única coisa que haviam conseguido era que o Núcleo Cristão de Lugdunum funcionasse apenas um dia por semana com as portas abertas ao público, e nada mais.

Em Roma, no Núcleo Cristão, assumiu como epískopo geral, no lugar de Victor, que havia sido martirizado, o Epískopo Geral Zeferino, mas este nada pôde fazer, embora tentando interceder junto às autoridades da corte romana, por amizades, eis que o imperador nem sequer permitiu discutir comutar as penas aplicadas pelo cônsul romano de Lugdunum. Severus conhecia a têmpera do Centurião Julius Atilius Galesus, até gostava dele, porém não queria tirar a autoridade de seu cônsul, o Governador Triário Materno, numa ação de perfeita covardia moral, que era própria dos imperadores despóticos que aos poucos iam matando o ideal de uma Roma justa.

No mês de abril do ano 202 d.C., por ordem do imperador, foram executados, amarrados aos postes de martírio, os diákonos Absalom e Odélio, tendo o governador ofertado-lhes a oportunidade de recusar o Cristianismo e fazer oferenda aos deuses de Roma e a César. Embora jovens, os diákonos eram portadores de estoicismo e resistência moral inquebrantável. Haviam aprendido com seu mestre Irineu a cada vez mais amar Yeshua e a viver pelo Cristianismo sem nada temer.

O Núcleo Cristão, sem os dois trabalhadores do Cristo e com Irineu preso, ficava sob a direção do diákono Ápio, que era o mais velho dos diákonos, com o auxílio do diákono Nicholas, que era o mais novo. Contavam, ao menos provisoriamente, com o auxílio do jovem Shebir ben Isaque e do ex-rabino Eleazar, que se aprofundara nos estudos da Sublime Mensagem do Messias. Com o auxílio de Mateus ben Josepho, intercederam junto ao Centurião Antonius e conseguiram os restos mortais dos diákonos, que enterraram em terreno nos fundos do Núcleo, em cerimônia triste e tocante.

Amanhecia o dia vinte e cinco de junho de 202 d.C., quando a ordem imperial de execução de Irineu, Aléxia e Julius Atilius Galesus foi fixada no átrio da Intendência Romana, e dada a conhecer a toda a comunidade lugdunense execução que aconteceria a vinte e oito de junho. A ordem fazia constar que, caso os prisioneiros abjurassem a loucura do Cristianismo, teriam suas vidas poupadas.

Quando foi fixada a ordem, naquele dia, à noite, Ápio, Nicholas, Shebir, Eleazar, Mateus, Elias, os casais Glaucius e Dânia, e Noel e Diana, e demais trabalhadores e frequentadores do Núcleo Cristão reuniram-se para orar. Em vigília de oração, pediram a intercessão de Yeshua naqueles momentos fatídicos. Ápio orou por todos:

Oh, Senhor e Mestre Yeshua! Aqui estamos, ainda estrangeiros em tua casa e na terra fértil de Tua Iluminada Mensagem, ao agasalho deste Núcleo de amor e aprendizado, o qual por tua vontade nos é colocado sob nossa responsabilidade.

Ouvimos pela acústica de nossas almas, neste instante, o ressoar em suas paredes, dos teus valorosos ensinamentos cantados pelo poeta de Lugdunum, acerca da Divindade do Único Criador de tudo, Yahweh ou Elohim, que se manifesta na vida de todos e em tudo o que existe, por suas leis soberanas, sábias, justas e eternas.

Nosso mestre de Lugdunum tem ofertado o tributo de sua força, coragem, destemor, no zelo de tua Sublime Mensagem, tal qual no-la legaste.

Te pedimos, oh! Amado Orientador, que intercedas junto a Yahweh por nosso Irineu e também por nossos amigos Aléxia e Julius. Entretanto, que seja sempre feita a vontade de nosso e vosso Pai, Yahweh. Assim seja.

Naquela mesma noite, em sua cela, o grande epískopo de Lugdunum refletia sobre toda a sua existência. Rememorou as imensas lutas em favor da defesa dos postulados cristãos, que foram ensinados com simplicidade magistral, na Cafarnaum dos apóstolos, nas praias do Mar de Genesaré, de onde emanou a Luz da Verdade, intensa, na direção de iluminar as consciências e o mundo.

Lembrou de sua viagem a Roma; do encontro com o Epískopo Geral Victor; da certa decepção que lhe invadiu a alma por ver instaladas divisões entre os Núcleos Cristãos do Oriente e do Ocidente. Por instantes, sua mente viajou pelo futuro, e seus olhos da alma viram a permanência da divisão, sob a bandeira do Cristianismo. Aquilo lhe causou uma ligeira vertigem, um leve tremor no corpo. Ainda com os olhos no futuro, começou a chorar lágrimas sentidas, por ver a ambição e a prepotência em que se arvoravam os condutores da mensagem do Pastor da Galileia. Retornou da visão do futuro e edificou, em voz alta, um pedido a Yeshua:

Oh, Amantíssimo Yeshua de Nazareth! Tem piedade de nossa indigência. Auxilia-nos e à Humanidade a não desprezarmos teus ensinos, para tua glória e a glória do Pai Celestial.

Confortou-se com o pensamento de que os Núcleos Cristãos que preservassem a mensagem do Mestre não se quedariam em deformidades doutrinárias, e ao mesmo tempo pensou: mas resistiriam sem perecer? Por que muitos se dispersavam? Contudo, todos haviam recebido o sinal vivo da Nova Fé e ela haveria de se espalhar por toda a Terra.

Naquele instante lembrou-se de um trecho das orientações que Paulo de Tarso havia escrito aos irmãos do Núcleo de Corinto, na primeira vez que lhes enviou carta, e na cela recitou-a em voz alta:

> Amados irmãos em Cristo! o verdadeiro discípulo espiritual tem plena fé em Yahweh, como Todo Poderoso, de quem são todas as coisas; e no Filho por Ele enviado, nosso Senhor, e nas dispensações referentes a Ele, pelas quais o Amigo de Yahweh se fez homem e nos propiciou o conhecimento da verdade, nos apresentando a dispensação do Pai e do Filho, em virtude das quais Ele habita em cada geração de homem, de acordo com a vontade do Pai.

Após, orou profundamente, em prece de gratidão ao Mestre Inesquecível, e a seguir adormeceu.

O dia fatal chegara. Naquele vinte e oito de junho do ano 202 d.C., Lugdunum amanheceu radiante, sob intenso brilho do astro-rei, que por seu turno era homenageado por imensa túnica azul a sua volta, em todo o firmamento. Parecia mesmo que naquela cidade em que já tinha havido tantos mártires cristãos, que foram para o sacrifício cantando hosanas ao Cristo de Yahweh, não haveria cumprimento de ato tão vil, emitido pelo cônsul romano, mas sim ocorreria uma festa espiritual. Entretanto, o triste espetáculo da sandice humana se daria logo mais à tarde, em plena arena do circo romano de Lugdunum.

Na Cidade da Fé já havia há vários dias, sob a coordenação do Governador Acádio, dos apóstolos do Senhor, dos valorosos discípulos Paulo de Tarso, Inácio de Antioquia e Policarpo de Esmirna, sob a responsabilidade direta de Estêvão, as preparações para o socorro aos trabalhadores da Boa-nova que, diante de ingentes testemunhos, demarcariam mais uma vez a grandeza do nome de Yeshua de Nazareth por sobre o panteão já carcomido do Império Romano.

Em reunião singela, também na noite anterior, o Governador Acádio transmitiu breve orientação direta de Yeshua, nos seguintes termos:

Filhos da Alma!

Vossos esforços continuados em favor da manutenção e espalhamento da Mensagem que levei à Terra, em nome de Nosso Pai Celeste, sempre me foram motivo de alegria e satisfação.

Vossos esforços não foram e não têm sido em vão.

Embora a maioria dos homens, na embriaguez e cegueira de seus espíritos, ainda vivam a vida na corrupção dos sentidos, desvelo a certeza de que não há inimigo mais terrível nem mais perigoso para a alma do que a própria criatura, se ela não estiver em paz com o espírito.

Para que os homens pudessem isto compreender, fiz-me humilde e o último de todos, a fim de que, observando o exemplo de humildade, eles vencessem a soberba, porém o mundo não foi capaz de entender aquele que a verdade espalhou.

Muitos, que a princípio pareciam animados do bom espírito, mostraram-se, por fim, enganadores, lobos rapaces, usurpando o terreno sagrado dos Núcleos erigidos para a divulgação da Mensagem do Meu e Vosso Pai. Criaram sistemas obtusos, confusos e destoantes da verdade.

Mas, em homenagem a vós, fiéis servidores, e àqueles outros, também da mesma estirpe, que se acham no corpo, que lutam, entregando suas vidas por amor a mim e ao Pai, dia chegará em que, sob a permissão de Yahweh, enviarei uma alma amiga, que a seu tempo me recebeu na Terra, para que, sob o mesmo manto revestido pela águia, faça tremular a bandeira da cruz no Monte Palatino, para que a Humanidade receba com liberdade a mensagem de nosso Pai, que é justo e bom, pela qual me candidatei a servir sem nada reclamar.

Os exemplos de abnegação são necessários, eis que são o fermento que leveda a massa da renúncia, do bem e do amor incondicional em favor da Mensagem Eterna de Nosso Pai.

Perseverai na fé e no serviço de doação.

Estarei convosco até o fim dos tempos.

Todos se emocionaram com o recado do Mestre e se prepararam para o triste cometimento que se daria na Terra, em Lugdunum.

Já haviam chegado, a tempo de ouvir o recado do Mestre, os trabalhadores da Cidade Espiritual de Nova Roma que acompanhariam o grupo designado pelo Governador Acádio: o General Romano Lucinius Verus Aquilinus, o Centurião Gabinius Marcus Sulpicius, o Senador Apolônio Aureus Arquisius e o Centurião Celsus Basiledes.

O circo romano de Lugdunum já regurgitava. Homens e mulheres do patriciado romano, adoradores das lutas sangrentas dos gladiadores, imensa massa de plebeus romanos; um grupo considerável de judeus, gente de todas as partes do Império lotavam as dependências.

O Epískopo Nicholas, o ex-rabino Eleazar, sua irmã, Dânia, e Glaucius, o casal Noel e Diana, com alguns outros cristãos, haviam ficado no Núcleo, em oração.

O Epískopo Ápio, juntamente com o jovem Shebir ben Isaque, Mateus ben Josepho, Elias ben Shebabe e alguns outros cristãos se acotovelavam nas últimas arquibancadas, aflitos e pesarosos, em contínua oração ao Mestre Yeshua, rogando-lhe que, se não fosse possível livrar os amigos do triste espetáculo funesto, Ele intercedesse junto a Yahweh para que lhes aliviassem o sofrimento da tortura.

Nos lances mais inferiores da arquibancada, próximo à arena, estava a bancada da autoridade romana. Tinha assentos em vermelho. A bancada era coberta com panos grossos, também em vermelho, que se estendiam pelas laterais, nos quais estavam desenhadas enormes águias douradas.

A bancada já estava ocupada pelo Cônsul e Governador Triário Materno, pelo Prefeito Pretoriano Vergilius Agatus e pelo juiz de execução Petrus Damasius, membro da Corte Imperial, que juntamente com o prefeito pretoriano viera de Roma para acompanhar as execuções, a pedido do Imperador Severus.

No centro da arena estavam fincados três postes para o possível sacrifício.

A balbúrdia da massa era quase ensurdecedora, quando, a um sinal do cônsul, oito legionários tocaram suas trombetas. O silêncio se fez, a seguir.

No canto da arena, próximo ao portão de acesso às galerias do circo, o Centurião Antonius aguardava as ordens do cônsul para fazer adentrarem os prisioneiros.

Após o toque das trombetas, o cônsul levantou a mão e acenou para o centurião trazer os prisioneiros e atá-los aos postes. A massa agora estava silenciosa.

Os pesados portões se abriram. Escoltados por vinte legionários, tendo o Epískopo Irineu à frente, logo atrás Aléxia Aureus Arquisius e a seguir o Centurião Julius Atilius Galesus, caminharam na direção do centro da arena. Os três foram amarrados com as mãos às costas, enlaçadas aos postes e atados pelas pernas.

O Epískopo Irineu demonstrava serenidade e paz. Aléxia tinha um magnetismo no olhar, cujo brilho se podia ver de longe. Com os cabelos sobre os ombros e o belo rosto, mais parecia um anjo que se deixava imolar. Seu semblante também irradiava serenidade. O Centurião Julius parecia estar contagiado pelas vibrações de Irineu e Aléxia, eis que, além de demonstrar serenidade, tinha um leve sorriso na face.

Atados aos postes do suplício, a outra ordem do Cônsul, Petrus Damasius desceu do local onde estava e se encaminhou para o centro da arena, onde estavam os três postes. Primeiro se dirigiu ao Centurião Julius. Embora a lotação da arena, havia um silêncio aterrador e todos puderam ouvir o diálogo.

Damasius disse:

— Centurião Julius Atilius Galesus, tendo em vista as comprovadas acusações de desobediência a Roma e ao exército romano, também és acusado de ser cristão, o que não negaste. Poderás, então, pela bondade de nosso César Septimius Severus, abjurar essa crença vil e assim escapar da morte. Se assim o fizeres, cumprirás apenas a pena de dez anos de reclusão pelo crime de desobediência. Dou-te a palavra para que decidas se aceitas a bondosa oferta imperial.

Julius, olhando firme para o juiz executor e após, na direção do cônsul, depois para Aléxia e Irineu, respondeu:

— Nobre senhor representante do César Septimius Severus! Respeito vossas obrigações, porém peço, se assim quiseres fazê-lo, que nos digais, e ao povo de Roma, que nos vê e escuta, onde está a bondade de César?

"Acaso a bondade do imperador estará nos campos de batalha, onde pereceram soldados de Roma, sob suor e sangue, para engrandecer o Império? Se lá não estiver, vós é que nos direis.

"Acaso estará nas dependências do senado romano, palco de negociatas e de corrupção que enriquecem poucos e infelicitam a nação? Se lá não estiver, novamente vós é que nos direis.

"Acaso estará nos templos erigidos a Apolo, Juno e Minerva, deuses que permitem a injustiça e o descalabro dos governantes de seu povo? Mas se lá não estiver, vós é que nos direis.

"Acaso estará nas atitudes de generais, cônsules e juízes, como vós, que visitam a parcialidade e se refestelam com o poder, humilhando o povo e dando as costas aos que os servem, para o gáudio dos imperadores?"

Julius silenciou. Aliás, todos estavam em silêncio. Damasius, profundamente perturbado, ia responder qualquer coisa, mas foi interrompido por Julius, que novamente falou:

— Nobre senhor e julgador, não, não precisa responder nada, porque não se pode ter respostas para a tirania e a maldade, ainda mais quando as verdades saltam aos nossos olhos e aos sentidos. Eu mesmo vos pouparei de responder e o farei por vós.

"Não. Absolutamente não. A bondade não habita os templos do Império, não habita o senado nem a corte do imperador, nem o coração do chefe da nação, nem o coração dos generais, dos cônsules e dos juízes de Roma, porque ela já se foi para muito longe de Roma. Por certo não voou nas asas da águia dourada, porque essa águia não mais voa, e sim rasteja, com as asas quebradas, e tem sido pisada pelos usurpadores do poder, ambiciosos do ouro que tine e brilha a custo dos sacrifícios dos bons e fiéis cidadãos de Roma, assim como dos povos conquistados e desprezados.

"Ela não voa mais, aliás, ela hoje já voou para longe e sentou-se na barca da desdita, que desliza pelos rios de sangue que tem sido, nesta imensa nação, derramado pelos justos.

"Não percais vosso tempo. Nada tenho a abjurar. Morro, neste dia, que ficará na história negativa de vossa Roma, que não é a minha, mas morrerei com a consciência limpa e com a certeza de que dediquei minha juventude e o quanto pude por esta nação, do que não me arrependo."

Olhando para os céus, Julius continuou.

— Tenho, neste instante, uma visão — Julius entrou em êxtase. — Vejo! Vejo! No panteão dos templos de Roma, no topo do Monte Paladino, fincada a bandeira da cruz do Cristo Yeshua, tremulando e colocando vosso Império de joelhos.

A seguir, Julius olhou na direção de Aléxia. As lágrimas verteram-lhe:

— Oh, doce e bondosa Aléxia! O que eu não daria para ao menos desprender-me um pouco somente e poder abraçar-te ainda uma última vez e falar novamente do meu amor por ti. Contudo, consolo-me. Vejo! Vejo os anjos do Senhor, dos quais me falaste um dia, nas caminhadas pelas estradas, e eles me falam, e ouço:

"Fiel servidor, poderás abraçá-la logo mais, sob o beneplácito de Yeshua de Nazareth, na vida imortal. Tem coragem e bom ânimo!"

Julius calou-se. As lágrimas continuavam a banhar-lhe o rosto, em profusão, e o mesmo se dava com Aléxia.

Em suas últimas palavras, disse, olhando para o Epískopo Irineu:

— Querido amigo Irineu, vós tínheis razão. Vejo a outra vida e curiosamente... vejo... um general e dois centuriões romanos, vestidos em trajes de gala, e ao lado deles o inesquecível amigo, o Senador Apolônio Aureus Arquisius. Eles me dizem o que vós já me havíeis, em algumas ocasiões, ensinado.

"Ninguém, morre, amigo Julius! Tem fé e confiança no Cristo Yeshua. Logo mais estarás em uma Nova Roma."

Após, calou-se em definitivo.

Damasius, sem saber o que fazer, nada falou. Dirigindo-se à jovem Aléxia, disse:

— Menina, abjura a fé cristã e serás livre. Queres render oferenda aos deuses de tua pátria?

Aléxia, em lágrimas, mas altiva, respondeu:

— Nobre senhor, quero sim, desejo mesmo ardentemente render oferenda aos deuses de minha pátria e que são conhecidos pelos nomes de Yahweh e Yeshua de Nazareth. A minha nacionalidade não nego, pois Roma detém minha cidadania, a qual, aliás, foi submetida por esta prisão arbitrária ao tacão dos interesses escusos e mesquinhos de vosso Império, entretanto, não podeis deter minha cidadania moral. Esta é indivisível com o poder autoritário e injusto que é representado por vós. É divisível, sim, com o bem e o amor que devemos ofertar a todos os irmãos, indistintamente, inclusive a vós, perversos e maus cuidadores. Não vos condeno, antes lamento por vossa indigência moral. O meu amor, o Centurião Julius — e ao dizer isso olhou para Julius — bem disse: dia virá, no concerto do tempo, em que esta Roma não mais existirá e a mensagem maravilhosa do Mestre Yeshua estará nas entranhas e no coração da nação.

"Nada abjurarei. Cumpri vosso dever de irracionalidade, e que os Espíritos do Senhor se apiedem de vossa alma."

Aléxia calou-se, na companhia das lágrimas, e a seguir sorriu, pois via seus pais corporais, seu pai adotivo, o Senador Apolônio, e um cortejo de Espíritos que rodeavam o centro da arena.

Damasius, mais desconcertado ainda, mais parecendo um trigo maduro açoitado pelo vento, dirigiu-se então ao grande epískopo de Lugdunum, Irineu, e disse, já agora com a voz trêmula:

— E tu, cristão, que pensaste afrontar o Império com uma crença torpe, criada por um carpinteiro que já é morto, pergunto-te: por acaso desejas abjurar a esse Yeshua e render ofertas a Roma e a César? Asseguro-te que, se fizeres isto, viverás, quem sabe, mais um pouco. Que me dizes?

A expectativa pela resposta do grande pregador de Lugdunum fez retornar o silêncio de morte que varria a arena do circo. Irineu, olhando firmemente para Damasius e depois para o cônsul, na arquibancada, começou a falar:

Nobres representantes do Império Romano! Sei que estou, junto com o irmão e a irmã que me antecederam na fala, destacado para a tortura e a morte, caso eu não proceda à abjuração da fé que abracei, desde minha adolescência, na cidade de Esmirna, quando pude conviver com pessoas de alto valor moral e espiritual. Fui educado na fé cristã pelo inesquecível amigo e meu mestre Policarpo, que, tenho absoluta certeza, está feliz e trabalhando na Imortalidade, em morada da Casa de Yahweh, que lhe foi destinada.

Irineu fez pequena pausa. Os soldados romanos que rodeavam os postes explodiram em gargalhadas, entretanto, calaram-se rapidamente e ficaram sem jeito, porque a multidão continuava silenciosa.

Retomando a fala, Irineu continuou:

Confiar em Yahweh, acima de tudo, e na sua justiça, nunca me foi difícil, nem antes nem depois, em todos os anos da minha vida. Em razão disto e das excelências de Yeshua de Nazareth, não cogiteis de obter a minha negação de fé. Com Yeshua aprendi que a glória de Yahweh é o homem vivo, é a vida do homem, é a vida de Yahweh.

Trazemos, nós, os que confiamos no Cristo, os exemplos d'Ele consubstanciados nos tesouros da caridade, da indulgência, da humildade, da bondade e da compreensão, principalmente para com aqueles que porventura nos ferem, nos caluniam e nos tiram até a vida física. Foi o que ensinou e viveu nosso Anjo de Yahweh.

Somos, é certo, afligidos de todos os lados por aqueles que são poderosos, presunçosos, amantes dos equívocos, servidores da prata e do ouro, mas, apesar disso, não somos nem seremos vencidos pela angústia. Nosso coração está em paz. Embora chamados ao testemunho, jamais perdemos a esperança, eis que somos perseguidos, mas não nos desesperamos, pois toda dor é insignificante ante a luz imarcescível e infinita de Yahweh, que nos ilumina de todo o sempre na Imortalidade.

É fato que a tenda em que nosso Espírito mora, neste mundo, será destruída, quando não pela ação do tempo, pela irracionalidade humana, porém O Justo, o Senhor da Vida, ofertará outra tenda nos céus.

Neste instante, sob o beneplácito de Yeshua de Nazareth, digo-vos: irei, com meus amigos, como muitos já foram, para as moradas celestes, porém, muitos estão chegando de lá para esta Terra tão sofrida, trazendo com eles o galardão da fé cristã, que será inamovível.

Aprendemos, já de há muito, que se deve dar a César o que é de César, e a Yahweh o que é de Yahweh. Por isso, tomai o meu corpo físico, que logo mais será podridão, como são as bases carcomidas de vosso Império, porém jamais podereis apossar-vos de nossas almas, pois nem todo o poder da Terra supera o de Yeshua e de Yahweh.

Apiedo-me de vós, oh, Juiz de Roma! Vejo, neste instante, a alma de vosso avô, que aqui está. Ele chora por ti, junto a Yahweh. Ele, que serviu a outro César, mas amou a todos, da sua e de outras raças, agora alcança uma Nova Roma que não está em vosso mundo.

Irineu calou-se por um pouco. Damasius tivera um choque. Como ele sabia de seu passado, de seu avô Norbano Flaco Damasius, que fora cônsul romano ao tempo de Otaviano Augusto? Aquilo seria magia?

O epískopo de Lugdunum, finalmente, ainda disse, em oração:

Oh! Yeshua! Yeshua! Neste circo de horrores criado pelos corações endurecidos, por criaturas que ainda não te conhecem, rogamos, faze resplandecer a vossa luz sobre nós, os que te servimos porque te amamos com as fibras mais sutis de nossas almas. Ampara-nos, mas ampara principalmente nossos algozes, para que tua bondade também os alcance. Que seja feita a tua vontade e a de nosso Pai Celestial.

Irineu calou-se. Agora tinha a visão espiritual ampliada e chorava.

Refeito da surpresa, o juiz de Roma então ordenou:

— Centurião Antonius, que os soldados cumpram com a execução. Embora por nossas leis teríamos que torturá-los e fazer nova oferta de abjuração, sobrepondo-me ao cônsul desta província, como autoridade nomeada pelo imperador, ordeno que tenham morte rápida.

Damasius mudara a forma de execução, pois ficara confundido ao extremo com a fala de Irineu.

Como que num estampido, a turba quebrou o silêncio e começou a gritar:

— Morte aos cristãos! Morte aos cristãos!

Como os soldados eram hábeis, Irineu, Aléxia e Julius foram espetados com lanças diretamente em seus corações. O sangue começou a jorrar pelos ferimentos, e em pouco tempo os três penderam a cabeça e, num fenômeno impressionante, como se tivessem combinado, falaram ao mesmo tempo, antes de morrer:

— Oh! Yeshua! Yeshua!

Um coro de vozes angelicais, por Espíritos que cantavam um hino de fervor, alegria e júbilo ante os testemunhos ofertados pelos servidores do Cristo, anunciava a chegada de uma delegação de Espíritos do Senhor. O Governador Acádio, juntamente com Estêvão, Simão bar Jonas, Paulo de Tarso, João, Inácio de Antioquia, Policarpo de Esmirna, Mateus Levi, João Marcos, Lucas, Timóteo e Silas, entre outros, se aproximaram do centro da arena. Ao influxo de luz radiante entre o prata e o dourado, ajoelharam-se em círculo, eis que no centro da luz, majestosa e maravilhosa, Maria de Nazareth, acompanhada por Miriam de Migdal e outro cortejo de Espíritos iluminados, desceu ao centro da arena.

O grande trabalhador de Lugdunum, fora do corpo, um pouco confuso, contemplava a maravilhosa cena. A seguir, a Mãe das Mães abriu os abraços na sua direção e disse:

— Irmão Irineu, Meu Filho me enviou para receber-te e te acolher na vida verdadeira. Ele está muito feliz com tua dedicação. Vem, vem colher os louros do teu esforço.

Irineu, extasiado, um tanto trôpego, dirigiu-se à Mãe das Mães, que o acolheu num abraço maternal.

Miriam de Migdal, envolta em intensa luz, dirigiu-se a Aléxia, que também fora do corpo, ajoelhara-se e orava. Quando levantou a cabeça e viu a alma de quem sempre lembrava em suas orações, balbuciou:

— Oh, Irmã Miriam! És tu mesmo?

— Oh, sim! Sou eu — respondeu Miriam. — Vim buscar-te, querida Aléxia, em honra e a pedido de nosso Mestre. Ele está feliz porque venceste as dificuldades e auxiliaste a alma de Julius. Era a tua missão — e, estendendo a mão, levantou Aléxia e a abraçou.

Naquele instante, Aléxia olhou para o corpo físico de Julius, que estava inerte, mas não viu a alma do seu coração. Uma ponta de repentina tristeza lhe tisnou o coração, porém, foi socorrida por Miriam, que lhe falou:

— Não te preocupes, querida. Julius foi socorrido e levado para a cidade espiritual de Nova Roma, onde o aguardam, logo mais, novas tarefas.

De repente, Aléxia se lembrou:

— E meus pais e meu pai Apolônio, onde estão?

Novamente, Miriam lhe disse:

— Aquieta-te. Logo mais estarás com eles.

O coro de vozes magníficas continuava. O cortejo de luz, tendo à frente a Mãe das Mães, lentamente foi singrando o espaço e foi diluindo-se ante os olhos estupefatos de Ápio e do jovem Shebir, que da arquibancada do circo fatídico, como tinham o dom de ver os Espíritos, viam, emocionados, o desenrolar de toda a cena espiritual.

Um pouco antes da chegada de Maria de Nazareth, o Centurião Julius Atilius Galesus havia saído do corpo, cuja cabeça pendia inerte. Confuso, via a intensa claridade que abrasava a arena, mas apenas viu o general, os dois centuriões romanos em traje de gala e o Senador Apolônio, que lhe sorria. Foi o Senador Apolônio que se lhe dirigiu, abraçou-o pelo ombro e disse:

— Olá, caro amigo e irmão Julius, não nos esquecemos de ti.

E a pedido de outro amigo da alma, a quem chamamos de Governador Acádio, apresentou-lhe os demais:

— Estes são o General Lucinius Verus Aquilinus, os centuriões Gabinius Marcus Sulpicius e Celsus Basiledes. Viemos buscar-te para te levar a Nova Roma.

Julius, ainda confuso, olhou na direção dos corpos de Aléxia e Irineu, quis perguntar alguma coisa, porém o senador, antepondo-se, falou:

— Não fiques preocupado. Aléxia está bem, e o mesmo se dá com o irmão Irineu. Eles já foram levados para outra cidade espiritual, chamada Cidade da Fé. Em breve tempo a verás. Vamos, meu amigo.

Pensativo e querendo ordenar melhor os pensamentos, Julius apenas balbuciou:

— Sim, sim.

Logo, novo cortejo de Espíritos, também iluminados, cercou-os e todos foram para Nova Roma.

XXXIX

REENCONTRO E REVELAÇÕES EM NOVA ROMA

Haviam se passado quase três meses. Julius tinha ficado simplesmente deslumbrado com a cidade de Nova Roma. A cidade o impressionava a tal ponto que parecia que já tinha estado ali em alguma ocasião. Era de fato a Roma que sempre tinha em seus sonhos, onde imperava a fraternidade. Ainda estava em recuperação, contudo, aguardava ansiosamente pelo dia em que veria Aléxia novamente, o que lhe tinham dito ser possível.

Certo dia, numa manhã radiosa, caminhava por belo jardim da cidade, em frente ao prédio que lembrava o Capitólio romano, mas muito mais belo, quando ouviu alguém chamá-lo:

— Olá, Julius!

Voltou-se rapidamente. Reconheceria aquela voz onde quer que fosse, eis que ali, na sua frente, linda como a manhã mais bela da primavera, estava Aléxia Aureus Arquisius, e mais ao fundo o Senador Apolônio, que caminhava com a filha adotiva em sua direção.

Julius não se conteve. Começou a chorar. Aléxia se aproximou, passou a mão por seus cabelos e o beijou na face. Como imaginar a felicidade de Julius, que a muito custo disse:

— Oh, querida Aléxia! Como Yeshua é bondoso e como Yahweh é misericordioso.

Sentaram-se num banco rodeado de belas flores e ali conversaram um bom tempo, tendo Aléxia lhe narrado um pouco do passado espiritual que ambos tiveram e seus compromissos para o futuro.

O epískopo de Lugdunum, tão logo retornara à morada celeste, e após o refazimento necessário, foi integrado ao grupo de trabalhadores da Cidade da Fé, feliz e radiante por estar ao lado dos gigantes das primeiras horas do Evangelho de Jesus e do amigo Policarpo, para continuar servindo ao Mestre Yeshua.

Seis meses se haviam passado do fatídico dia.

No Núcleo Cristão de Lugdunum, o diákono Ápio, que assumira a sua direção, através de suas eloquentes pregações da Boa-nova, iniciava a arrebanhar muitos outros frequentadores. Incorporara ao Núcleo, como membro efetivo, o jovem Shebir ben Isaque, que ficara em Lugdunum, para lá servir ao Cristo Yeshua. Também contavam com o apoio do ex-rabino Eleazar.

O Cristianismo haveria de continuar sendo divulgado naquela terra de mártires que deram suas vidas por amor à verdade. Quanto ao futuro, tudo estava nos desígnios de Yahweh.

XXXL

A MARCHA DE RETORNO DA CARAVANA DE MATEUS BEN JOSEPHO A JERUSALÉM

Amanhecera o dia vinte e oito de dezembro de 202 d.C. O inverno se mostrava um pouco rigoroso. Entretanto, a caravana de Mateus ben Josepho, após um ano e dois meses de estadia em Lugdunum, havia levantado acampamento. As despedidas foram tomadas pela emoção. O jovem Shebir e o ex-rabino Eleazar abraçaram os amigos Mateus ben Josepho e Elias ben Shebabe, em clima de tristeza, mas também de alegria, desejando-lhes que Yahweh e Yeshua os protegessem em toda a caminhada.

Após o Epískopo Ápio ter abençoado a caravana e os caravaneiros, e os abraços finais de despedidas, a caravana começou lentamente a se mover de retorno a Jerusalém. A expectativa era de que em um ano, aproximadamente, ela chegaria ao destino.

Já se haviam passados três meses de viagem, quando, numa noite, pelo repouso do sono, Mateus e Elias foram retirados do corpo físico. Extremamente confusos, aos poucos foram inteirando-se do que lhes acontecia, eis que ali, na escarpa montanhosa da Panônia Inferior, onde se haviam instalado, compareciam os Espíritos Estêvão, na companhia de Irineu de Lugdunum e Aléxia Aureus Arquisius, trazendo com eles o velho Raban ben Josepho, agora um pouco mais remoçado.

Mateus, ao ver seu pai, não cabia em si de contente. Começou a chorar, mas eram lágrimas de felicidade, e num ato instintivo abraçou-o, falando de sua saudade, e lhe disse:

— Meu querido Pai, não é que o jovem Shebir tinha razão? Ninguém morre; vós estais vivo e mais jovem; de fato, grande é Yeshua e grande é Yahweh.

Elias também havia ficado estupefato com a visão dos amigos espirituais e de Aléxia. Esta se dirigiu a Elias e falou-lhe de sua imensa gratidão pela amizade pura dele para com ela; pela compreensão que ele teve em razão dos fatos que haviam acontecido e lhe disse que pedira a Yeshua para que, sempre que possível, ela pudesse, em Espírito, auxiliá-lo na caminhada. Elias nada falou. Chorava, agradecido. O clima era maravilhoso, quando adentrou a tenda o Governador Acádio, trazendo com ele a jovem Ana ben Borusch, altiva e bela.

Mateus teve outro forte impacto. Continuou a chorar e chegou a ajoelhar-se ante a bela jovem, dizendo:

— Oh, meu Yahweh! Como pode isto acontecer? Como estás linda. Oh, querida Ana! Quanta saudade!

Um pouco mais refeito da surpresa, pôde conversar com o amor de sua vida. Saber que ela estava bem alegrava seu coração dorido. Ana lhe falou do seu amor por ele, que superava aquela existência; que, sob a permissão de Yeshua, acompanhar-lhe-ia os passos das moradas celestes, e que o esperaria, para que um dia pudessem novamente estar juntos, sob a misericórdia de Yahweh.

Desnecessário descrever a emotividade naquela tenda na imensidão das estepes da Panônia Inferior, quase adentrando o território da Itálica. Mateus e Elias estavam felizes. Após mais alguns instantes, o Governador Acádio lhes disse:

— Nobres irmãos Mateus e Elias, aqui comparecemos esta noite, sob a bondade de Yeshua de Nazareth, para vos dizer que a vida é um ato perene de amor de nosso Pai Celestial e todos nós temos nossos deveres e compromissos com Ele. Tendes a oportunidade de obter o testemunho da verdade da Criação e da afirmação da imortalidade. Segui vossos caminhos mais confiantes. Todos temos compromissos de servir e amar o próximo. De onde estivermos, estaremos todos dispostos a auxiliar para que nunca vos aparteis da verdade e do amor a Yeshua e a

Yahweh. Todos seguiremos nossos destinos, que é o de encontrarmos a felicidade e o Reino de Yahweh, e para que isto seja possível, lembrai-vos de que ninguém vai ao Pai senão pelo Filho. Yeshua conta com vossa força de trabalho, na Terra, para divulgar, pelo exemplo, as excelências de sua mensagem.

Após mais algum tempo e novos abraços e os sorrisos de alegria, os servidores do Cristo retornaram à Cidade da Fé.

Aproximava-se o mês de março do ano de 203 d.C. Mateus ben Josepho levantou-se ainda com o escuro da madrugada. Estava frio, e as noites naquelas estepes da Panônia Inferior eram mesmo geladas. Vestiu-se, colocando um casaco comprido a cobrir toda a sua indumentária; ajeitou o turbante para lhe proteger a cabeça, com abas sobre as orelhas; ajustou o cinto de couro, firmando nele o punhal comprido que sempre carregava, encapado; alisou os cabelos, cofiou a barba. Ouvia o blaterar dos camelos que compunham sua Caravana, agora com setenta e sete componentes. Três haviam ficado em Lugdunum: seu pai, cujo corpo lá enterrara, o ex-rabino Eleazar e o jovem Shebir, a quem muito se afeiçoara. Vestira-se sob a luz bruxuleante das chamas do lado de dentro, antes da saída de sua tenda, que eram mantidas acesas por lamparina a óleo de oliveira, cuidados agora dispendidos por seu ajudante direto, Elias ben Shebabe, a quem oferecera sociedade na Caravana.

Enquanto acabava de aprumar-se, leve sorriso se lhe estampou na face, eis que, mirando a claridade das tochas, lembrou-se de quase todo o sonho que tivera à noite. Um pensamento assomou-lhe: Ana! Ana! Como é bom saber que estás bem e que estás esperando-me. Tenho certeza que um dia estaremos juntos, sob a proteção de Yeshua de Nazareth.

Enquanto colocava as botas, Mateus ben Josepho foi lembrando de todas os fatos que se desenrolaram durante o período em que estiveram em Lugdunum. Carregaria com ele todas as imagens e as lembranças, que estariam mais vivas do que nunca em seu coração. Mateus levantou-se pronto para sair da tenda, caminhou na direção da abertura, moveu o cortinado de couro de cabra costurado e saiu. Sentiu o ar gelado. Embora frio, o ar se encontrava rarefeito e não era tão desconfortável. Respirou fundo e olhou para o céu, que parecia segurar com mãos invisíveis a Lua cheia suspensa e que ainda com o escuro derramava sua claridade sobre as tendas do acampamento, formando uma paisagem de indizível beleza.

Ao mesmo tempo que olhava para o céu, seu pensamento novamente retornou à jovem Ana. O barulho da caravana acordando, o vozerio de seus membros como que se iniciara de repente, pois eram acostumados a se levantar bem cedo, ainda escuro, para reiniciar a marcha, retirou Mateus ben Josepho de suas cogitações e contemplação, e logo ele percebeu a presença de Elias ben Shebabe, que o saudou:

— Shalom! Já estás acordado, meu Amigo? — indagou Mateus.

— Shalom, meu amigo! — respondeu Elias. — Sim, sim, vim chamar-te, mas vejo que já estás em prumo e, como sempre, namorando a Lua.

Mateus respondeu:

— De fato, namorava a Lua e lembrava do sonho que tive esta noite. Tu também estavas no sonho.

Antes que Mateus continuasse, Elias narrou as circunstâncias que lembrava do sonho que também tivera à noite, e ambos ficaram muito felizes porque tudo coincidia.

Alegre com as confidências, Mateus disse:

— Nobre Elias, nunca mais esquecerei o que o amigo Shebir disse e que o Raboni da Galileia ensinou: que há muitas moradas na Casa de Yahweh. De fato, isto é uma verdade cristalina, e haveremos de ir para lá para reencontrarmos nossos amores.

A seguir, Mateus convidou Elias para caminharem no entorno da caravana. A certa altura, estacou o passo e, olhando para o firmamento, que mostrava um amanhecer maravilhoso, em meio ao murmúrio e vozerio que vinham das tendas, disse para Elias:

— Meu amigo, sigamos nosso caminho e, quanto possível, dediquemo-nos a espalhar a Mensagem de Yeshua de Nazareth, que aprendemos a conhecer e viver, pois não há dúvidas que ela é luz e vida. Assim, estaremos caminhando na direção d'Ele, pois me lembro nitidamente que ontem à noite, um Espírito, que disse se chamar Acádio, falou-nos que todos nós temos um compromisso com a verdade na Terra e que todos estamos em *Trajetórias para o Cristo.*

Este livro foi impresso na
LIS GRÁFICA E EDITORA LTDA.
Rua Felício Antônio Alves, 370 – Bonsucesso
CEP 07175-450 – Guarulhos – SP
Fone: (11) 3382-0777 – Fax: (11) 3382-0778
lisgrafica@lisgrafica.com.br – www.lisgrafica.com.br